U0605292

进出口报关实务

（2016 年版）

主　编　孙丽萍

中国商务出版社

图书在版编目（CIP）数据

进出口报关实务 = Import and Export Customs
Declaration Practice : 2016 年版 / 孙丽萍主编 . -- 5
版 . -- 北京 : 中国商务出版社 , 2016.6
中国国际贸易学会推荐教材　全国应用型本科国际经
济与贸易专业系列主干教材
ISBN 978-7-5103-1437-7

Ⅰ . ①进 … Ⅱ . ①孙 … Ⅲ . ①进出口贸易—海关手续
—中国—高等学校—教材 Ⅳ . ① F752.5
中国版本图书馆 CIP 数据核字（2016）第 136977 号

中国国际贸易学会推荐教材
全国应用型本科国际经济与贸易专业系列主干教材
进出口报关实务（2016 年版）
Import and Export Customs Declaration Practice（2016）
主编 孙丽萍

出　　版：中国商务出版社
地　　址：北京市东城区安定门外大街东后巷 28 号　邮编：100710
责任部门：国际经济与贸易事业部（投稿：010-64269744　gjjm@cctpress.com ）
责任编辑：李彩娟　张高平
总 发 行：中国商务出版社发行部（010-64266193 64515150 ）
网购零售：中国商务出版社淘宝店（010-64286917）
网　　址：http://www.cctpress.com
网　　店：http://cctpress.taobao.com
邮　　箱：cctp@cctpress.com
排　　版：北京鹏飞一力图书有限公司
印　　刷：三河市祥达印刷包装有限公司
开　　本：787 毫米 × 980 毫米 1/16
印　　张：26　　　　　　　　　　字　　数：472 千字
版　　次：2016 年 7 月第 5 版　　　印　　次：2016 年 7 月第 1 次印刷
书　　号：ISBN 978-7-5103- 1437-7
定　　价：39.80 元

编写委员会

* *

主　编　孙丽萍

副主编　谢岚平　　孟庆珍

　　　　汪　燕　　屈国强　马国华

参　编　杨新吉勒图　孙速超　边国俐

　　　　徐　颖　冯　明　申　婧

　　　　隋文环　王　荣　刘　丹

前　言

《进出口报关实务》自 2009 年 12 月出版以来，已发行四版，被全国 15 个省市 40 多所高校所采用，深受广大高校师生的喜爱。该教材被评为吉林省高等教育优秀教材二等奖。

为了更好地实现 2014 年初教育部发布的《关于地方本科高校转型发展的指导意见》中关于应用技术类型人才的培养目标，结合海关近期实施的新政，我们对《进出口报关实务》（2015 年版）的内容进行了以下修订。

第一章，关于进出境物品报关的内容，增加了行邮物品的税收政策；报关单位和报关员的章节中，删除了报关企业跨关区分支机构的内容，增加了报关企业"海关一地注册，全国报关，多关如一关"的内容；海关管理中加入了关衔制度。

第二章，变更了 2016 年实行进出口许可管理的内容。

第三章，补充了报关单修改及撤销无纸化操作的内容；增加了"一次申报"的内容；增加了集中汇总征税的方式；修改了加工贸易深加工结转操作流程；按新版快件通关管理系统修改了进出境快件的内容。

第四章，补充了案例解析中 17 个税目的具体内容。

第五章，原产地的确定部分将优惠贸易协定增至 19 项（新增中韩、中澳）；税率增加了跨境电商进口货物税率的内容，税费计算增加了跨境电商进口货物相关税费的计算。

第六章，按照新报关单填制规范进行了修订，QP 系统增加了新操作系统的补充内容。

本教材的主编孙丽萍教授、副主编谢岚平副教授及参编人员杨新吉勒图副教授、隋文环教授都曾工作在外贸一线，具有丰富的实践工作经验。

本书由长春光华学院孙丽萍教授担任主编，负责总体框架设计和全书总纂，并编写第三章及附件、参编第四章、第六章。其他参编人员分工如下：

吉林农业科技学院孟庆珍副教授、长春科技学院孙速超副教授编写第一章；

武汉交通职业学院汪燕讲师、长春光华学院王荣副教授、刘丹讲师（博士）

编写第二章；

　　河南理工大学经济管理学院屈国强副教授（博士）、陕西国际商贸学院冯明讲师、广州工程技术职业学院徐颖讲师编写第三章；

　　吉林农业科技学院孟庆珍副教授、内蒙古工业大学杨新吉勒图副教授编写第四章；

　　吉林华桥外国语学院马国华副教授、北京现代职业技术学院申婧老师编写第五章；

　　江西理工大学应用科学学院谢岚平副教授、广西科技大学财经学院边国俐讲师、长春光华学院隋文环教授编写第六章。

　　课后练习题由主编孙丽萍教授修改。

　　本书在改编过程中参阅了大量学者的相关著作和国家有关职能部门公布的与外贸和报关业务相关的法律法规资料，并得到上海海关学院、对外经济贸易大学及报关协会和海关相关工作人员的指导。可以说，本书编写工作的顺利完成，凝聚了众多学者和报关实务界人士的智慧和心血。在此本书编者向所有相关学者、报关政策制定者和报关实践者表示由衷的敬意和感谢！

　　由于时间仓促，加之编者理论水平和实践能力有限，书中难免有不足之处，敬请各位同行和广大读者批评指正。

　　编者联系方式：QQ187098390，E-mail：teachersunlp@163.com

　　为方便选用教材的教师们进行教学交流，特建"报关教材教师交流群"，群号 147456410，诚邀各位教师加入，共同探讨交流，不断提高报关实务的教学水平。

编　者

2016 年 5 月

目　录

报关与海关管理

本章导读

　　本章是学习报关知识的开篇章，共分为五节，主要内容是报关的基本知识和海关对报关的管理，突出体现了报关行业的专业性质。

　　第一节是对报关的介绍，即报关知识入门。第二节是对海关的介绍，海关是我国报关的管理机关。第三节阐述报关单位的概念及如何成为报关单位，海关对报关单位的具体要求，这是本章的重点内容。第四节对报关员加以介绍，如何成为报关员，报关员国家职业标准中对助理报关师的工作要求，也是本章的重点内容之一。第五节报关行业管理，主要介绍行业协会的管理。

学习目标

　　1. 了解报关的概念、分类和基本内容
　　2. 熟悉海关的性质、任务和管理体系
　　3. 明确海关对报关单位、报关员的管理制度
　　4. 掌握海关的权力、报关单位分类管理及海关法律责任
　　5. 了解报关行业管理的相关内容

案例导入

【案例一】深圳海关5天查获近2000台iPhone 6

　　人民网深圳 2014 年 9 月 23 日电 自 9 月 19 日苹果手机 iPhone 6 在香港地区发售以来，截至 9 月 23 日中午，深圳海关关已查获 iPhone 6 手机近 2000 台。

　　据介绍，深圳海关在罗湖、皇岗、文锦渡、深圳湾、沙头角和蛇口码头等各个口岸，共查获入境携带 iPhone 6 共计 1800 余台。其中，涉及违

规走私等共计 200 余台，征税或退运 1600 余台。

深圳海关相关负责人表示，近期海关将加强监管，严厉打击走私 iPhone 等行为，特别是一些不法分子，为了赚取高额差价，雇佣"水客"以"蚂蚁搬家"的方式走私 iPhone 6 入境，是海关重点打击对象。

深圳罗湖海关关员展示被查获iPhone 6（深圳罗湖海关供图）

身穿 3 件内裤藏匿 8 台 iPhone 6

由于 iPhone 6 系列手机并没在内地上市发售，而内地广大消费者不惜加价也要购买该手机的热情，使得港版 iPhone 6 在内地价格高涨。目前，一台在香港售价约合人民币 4424 元的 16GB 版 iPhone 6，在深圳华强北已被炒到 6800 元。

高额的利润，让许多"水客"纷纷冒险加入走私偷带行列。其偷带的方式也是五花八门。

据深圳海关介绍，9 月 19 日，香港女子林某身背小挎包经罗湖口岸入境，神情紧张，现场关员将其截停进行检查。检查发现，该女子在其包内藏匿 2 台 iPhone 6。

9 月 20 日，香港旅客周某经罗湖口岸入境。现场关员发现该男子过关时行迹可疑，于是将其列为重点检查对象。经现场关员检查，该男子在背包内装有 3 个单反相机镜头，并在其身穿的 3 件内裤间，藏匿了 8 台全新的 iPhone 6，价值人民币 4 万元。周某称，这些手机是其在香港购得，打算带到深圳华强北进行倒卖赚取差价。目前此案已移送缉私部门处理。

请问：海关将如何处理这些被查获手机？旅客正常购买的手机如何带入境内？

【案例二】进出口货物申报不实，报关企业是否应承担法律责任

2009 年 6 月 15 日，华讯电子设备有限责任公司（以下简称华讯公司）委托新远国际运输代理有限公司（以下简称新远公司）以一般贸易方式向某海关申报进口缝合机 3 台，申报价格为每台 15.4 万美元。海关经查验发现，当事人实际进口缝合机 6 台，少报多进 3 台，涉嫌漏缴税款人民币 47.7 万元。海关遂对此立案调查，并查明如下事实：2009 年 6 月 13 日，华讯公司在收到外商寄来的 6 台缝合机发票、装箱单和通过因特网发送的 3 台缝合机发票的电子邮件后，委托新远公司以一般贸易方式办理报关事宜。华讯公司业务员在向新远公司移交报关单据时未仔细核对，只将 3 台缝合机发票的电子邮件、6 台缝合机的装箱单及到货通知提供给报关企业驻厂客服人员；而新远公司驻厂客服人员认为报关时不需要装箱单，只将收到的 3 台缝合机的发票及到货通知传真给该公司报关员。新远公司报关员收到上述发票和到货通知后，向货运公司调取了 6 台缝合机的随货发票并记录缝合机编号、发票号码和运单后，也未认真核对从货运公司调取的单证与华讯公司提供的资料有关内容是否一致，便直接以 3 台缝合机的数量向某海关办理申报进口手续，致使申报内容不符合进口货物的实际情况。

根据以上案例情况分析以下两个问题：

1. 报关企业对收发货人提供的进出口货物情况是否负有审查义务？
2. 未尽合理审查义务的报关企业应承担何种法律责任？

第一节　报关概述

一、报关的含义

报关是指进出口货物收发货人、进出境运输工具负责人、进出境物品的所有人或者他们的代理人向海关办理货物、物品或运输工具进出境手续及相关海关事务的过程。

国际贸易、国际交流和交往活动往往是通过运输工具、货物、物品和人员的进出境来实现的。《中华人民共和国海关法》（以下简称《海关法》）规定："进出境运输工具、货物、物品，必须通过设立海关的地点进境或者出境。"因此，由设立海关的地点进出境并办理规定的海关手续是运输工具、货物、物品进出境的基本规则，也是进出境运输工具负责人、进出口货物收发货人、进出境物品的所有人应履行的一项基本义务。

知识拓展：国境与关境的区别

国境就是一国的国界线，而关境是世界各国海关通用的概念，指适用于同一海关法或实行同一关税制度的领域。

一般来说，关境的范围等于国境。也有特殊情况，对于关税同盟国来说，其关境大于国境，比如欧盟。而目前我国的单独关境有香港、澳门和台澎金马单独关税区，因此我国的国境就大于关境。

二、报关的分类

（一）按照报关的行为性质不同，分为自理报关和代理报关

进出境运输工具、货物、物品的报关是一项专业性较强的工作，尤其是进出境货物的报关比较复杂，一些运输工具负责人、进出口货物收发货人或者物品的所有人，由于经济、时间、地点等方面的原因，不能或者不愿意自行办理报关手续，而委托代理人报关，从而形成了自理报关和代理报关两种报关类型。

自理报关是指进出口货物收发货人自行办理报关业务。

代理报关是指接受进出口货物收发货人的委托，代理其办理报关业务的行为。

根据代理报关法律行为责任承担者的不同，代理报关又分为直接代理报关和间接代理报关。

直接代理报关是报关企业接受委托人（即进出口收发货人）的委托，以委托人的名义办理报关业务的行为。

间接代理报关是报关企业接受委托人的委托，以报关企业自己的名义向海关办理报关业务的行为。

在直接代理中，代理人代理行为的法律后果直接作用于被代理人；而在间接代理中，报关企业应当承担与进出口收发货人自己报关时所应当承担的相同的法律责任。目前，我国的报关企业大多采取直接代理形式报关，间接代理报关仅适用于经营快件业务的营运人等国际货物运输代理企业。

（二）根据报关地点的不同，分为口岸报关，属地报关，"属地申报、属地放行"与"属地申报、口岸验放"报关，区域通关一体化

口岸报关是指进出境货物由报关人在货物的进出境地海关办理海关手续的报关方式。

属地报关是指进出境货物由报关人在设有报关的货物指运地或起运地办理海关手续的报关方式。属地报关可以到口岸海关办理相应的转关手续。

"属地申报、属地放行"是指符合海关规定条件的高资信企业，在其进出

口货物时，可以自主选择向属地海关申报，并在属地海关办理货物放行手续。目前，一般认证企业且申报单位为一般信用及以上企业的进出口货物，除查验布控外，可适用此种通关方式。

"属地申报、口岸验放"是指进出境货物由报关人在属地报关办理申报手续，在口岸报关办理验放手续的报关方式。目前高级认证企业及一般认证企业、一般信用生产型出口企业且一年内无违法记录的，可适用此种通关模式。

区域通关一体化是指通过对海关监管和服务资源实施优势整合，采用专业分工，打破管理区域界限，在设立的区域通关中心，利用统一的申报平台、风险防控平台、专业审单平台和现场作业平台，企业可自主选择报关纳税和货物查验地点，实现区域内海关高效执法、无缝对接服务。实行一体化后，区域内海关统一操作规范、统一流程、统一执法标准，大幅度减少了海关审批手续和通关环节，使得通关更便利、成本更节约，企业无论在哪个海关办理手续，都能享受同样待遇，实现"多关如一关"。

目前，我国海关已形成"3+2"的全国区域通关一体化格局。具体包括：

京津冀区域通关一体化，包括北京、天津和石家庄关区；

广东地区区域通关一体化，包括广州、深圳、拱北、汕头、黄埔、江门、湛江、福州、厦门、南宁、海口关区；

东北地区区域通关一体化，包括大连、沈阳、长春、哈尔滨、呼和浩特、满洲里关区；

长江经济带区域通关一体化，包括上海、南京、杭州、宁波、合肥、南昌、武汉、长沙、重庆、成都、贵阳、昆明关区；

丝绸之路经济带通关一体化，包括青岛、济南、郑州、太原、西安、兰州、银川、西宁、乌鲁木齐、拉萨。

（三）根据报关业务票数的不同，分为逐票报关与集中报关

逐票报关是指以每票货物为单位按规定的格式向海关申报，属于一种传统的报关方式。

集中报关是指对同一口岸多批次进出口的货物，经海关备案，收发货人可以先以清单方式申报办理货物验放手续，再以报关单形式集中办理其他海关手续的一种特殊通关方式。

（四）根据报关申报形式不同，分为有纸报关与无纸报关

有纸报关即纸质报关，是指报关人按海关规定的格式以书面形式向海关申报，属于传统申报方式，其基本特点是手工操作。

无纸报关即通关作业无纸化，是指海关以企业分类管理和风险分析为基础，

按照风险等级对进出口货物实施分类，运用信息化技术改变海关验核进出口企业递交纸质报关单及随附单证办理通关手续的做法，直接对企业通过中国电子口岸录入申报的报关单及随附单证的电子数据进行无纸审核、验放处理的通关作业方式。

三、报关的基本内容

（一）进出境运输工具报关的基本内容

进出境申报是运输工具报关的主要内容。根据海关监管的要求，进出境运输工具负责人或其代理人在运输工具进入或驶离我国关境时均应如实向海关申报运输工具所载旅客人数、进出口货物数量、装卸时间等基本情况。我国海关法规定，所有进出我国关境的运输工具必须经由设有海关的港口、车站、机场、国界孔道、国际邮件互换局（交换站）及其他可办理海关业务的场所申报进出境。

（二）进出境货物报关的基本内容

进出境货物的报关业务包括：按照规定填制报关单，如实申报进出口货物的商品编码、实际成交价格、原产地及相应的优惠贸易协定代码，并办理提交报关单证等与申报有关的事宜；申请办理缴纳税费和退税、补税事宜；申请办理加工贸易合同备案、变更和核销及保税监管等事宜；申请办理进出口货物减税、免税等事宜；办理进出口货物的查验、结关等事宜；办理应当由报关单位办理的其他事宜。根据海关规定，进出境货物的报关业务应由在海关备案的报关人员办理。

海关对不同性质的进出境货物规定了不同的报关程序和要求，详见第三章。

（三）进出境物品报关的基本内容

《海关法》规定，个人携带进出境的行李物品、邮寄进出境物品，应当以自用合理数量为限。

1. 个人物品的限值

对于进出境旅客而言：进境居民旅客即出境后仍回境内定居地者，携带在境外获取的自用物品，总值在 5000 元人民币（含 5000 元）以内的海关予以免税放行，烟草制品、酒精制品按有关规定办理。但短期内或当天多次进出境旅客携带进出境物品，以旅途必需为限。

当今世界上大多数国家的海关法律都规定对旅客进出境采用"红绿通道"制度。我国海关也采用此制度。

自 2008 年 2 月 1 日起，我国海关在全国各对外开放口岸实行新的进出境旅客申报制度。进出境旅客没有携带应向海关申报物品的，无需填写申报单，选择"无申报通道"（又称绿色通道）通关。除海关免于监管的人员以及随同成人旅行的 16 周岁以下旅客以外，进出境旅客携带有应向海关申报物品的，须填写申报单，向海关书面申报，并选择"申报通道"（又称红色通道）通关。持有中华人民共和国政府主管部门给予外交、礼遇签证的进出境旅客，通关时应主动向海关出示本人有效证件，海关予以免验礼遇。

知识拓展：旅客通过"红绿通道"进出境

对于邮寄及快递的物品而言：个人寄自或寄往港、澳、台地区的物品，每次限值为 800 元人民币；寄自或寄往其他国家和地区的物品，每次限值为 1000 元人民币。应征进口税税额在人民币 50 元（含 50 元）以下的，海关予以免征。

进出境邮递物品的申报方式由其特殊的邮递运输方式决定。我国是《万国邮政公约》的签约国，根据《万国邮政公约》的规定，进出口邮包必须由寄件人填写"报税单"（小包邮件填写绿色标签），列明所寄物品的名称、价值、数量，向邮包寄达国家的海关申报。进出境邮递物品的"报税单"和绿色标签随同物品通过邮政企业或快递公司呈递给海关。

2. 个人物品限量

个人物品应以自用、合理数量为限，其中国家规定应当征税的 20 种商品需征税办理，包括照相机、ipad 平板电脑、笔记本电脑等。旅客出境随身携带照相机、便携式摄录机、笔记本电脑等物品时，应主动填写"海关申报单"后报请海关验核，并将"海关申报单"妥善保存。复带进境时，海关凭本次出境的"海关申报单"放行。

3. 个人物品征税

进口税税率共四档，分别为 10%、20%、30% 和 50%。

①书刊、影片、录音录像带、金银制品、计算机、摄录机、相机等信息产品，以及食品、饮料等为 10%。

②纺织品、电视摄像机、其他电器、自行车、手表、钟表及配件和附件为 20%。

③高尔夫球及球具、高档手表（系指完税价格 10000 元人民币以上的手表）为 30%。

④烟、酒、化妆品为 50%。

以下几种常见物品的行邮税率分别是：手袋、钱包等，税率 10%；化妆品，税率 50%；手表，10000 元以下税率 20%，10000 元以上税率 30%；酒、烟草，税率 50%；奶粉，完税价格 200 元 / 千克，税率 10%；儿童安全座椅，税率 10%；儿童自行车，税率 20%。

第二节　海关管理概述

一、海关的含义

目前，世界大多数国家普遍接受《京都公约》中关于海关的定义。即"海关"系指负责海关法的实施、税费的征收并负责执行与物的进口、出口、移动或储存有关的其他法律、法规和规章的政府机构。

我国《海关法》第二条规定："中华人民共和国海关是国家的进出关境监督管理机关。海关依照本法和其他法律、行政法规，监管进出境的运输工具、货物、行李物品、邮递物品和其他物品，征收进出口关税和其他税、费，查缉走私，并编制海关统计和其他海关业务。"

二、我国海关的性质和任务

（一）海关的性质

1. 海关是国家行政机关

我国的国家机关包括享有立法权的立法机关、享有司法权的司法机关和享有行政管理权的行政机关。海关是国家的行政机关之一，是国务院的直属机构，从属于国家行政管理体制。海关代表国家依法独立行使行政管理权。

2. 海关是国家进出境监督管理机关

海关实施监督管理的范围是进出关境及与之有关的活动，监督管理的对象是所有进出关境的运输工具、货物、物品。

3. 海关的监督管理是国家行政执法活动

海关执法的依据是《海关法》和其他有关法律、行政法规。海关事务属于中央立法事权，立法者为全国人大及其常务委员会和国务院。海关总署也可以根据法律和国务院的法规、决定、命令，制定规章，作为执法依据的补充。省、自治区、直辖市人民代表大会和人民政府不得制定海关法律规范，地方法规、地方规章不是海关执法的依据。

知识拓展：海关关徽的含义

关徽由商神手杖与金色钥匙交叉组成。商神手杖代表国际贸易，钥匙象征海关为祖国把关。

关徽寓意着中国海关依法实施进出境监督管理，维护国家的主权和利益，促进对外经济贸易发展和科技文化交往，保障社会主义现代化建设。

（二）海关的任务

《海关法》明确规定海关有四项基本任务，即监管进出境的运输工具、货物、行李物品、邮递物品和其他物品（以下简称监管），征收关税和其他税费（以下简称征税），查缉走私（以下简称缉私）和编制海关统计（以下简称统计）。

1. 监管

海关监管是指海关运用国家赋予的权力，通过一系列管理制度与管理程序，依法对进出境运输工具、货物、物品的进出境活动所实施的备案登记、审核单证、查验放行、后续管理等措施的一种行政管理活动。

海关监管不是海关监督管理的简称，海关监督管理则是海关全部行政执法活动的统称，二者有较大区别。

海关监管的对象是货物、物品、运输工具的进出境活动；监管的方式有备案、审单、查验、放行、后续管理等。监管是海关最基本的任务，其他任务都是由此派生出来的。

2. 征税

征税是指海关依据《海关法》《中华人民共和国进出口税则》（以下简称《进出口税则》）以及其他有关法律、行政法规规定的税率、计税办法和完税价格，对须征收关税和其他税费的进出口货物、进出境物品，向纳税人征收税费的一项行政执法工作。目前，由海关代征的进口环节税包括增值税和消费税。

3. 缉私

缉私是指海关运用法律赋予的权力，通过一系列查缉制度与管理程序，并采取与缉私权力、目标相匹配的刑事执法和行政执法手段、方式和方法，在海关监管场所和海关附近的沿海沿边规定地区，为发现、制止、打击、综合治理走私违法活动而进行的一项执法工作。查缉走私是海关为保证顺利完成监管和征税等任务而采取的保障措施。

《海关法》规定："国家实行联合缉私、统一处理、综合治理的缉私体制。海关负责组织、协调、管理查缉走私工作。"这一规定从法律上明确了海关打击走私的主导地位以及与有关部门的执法协调。海关是打击走私的主管机关，查缉走私是海关的一项重要任务。

4. 统计

统计是国家赋予海关的一项任务，是指海关依据《海关法》、《中华人民共和国海关统计条例》（以下简称《海关统计条例》）收集、整理、分析进出口货物的品种、数（重）量、价格、国别（地区）、经营单位、贸易方式、运输方式、关别等贸易数据和海关业务管理数据，编制公布统计资料，履行统计监督职责的一项行政管理工作。

除了这四项基本任务以外，近几年来国家通过有关法律、行政法规赋予了海关一些新的职责，比如知识产权海关保护、海关对反倾销及反补贴的调查等，这些新的职责也是海关的任务。

三、海关的权力

在规定了海关任务的同时，为了保证任务的完成，也要赋予海关许多具体权力。

（一）海关权力的含义及特点

1. 海关权力的含义

海关权力是指国家为保证海关依法履行职责和完成法定任务，通过《海关法》和其他法律、行政法规赋予海关的对进出境运输工具、货物、物品及相关事务实施监督管理所具有的支配、管理、指挥的权能。海关权力属于公共行政职权，其行使受一定范围和条件的限制，并应当接受执法监督。

2. 海关权力的特点

（1）特定性

海关权力的特定性是指海关依法具有行使进出境监督管理职权的资格。

（2）复合性

海关权力的复合性是指海关依据法律授权以行使行政职权为主的同时，还可以依据法律授权行使一定的立法权和司法权。

（3）强制性

海关权力的复合性是指海关权力的行使以法律为依据，以海关的行政强制措施，乃至国家的强制力为后盾，无须与相对人协商或征得其同意，具有单方意志性和强制性。海关管理的相对人对于海关依法所实施的管理活动有服从、接受和协助的义务。

（4）自由裁量性

自由裁量性是指海关在法律允许的范围内，基于法律的目的，根据具体情况和意志进行具体分析，并在一定范围和幅度内自行选择自己认为正确的行为的权力，从而更加准确地贯彻法律的意图，体现公正的要求。

（5）广泛性

由于海关职能的性质和作用具有广泛性，同时其管理涉及政治、经济、文化、社会等诸多方面，为便于海关更好地履行职责，国家赋予了海关比较广泛的权力，包括行政法规创制权、进出口监督管理权、税费征收管理权、行政处罚权等八个方面。

（二）海关权力的内容

根据《海关法》及其有关法律、行政法规，海关的权力主要包括：

1. 行政许可权

行政许可权是指海关依据《中华人民共和国行政许可法》《海关法》及《海关实施＜中华人民共和国行政许可法＞办法》的规定所具有的对公民、法人或其他组织的申请，经依法审查，准予其从事与海关进出境监督管理相关的特定活动的权力。

主要包括报关企业注册登记、海关监管货物仓储审批、承运境内海关监管货物的运输企业车辆注册、暂时进出境货物的核准、免税商店设立审批、保税仓库设立审批等许可。

2. 税费征收权

税费征收权是指海关依据《海关法》、《进出口税则》、《进出口关税条例》及《中华人民共和国海关进出口货物征税管理办法》的规定所具有的对进出口货物、物品和运输工具行使征收税费的职权。

主要包括价格审定、化验鉴定、补征、追征和减征或免征的权力等。

3. 进出境监管权

进出境监管权是海关依据《海关法》及有关法律、行政法规的规定，所具有的对进出口货物、物品和运输工具进出境活动实施监管的职权。主要包括：

（1）检查权

海关有权检查进出境运输工具；检查有走私嫌疑的运输工具和有藏匿走私货物、物品的嫌疑场所；检查走私嫌疑人的身体。

海关对进出境运输工具的检查不受海关监管区域的限制；对走私嫌疑人身体的检查，应在海关监管区和海关附近沿海沿边规定地区内进行；对于有走私嫌疑的运输工具和有藏匿走私货物、物品嫌疑的场所，在海关监管区和海关附近沿海沿边规定地区内，海关人员可直接检查，超出这个范围，在调查走私案件时，须经直属海关关长或者其授权的隶属海关关长批准，才能进行检查，但不能检查公民住处。

（2）查阅、复制权

此项权力包括查阅进出境人员的证件，查阅、复制与进出境运输工具、货物、物品有关的合同、发票、账册、单据、记录、文件、业务函电、录音录像制品和其他有关资料。

（3）查问权

海关有权对违反《海关法》及／或者其他有关法律、行政法规的嫌疑人进行查问，调查其违法行为。

（4）查验权

海关有权查验进出境货物、物品。海关查验货物认为必要时，可以径行提取货样。

知识拓展：深圳皇岗海关查获6台iPhone 6偷藏于大红袍茶叶盒内

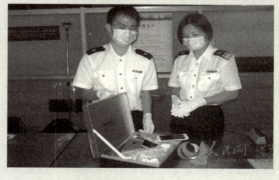

资料来源：人民网（深圳皇岗海关供图）

（5）查询权

海关在调查走私案件时，经直属海关关长或其授权的隶属海关关长批准，可以查询案件涉嫌单位和涉嫌人员在金融机构、邮政企业的存款或汇款。

（6）稽查权

海关在法律规定的年限内，对企业进出境活动及与进出口货物账务、记账凭证、单证资料等有权进行稽查。

（7）扣留权

海关有权扣留违反《海关法》和其他有关法律、法规的进出境运输工具、货物和物品，扣留与走私违规行为有关的合同、发票、账册、单据、记录、文件、业务函电、录音录像制品和其他资料，海关还有权扣留走私犯罪嫌疑人。

4.行政强制权

海关行政强制权是《海关法》及相关法律、行政法规得以贯彻实施的重要保障，包括海关行政强制措施和海关行政强制执行。

（1）海关行政强制措施

指海关行政管理过程中，为制止违法行为、防止证据损毁、避免危害发生、控制危险扩大等情形，依法对公民的人身自由实施暂时性限制，或者对公民、法人或者其他组织的财物实施暂时性控制的行为。主要包括：

①限制公民人身自由

在海关监管区和海关附近沿海沿边规定地区，对走私犯罪嫌疑人，经直属海关关长或者其授权的隶属海关关长批准，可以扣留，扣留时间不得超过24小时，在特殊情况下可以延长至48小时。

②扣留财物

违反《海关法》的进出境运输工具、货物和物品及与之有关的合同、发票、账册、单据、记录、文件、业务函电、录音录像制品和其他资料，可以扣留。

在海关监管区和海关附近沿海沿边规定地区，对有走私嫌疑的运输工具、货物、物品，经直属海关关长或者其授权的隶属海关关长批准，可以扣留。

在海关监管区和海关附近沿海沿边规定地区以外，对其中有证据证明有走私嫌疑的运输工具、货物、物品，可以扣留。

对涉嫌侵犯知识产权的货物，海关可以依申请扣留。

知识拓展：大连查获整张非法进境北极熊皮

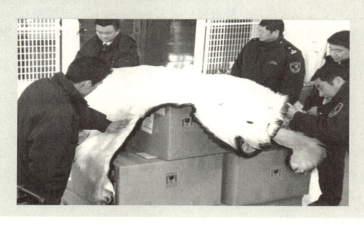

③冻结存款、汇款

进出口货物的纳税义务人在规定的缴纳期限内有明显转移、藏匿其应税货物以及其他财产迹象的，不能提供担保的，经直属海关关长或者其授权的隶属海关关长批准，海关可以通知纳税义务人开户银行或者其他金融机构暂停支付其相当于应纳税款的存款。

④封存货物或者账簿、单证

⑤其他强制措施

（2）海关行政强制执行

①加收滞纳金

海关对于逾期缴纳税款的，依法征收滞纳金。

②加收滞报金

海关对超期申报的货物征收滞报金

③扣缴税款

进出口货物的纳税义务人、担保人超过规定期限未缴纳税款的，经直属海关关长或者其授权的隶属海关关长批准，海关可以书面通知其开户银行或者其他金融机构从其暂停支付的存款中扣缴税款。

④抵缴、变价抵缴罚款权

根据《海关法》的规定，当事人逾期不履行海关处罚决定又不申请复议或者向人民法院提起诉讼的，海关可以将其保证金抵缴罚款，或者将其被扣留的货物、物品、运输工具依法变价抵缴罚款。

进口货物超过 3 个月未向海关申报，海关可以提取依法变卖处理；进口货物收货人或其所有人声明放弃的货物，海关有权提取依法变卖处理；海关依法扣留的货物、物品，不宜长期保留的，经直属海关关长或其授权的隶属海关关长批准，可以先行依法变卖；在规定期限内未向海关申报的以及误卸或溢卸的不宜长期保留的货物，海关可以按照实际情况提前变卖。

5. 行政处罚权

海关有权对尚未构成走私罪的违法当事人处以行政处罚，包括对走私货物、物品及违法所得处以没收，对有走私行为和违反海关监管规定行为的当事人处以罚款，对有违法情形的报关单位处以罚款或暂停其从事报关业务，直至撤销报关注册登记等。

6. 走私犯罪侦查权

包括侦查权、拘留权、执行逮捕权和预审权。

7. 佩带和使用武器权

海关为履行职责，可以佩带武器，并使用武器。

根据海关总署、公安部联合发布的《海关工作人员使用武器和器械的规定》，海关使用的武器包括轻型枪支、电警棍、手铐以及其他经批准可使用的武器和警械。武器和警械使用范围为执行缉私任务时；使用对象为走私分子和走私嫌疑人；使用条件必须是在不能制服被追缉逃逸的走私团体或遭遇武装掩护走私，不能制止走私分子或者走私嫌疑人以暴力劫夺查扣的走私货物、物品和其他物品，以及以暴力抗拒检查、抢夺武器和警械、威胁海关工作人员生命安全非开枪不能自卫时。

8. 连续追缉权

进出境运输工具或者个人违抗海关监管逃逸的，海关可以连续追至海关监管区和海关附近沿海沿边规定地区以外，将其带回处理。

9. 其他海关权力

除上述权力外，海关还有行政裁定权、行政复议权、行政命令权、行政奖励权、对知识产权实施边境保护权等权力。

（三）海关权力行使的基本原则

海关权力作为国家行政权的一部分，一方面，海关权力运行起到了维护国家利益，维护经济秩序，实现国家权能的积极作用；另一方面，由于客观上海关权力的广泛性、自由裁量权较大等因素，以及海关执法者主观方面的原因，海关权力在行使时任何的随意性或者滥用都必然导致管理相对人的合法权益受到侵害，从而对行政法治构成威胁。因此，海关权力的行使必须遵循一定的原则。一般来说，海关权力行使应遵循的基本原则如下：

1. 合法性原则

合法性原则是指海关权力的存在、行使都必须于法有据，符合法律规定。也就是说，法律法规对海关权力规定到什么范围和幅度，海关及其工作人员就只能在法定范围和幅度内去行使。

2. 合理性原则

合理性原则是指海关在执法中必须公平、正当、合理地行使权力，是合法性原则必要的补充。它是针对自由裁量权而提出的。

3. 程序法定原则

程序法定原则是指海关的职权、海关行政执法的权力及海关调查相对人违法行为、处理相对人的程序等，都只能由法律法规明确规定，法律法规没有明确赋予的职权，海关不得行使；即使法律法规授予的职权，也必须在法定的授权范围内，依照法定的条件和程序行使。

4. 独立行使原则

独立行使原则是指海关可以以自己的名义行使权力，在法律法规规定的范围内依照自己的判断和意志做出决定，发布命令，独立地采取行政行为，并可以独立地参加行政复议和行政诉讼活动，独立承担因实施权力而产生的法律责任。海关实行高度集中统一的管理体制和垂直领导方式，地方各级海关只对海关总署负责。

四、海关的管理体制与组织机构

海关机构是国务院根据国家改革开放的形势以及经济发展战略的需要，依照海关法律而设立的。我国目前海关机构的设立从沿海沿边口岸扩大到内陆和沿江、沿边海关业务集中的地点，并形成了集中统一管理的垂直领导体制。

（一）海关的管理体制

我国海关实行集中统一的垂直领导体制。

《海关法》规定，"国务院设立海关总署，统一管理全国海关"。"海关依法独立行使职权，向海关总署负责"。海关的设关原则："国家在对外开放的口岸和海关监管业务集中的地点设立海关。海关的隶属关系，不受行政区划的限制。"

（二）海关的组织机构

海关在组织机构上分为三个层次：第一层次是海关总署；第二层次是广东

分署，天津、上海 2 个特派员办事处，42 个直属海关和 2 所海关学校；第三层次是各直属海关下辖的 562 个隶属海关机构。此外，在布鲁塞尔、莫斯科、华盛顿以及香港等地设有派驻机构。中国海关现有关员（含海关缉私警察）48000 余人。

目前，共有国家批准的海、陆、空一类口岸 253 个，此外还有省级人民政府原来批准的二类口岸近 200 个。

海关总署是中国海关的领导机关，是中华人民共和国国务院下属的正部级直属机构，统一管理全国海关。海关总署机关内设 15 个部门，并管理 6 个直属事业单位、4 个社会团体和 3 个驻外机构。

中国海关实行"依法行政，为国把关，服务经济，促进发展"的工作方针和"政治坚强、业务过硬、值得信赖"的队伍建设要求。

中国海关实行关衔制度。关衔设五等十三级，分别为一等：海关总监、海关副总监；二等：关务监督（一级、二级、三级）；三等：关务督察（一级、二级、三级）；四等：关务督办（一级、二级、三级）；五等：关务员（一级、二级）。

第三节　报关单位

一、报关单位的概念

根据 2014 年修订的《中华人民共和国海关对报关单位注册登记管理规定》（以下简称报关单位注册登记管理规定），报关单位是指按照规定在海关注册登记的报关企业和进出口货物收发货人。

《海关法》规定："进出口货物收发货人、报关企业办理报关手续，必须依法经海关注册登记，未依法经海关注册登记的企业，不得从事报关业务。"法律明确规定了对向海关办理进出口货物报关手续的进出口货物收发货人、报关企业实行注册登记管理制度。因此，依法向海关注册登记是法人、其他组织或者个人成为报关单位的法定要求。

二、报关单位的类型

《海关法》将报关单位划分为两种类型，即进出口货物收发货人和报关企业。

（一）进出口货物收发货人

进出口货物收发货人是指依法直接进口或者出口货物的中华人民共和国关境内的法人、其他组织或者个人。

除上述一般意义的进出口货物收货人外，对于一些未取得对外贸易经营者备案登记表但按照国家有关规定需要从事非贸易性进出口活动的单位，如境外企业、新闻机构、经贸机构、文化团体等依法在中国境内设立的常驻代表机构，少量货样进出境的单位，国家机关、学校、科研院所等组织机构，临时接受捐赠、礼品、国际援助的单位，国际船舶代理企业等，在进出口货物时，海关也视其为进出口货物收发货人。

（二）报关企业

报关企业，是指按照规定经海关准予注册登记，接受进出口货物收发货人的委托，以委托人的名义或者以自己的名义，向海关办理代理报关业务，从事报关服务的中华人民共和国境内的企业法人。

三、报关单位的注册登记

根据《海关法》规定，进出口货物，除另有规定的外，可以由进出口货物收发货人自行办理报关纳税手续，也可以由进出口货物收发货人委托海关准予注册登记的报关企业办理报关纳税手续。进出口货物收发货人、报关企业办理报关手续，必须依法经海关注册登记。

（一）报关注册登记制度的概念

报关注册登记制度是指进出口货物收发货人、报关企业依法向海关提交规定的注册登记申请材料，经注册地海关依法对申请注册登记的材料审核后，准予其办理报关业务的管理制度。

根据《海关法》的规定，可以向海关办理报关注册登记的单位有两类：一是进出口货物收发货人，主要包括依法向国务院对外贸易主管部门或者其委托的机构办理备案登记的对外贸易经营者等；二是报关企业，主要包括报关行、国际货物运输公司等。

对于需要从事非贸易性进出口活动的有关单位，允许其向进出口口岸地或者海关监管业务集中地海关办理临时注册登记手续。

海关对两类报关单位规定了不同的报关注册登记条件。对于报关企业，海关要求其必须具备规定的设立条件并取得海关报关注册登记许可；对于进出口货物收发货人则实行备案制。凡是有权从事对外贸易经营活动的境内法人、其他组织和个人（个体工商户）均可直接向海关办理注册登记。

（二）报关企业注册登记

报关企业注册登记属于行政许可范畴，未经许可不得报关。根据新规定，报关企业在申请行政许可的同时办理注册登记。

由于报关工作的专业性、技术性非常强，因此海关对报关企业的设立规定了具体条件，即必须依法获得报关企业注册登记许可。

1. 报关企业申请注册登记的条件

（1）具备境内企业法人资格条件；

（2）法定代表人无走私记录；

（3）有符合从事报关服务所必需的固定经营场所和设施；

（4）海关监管所需要的其他条件。

2. 报关企业应当提交的文件

（1）报关单位情况登记表；

（2）"统一代码"的营业执照（2015年10月1日起）；

（3）报关服务营业场所所有权证明或者使用权证明；

（4）其他与申请注册登记许可相关的材料。

申请人提交复印件的，应当同时向海关交验原件。

3. 报关企业注册登记证书的核发

经海关审查，申请人的申请符合法定条件的，海关应当依法做出准予注册登记许可的书面决定，并送达申请人，同时核发《中华人民共和国海关报关单位注册登记证书》。

申请人的申请不符合法定条件的，海关应当依法做出不准予注册登记许可的书面决定，并且告知申请人享有依法申请行政复议或者提起行政诉讼的权利。

报关企业注册登记许可期限为2年。被许可人需要延续注册登记许可有效期的，应当办理注册登记许可延续手续。

报关企业在取得注册登记许可的直属海关关区外从事报关服务的，应当依法设立分支机构，并且向分支机构所在地海关备案。

报关企业在取得注册登记许可的直属海关关区内从事报关服务的，可以设立分支机构，并且向分支机构所在地海关备案。

区域内报关企业取消报关企业跨关区从事报关服务的限制，允许报关企业在"一地注册、多地报关"。

（三）进出口货物收发货人注册登记

1. 海关对进出口货物收发货人注册登记的规定

进出口货物收发货人应当按照规定到所在地海关办理报关单位注册登记手续。

进出口货物收发货人在海关办理注册登记后可以在中华人民共和国关境内

口岸或者海关监管业务集中的地点办理本企业的报关业务。

2. 进出口货物收发货人申请办理注册登记需提交的文件材料

（1）报关单位情况登记表；

（2）"统一代码"的营业执照（2015 年 10 月 1 日起）；

（3）对外贸易经营者备案登记表复印件或者外商投资企业（台港澳侨投资企业）批准证书复印件；

（4）其他与申请注册登记相关的材料。

申请人按照规定提交复印件的，应当同时向海关交验原件。

3. 进出口货物收发货人注册登记证书的核发

海关依法对申请注册登记材料进行核对。经核对申请材料齐全、符合法定形式的，应当核发《中华人民共和国海关报关单位注册登记证书》。

除海关另有规定外，进出口货物收发货人取得的《中华人民共和国海关报关单位注册登记证书》长期有效。

（四）临时注册登记

1. 需办理临时注册登记的单位

下列单位未取得对外贸易经营者备案登记表，按照国家有关规定需要从事非贸易性进出口活动的，应当办理临时注册登记手续：

①境外企业、新闻、经贸机构、文化团体等依法在中国境内设立的常驻代表机构；

②少量货样进出境的单位；

③国家机关、学校、科研院所等组织机构；

④临时接受捐赠、礼品、国际援助的单位；

⑤其他可以从事非贸易性进出口活动的单位。

2. 办理临时注册登记的相关规定

临时注册登记单位在向海关申报前，应当向所在地海关办理备案手续。特殊情况下可以向拟进出境口岸或者海关监管业务集中地海关办理备案手续。

办理临时注册登记，应当持本单位出具的委派证明或者授权证明以及非贸易性活动证明材料。

临时注册登记的，海关可以出具临时注册登记证明，但是不予核发注册登记证书。

临时注册登记有效期最长为 1 年，有效期届满后应当重新办理临时注册登记手续。

四、报关单位的权利、义务

（1）报关单位有权向海关查询其办理的报关业务情况。

（2）报关单位应当妥善保管海关核发的注册登记证书等相关证明文件。发生遗失的，报关单位应当及时书面向海关报告并说明情况。

遗失的注册登记证书等相关证明文件在补办期间仍然处于有效期的，报关单位可以办理报关业务。

（3）报关单位向海关递交的纸质进出口货物报关单必须加盖本单位在海关备案的报关专用章。

报关企业及其分支机构的报关专用章仅限在其取得注册登记或备案的直属海关关区内使用（区域通关一体化内的报关企业除外）。进出口货物收发货人的报关专用章可以在全关境内使用。

（4）报关单位在办理注册登记业务时，应当对所提交的申请材料及所填报信息内容的真实性负责并且承担法律责任。

（5）海关依法对报关单位从事报关活动及其经营场所进行监督和实地检查，依法查阅或者要求报关单位报送有关材料。报关单位应当积极配合，如实提供有关情况和材料。

（6）海关对报关单位办理海关业务中出现的报关差错予以记录，并且公布记录情况的查询方式。报关单位对报关差错记录有异议的，可以自报关差错记录之日起 15 日内向记录海关以书面方式申请复核。海关应当自收到书面申请之日起 15 日内进行复核，对记录错误的予以更正。

五、报关单位的海关法律责任

报关单位的海关法律责任，是指报关单位违反海关法律规范所应承担的法律后果，并由海关及有关司法机关对其违法行为依法予以追究，实施法律制裁。《海关法》、《海关行政处罚实施条例》和有关海关行政规章等都对报关单位的法律责任进行了规定。

（1）报关单位违反注册登记规定，构成走私行为、违反海关监管规定行为或者其他违反《海关法》行为的，由海关依照《海关法》、《海关行政处罚实施条例》的有关规定予以处理；构成犯罪的，依法追究刑事责任。

（2）报关单位有下列情形之一的，海关予以警告，责令其改正，并可以处人民币 1 万元以下罚款：

①报关单位企业名称、企业性质、企业住所、法定代表人（负责人）等海关注册登记的内容发生变更，未按照规定向海关办理变更手续的；

②向海关提交的注册信息中隐瞒真实情况、弄虚作假的。

六、海关对报关单位的信用管理

按照《中华人民共和国海关企业信用管理暂行办法》，海关根据企业信用状况将企业认定为认证企业、一般信用企业和失信企业，按照诚信守法便利、失信违法惩戒原则，分别适用相应的管理措施。

认证企业（AEO）即"中国海关经认证的经营者"，中国海关依法开展与其他国家或者地区海关的 AEO 互认，并给予互认 AEO 企业相应通关便利措施。认证企业管理措施的施行，是中国海关对报关单位管理措施实现与国际接轨的一项标志性改革。认证企业分为一般认证企业和高级认证企业。

（一）海关对各类企业的管理原则和措施

1. 一般认证企业适用下列管理原则和措施：

（1）较低进出口货物查验率；

（2）简化进出口货物单证审核；

（3）优先办理进出口货物通关手续；

（4）海关总署规定的其他管理原则和措施。

2. 高级认证企业除适用一般认证企业管理原则和措施外，还适用下列管理措施：

（1）在确定进出口货物的商品归类、海关估价、原产地或者办结其他海关手续前先行办理验放手续；

（2）海关为企业设立协调员；

（3）对从事加工贸易的企业，不实行银行保证金台账制度；

（4）AEO 互认国家或者地区海关提供的通关便利措施。

3. 失信企业适用海关下列管理原则和措施：

（1）较高进出口货物查验率；

（2）进出口货物单证重点审核；

（3）加工贸易等环节实施重点监管；

（4）海关总署规定的其他管理原则和措施。

4. 其他管理规定：

（1）高级认证企业适用的管理措施优于一般认证企业。

（2）因企业信用状况认定结果不一致导致适用的管理措施相抵触的，海关按照就低原则实施管理。

（3）认证企业涉嫌走私被立案侦查或者调查的，海关暂停适用相应管理措施，按照一般信用企业进行管理。

（4）企业名称或者海关注册编码发生变更的，海关对企业信用状况的认定结果和管理措施继续适用。

（5）企业有下列情形之一的，按照以下原则做出调整：

——企业发生存续分立，分立后的存续企业承继分立前企业的主要权利义务的，适用海关对分立前企业的信用状况认定结果和管理措施，其余的分立企业视为首次注册企业；

——企业发生解散分立，分立企业视为首次注册企业；

——企业发生吸收合并，合并企业适用海关对合并后存续企业的信用状况认定结果和管理措施；

——企业发生新设合并，合并企业视为首次注册企业。

（6）实施《信用管理暂行办法》后，《中华人民共和国海关企业分类管理办法》（海关总署令第 197 号）同时废止。

原来适用 AA 类管理的企业过渡为高级认证企业；适用 A 类管理的企业过渡为一般认证企业；适用 B 类管理的企业过渡为一般信用企业；适用 C 类、D 类管理的企业，海关按照《信用办法》重新认定企业信用等级。

C 类、D 类企业经重新认定后信用等级为失信企业的，企业信用等级适用时间仍按原适用 C 类、D 类时间计算。

认证企业可以凭适用 AA 类、A 类管理的法律文书向海关申请换领"认证企业证书"。

（二）海关对企业信用状况的认定结果实施动态调整

海关对高级认证企业应当每 3 年重新认证一次，对一般认证企业不定期重新认证。认证企业未通过重新认证适用一般信用企业管理的，1 年内不得再次申请成为认证企业；高级认证企业未通过重新认证但符合一般认证企业标准的，适用一般认证企业管理。

适用失信企业管理满 1 年，且未再发生失信企业规定情形的，海关应当将其调整为一般信用企业管理。

失信企业被调整为一般信用企业满 1 年的，可以向海关申请成为认证企业。

第四节　报关人员

一、报关员与报关人员概念解析

根据 2007 年中华人民共和国劳动和社会保障部、中华人民共和国海关总署联合制定的《报关员国家职业标准（试行）》规定，报关员是指从事向海关办理进出口货物的申报及相关事宜的人员。

根据 2014 年 3 月实施的《报关单位注册登记管理规定》（以下简称新规定），报关人员是指经报关单位向海关备案，专门负责办理所在单位报关业务的人员。

实际上两个概念没有本质区别，只是从不同角度分析进行界定。从报关职业角度报关从业人员统称为报关员；从法律角度统称为报关人员。

二、报关人员的备案

报关单位所属人员从事报关业务到海关备案的，海关收取"报关单位情况登记表"（所属报关人员），并验核拟备案报关人员有效身份证件原件后，核发"报关人员备案证明"。

报关人员备案证明

＿＿＿＿＿＿＿（报关单位名称）：

你单位（海关注册编码：＿＿＿＿＿＿）所属报关人员＿＿＿＿＿＿（身份证件类型号码：＿＿＿＿＿＿）

已完成海关备案，备案编号：＿＿＿＿＿＿，备案日期：＿＿＿＿＿＿。

海关

（注册登记印章）

年　　月　　日

修订后的《报关单位注册登记管理规定》对报关人员备案的规定如下：

（1）报关单位所属人员从事报关业务的，报关单位应当到海关办理备案手续，海关予以核发证明。报关单位可以在办理注册登记手续的同时办理所属报关人员备案。

（2）进出口货物收发货人应当通过本单位所属的报关人员办理报关业务，或者委托海关准予注册登记的报关企业，由报关企业所属的报关人员代为办理报关业务。

（3）报关单位对其所属报关人员的报关行为应当承担相应的法律责任。

三、工作要求

教材结合《报关员国家职业标准（试行）》3.1 条款中对助理报关师的工作要求加以阐述。

（一）报关单证准备与管理

工作内容	技能要求	相关知识
报关随附单证及相关信息的获取	1. 能够获取与申报货物相关的成交、包装、运输、结算等单证 2. 能够获取与申报货物相关的进出境贸易管理许可证件 3. 能够获取与申报货物相关的海关备案、核准、审批单证 4. 能够获取申报货物的具体信息 5. 能够办理申报前看货取样手续并确定报关信息	1. 进出口成交、包装、运输、结算单证知识 2. 海关监管证件基本知识 3. 进出口商品常识 4. 出入境商品检验检疫知识 5. 申报前看货取样海关管理知识
报关随附单证及相关信息的审核	1. 能够确认报关随附单证的有效性 2. 能够确认报关随附单证的对应关系 3 能够判断申报货物商品价格的合理性 4. 能够根据报关随附单证确认货物的完税价格组成 5. 能够根据报关随附单证确认申报货物的海关监管方式和征免性质	1. 申报货物完税价格的组成知识 2. 进出口商品价格常识 3. 海关监管方式、征免性质知识
报关单填制	1. 能够选择适用的纸质报关单 2. 能够填制进口货物报关单 3. 能够填制出口货物报关单 4. 能够填制保税区、出口加工区等海关特殊监管区域进出境货物备案清单 5. 能够填制转关运输货物申报单 6. 能够填制进出境快件报关单	1. 报关单填制规范 2. 进出口商品申报规范 3. 计量单位的换算知识 4. 海关通关信息化系统常用参数代码

（二）报关作业实施与管理

工作内容	技能要求	相关知识
现场作业实施与管理	1. 能够进行电子数据报关单的录入、发送、查询与打印 2. 能够按规定使用企业报关印章、海关IC卡和报关员证等报关用证、章办理报关手续 3. 能够按规定提交纸质报关单和随附单证 4. 能够办理报关单的修改、撤销手续 5. 能够根据海关查验货物的要求进行搬移、开拆、重封包装、提取样品作业和确认海关查验记录 6. 能够办理进出口税费缴纳手续 7. 能够办理进出口货物海关审结后的放行手续 8. 能够办理报关单证明联和进、出口货物证明书的申领签发手续 9. 能够办理进出口货物的转关运输手续	1. 进出口货物申报知识 2. 海关电子通关系统知识 3. 进出口货物海关查验知识 4. 货物装卸安全知识 5. 进出口税费缴纳知识 6. 进出口货物海关放行知识 7. 国家出口收汇、进口付汇管理知识 8. 进出口货物转关知识 9. 海关对报关员记分考核管理知识 10. 报关单修改、撤销知识
报批、报核作业实施与管理	1. 能够办理加工贸易企业海关联网监管手续 2. 能够办理加工贸易合同备案、备案变更、备案延期手续 3. 能够办理加工贸易外发加工、异地加工申请手续 4. 能够办理加工贸易的退运、退换、内销、放弃、结转手续 5. 能够办理加工贸易深加工结转手续 6. 能够办理加工贸易合同核销手续 7. 能够办理货物进出海关保税场所、海关特殊监管区域和其他海关监管场所申请手续 8. 能够办理特定和临时减免税货物的减、免税申请手续 9. 能够办理暂时进出境货物的核准申请、销案手续	1. 加工贸易企业海关联网监管知识 2. 加工贸易合同备案、核销知识 3. 加工贸易料件、制成品、残次品、副产品的海关处理知识 4. 海关对加工贸易深加工结转的管理知识 5. 海关对保税货物场所和海关特殊监管区域的管理知识 6. 进口货物减、免税手续 7. 进出口货物海关结关知识 8. 海关对暂时进出境货物的管理知识 9. 行政许可法基本知识

（三）报关核算

工作内容	技能要求	相关知识
应税货物完税价格核算和税费计算	1. 能够使用成交价格估价方法核算应税货物的完税价格 2. 能够使用相同或类似货物成交价格估价方法核算应税货物的完税价格 3. 能够计算应税货物的关税税额 4. 能够计算应税货物的进口环节海关代征税税额 5. 能够计算进出口税款退还、补征、追征金额	1. 成交价格估价方法 2. 相同或类似货物估价方法 3. 进出口税费计算知识
滞报金、滞纳金、保证金和缓税利息的计算	1. 能够计算滞报金金额 2. 能够计算滞纳金金额 3. 能够计算保证金金额 4. 能够计算加工贸易缓税利息金额	1. 滞报金、滞纳金的确定原则 2. 保证金的确定原则 3. 加工贸易缓税利息海关征收原则

（四）商品归类与原产地确定

工作内容	技能要求	相关知识
归类信息收集	能够获取、整理海关商品归类管理信息	1. 海关商品归类决定 2. 海关商品归类行政裁定 3. 海关商品预归类决定
商品编码确定	根据《中华人民共和国进出口税则》《进出口税则商品及品目注释》《中华人民共和国进出口税则本国子目注释》及海关发布的商品归类决定、裁定等明确规定进出口商品编码	1. 进出口税则—统计商品及品目注释 2. 进出口税则—统计商品本国子目注释
货物原产地确定	能够根据非优惠原产地规则确定进口货物的原产地	非优惠原产地规则

（五）报关事务管理

工作内容	技能要求	相关知识
报关资格管理	1. 能够办理报关单位海关注册登记、变更、延续、注销手续 2. 能够办理报关人员海关备案、变更、延续、注销手续 3. 能够办理报关人员卡遗失补证的手续	海关对报关单位、报关员的管理知识
报关事务异常情况处理	1. 能够对报关过程中的异常情况进行应急处理 2. 能够撰写异常情况报告	突发事件处理知识

第五节 报关行业管理

一、报关行业管理概述

报关行业是伴随着报关活动发展而产生的专门的服务行业，具有极强专业性和技术性。通过建立报关行业组织——报关行业协会，推动行业管理和行业自律，一方面有利于海关与报关单位建立服务、合作关系，有效地延伸海关职能，另一方面有利于企业降低成本，促进企业发展，并能够促进报关行业自律及行业专业化建设。

二、报关行业管理的内容

根据中国报关协会和地方报关协会的业务范围，报关行业管理的内容主要包括指导协调、行业自律、培训考试、信息交流、咨询服务、国际合作等。下面主要介绍其倡导和推动行业自律的内容：

贯彻《海关法》及国家有关法律、法规和政策，协助政府部门加强对报关行业的自律管理，规范行业行为，提倡行业道操守，是中国报关协会和各地方报关协会的宗旨之一。

2013 年 12 月，中国报关协会修订了《报关行业自律准则（试行）》，主要内容如下：

1. 一般原则

（1）报关单位和报关从业人员应诚信守法、崇尚专业、自律规范、务实创新。

（2）报关单位和报关从业人员应自觉遵守国家法律法规，不得超出有关法律、法规和规章规定的范围从事经营活动，不得有逃避国家贸易管制和偷逃税等走私、违规行为，不得索贿，也不得行贿执法人员。

（3）报关从业人员应当积极参加海关、报关协会或其授权单位组织的各类岗前培训、在职培训，并坚持在职自学，以达到熟悉国家相关法律法规、税务、外贸、商品知识，熟练掌握海关法律法规、海关业务制度和办理海关手续的技能，保持自身专业胜任能力。

（4）报关单位和报关从业人员应当主动配合有关行政执法机关执行公务，据实举报违法行为，自觉抵制和纠正行业不正之风，维护报关行业形象。

（5）取得预归类服务资质的单位及个人应按进出口货物预归类服务行业管理暂行办法及有关操作规程的要求开展预归类服务，并接受报关协会对预归类服务的行业管理。

2. 报关业务规范

（1）报关单位开展报关业务，应依法到海关办理注册登记，领取报关注册登记证书，在证书有效期届满需延期的，应及时办理换证手续。

（2）报关单位和报关从业人员应当以国家管理部门核准的方式和范围从事经营，不得以任何形式出借、出租、转让报关权，不得非法代理他人报关或者超出业务范围进行报关活动。

（3）报关单位应当建立健全内部监督机制，加强制度建设，以完善、有效、切实可行的制度来规范对报关业务、报关从业人员的管理，努力提高工作质量和效率。同时，报关单位还应当健全账册，依法保存报关业务记录和报关单证。

（4）报关企业承接报关业务，应当由具有专业技能的报关人员具体承办。

（5）报关企业和报关从业人员应当切实对委托方提供的单证等报关资料的真实性、完整性进行合理审查，并据此按照《中华人民共和国海关进出口货物报关单填报规范》填制报关单，承担相应的法律责任。不得承接单证不真实、资料不齐全的报关业务。

3. 对委托方的责任

（1）报关企业和报关从业人员应当以服务、诚信为本，热心为委托方排忧解难，如实回答委托方对委托事项的询问，高质量、高效率地完成报关业务。

（2）报关单位及报关从业人员应使用由中国报关协会制定的全国规范统一格式的纸质或电子《代理报关委托书／委托报关协议》，委托双方应当本着自愿、平等、互利的原则签订《代理报关委托书／委托报关协议》，明确双方的责任、权利和义务，标明报关收费数额，并履行承诺。

（3）报关企业和报关从业人员应当为委托方保守商业秘密，不得利用该商业秘密为自己或他人谋取不正当利益。

（4）除国家法律、法规另有规定或者国家执法机关有要求外，报关企业和报关从业人员不得以任何形式向他人提供虚假保函或报关所需的证明材料。

（5）报关企业和报关从业人员不得虚假宣传，欺骗委托方；不得虚构事实增加委托方的开支；不得向委托方索取报关服务费以外的非法利益。

4. 对同行的责任

（1）报关单位和报关从业人员应当遵守公共关系准则，保持同行间良好的工作关系，合法执业、公平竞争。不得捏造、散布虚假事实，损害同行的商业信誉，不得以虚假宣传、免收服务费用和不正当的低廉价格，以及在账外暗中给付他人佣金、回扣等不正当竞争方式招揽报关业务，不得做损害同行间利益的情事。

（2）报关单位应当严格遵守《中华人民共和国劳动合同法》及有关规定，与报关从业人员签订劳动合同，不得损害报关从业人员的合法权益。

（3）报关从业人员应当信守职业道德、爱岗敬业，不得损害受雇企业的合法利益，不得随意违约离职，不得同时在两家或者两家以上的报关单位从业。

5. 奖励与惩戒

（1）报关企业和报关从业人员模范遵守本准则，对提高报关质量做出突出贡献的，中国报关协会可将其评为"全国优秀报关企业"或"全国优秀报关人员"，并予以通报表彰。

（2）对涉嫌违反本准则行为的报关单位和报关从业人员，报关协会调查属实后，可对其提出警告或予以通报批评。

（3）报关单位和报关从业人员有下列行为之一的，根据情节轻重，报关协会经常务理事会或会长会议批准，可以对其在业内通报批评、是会员的将予以除名，或将有关材料提供给相关执法机关：

①违反国家有关法律法规的；

②违反中国报关协会章程和本准则，并造成恶劣影响的；

③进行不正当竞争，扰乱报关市场秩序的；

④严重违反《代理报关委托书 / 委托报关协议》，侵害对方利益，造成恶劣影响的。

三、行业组织

（一）国际报关协会同盟

国际报关协会同盟（IFCBA，International Federation of Customs Brokers Associations）

成立于 1990 年，现有美国、加拿大、澳大利亚、印度、日本等 29 个成员，是各国报关协会的联合组织。

亚洲报关协会同盟（FACBA）建立于 1993 年，是亚洲地区有关国家报关协会组成的一个松散的非政府国际组织，也是国际报关协会同盟在亚洲的分会。

2004 年 2 月 5 日，中国报关协会加入 IFCBA 和 FACBA。

（二）中国报关协会

1. 概述

中国报关协会（CCBA，China Customs Brokers Association）成立于 2002 年 12 月，它是由地方报关协会、在海关注册的报关单位和个人自愿结成的非营利性质的具有法人资格的全国性行业组织。其宗旨是：配合政府部门加强对我国报关行业的管理；维护、改善报关市场的经营秩序；促进会员间的交流合作；依法代表本行业利益，保护会员的合法权益；促进我国报关服务行业的健康发展。

中国报关协会管理机关为民政部，业务主管单位为海关总署。

2. 业务范围

协会的业务范围是：指导协调、行业自律、培训考试、信息交流、咨询服务、出版刊物、国际合作。

（1）贯彻《中华人民共和国海关法》及国家有关法律、法规和政策，协助政府部门加强对报关行业的自律管理。

（2）调查研究各有关方面对报关行业的要求，综合分析报关市场的供求关系和发展趋势，为会员提供信息咨询服务，向有关部门反映会员的意见和要求，为政府制定行业发展规划和管理政策提出建议。

（3）规范行业行为，提倡行业道德操守。

（4）接受国家主管部门的委托授权，制定报关服务行业标准，规范报关作业程序，促进通关效率的提高。

（5）代表本行业协调与有关业务主管部门、企业的工作关系；反映会员的建议和要求，协助解决有关问题，维护会员的合法权益。

（6）协调、指导地方报关协会的业务开展和工作交流。

（7）经国家主管部门委托授权，组织报关从业人员的职业等级评定、颁发证书，组织报关从业人员的培训，编写培训教材，提高报关从业人员素质及报关经理人的经营管理水平。

（8）收集、整理、发送报关行业的信息，组织相关的研讨、论坛、展示活动，依据国家规定出版会刊及专业刊物，创办网站。

（9）代表本行业参加国际性同行业组织，出席有关国际会议，与国际和地区的同行业组织建立业务联系，促进国际合作与交流。

（10）兴办与宗旨、业务相关的实体。

（11）经有关政府主管部门批准，对报关企业和报关从业人员进行表彰、奖励。

（12）承担政府部门、相关团体和会员委托的工作。

（三）地方报关协会

地方报关协会是由当地报关单位、相关社会团体及个人自愿结成的自律性、具有法人资格的非营利性报关行业组织。它所覆盖的地区与当地海关关区相吻合，其章程与中国报关协会基本一致。目前，全国已成立的地方报关协会有北京、天津、上海、厦门等几十个。

案例解析

案例一：

被罚没iPhone 6将会公开拍卖

查获手机如何处理？旅客正常购买手机如何带入境内？随着近年境外购物不断兴起，国内游客在购物入境时碰到的问题也逐渐增多。

据深圳罗湖海关介绍，该海关查获的不少 iPhone 6，都属于旅客通过正规渠道购买后，从香港带进内地的。这部分旅客以20多岁的年轻人为主，大多数是每人携带1~2台，也有少部分是一人携带3~4台。

海关工作人员表示，根据相关规定，手机属于20种应税商品之一，必须向海关申报并缴税入境，其税率为10%。对于旅客自行购置使用的情况，海关将按照"自用、合理数量"的原则予以征税验放，而是否选择交税过关则由旅客自主选择，如果旅客不愿意缴纳税款，海关将对其所携带的手机做"退运"处理。除征税、退运等处理方式外，对于涉及走私等情节较为严重的，海关可作罚没处理。

据介绍，海关对罚没财物的处理主要有五种方式：公开拍卖、定向转卖、移交主管部门、移交公益机构、销毁处理。对于像iPhone手机这类国家没有特殊法律规定的罚没财物，主要以公开拍卖的方式进行。而公开拍卖的时间、地址、货物信息等，每次都通过报纸、海关门户网站及时对外公布，所有符合条件的单位和个人都可以参加拍卖，过程是公开透明的，海关对罚没财物拍卖所得款项均依法上缴国库。

案例二:

1. 报关企业对收发货人提供的进出口货物情况是否负有审查义务?

报关企业同委托其办理报关纳税手续的收发货人一样,对进出口货物负有向海关如实申报的法定义务。为保证申报内容与进出口货物的实际情况相符,报关企业不能简单地把收发货人提供的单证直接转交给海关,而必须进行适当审查。《海关法》第十条对此做出了明确规定:"报关企业接受委托人的委托办理报关手续的,应当对委托人所提供情况的真实性进行合理审查。"因此,报关企业在接受收发货人委托办理报关纳税业务过程中,应当本着认真审慎的原则,运用其所掌握的知识和技能对收发货人提供的单证资料进行合理审查,及时发现其中不真实的情况,防止走私或违反海关监管规定等违法情事的发生。

根据《海关法》和《海关进出口货物申报管理规定》(海关总署令第113号)的有关规定,报关企业对收发货人提供的有关进出口货物情况的真实性应当进行合理审查,审查内容主要包括以下几个方面:

——能够证明进出口货物实际情况的有关资料,包括进出口货物的品名、规格、用途、原产地、贸易方式等;

——有关进出口货物的合同、发票、运输单据、装箱单等商业单据以及进出口货物所需要的许可证件及随附单证;

——海关要求的加工贸易手册(纸质或电子数据的)及其他进出口单证;

——收发货人的名称、法定代表人、地址、资信情况、联系方法和委托人签署的授权委托书等资料;

——办理报关纳税手续过程中需要了解的其他情况。

2. 未尽合理审查义务的报关企业应承担何种法律责任?

根据《海关法》和《海关行政处罚实施条例》的有关规定,如果报关企业对委托其报关的收发货人所提供的进出口货物情况的真实性未尽到合理审查义务,或者因工作疏忽导致进出口货物的商品名称、税则号列、数量、规格、价格、贸易方式、原产地、启运地、运抵地、最终目的地或者其他应当申报的项目未申报或申报不实,海关可对报关企业处货物价值10%以下罚款,暂停其6个月以内从事报关业务;情节严重的,撤销其报关注册登记。在此类案件处理过程中,报关企业就是否尽到合理审查义务负有举证责任,如果其不能提供充分证据证明履行了上述义务,海关将依据有关规定对报关企业给予相应行政处罚。

本章关键名词

> 报关　　　自理报关　　　代理报关　　　无纸通关
> 海关权力　报关单位　　　报关协会

本章练习题

一、单项选择题

1. 下列关于报关或代理报关范围的表述错误的是（　　）。

A. 进出口货物收发货人只能办理本企业（单位）进出口货物的报关业务

B. 报关企业可接受任何企业和单位的委托办理报关业务

C. 报关企业只能接受进出口货物收发货人委托办理的报关业务

D. 进出口货物收发货人可在全国各口岸设关地点办理报关业务

2. 取得报关单位资格的法定要求是（　　）。

A. 是对外贸易经营者　　　　　　　　B. 是境内法人或其他组织

C. 经海关注册登记　　　　　　　　　D. 有一定数量的报关人员

3. 根据《中华人民共和国海关法》的规定,中华人民共和国海关的性质是（　　）。

A. 司法机关　　　B. 税收机关　　　C. 监察机关　　　D. 监督管理机关

4. 根据海关规定,报关企业和进出口收发货人登记证书有效期限分别为（　　）。

A. 长期, 2 年　　　B. 3 年, 长期　　　C. 2 年, 长期　　　D. 2 年, 3 年

5. 下列哪项内容属于行政强制执行的规定?（　　）

A. 扣留货物　　　B. 冻结存款　　　C. 扣缴税款　　　D. 封存账户

6. 某报关行 A 接受某企业 B 的委托, 负责以 A 的名义办理 B 从国外进口一批原料的报关纳税事宜, 后该批货物被海关发现实为从马来西亚装船运进的一批家电, 被确定为走私案件, 那么关于报关行 A 在这起走私案件中应承担何种责任, 下列判断正确的有（　　）。

A. 货物为企业 B 所有, A 企业无责任核实进口的货物, 故不承担责任

B. 报关行 A 对进出口货物的报关行为仅因为 B 企业的委托而产生, 因此, A 的报关行行为失误较小, 责任较轻

C. 报关行 A 接受委托后以自己的名义向海关办理该货物报关业务, 应视同 A 自己向海关申报, 因此, A 对该走私案件应承担完全的法律责任

D. 报关行 A 若不是以自己名义向海关办理报关事宜, 而是以委托人 B 的名义办理报关的, 则可不承担任何责任

二、多项选择题

1. 请指出下列正确的海关基本任务（　　　　）。

　　A. 监督管理　　　　　　B. 征税　　　　　C. 查缉走私　　　　D. 编制海关统计

2. 根据《海关法》的规定，海关一般设在（　　　　）。

　　A. 对外开放的口岸　　　　　　　　　B. 沿海城市

　　C. 海关业务集中的地点　　　　　　　D. 贸易市场集中的地点

3. 对海关性质正确的理解是（　　　　）。

　　A. 海关代表国家依法独立行使行政管理权

　　B. 海关是国家进出境监督管理机关

　　C. 海关的监督管理是国家行政执法活动

　　D. 海关事务属于中央立法事权，地方政府不得制定海关法律规范，其制定的地方法规、规章也不是海关执法的依据

4. 报关企业跨关区分支机构注册登记许可规定有（　　　　）。

　　A. 报关企业如需要在注册登记许可区域以外从事报关服务的，应当依法设立分支机构，并且向拟注册登记地海关递交报关企业分支机构注册登记许可申请

　　B. 报关企业每申请一项跨关区分支机构注册登记许可，应当增加注册资本人民币 50 万元

　　C. 海关比照报关企业注册登记许可程序做出是否准予跨关区分支机构注册登记许可的决定

　　D. 报关企业对其分支机构的行为承担法律责任

5. 海关须经直属海关关长或授权隶属海关关长批准才能行使的行政强制权是（　　　　）。

　　A. 海关依法扣留的货物、物品不易长期保留的，可以先行依法变卖

　　B. 对违反《海关法》或者其他有关法律、行政法规的进出境运输工具、货物、物品以及与之有关的合同、发票、单据文件等

　　C. 对在海关监管区和海关附近沿海沿边规定地区内有走私嫌疑的运输工具、货物、物品和走私犯罪嫌疑人

　　D. 纳税义务人、担保人超过规定期限未缴纳税款的，可以采取强制扣缴和变价抵缴关税权

6. 报关的具体范围包括（　　　　）。

　　A. 进出境人员　　　　　　　　　　B. 进出境运输工具

　　C. 进出境货物　　　　　　　　　　D. 进出境物品

7.报关人员代表所属企业向海关办理报关业务时,应遵循下列哪些规则? （　　　　　）

A.熟悉所申报货物的基本情况，提供进出口报关单向海关办理报关手续

B.负责在规定的时间内办理缴纳所申报进出口货物的各项税费的手续、海关罚款手续和销案手续

C.可以接受社会各类企业、单位委托办理报关手续

D.配合海关对走私违规案件的调查

8.关于下列概念的正确规定是（　　　　　）。

A.报关是指进出口货物收发货人或者其代理人向海关办理货物进出境手续及相关海关事务的过程

B.报关单位是指依法在海关注册登记的报关企业和进出口货物收发货人

C.报关企业是指按照规定经海关准予注册登记，接受进出口货物收发货人的委托，以进出口货物收发货人名义或者以自己的名义，向海关办理代理报关业务，从事报关服务的境内企业法人、其他组织或者个人

D.指经报关单位向海关备案，专门负责办理所在单位报关业务的人员

9.关于报关企业正确的规定有（　　　　　）。

A.报关企业从事代理报关业务必须向海关办理注册登记手续

B.必须具有对外贸易经营权

C.接受委托人的委托办理报关纳税手续

D.自行办理报关纳税手续

10.下列关于报关企业信用分类管理的表述正确的是（　　　　　）。

A.高级认证企业适用的管理措施优于一般认证企业

B.认证企业涉嫌走私被立案侦查或者调查的，海关暂停适用相应管理措施，按照一般信用企业进行管理

C.失信企业加工贸易等环节实施重点监管

D.企业发生解散分立，分立企业视为首次注册企业

三、判断题

1.海关实行集中统一的垂直领导管理体制。（　　　）

2.海关人员在调查走私案件时，可以直接查询案件涉嫌单位和涉嫌人员在金融机构、邮政企业的存款、汇款。（　　　）

3.报关企业与其分支机构应当各自承担法律责任。（　　　）

4.自用合理数量原则是海关对进出境物品监管的基本原则。（　　　）

5.我国海关对旅客进出境采用了"红绿通道"制度，带有绿色标志通道适用于携运物品在数量上和价值上均不超过免税限额，且无国家限制或禁止进出境物品的旅客；否则必须向海关做出书面申报。（　　　）

6. 报关企业（区域通关一体化除外）必须在注册地海关及设立分支机构所辖口岸办理报关手续。（　　）

7. 间接代理报关是指接受委托人的委托，以委托人的名义向海关办理报关纳税手续的行为。（　　）

8. 获得报关权的进出口货物收发货人既可为本单位报关，也可委托报关企业为其办理报关手续。（　　）

9. 亿新鞋业有限公司和怡新鞋业有限公司是在海关注册的两家中外合资企业，两家企业的法人代表都是孙某。老板考虑到两家公司都是自己的，为了节约成本，决定只聘请一名报关人员为这两家公司办理报关业务，根据现行规定这是允许的。（　　）

10. 报关协会的业务范围主要是配合海关来管理企业的。（　　）

四、简答题

1. 海关可以行使哪些权力？

2. 报关企业如何办理注册登记？

3. 列举报关单位的报关行为规则。

4. 报关单位及报关人员应承担哪些海关法律责任？

第二章

报关与外贸管制

本章导读

　　本章共有四节内容，主要介绍了我国对外贸易管制的基本状况，明确了海关监管、对外贸易管制与报关之间的相互关系，重点阐述了对外贸易管理中国家进出口许可管理制度和其他贸易管制，其中包括：（1）禁止进出口管理、限制进出口管理和自由进出口管理；（2）对外贸易经营者管理制度、出入境检验检疫制度、进出口货物收付汇管理和对外贸易救济措施；（3）各项对外贸易管理措施和报关规范。

学习目标

　　1. 了解国家对外贸易方针政策，认识海关监管在对外贸易管制中的作用
　　2. 掌握我国货物进出口许可管理制度
　　3. 重点掌握贸易管制的管理措施及报关要求

案例导入

【案例】广东三关联手破获团伙走私旧服装大案

　　据介绍，4月1日、3日，广州海关下属南海海关在佛山大沥某货场连续查获两批无合法来源的旧服装，共计230吨。

　　经海关深入调查，一个以广东汕尾人黄某为首，从越南经非设关地偷运入境，经广东佛山南海转运到汕尾碣石分销的"一条龙"走私旧服装犯罪团伙浮出了水面。

　　经查，黄某等人先通过广州市某进出口贸易公司向日本、韩国等国家订购旧衣服，然后通过越南某外贸公司运输到越南海防，并由廖某等人组成的偷运团伙伺机将旧衣服从中越边境非设关地闯关走私偷运进入广西境

内，再由杨某等人组织大货车经陆路运输到广东南海等地，最后经陆路运输到广东碣石。

8月28日凌晨2时，广州、南宁、汕头海关缉私局会同地方执法部门共330余人，在广州、南宁、汕尾三地对犯罪嫌疑人和目标场所同步开展联合抓捕和搜查。至当日7时行动结束，共抓获犯罪嫌疑人24名，端掉了这个盘伏在两广地区的跨境走私旧服装犯罪团伙。其中，广东地区抓获犯罪嫌疑人16名，并在佛山地区两个转运仓库内现场查缴涉嫌走私进境旧服装519吨。

请思考：究竟什么是洋垃圾？它和固体废物有何区别？如何辨别旧服装？走私旧服装又会受到怎样的处罚呢？

对外贸易管制是指一国政府为了国家的宏观经济利益、国内外政策需要以及履行所缔结或加入的国际条约的义务，确立实行各种管制制度、设立相应管制机构和规范对外贸易活动的总称。

我国对外贸易管制制度是一种综合制度，主要由海关制度、关税制度、进出口许可制度、对外贸易经营者的资格管理制度、出入境检验检疫制度、外汇管理制度及贸易救济制度等构成。

本章重点介绍货物技术进出口许可管理制度、对外贸易经营者的资格管理制度、出入境检验检疫制度、货物贸易外汇管理制度及对外贸易救济措施等。

第一节 我国货物、技术进出口许可管理制度

进出口许可是国家对进出口的一种行政管理制度，既包括准许进出口有关证件的审批和管理制度本身的程序，也包括以国家各类许可为条件的其他行政管理手续，这种行政管理制度称为进出口许可管理制度。进出口许可管理制度作为一项非关税措施，是世界各国管理进出口贸易的一种常见手段，在国际贸易中长期存在，并广泛运用。

货物、技术进出口许可管理制度是我国进出口许可管理制度的主体，是国家对外贸易管制中极其重要的管理制度。其管理范围包括禁止进出口的货物和技术、限制进出口的货物和技术、自由进出口的技术以及自由进出口中部分实行自动许可管理的货物。

一、禁止进出口管理

为维护国家安全和社会公共利益，保护人民的生命健康，履行我国所缔结或者参加的国际条约和协定，国务院商务主管部门会同国务院有关部门，依照《对外贸易法》等有关法律法规，制定、调整并公布禁止进出口货物、技术目录。海关依据国家相关法律法规对禁止进出口商品实施监督管理。

（一）禁止进口管理

对列入国家公布的禁止进口目录以及国家法律法规明令禁止或停止进口的货物、技术，任何对外贸易经营者不得经营进口。

1. 禁止进口货物管理

我国政府明令禁止进口的货物包括：列入由国务院商务主管部门或由其会同国务院有关部门制定的《禁止进口货物目录》的商品、国家有关法律法规明令禁止进口的商品以及其他各种原因停止进口的商品。具体如下：

（1）列入《禁止进口货物目录》的商品

目前，我国公布的《禁止进口货物目录》包括：

①《禁止进口货物目录》（第一批），是为了保护我国的自然生态环境和生态资源，从我国国情出发，履行我国所缔结或者参加的与保护世界自然生态环境相关的一系列国际条约和协定而发布的。如国家禁止进口属破坏臭氧层物质的四氯化碳，禁止进口属世界濒危物种管理范畴的犀牛角、麝香、虎骨等。

②《禁止进口货物目录》（第二批），均为旧机电产品类，是国家对涉及生产安全（压力容器类）、人身安全（电器、医疗设备类）和环境保护（汽车、工程及车船机械类）的旧机电产品所实施的禁止进口管理。

③ 2008 年颁布的《禁止进口固体废物目录》，由原三、四、五批禁止进口目录补充合并而成，所涉及的是对环境有污染的固体废物类，包括废动物产品，动植物油脂、矿产品、矿渣、矿物油，废药物，杂项化学品废物，废橡胶，废纺织原料及其制品，玻璃废物，金属及含金属的废物。

④《禁止进口固体废物目录》（第六批），为了保护人的健康，维护环境安全，淘汰落后产品，履行《关于在国际贸易中对某些危险化学品和农药采用事先知情同意程序的鹿特丹公约》和《关于持久性有机污染物的斯德哥尔摩公约》而颁布，如长纤维青石棉、二噁英等。

（2）国家有关法律法规明令禁止进口的商品

①来自动植物疫情流行的国家和地区的有关动植物及其产品和其他检疫物；

②动植物病源（包括菌种、毒种等）及其他有害生物、动物尸体、土壤；

③带有违反"一个中国"原则内容的货物及其包装；

④以氯氟羟物质为制冷剂、发泡剂的家用电器产品和以氯氟羟物质为制冷工质的家用电器用压缩机；

⑤滴滴涕、氯丹等；

⑥莱克多巴胺和盐酸莱克多巴胺。

（3）其他各种原因停止进口的商品

①以 CFC-12 为制冷工质的汽车及以 CFC-12 为制冷工质的汽车空调压缩机（含汽车空调器）；

②旧服装；

③Ⅷ因子制剂等血液制品；

④氯酸钾、硝酸铵；

⑤ 100 瓦及以上普通照明白炽灯。

2. 禁止进口技术管理

根据《对外贸易法》、《技术进出口管理条例》以及《中华人民共和国禁止进口限制进口技术管理办法》（以下简称《禁止进口限制进口技术管理办法》）的有关规定，国务院商务主管部门会同国务院有关部门，制定、调整并公布禁止进口的技术目录。属于禁止进口的技术，不得进口。

目前《中国禁止进口限制进口技术目录》所列明的禁止进口的技术涉及钢铁冶金、有色金属冶金、化工、石油炼制、石油化工、消防、电工、轻工、印刷、医药、建筑材料生产等技术领域。

（二）禁止出口管理

对列入国家公布禁止出口目录的以及国家法律法规明令禁止或其他原因停

止出口的货物、技术，任何对外贸易经营者不得经营出口。

1. 禁止出口货物管理

我国政府明令禁止出口的货物主要有列入《禁止出口货物目录》的商品和国家有关法律法规明令禁止出口的商品，具体如下：

（1）列入《禁止出口货物目录》的商品

目前，我国公布的《禁止出口货物目录》共有五批：

①《禁止出口货物目录》（第一批），是为了保护我国自然生态环境和生态资源，从我国国情出发，履行我国所缔结或者参加的与保护世界自然生态环境相关的一系列国际条约和协定而发布的。如国家禁止出口属破坏臭氧层物质的四氯化碳，禁止出口属世界濒危物种管理范畴的犀牛角、虎骨、麝香，禁止出口有防风固沙作用的发菜和麻黄草等植物。

②《禁止出口货物目录》（第二批），主要是为了保护我国匮乏的森林资源，防止乱砍滥伐而发布的，如禁止出口木炭。

③《禁止出口货物目录》（第三批），是为了保护人的健康，维护环境安全，淘汰落后产品，履行《关于在国际贸易中对某些危险化学品和农药采用事先知情同意程序的鹿特丹公约》和《关于持久性有机污染物的斯德哥尔摩公约》而颁布，如长纤维青石棉、二噁英等。

④《禁止出口货物目录》（第四批），主要包括硅砂、石英砂及其他天然砂（对港澳台出口天然砂实行出口许可证管理）。

⑤《禁止出口货物目录》（第五批），包括无论是否经化学处理过的森林凋落物及泥炭（草炭）。

（2）国家有关法律、法规明令禁止出口的商品

①未定名的或者新发现并有重要价值的野生植物；

②原料血浆；

③商业性出口的野生红豆杉及其部分产品；

④劳改产品；

⑤以氯氟羟物质为制冷剂、发泡剂的家用电器产品和以氯氟羟物质为制冷工质的家用电器用压缩机；

⑥滴滴涕、氯丹等；

⑦莱克多巴胺和盐酸莱克多巴胺。

2. 禁止出口技术管理

根据《对外贸易法》、《技术进出口管理条例》以及《中华人民共和国禁止出口限制出口技术管理办法》（以下简称《禁止出口限制出口技术管理办法》）的有关规定，国务院商务主管部门会同国务院有关部门，制定、调整并公布禁

止出口的技术目录。属于禁止出口的技术，不得出口。

目前列入《中国禁止出口限制出口技术目录》禁止出口部分的技术涉及核、测绘、地质、药品生产、农业等技术领域。

二、限制进出口管理

为维护国家安全和社会公共利益，保护人民的生命健康，履行我国所缔结或者参加的国际条约和协定，国务院商务主管部门会同国务院有关部门，依照《对外贸易法》的规定，制定、调整并公布各类限制进出口货物、技术目录。海关依据国家相关法律、法规对限制进出口目录货物、技术实施监督管理。

（一）限制进口管理

国家实行限制进口管理的货物、技术，必须依照国家有关规定，经国务院商务主管部门或者经国务院商务主管部门会同国务院有关部门许可，方可进口。

1. 限制进口货物管理

目前，我国限制进口货物管理按照其限制方式划分为进口许可证件配额管理、进口关税配额管理和其他许可证件管理。

（1）许可证件管理

许可证件管理是指在一定时期内根据国内政治、工业、农业、商业、军事、技术、卫生、环保、资源保护等领域的需要，以及为履行我国所加入或缔结的有关国际条约的规定，以国家各主管部门签发许可证件的方式来实现各类限制进口的措施。

许可证件管理主要包括进口许可证、12类重点旧机电产品、两用物项和技术进出口许可证。

（2）进口配额许可证管理

进口绝对配额管理指国家在一定时期（如1年）对货物进口规定一个总量的限制，超过限额后的商品不准进口。进口经营者凭进口配额管理部门发放的进口配额证明，到进口许可证发证机构申领进口许可证，向海关办理报关验放手续。

2014年3月1日起，消耗臭氧层物质进口单位每年10月31日前，向国家消耗臭氧层物质进出口管理机构申请下年度进口配额许可证，凭其申领进出口受控消耗臭氧层物质审批单，并凭单向所在地省级商务主管部门申领消耗臭氧层物质进出口许可证。

（3）关税配额管理

关税配额管理是指一定时期内（一般是1年），国家对部分商品的进口制定关税配额税率并规定该商品进口数量总额。在限额内，经国家批准后允许按照关税配额税率征税进口，如超出限额则按照配额外税率征税进口的措施。一般情况下，关税配额税率优惠幅度很大，有的商品如小麦，关税配额税率与最惠国税率相差达65倍。国家通过这种行政管理手段对一些重要商品，以关税这个成本杠杆来实现限制进口的目的，因此关税配额管理是一种相对数量的限制。

中华人民共和国进口许可证
IMPORT LICENCE OF THE PEOPLE'S REPUBLIC OF CHINA No.0011572

1. 进口商 Importer	2200.XXX	3. 进口许可证号 Import licence No.	03-AA-501873
XXX 进出口有限责任公司			
2. 收货人 Consignee	吉林省 XXX 厂	4. 进口许可证有效截止日期 Import licence expiry date	2003年12月31日
5. 贸易方式 Terms of trade	一般贸易	8. 出口国（地区）Country/Region of exportation	日本
6. 外汇来源 Terms of foreign exchange	银行购汇	9. 原产地国（地区）Country/Region of origin	日本
7. 报关口岸 Place of clearance	大连海关	10. 商品用途 Use of goods	样品
11. 商品名称 Description of goods	混凝土泵车、搅拌车用底盘(车辆总重>20吨)	商品编码 Code of goods	87042300.20

12. 规格、型号 Specification	13. 单位 Unit	14. 数量 Quantity	15. 单价（USD）Unit price	16. 总值（USD）Amount	17. 总值折美元 Amount in USD
CXZ51K	辆	*1.0	*44,601.0000	*44,601	$44,601
CXZ51L	辆	*1.0	*46,677.0000	*46,677	$46,677
CXZ51Q	辆	*1.0	*49,169.0000	*49,169	$49,169
18. 总计 Total	辆	*3.0		*140,447	$140,447

19. 备注 Supplementary details	20. 发证机关签章 Issuing authority's stamp & signature
非一批一证	
	21. 发证日期 Licence date 2003年06月23日

对外贸易经济合作部监制（2003）

进口许可证样本

关税配额商品进口税率表

序号	商品类别	税则号列	普通税率（%）	最惠国税率（%）	关税配额税率（%）	国别关税配额税率（中国—新西兰自贸区）（%）
1	小麦	10011000	180	65	1	
		10019010	180	65	1	
		10019090	180	65	1	
		11010000	130	65	6	
		11031100	130	65	9	
		11032010	180	65	10	
2	玉米	10051000	180	20	1	
		10059000	180	65	1	
		11022000	130	40	9	
		11031300	130	65	9	
		11042300	180	65	10	

（4）其他许可证件管理

其他许可证件管理包括濒危物种进口，密码产品和含有技术的设备进口，限制类可利用废物进口，药品进口，美术品进口，音像制品进口，民用爆炸物品进口，黄金及其制品进口，农药、兽药进口，及有毒化学品进口等管理。

国务院商务主管部门或者国务院有关部门在各自的职责范围内，根据国家有关法律、行政法规的有关规定签发上述各项管理所涉及的各类许可证件，海关凭相关许可证件验放。

2. 限制进口技术管理

限制进口技术实行目录管理。根据《对外贸易法》《技术进出口管理条例》以及《禁止进口限制进口技术管理办法》的有关规定，国务院商务主管部门会同国务院有关部门，制定、调整并公布限制进口的技术目录。属于目录范围内的限制进口的技术，实行许可证管理，未经国家许可，不得进口。

进口属于限制进口的技术，进口经营者从国务院商务主管部门取得"中华人民共和国技术进口许可意向书"后，可以对外签订技术进口合同，凭此合同申请技术进口许可证，然后凭该证向海关办理进口通关手续。

目前，列入《中国禁止进口限制进口技术目录》中属限制进口的技术包括生物技术、化工技术、石油炼制技术、石油化工技术、生物化工技术和造币技术等。

（二）限制出口管理

国家实行限制出口管理的货物、技术，必须依照国家有关规定，经国务院商务主管部门或者经国务院商务主管部门会同国务院有关部门许可，方可出口。

1. 限制出口货物管理

对于限制出口货物管理，《货物进出口管理条例》规定：国家规定有数量限制的出口货物，实行配额管理；其他限制出口货物，实行许可证件管理；实行配额管理的限制出口货物，由国务院商务主管部门和国务院有关经济管理部门按照国务院规定的职责划分进行管理。

目前，我国货物限制出口按照其限制方式划分为出口配额限制、出口许可证件限制。

（1）出口配额限制

出口配额限制是指在一定时期内为建立公平竞争机制、增强我国商品在国际市场的竞争力、保障最大限度的收汇及保护我国产品的国际市场利益，国家对部分商品的出口数量直接加以限制的措施。我国出口配额限制有两种管理形式，即出口配额许可证管理和出口配额招标管理。

目前，我国实行出口配额许可证管理的主要商品包括：部分农产品，部分活禽、畜，部分资源性产品，贵金属，消耗臭氧层物质。

（2）出口许可证件限制

出口许可证件限制是指在一定时期内根据国内政治、军事、技术、卫生、环保、资源保护等领域的需要，以及为履行我国所加入或缔结的有关国际条约的规定，经国家各主管部门签发许可证件的方式来实现的各类限制出口措施。

目前，我国许可证件限制管理主要包括出口许可证、濒危物种出口、两用物项出口以及黄金及其制品出口等许可管理。

2. 限制出口技术管理

根据《对外贸易法》、《技术进出口管理条例》、《中华人民共和国生物两用品及相关设备和技术出口管制条例》、《中华人民共和国核两用品及相关技术出口管制条例》、《中华人民共和国导弹及相关物项和技术出口管制条例》、《中华人民共和国核出口管制条例》以及《禁止出口限制出口技术管理办法》等有关规定，限制出口技术实行目录管理，国务院商务主管部门会同国务院有关部门，制定、调整并公布限制出口技术目录。属于目录范围内的限制出口的技术，实行许可证管理，未经国家许可，不得出口。

出口属于上述限制出口的技术，应当向国务院商务主管部门提出技术出口申请，经国务院商务主管部门审核批准后取得技术出口许可证件，凭以向海关办理出口通关手续。

三、自由进出口管理

除上述国家禁止，限制进出口货物、技术外的其他货物、技术，均属于自由进出口范围。自由进出口货物、技术的进出口不受限制，但基于监测进出口情况的需要，国家对部分属于自由进口的货物实行自动进口许可管理，对自由进出口的技术实行技术进出口合同登记管理。

（一）货物自动进口许可管理

自动进口许可管理是在任何情况下对进口申请一律予以批准的进口许可制度。这种进口许可实际上是一种在自由进口货物进口前对其进行自动登记的许可制度，通常用于国家对这类货物的统计和监督，是我国进出口许可制度中的重要组成部分，也是目前各国普遍使用的一种进口管理制度。

目前，我国自动进口许可管理包括自动进口许可证管理和自动许可类可利用固体废物管理两大类。

进口属于自动进口许可管理的货物，进口经营者应当在办理海关报关手续前，向国务院商务主管部门或者国务院有关经济管理部门提交自动进口许可申请，凭相关部门发放的自动进口许可证，向海关办理报关手续。

（二）技术进出口合同登记管理

进出口属于自由进出口的技术，应当向国务院商务主管部门或者其委托的机构办理合同备案登记。国务院商务主管部门应当自收到规定的文件之日起3个工作日内，对技术进出口合同进行登记，颁发技术进出口合同登记证，申请人凭技术进出口合同登记证，办理外汇、银行、税务、海关等相关手续。

第二节　其他贸易管制制度

一、对外贸易经营者资格管理制度

对外贸易经营者，是指依法办理工商登记或者其他执业手续，依照《对外贸易法》和其他有关法律、行政法规、部门规章的规定从事对外贸易经营活动的法人、其他组织或者个人。

目前，我国对对外贸易经营者的管理，实行备案登记制。也就是法人、其他组织或者个人在从事对外贸易经营活动前，必须按照国家的有关规定，依法定程序在国务院商务主管部门备案登记，取得对外贸易经营资格后，方可在国家允许的范围内从事对外贸易经营活动。

为对关系国际民生的重要进出口商品实行有效的宏观管理，国家可以对部分进出口商品实行国营贸易管理。实行国营贸易管理的货物和经授权经营企业的目录，由国务院商务主管部门会同国务院其他有关部门确定、调整并公布。未经批准擅自进出口实行国营贸易管理的货物，海关不予放行。

目前，我国实行国营贸易管理的商品主要包括玉米、大米、煤炭、原油、成品油、棉花、锑及锑制品、钨及钨制品、白银等。

二、出入境检验检疫制度

出入境检验检疫制度是指由国家出入境检验检疫部门依据我国有关法律和行政法规以及我国政府所缔结或者参加的国际条约、协定，对出入境的货物、物品及其包装物、交通运输工具、运输设备和出入境人员实施检验检疫监督管理的法律依据和行政手段的总和。其国家主管部门是国家质量监督检验检疫总局。

出入境检验检疫制度是我国贸易管制制度的重要组成部分，其目的是为了维护国家声誉和对外贸易有关当事人的合法权益，保证国内生产的正常开展，促进对外贸易的健康发展，保护我国的公共安全和人民生命财产安全等，是国家主权的具体体现。

（一）出入境检验检疫职责范围

（1）我国出入境检验检疫制度实行目录管理，即国家质量监督检验检疫总局根据对外贸易需要，公布并调整《出入境检验检疫机构实施检验检疫的进出境商品目录》（又称《法检目录》）。《法检目录》所列名的商品称为法定检验商品，即国家规定实施强制性检验的进出境商品。

（2）对于法定检验以外的进出境商品是否需要检验，由对外贸易当事人决定。对外贸易合同约定或者进出口商品的收发货人申请检验检疫时，检验检疫机构可以接受委托，实施检验检疫并制发证书。此外，检验检疫机构对法检以外的进出口商品，可以以抽查的方式予以监督管理。

（3）对关系国计民生、价值较高、技术复杂或涉及环境及卫生、疫情标准的重要进出口商品，收货人应当在对外贸易合同中约定，在出口国装运前进行预检验、监造或监装，以及保留到货后最终检验和索赔的条款。

（二）出入境检验检疫制度的组成

我国出入境检验检疫制度内容包括进出口商品检验制度、进出境动植物检疫制度以及国境卫生监督制度。

1. 进出口商品检验制度

进出口商品检验制度是根据《中华人民共和国进出口商品检验法》及其实施条例的规定，国家质量监督检验检疫总局及口岸出入境检验检疫机构对进出口商品所进行的品质、质量检验和监督管理的制度。

商品检验机构实施进出口商品检验的内容包括商品的质量、规格、数量、重量、包装以及是否符合安全、卫生的要求。我国商品检验的种类分为四种，即法定检验、合同检验、公证鉴定和委托检验。

2. 进出境动植物检疫制度

进出境动植物检疫制度是根据《中华人民共和国进出境动植物检疫法》及其实施条例的规定，国家质量监督检验检疫总局及口岸出入境检验检疫机构对进出境动植物、动植物产品的生产、加工、存放过程实行动植物检疫的进出境监督管理制度。

我国实行进出境检验检疫制度的目的是为了防止动植物传染病、寄生虫病和植物危险性病、虫、杂草以及其他有害生物传入或传出国境，保护农、林、牧、渔业生产和人体健康，促进对外经济贸易的发展。

3. 国境卫生监督制度

国境卫生监督制度是指出入境检验检疫机构根据《中华人民共和国国境卫生检疫法》及其实施细则，以及其他的卫生法律、法规和卫生标准，在进出口口岸对出入境的交通工具、货物、运输容器以及口岸辖区的公共场所、环境、生活设施、生产设备所进行的卫生检查、鉴定、评价和采样检验的制度。

我国实行国境卫生监督制度是为了防止传染病由国外传入或者由国内传出，实施国境卫生检疫，保护人体健康。

知识拓展：检验检疫人员工作内容

三、货物贸易外汇管理制度

对外贸易经营者在对外贸易经营活动中，应当依照国家有关规定结汇、用汇。国家外汇管理局依据国务院《中华人民共和国外汇管理条例》及其他有关规定，对包括经常项目外汇业务、资本项目外汇业务、金融机构外汇业务、人民币汇率的生成机制和外汇市场等领域实施监督管理。

（一）我国货物贸易外汇管理制度概述

为完善货物外汇管理制度，大力推进贸易便利化，进一步改进货物贸易外汇服务和管理，我国自 2012 年 8 月 1 日起在全国实施货物贸易外汇管理制度改革，国家外汇管理局对企业的贸易外汇管理方式由现场逐笔核销改变为非现场总量核查。外汇局通过货物贸易外汇监测系统，全面采集企业货物进出口和贸易外汇收支逐笔数据，定期比对、评估企业货物流与资金流总体匹配情况，便利合规企业贸易外汇收支；对存在异常的企业进行重点监测，必要时实施现场核查。

国际贸易项下国际收支不予限制，出口收入可按规定调回境内或存放境外。对外贸易机构（以下简称企业）的外汇收支应当具有真实合法的交易背景，与货物进出口应当一致。企业应当根据贸易方式、结算方式及资金来源或流向，凭进出口报关单外汇核销专用联等相关单证在金融机构办理贸易外汇收支。海关进出口报关单外汇核销专用联可在进出口货物放行后向海关申请取得。金融机构应当对企业提交的交易单证真实性及其外汇收支的一致性进行合理审查。国家外汇管理局依法对企业及经营结汇、售汇业务的金融机构进行监督检查，形成了企业自律、金融机构专业审查、国家外汇管理局监管的运行机制，落实了我国货物外汇管理制度。

（二）国家外汇管理局对货物外汇的主要监管方式

1. 企业名录登记管理

企业依法取得对外贸易经营权后，应当持有关材料到国家外汇管理局办理名录登记手续后，才能在金融机构办理贸易外汇收支业务。国家外汇管理局将登记备案的企业名录统一向金融机构发布，金融机构不得为不在名录内的企业办理外汇收支业务。国家外汇管理局可根据企业的外汇收支业务及其合规情况注销企业名录。

2. 非现场核查

国家外汇管理局对企业在一定期限内的进出口数据和贸易外汇收支数据进行总量比对，核查企业贸易外汇的真实性及其与进出口的一致性。非现场核查是国家外汇管理局的常规监管方式。

3. 现场核查

国家外汇管理局对企业非现场核查中发现的异常可疑的贸易外汇收支业务实施现场核查，也可以对金融机构办理贸易外汇业务的合规性与报送信息的及时性、完整性和准确性实施现场核查。国家外汇管理局实施现场核查时，被核查单位应当配合，如实说明情况，并提供有关文件、资料，不得拒绝、阻碍和隐瞒。

4. 分类管理

国家外汇管理局根据企业贸易外汇收支的合规性及其与货物进出口的一致性，将企业分为 A、B、C 三类。A 类企业进口付汇单证简化，可凭进口报关单、合同或发票等任何一种能够证明交易真实性的单证在银行直接办理付汇，出口收汇无需联网核查；银行办理收付汇审核手续相应简化。对 B、C 类企业在贸易外汇收支单证审核、业务类型、结算方式等方面实施严格监管，B 类企业贸易外汇收支由银行实施电子数据核查，C 类企业贸易外汇收支须经外汇局逐笔登记后办理。国家外汇管理局根据企业在分类监管期内遵守外汇管理规定的情况，对企业类别进行动态调整。

四、对外贸易救济措施

我国于 2001 年底正式成为 WTO 成员，WTO 允许成员方在进口产品倾销、补贴和过激增长等给其国内产业造成损害的情况下，使用反倾销、反补贴和保障措施手段来保护国内产业不受损害。

反补贴、反倾销和保障措施都属于贸易救助措施。反补贴和反倾销措施针对的是价格歧视这种不公平贸易行为，保障措施针对的则是进口产品激增的情况。

为充分利用 WTO 规则，维护国内市场上的国内外商品的自由贸易和公平竞争秩序，我国依据 WTO《反倾销协议》、《补贴与反补贴措施协议》、《保障措施协议》以及我国《对外贸易法》的有关规定，制定颁布了《反补贴条例》、《反倾销条例》以及《保障措施条例》。

（一）反倾销措施

我国依据 WTO《反倾销协议》以及《反倾销条例》实施反倾销措施。反倾销措施包括临时反倾销措施和最终反倾销措施。

1. 临时反倾销措施

临时反倾销措施是指进口方主管机构经过调查，初步认定被指控产品存在倾销并对国内同类产业造成损害，据此可以依据 WTO 所规定的程序进行调查，在全部调查结束之前，采取临时性的反倾销措施，以防止在调查期间国内产业继续受到损害。

临时反倾销措施有两种形式：一是征收临时反倾销税；二是要求提供保证金、保函或者其他形式的担保。

征收临时反倾销税，由商务部提出建议，国务院关税税则委员会根据其建议做出决定，商务部予以公告；要求提供保证金、保函或者其他形式的担保，由商务部做出决定并予以公告。海关自公告规定实施之日起执行。

临时反倾销措施实施的期限，自临时反倾销措施决定公告规定实施之日起，不超过 4 个月；在特殊情况下，可以延长至 9 个月。

2. 最终反倾销措施

对终裁决定确定倾销成立并由此对国内产业造成损害的，可以征收反倾销税。征收反倾销税应当符合公共利益。

征收反倾销税，由商务部提出建议，国务院关税税则委员会根据其建议做出决定，商务部予以公告。海关自公告规定实施之日起执行。

（二）反补贴措施

反补贴与反倾销的措施相同，也分为临时反补贴措施和最终反补贴措施。

1. 临时反补贴措施

初裁决定确定补贴成立并由此对国内产业造成损害的，可以采取临时反补贴措施。临时反补贴措施采取以保证金或者保函作为担保的征收临时反补贴税的形式。

采取临时反补贴措施，由商务部提出建议，国务院关税税则委员会根据其建议做出决定，商务部予以公告。海关自公告规定实施之日起执行。

临时反补贴措施实施的期限，自临时反补贴措施决定公告规定实施之日起，不超过 4 个月。

2. 最终反补贴措施

在为完成磋商的努力没有取得效果的情况下，终裁决定确定补贴成立并由此对国内产业造成损害的，可以征收反补贴税。征收反补贴税应当符合公共利益。

征收反补贴税，由商务部提出建议，国务院关税税则委员会根据其建议做出决定，商务部予以公告。海关自公告规定实施之日起执行。

（三）保障措施

保障措施分为临时保障措施和最终保障措施。

1. 临时保障措施

临时保障措施是指在有明确证据表明进口产品数量增加，将对国内产业造成难以补救的损害的紧急情况下，进口国与成员国之间可不经磋商而做出初裁决定，并采取临时性保障措施。临时保障措施的实施期限，自临时保障措施决定公告规定实施之日起，不得超过 200 天，并且此期限计入保障措施总期限。

临时保障措施采取提高关税的形式，如果事后调查不能证实进口激增对国内有关产业已经造成损害的，已征收的临时关税应当予以退还。

2. 最终保障措施

最终保障措施可以采取提高关税、数量限制等形式。但保障措施应当限于防止、补救严重损害并便利调整国内产业所必要的范围内。

保障措施的实施期限一般不超过 4 年，在此基础上如果继续采取保障措施则必须同时满足四个条件，即：对于防止或者补救严重损害仍有必要；有证据表明相关国内产业正在进行调整；已经履行有关对外通知、磋商的义务；延长后的措施不严于延长前的措施。保障措施全部实施期限（包括临时保障措施期限）不得超过 10 年。

第三节　我国贸易管制主要措施

对外贸易管制作为一项综合制度，所涉及的管理规定繁多。了解我国贸易管制各项措施所涉及的具体规定，是报关从业人员的首要任务。

一、进出口许可证管理

进出口许可证管理是指由商务部或者由商务部会同国务院其他有关部门，依法制定并调整进出口许可证管理目录，以签发进出口许可证的方式对进出口许可证管理目录中的商品实行的行政许可管理。

进出口许可证管理属于国家限制进出口管理范畴，分为进口许可证管理和出口许可证管理。商务部是全国进出口许可证的归口管理部门，负责制定进出口许可证管理办法及规章制度，监督、检查进出口许可证管理办法的执行情况，处罚违规行为。商务部会同海关总署制定、调整和发布年度《进口许可证管理货物目录》及《出口许可证管理货物目录》。

（一）主管部门

商务部统一管理、指导全国各发证机构的进出口许可证签发工作，商务部配额许可证事务局（以下简称许可证局），商务部驻各地特派员办事处（以下简称特办）和各省、自治区、直辖市、计划单列市以及商务部授权的其他省会城市商务厅（局）、外经贸委（厅、局）（以下简称地方发证机构）为进出口许可证的发证机构，负责在授权范围内签发"中华人民共和国进口许可证"（以下简称进口许可证）或"中华人民共和国出口许可证"（以下简称出口许可证）。

进出口许可证是国家管理货物进出口的凭证，不得买卖、转让、涂改、伪造和变造。凡属于进出口许可证管理的货物，除国家另有规定外，对外贸易经营者应当在进口或出口前按规定向指定的发证机构申领进出口许可证，持证向海关办理申报和验放手续。

（二）管理范围

进出口许可证是我国进出口许可证管理制度中具有法律效力，用来证明对外贸易经营者经营列入国家进出口许可证管理目录商品合法进出口的证明文件，是海关验放该类货物的重要依据。

1. 2016年实施进口许可证管理的货物包括重点旧机电产品和消耗臭氧层物质

（1）重点旧机电产品包括 12 类：旧化工设备类、旧起重运输设备类、旧金属冶炼设备类、旧工程机械类、旧造纸设备类、旧电力电器设备类、旧农业机械类、旧纺织机械类、旧印刷机械类、旧食品加工包装设备、旧船舶类、旧矽鼓。进口许可证由许可证局负责签发。

（2）消耗臭氧层物质包括：三氯氟甲烷（CFC-11）、二氯二氟甲烷（CFC-12）等商品。进口许可证由地方发证机构签发；在京中央管理企业的进口许可证，由许可证局签发。

国务院环境保护主管部门、国务院商务主管部门和海关总署联合设立国家消耗臭氧层物质进出口管理机构，对消耗臭氧层物质的进出口实行统一监督管理。

消耗臭氧层物质进出口许可证实行一批一证制。每份进出口许可证只能报关使用一次，当年有效，不得跨年度使用。

消耗臭氧层物质在海关特殊监管区域、保税监管场所与境外之间进出的，进出口单位应当依照规定申领进出口许可证；在海关特殊监管区域、保税监管场所之间或与境内其他区域之间进出的，不需要申领进出口许可证。

2. 2016年实行出口许可证管理的商品有48种，分别属于出口配额或出口许可证管理

（1）出口配额管理的货物

活牛（对港澳出口）、活猪（对港澳出口）、活鸡（对港澳出口）、小麦、

小麦粉、玉米、玉米粉、大米、大米粉、甘草及甘草制品、蔺草及蔺草制品、滑石块（粉）、镁砂、锯材、棉花、煤炭、原油、成品油（不含润滑油、润滑脂、润滑油基础油）、锑及锑制品、锡及锡制品、白银、铟及铟制品、磷矿石。

（2）出口许可证管理的货物

活牛（对港澳以外市场）、活猪（对港澳以外市场）、活鸡（对港澳以外市场）、冰鲜牛肉、冻牛肉、冰鲜猪肉、冻猪肉、冰鲜鸡肉、冻鸡肉、矾土、稀土、焦炭、成品油（润滑油、润滑脂、润滑油基础油）、石蜡、钨及钨制品、碳化硅、消耗臭氧层物质、铂金（以加工贸易方式出口）、部分金属及制品、钼、钼制品、天然砂（含标准砂）、柠檬酸、青霉素工业盐、维生素C、硫酸二钠、氟石、摩托车（含全地形车）及其发动机和车架、汽车（包括成套散件）及其底盘等。其中，对向港、澳、台地区出口的天然砂实行出口许可证管理，对标准砂实行全球出口许可证管理。

（3）发证机构

其中玉米、小麦、棉花、煤炭、原油、成品油（不含）6种商品的出口许可证，由商务部签发；大米、玉米粉、大米粉、小麦粉、锯材等21种商品的出口许可证，由特办签发；消耗臭氧层物质、石蜡、部分金属及制品、汽车（包括成套散件）及其底盘、摩托车（含全地形车）及其发动机和车架等22种商品的出口许可证，由各地方发证机构签发。

在京中央企业的出口许可证由商务部签发。

以陆运方式出口的对港澳地区活牛、活猪、活鸡出口许可证由广州特办、深圳特办签发。

广州特办、海南特办负责签发本省企业对台港澳地区天然砂出口许可证，福州特办负责签发本省企业对台天然砂出口许可证，报关口岸限定于企业所在省的海关；福州特办负责签发标准砂出口许可证。

（三）报关规范

（1）进口许可证的有效期为1年，当年有效。特殊情况需要跨年度使用时，有效期最长不得超过次年的3月31日，逾期自行失效。

（2）出口许可证的有效期最长不得超过6个月，且有效截止时间不得超过当年的12月31日。商务部可视具体情况，调整某些货物出口许可证的有效期。

出口许可证应当在有效期内使用，逾期自行失效。

（3）进出口许可证一经签发，不得擅自更改证面内容。如需更改，经营者应当在许可证有效期内提出更改申请，并将许可证交回原发证机构，由原发证机构重新换发许可证。

（4）进出口许可证实行"一证一关"（指进出口许可证只能在一个海关

报关）管理。一般情况下，进出口许可证为"一批一证"（指进出口许可证在有效期内一次报关使用）。如要实行"非一批一证"（指进出口许可证在有效期内可多次报关使用），应当同时在进出口许可证备注栏内打印"非一批一证"字样，但最多不超过12次，由海关在许可证背面"海关验放签注栏"内逐批签注核减进出口数量。

（5）对实行"一批一证"进出口许可证管理的大宗、散装货物，以出口货物为例，溢装数量在货物总量3%以内的原油、成品油予以免证，其他货物溢装数量在货物总量5%以内的予以免证；对实行"非一批一证"制的大宗、散装货物，在每批货物出口时，按其实际进出口数量进行核扣，最后一批货物进出口时，应按该许可证实际剩余数量并在规定的溢装上限5%（原油、成品油在溢装上限3%）以内计算免证数额。

（6）外商投资企业出口货物、加工贸易方式出口货物、补偿贸易项下出口货物（包括大米、玉米、小麦、大米粉、玉米粉、小麦粉、活牛、活猪、活鸡、牛肉、猪肉、原油、成品油、煤炭、汽车及其底盘、摩托车及其发动机和车架）实行"非一批一证"管理。

（7）消耗臭氧层物质的出口许可证管理实行"一批一证"制，出口许可证在有效期内一次报关使用。

（8）企业以一般贸易、加工贸易、边境贸易和捐赠贸易方式出口汽车、摩托车产品，需申领出口许可证，并符合申领许可证的条件；企业以工程承包方式出口汽车、摩托车产品，需凭中标文件等相关证明材料申领出口许可证；企业以上述贸易方式出口非原产于中国的汽车、摩托车产品，需凭进口海关单据和货物出口合同申领出口许可证；其他贸易方式出口汽车、摩托车产品免予申领出口许可证。

（9）为维护正常的经营秩序，国家对部分出口货物实行指定出口报关口岸管理。出口此类货物，均须到指定的口岸报关出口。

①锑及锑制品指定黄埔海关、北海海关、天津海关为报关口岸。

②镁砂项下产品"按重量计含氧化镁70%以上的混合物"（HS编码为3824909200）的出口许可证由特办签发，不再指定报关口岸；镁砂项下其他产品的出口许可证由大连特办签发，指定大连（大窑湾、营口、鲅鱼圈、丹东、大东港）、青岛（莱州海关）、天津（东港、新港）、长春（图们）、满洲里为报关口岸。

③甘草的报关口岸限定为天津海关、上海海关、大连海关；甘草制品的报关口岸限定为天津海关、上海海关。

④稀土的报关口岸限定为天津海关、上海海关、青岛海关、黄埔海关、呼

和浩特海关、南昌海关、宁波海关、南京海关和厦门海关。

⑤对台港澳地区出口天然砂的报关口岸限定于企业所在省的海关。

二、自动进口许可证管理

商务部根据监测货物进口情况的需要，对部分自由进口货物实行自动许可证管理。自动许可证管理是国家基于对这类货物的统计和监督需要而实行的一种在任何情况下对进口申请一律予以批准，具有自动登记性质的许可管理。

（一）主管部门

商务部是我国自动许可制度的管理部门。商务部会同国务院有关经济部门，根据《货物进出口管理条例》及国家其他法律法规的有关规定，调整、公布《自动进口许可管理货物目录》。

商务部配额许可证事务局、商务部驻各地特派员办事处和各省、自治区、直辖市、计划单列市商务主管部门以及地方机电产品进出口机构负责自动进口许可货物管理和自动进口许可证的签发工作。

（二）管理范围

1. 自动进口许可证管理的商品范围

2016 年实施自动进口许可管理的商品包括非机电产品、机电产品两大类，分为两个管理目录。

目录一（非机电产品）：牛肉、猪肉、羊肉、肉鸡、鲜奶、奶粉、木薯、大麦、高粱、大豆、油菜籽、植物油、食糖、玉米酒糟、豆粕、烟草、二醋酸纤维丝束、铜精矿、煤、铁矿石、铝土矿、原油、成品油、氧化铝、化肥、钢材，共 26 类。

目录二（机电产品）：商务部发证的机电产品涉及烟草机械、移动通信产品等 7 类商品，地方或部门机电办发证的机电产品涉及汽轮机、发动机（非87 章车辆用）及关键部件、水轮机等 16 类商品。

2. 免于交验自动进口许可证的情形

进口列入《自动进口许可管理货物目录》的商品，在办理报关手续时须向海关提交自动进口许可证，但下列情形免交：

（1）加工贸易项下进口并复出口的（原油、成品油除外）；

（2）外商投资企业作为投资进口或者投资额内生产自用的（旧机电产品除外）；

（3）货样广告品、实验品进口，每批次价值不超过 5000 元人民币的；

（4）暂时进口的海关监管货物；

（5）进入保税区、出口加工区等海关特殊监管区域及进入保税仓库、保税物流中心的属自动进口许可管理的货物；

（6）加工贸易项下进口的不作价设备监管期满后留在企业使用的；

（7）国家法律法规规定其他免领自动进口许可证的。

（三）报关规范

（1）自动进口许可证有效期为6个月，但仅限公历年度内有效。

（2）自动进口许可证项下货物原则上实行"一批一证"管理，对部分货物也可实行"非一批一证"管理。对实行"非一批一证"管理的，在有效期内可以分批次累计报关使用，但累计使用不得超过6次。每次报关时，海关在自动进口许可证原件"海关验放签注栏"内批注后，留存复印件，最后一次使用后，海关留存正本。同一进口合同项下，收货人可以申请并领取多份自动进口许可证。

（3）海关对溢装数量在货物总量5%以内的散装货物予以免证验放；对溢装数量在货物总量3%以内的原油、成品油、化肥、钢材四种大宗散装货物予以免证验放。对"非一批一证"的大宗散装商品，每批货物进口时，按其实际进口数量核扣自动进口许可证额度数量；最后一批货物进口时，其溢装数量按该自动进口许可证实际剩余数量并在规定的允许溢装上限内计算免证数额。

三、进口关税配额管理

关税配额管理属限制进口，实行关税配额证管理。对外贸易经营者经国家批准取得关税配额证后允许按照关税配额税率征税进口，如超出限额则按照配额外税率征税进口。

2016年我国实施进口关税配额管理的农产品有小麦、玉米、稻谷和大米、食糖、羊毛及毛条、棉花；实施进口关税配额管理的工业品为化肥。

（一）实施关税配额管理的农产品

（1）农产品进口关税配额为全球配额，其主管部门为商务部及国家发展和改革委员会（以下简称发展改革委），所有贸易方式进口上述农产品均列入关税配额管理范围。商务部和发展改革委按规定的期限公布每种农产品下一年度进口关税配额总量、关税配额申请条件及国务院关税税则委员会确定的关税配额农产品税则号列和适用税率。其中食糖、羊毛、毛条由商务部公布并由商务部授权机构负责受理本地区内申请。小麦、玉米、大米、棉花由发展改革委公布并由发展改革委授权机构负责受理本地区内申请。

海关凭农产品进口关税配额证办理验放手续。

（2）以加工贸易方式进口关税配额管理的农产品,海关凭企业提交的在"贸易方式"栏目中注明"加工贸易"的进口关税配额证办理通关验放手续。由境外进入保税仓库、保税区、出口加工区的上述农产品，无需提交"农产品进口关税配额证"，海关按现行规定验放并实施监管。从保税仓库、保税区、出口加工区出库或出区进口的关税配额农产品，海关凭进口关税配额证按规定办理进口手续。

（3）"农产品进口关税配额证"实行"一证多批"制，即最终用户需分多批进口的，凭"农产品进口关税配额证"可多次办理通关手续，直至海关核注栏填满为止。

（二）实施关税配额管理的工业品

化肥进口关税配额为全球配额，商务部负责全国化肥关税配额管理工作。商务部的化肥进口关税配额管理机构负责管辖范围内化肥进口关税配额的发证、统计、咨询和其他授权工作。关税配额内化肥进口时，海关凭进口单位提交的"化肥进口关税配额证明"，按配额内税率征税，并验放货物。

四、两用物项和技术进出口许可证管理

为维护国家安全和社会公共利益，履行我国在缔结或参加的国际条约、协定中所承担的义务，国家限制两用物项和技术进出口，对两用物项和技术实行进出口许可证管理。

（一）主管部门

商务部是全国两用物项和技术进出口许可证的归口管理部门，负责制定两用物项和技术进出口许可证管理办法及规章制度，监督、检查两用物项和技术进出口许可证管理办法的执行情况，处罚违规行为。

商务部配额许可证事务局和受商务部委托的省级商务主管部门为两用物项和技术进出口许可证发证机构。进出口经营者凭两用物项和技术进/出口许可证向海关办理进出口通关手续。

（二）管理范围

两用物项和技术是指《中华人民共和国核出口管制条例》、《中华人民共和国核两用品及相关技术出口管制条例》、《中华人民共和国导弹及相关物项和技术出口管制条例》、《中华人民共和国生物两用品及相关设备和技术出口管制条例》、《中华人民共和国监控化学品管理条例》、《中华人民共和国易制毒化学品管理条例》《中华人民共和国放射性同位素与射线装置安全和防护条例》及《有关化学品及相关设备和技术出口管制办法》所规定的予以管制、临时管制或特别管制的物项及技术。

（三）报关规范

（1）对以任何方式进口或出口，以及过境、转运、通运列入《两用物项和技术进出口许可证管理目录》的商品，两用物项和技术进出口经营者应当主动向海关出具有效的两用物项和技术进出口许可证。

（2）海关有权对进出口经营者进出口的货物是否属于两用物项和技术提出质疑，进出口经营者应按规定向相关行政主管部门申请进口或者出口许可，或者向商务主管部门申请办理不属于管制范围的相关证明。省级商务主管部门受理其申请，提出处理意见后报商务部审定。对进出口经营者未能出具两用物项和技术进口／出口许可证或者商务部相关证明的，海关不予办理有关手续。

（3）目录列明的物项和技术，不论该物项和技术是否在管理目录中列明海关商品编号，均应依法办理两用物项和技术进口许可证。

（4）两用物项和技术进口许可证实行"非一批一证"制和"一证一关"制，并在其备注栏内打印"非一批一证"字样；两用物项和技术出口许可证实行"一批一证"制和"一证一关"制。

（5）两用物项和技术进出口许可证有效期一般不超过 1 年。跨年度使用时，在有效期内只能使用到次年的 3 月 31 日，逾期发证机构将根据原许可证有效期换发许可证。

（6）两用物项和技术进出口许可证仅限于申领许可证的进出口经营者使用，不得买卖、转让、涂改、伪造和变造；两用物项和技术进出口许可证应在批准的有效期内使用，逾期自动失效，海关不予验放。

（7）两用物项和技术进出口许可证一经签发，任何单位和个人不得更改证面内容，如需对证面内容进行更改，进出口经营者应当在许可证有效期内向相关行政主管部门重新申请进出口许可证，并凭原许可证和新的批准文件向发证机构申领两用物项和技术进出口许可证。

（8）两用物项和技术进出口许可证证面的进口商、收货人应分别与海关进口货物报关单的经营单位、收货单位相一致；两用物项和技术进出口许可证证面的出口商、发货人应分别与海关出口货物报关单位的经营单位、发货单位相一致。

五、密码产品和含有密码技术的设备进口许可证管理

密码及技术属于国家机密。为了加强商用密码管理，保护信息安全，保护公民和组织的合法权益，维护国家的安全和利益，国家对密码产品和含有密码技术的设备实行限制进口管理。

（一）主管部门

国家密码管理局是密码产品和含有密码技术的设备进口的国家主管部门，

会同海关总署公布了《密码产品和含有密码技术的设备进口管理目录》，以签发 "密码产品和含有密码技术的设备进口许可证"（以下简称密码进口许可证）的形式，对该类产品实施进口限制管理。

（二）管理范围

管理列入《密码产品和含有密码技术的设备进口管理目录》内以及虽暂未列入目录但含有密码技术的进口商品。

列入目录内的商品包括加密传真机、加密电话机、加密路由器、非光通信加密以太网络交换机、密码机、密码卡（不包括数字电视智能卡蓝牙模块和用于知识产权保护的加密狗）等商品。

（三）报关规范

密码进口许可证是我国进出口许可证管理制度中具有法律效力、用来证明对外贸易经营者经营列入我国密码产品和含有密码技术的设备管理范围的商品的合法进口证明文件，是海关验放货物的重要依据。对外贸易经营者在组织进口前应事先向国家密码管理局申领密码进口许可证。

（1）免于提交密码进口许可证的情形：

①加工贸易项下为复出口而进口的；

②由海关监管，暂时进口后复出口的；

③从境外进入特殊监管区域和保税监管场所的，或特殊区域保税监管场所之间进出的。

（2）从海关特殊监管区域、保税监管场所进入境内区外，需交验密码进口许可证。

（3）进口单位知道或者应当知道其所进口商品含有密码技术，但暂未列入目录的，也应当申领密码进口许可证。

（4）在进口环节发现应当提交而未提交密码进口许可证的，海关按有关规定进行处理。

六、固体废物进口管理

为了防治固体废物污染环境，保障人体健康，促进社会主义现代化建设的发展，根据《中华人民共和国固体废物污染环境防治法》、《控制危险废物越境转移及处置的巴塞尔公约》及《固体废物进口管理办法》等法律法规，我国对可以弥补境内资源短缺，且根据国家经济、技术条件能够以无害化方式利用的可用原料的固体废物，按照其加工利用过程的污染排放强度实行限制进口和自动许可进口分类管理；对危险废物，以热能回收为目的的固体废物，不能用作原料或者不能以无害化方式利用的固体废物，我国境内产生量和或者堆存量大且尚未得到充分利用的固体废物，经检验检疫不符合进口可用作原料的固体废物环境保护控制标准或者相关技术规范等强制性要求的或尚无适用环境保护控制标准或者相关技术规范等强制性要求的固体废物，以及指示交货（To Order）方式承运入境的固体废物，实施禁止进口管理。

（一）主管部门

环境保护部是进口废物的国家主管部门。

废物利用单位在组织列入限制进口目录和自动许可目录的固体废物前，应当直接向环境保护部提出废物进口申请，由国家环境保护部审查批准，取得环境保护部签发的"中华人民共和国自动许可进口类可用作原料的固体废物进口许可证"或"中华人民共和国限制进口类可用作原料的固体废物进口许可证"（以下统称为固体废物进口许可证）后才可组织进口。

出入境检验检疫机构对固体废物进行检验检疫，对符合国家环境保护控制标准或者相关技术规范强制性要求的，出具入境通关单，并备注"经初步检验检疫，未发现不符合国家环境保护控制标准的物质"；对不符合的，出具检验检疫处理通知书，并及时通知口岸海关和口岸所在地省、自治区、直辖市环境保护行政主管部门。海关凭有效固体废物进口许可证及入境货物通关单办理通关手续。

（二）管理范围

固体废物是指《中华人民共和国固体废物污染环境防治法》管理范围内的废物，即在生产建设、日常生活和其他活动中产生的污染环境的废弃物质，包括工业固体废物、城市生活垃圾、危险废物以及液态废物和置于容器中的气态废物。

目前，我国对进口废物实施分类目录管理，分别实施限制进口、自动许可进口和禁止进口三类管理。对于列入《限制进口类可用作原料的废物目录》的固体废物实行限制进口管理；对列入《自动进口许可管理类可用作原料的废物目录》的固体废物实行自动进口管理；对列入《禁止固体废物目录》且未列入《限制进口类可用作原料的废物目录》及《自动进口许可管理类可用作原料的废物目录》或虽列入《限制进口类可用作原料的废物目录》及《自动进口许可管理类可用作原料的废物目录》但经入境检验检疫不符合可用作原料的固体废物环境保护控制标准或者相关技术规范强制性要求的固体废物实施禁止进口管理。

环境保护部对全国固体废物进口环境管理工作实施统一监督管理，商务部、国家发改委、海关总署和国家质量监督检验检疫总局在各自的职责范围内负责固体废物进口相关管理工作，定期公布调整相关管理目录。

（三）报关规范

（1）不论以何种方式进口列入上述管理范围的固体废物，包括由境外进入保税区、出口加工区、物流园区、保税港区等海关特殊监管区域和保税物流中心、保税仓库等海关保税监管场所，均须事先申领固体废物进口许可证。

固体废物在海关特殊监管区域和场所之间或进口到境内区外，无需办理固体废物进口相关许可证。

海关特殊监管区域和场所内单位不得以转口货物为名存放进口固体废物。

（2）向海关申报进口列入《限制进口类可用作原料的废物目录》及《自动进口许可管理类可用作原料的废物目录》的废物，报关单位应主动向海关提交有效的固体废物进口许可证、口岸检验检疫机构出具的入境货物通关单及其他有关单据。

（3）固体废物进口许可证当年有效，因故在有效期内未使用完的，废物利用企业应当在有效期满 30 日前向发证机构提出延期申请。发证机构扣除已使用的数量后重新签发，并在备注栏中注明"延期使用"和原证证号，且只能延期一次，延期最长不超过 60 日。

（4）固体废物进口许可证实行"一证一关"。一般情况下固体废物进口许可证为"非一批一证"管理，如要实行"一批一证"，在备注栏内打印"一批一证"字样。

（5）对废金属、废塑料、废纸进口实施分类装运管理。进口时不得与其他非重点固体废物及不属于固体废物的货物混合装运于同一集装箱内；对未按上述规定进口的废物，如无走私或违反海关监管规定嫌疑，进口企业可申请办理直接退运。

（6）海关怀疑进口货物的收货人申报的进口货物为固体废物的，可以要求收货人送口岸检验检疫部门进行固体废物属性检验，必要时海关可以直接送口岸检验检疫部门进行固体废物属性检验，并按照检验结果处理。口岸检验检疫部门应当出具检验结果，并注明是否属于固体废物。

七、野生动植物种进出口管理

野生动植物是人类的宝贵自然财富。挽救珍稀濒危动植物种，保护、发展和合理利用野生动植物资源，对维护自然生态平衡，开展科学研究，发展经济、文化、教育、医药、卫生等事业有着极其重要的意义。为此，我国颁布了《中华人民共和国森林法》、《中华人民共和国野生动物保护法》以及《中华人民共和国野生植物保护条例》等相关法规，并发布了我国物种自主保护目录。同时，我国也是《濒危野生动植物种国际贸易公约》的成员国，因此我国进出口管理的濒危物种包括《濒危野生动植物种国际贸易公约》成员国（地区）应履行保护义务的物种以及为保护我国珍稀物种而自主保护的物种。

（一）主管部门

野生动植物种进出口管理是指国家濒危物种进出口管理办公室会同国家其他部门，依法制定或调整《进出口野生动植物种商品目录》并以签发"濒危野生动植物种国际贸易公约允许进出口证明书"（以下简称公约证明）、"中华人民共和国濒危物种进出口管理办公室野生动植物允许进出口证明书"（以下简称非公约证明）或"非《进出口野生动植物种商品目录》物种证明"（以下简称物种证明）的形式，对该目录列明的依法受保护的珍贵、濒危野生动植物及其产品实施的进出口限制管理。

凡进出口列入《进出口野生动植物种商品目录》的野生动植物或其产品，必须严格按照有关法律、行政法规的程序进行申报和审批，并在进出口报关前取得国家濒危物种进出口管理办公室或其授权的办事处签发的"公约证明"、"非公约证明"或"物种证明"后，向海关办理进出口手续。

（二）公约证明管理范围及报关规范

公约证明是我国进出口许可管理制度中具有法律效力，用来证明对外贸易经营者经营列入《进出口野生动植物种商品目录》中属于《濒危野生动植物种国际贸易公约》成员国（地区）应履行保护义务的物种合法进出口的证明文件，是海关验放该类货物的重要依据。

1. 管理范围

对列入《进出口野生动植物种商品目录》中属于《濒危野生动植物种国际贸易公约》成员国（地区）应履行保护义务的物种，不论以何种方式进出口，均须事先申领公约证明。

2. 报关规范

（1）向海关申报进出口列入《进出口野生动植物种商品目录》中属于《濒危野生动植物种国际贸易公约》成员国（地区）应履行保护义务的物种，报关单位应主动向海关提交有效的公约证明及其他有关单据。

（2）公约证明实行"一批一证"制度。

（三）非公约证明管理范围及报关规范

非公约证明是我国进出口许可管理制度中具有法律效力，用来证明对外贸易经营者经营列入《进出口野生动植物种商品目录》中属于我国自主规定管理的野生动植物及其产品合法进出口的证明文件，是海关验放该类货物的重要依据。

1. 管理范围

列入《进出口野生动植物种商品目录》中属于我国自主规定管理的野生动植物及其产品，不论以何种方式进出口，均须事先申领非公约证明。

2. 报关规范

（1）向海关申报进出口列入《进出口野生动植物种商品目录》中属于我国自主规定管理的野生动植物及其产品，报关单位应主动向海关提交有效的非公约证明及其他有关单据。

（2）非公约证明实行"一批一证"制度。

（四）物种证明适用范围及报关规范

由于受濒危物种进出口管理的动植物种很多，认定工作的专业性很强，为使濒危物种进出口监管工作做到既准确又严密，海关总署和国家濒危物种进出口管理办公室共同商定，启用"物种证明"，由国家濒危物种进出口管理办公室指定机构进行认定并出具"物种证明"，报关单位凭以办理报关手续。

1. 适用范围

对于列入《进出口野生动植物种商品目录》中适用公约证明、非公约证明管理的《濒危野生动植物种国际贸易公约》附录及国家重点保护野生动植物以外的野生动植物及相关货物或物品和含野生动植物成分的纺织品，均须事先申领物种证明。

2. 报关规范

（1）物种证明由国家濒危物种进出口管理办公室按统一确定的格式制作，不得转让或倒卖。证面不行涂改、伪造。

（2）物种证明分为"一次使用"和"多次使用"。

一次使用的物种证明有效期自签发之日起不得超过 6 个月。

多次使用的物种证明只适用于同一物种、同一货物类型、在同一报关口岸多次进出口的野生动植物。多次使用的物种证明有效期截至发证当年的 12 月 31 日。持证者须于 1 月 31 日之前将上一年度使用多次"物种证明"进出口有关野生动植物标本的情况汇总上报发证机关。

（3）进出口企业必须按照物种证明规定的口岸、方式、时限、物种、数量和货物类型等进出口野生动植物。对于超越"物种证明"中任何一项许可范围的申报行为，海关均不受理。

（4）海关以经营者进出口列入《进出口野生动植物种商品目录》的商品以

及含野生动植物成分的纺织品是否为濒危野生动植物种提出质疑的，经营者应按海关的要求，向国家濒危物种进出口管理办公室或其办事处申领物种证明；属于公约证明或非公约证明管理范围的，应申领公约证明或非公约证明。经营者未能出具证明书或物种证明的，海关不予办理有关手续。

（5）对进出境货物或物品包装或说明书中标注含有商品目录所列野生动植物成分的，经营者应主动如实地向海关申报，海关按实际含有野生动植物商品进行监管。

八、进出口药品管理

进出口药品管理指为加强监督管理，保证药品质量，保障人体用药安全，维护人民身体健康和用药合法权益，国家食品药品监督管理局（以下简称国家食药监局）依照《药品管理法》有关国际公约及国家其他法规，对进出口药品实施监督管理的行政行为。

对进出口药品管理是我国进出口许可管理制度的重要组成部分，属于国家限制进出口管理范畴，实行分类和目录管理。进出口药品从管理角度可分为进出口麻醉药品、进出口精神药品以及进口一般药品。

（一）主管部门

国家食药监局是进出口药品的主管部门，会同国务院对外经济贸易主管部门对上述药品依法制定并调整管理目录，以签发许可证件的形式对其进出口加以管制。

目前我国公布的药品进出口管理目录有：《进口药品目录》、《生物制品目录》、《麻醉药品管制品种目录》、《兴奋剂目录》。

药品必须经由国务院批准的允许药品进口的口岸进口。目前，允许进口药品的口岸有北京、天津、上海、大连、青岛、成都、武汉、重庆、厦门、南京、杭州、宁波、福州、广州、深圳、珠海、海口、西安、南宁19个城市所在地直属海关所辖关区口岸。

（二）精神药品进出口管理范围及报关规范

精神药品进出口准许证是我国进出口精神药品管理批件，国家食药监局根据相关法律法规及有关国际条约，对进出口直接作用于中枢神经系统，使之兴奋或抑制，连续使用能产生依赖性的药品，制定和调整《精神药品管制品种目录》并以签发精神药品进出口准许证的形式对该商品目录商品实行进出口限制管理。

精神药品进出口准许证是用来证明对外贸易经营者经营《精神药品管制

品种目录》管理药品合法进出口的最终证明文件，是海关验放该类货物的重要依据。

1. 管理范围

（1）进出口列入《精神药品管制品种目录》的药品，包含精神药品标准品及对照品，如咖啡因、去氧麻黄碱、复方甘草片等。

（2）对于列入《精神药品管制品种目录》的药品可能存在的盐、酯、醚，虽未列入该目录，但仍属于精神药品管制范围。

（3）任何单位以任何贸易方式进出口列入上述范围的药品，不论用于何种用途，均须事先申领精神药品进出口准许证。

2. 报关规范

（1）向海关申报进出口精神药品管理范围内的药品，报关单位应主动向海关提交有效的精神药品进出口准许证及其他有关单据。

（2）精神药品的进出口准许证仅限在该注明的口岸海关使用，并实行"一批一证"制度。

（三）麻醉药品进出口管理范围及报关规范

麻醉药品进出口准许证是我国进出口麻醉药品的管理批件，国家食药监局根据相关法律法规及有关国际条约，对连续使用能产生依赖性、能成瘾癖的药品，制定和调整《麻醉药品管制品种目录》并以签发麻醉药品进出口准许证的形式对该商品目录商品实行进出口限制管理。

麻醉药品进出口准许证是用来证明对外贸易经营者经营《麻醉药品管制品种目录》管理药品合法进出口的最终证明文件，是海关验放该类货物的重要依据。

1. 管理范围

（1）进出口列入《麻醉药品管制品种目录》的药品，包含鸦片、可卡因、大麻、海洛因及合成麻醉药类和其他易成瘾癖的药品、药用原植物及其制剂。

（2）对于列入《麻醉药品管制品种目录》的药品可能存在的盐、酯、醚，虽未列入该目录，但仍属于麻醉药品管制范围。

（3）任何单位以任何贸易方式进出口列入上述范围的药品，不论用于何种用途，均须事先申领麻醉药品进出口准许证。

2. 报关规范

（1）向海关申报进出口麻醉药品管理范围内的药品，报关单位应主动向海关提交有效的麻醉药品进出口准许证及其他有关单据。

（2）麻醉药品的进出口准许证仅限在该注明的口岸海关使用，并实行"一批一证"制度。

（四）兴奋剂进出口管理范围及报关规范

为了防止在体育运动中使用兴奋剂，保护体育运动参加者的身心健康，维护体育竞赛的公平竞争，根据《中华人民共和国体育法》和其他有关法律法规规定，国家体育总局会同商务部、卫生部、海关总署、国家食药监局制定颁布了《兴奋剂目录》。

1. 管理范围

列入《兴奋剂目录》的药品，包括：蛋白同化制剂品种、肽类激素品种、麻醉药品品种、刺激剂（含精神药品）品种、药品类易制毒化学品品种、医疗用毒性药品品种、其他品种共 7 类。

2. 报关规范

（1）列入《兴奋剂目录》的精神药品、麻醉药品、易制毒化学品、医疗用毒性药品，应按照现行规定向海关办理验放手续。对于《兴奋剂目录》中的"其他品种"，暂不按照兴奋剂实行管理。

（2）根据《蛋白同化剂、肽类激素进出口管理办法（暂行）》的相关规定，国家对进出口蛋白同化剂和肽类激素分别实行进出口准许证管理。

①进出口单位进出口蛋白同化剂、肽类激素，应当事先向国家食品药品监督管理局申领进口准许证或出口准许证。

②进口准许证有效期 1 年。出口准许证有效期不超过 3 个月（有效期时限不跨年度）。出口准许证实行"一证一关"。

③以加工贸易方式进出口蛋白同化剂、肽类激素的，海关凭进口准许证、出口准许证验放。

④从境内区外进入保税区、出口加工区及其他海关特殊监管区域和保税监管场所的蛋白同化剂、肽类激素，应当办理药品出口许可证；从保税区、出口加工区及其他海关特殊监管区域和保税监管场所进入境内区外的蛋白同化剂、肽类激素，应当办理药品进口许可证。

保税区、出口加工区及其他海关特殊监管区域和保税监管场所与境外进出，以及海关特殊监管区域、保税监管场所之间进出蛋白同化剂、肽类激素，免于办理药品进口准许证或出口准许证，由海关实施监管。

（五）一般药品进口管理范围及报关规范

国家对一般药品的进口实行目录管理。国家食品药品监督管理局依据相关法律法规制定和调整进口药品目录，国家食药监局授权的口岸药品检验所以签发进口药品通关单的形式对列入目录管理的商品实行进口限制管理。

进口药品通关单是用来证明对外贸易经营者经营列入《药品进口目录》的药品合法进出口的证明文件，是海关验放的重要依据。

1. 管理范围

（1）进口列入《进口药品目录》的药品，包括用于预防、治疗、诊断人的疾病，有目的地调节人的生理机能并规定有适应症、用法和用量的物质，包括中药材、中药饮品、中成药、化学原料药及其制剂、抗生素、生化药品、血清疫苗、血液制品和诊断药品等。

（2）进口列入《生物制品目录》的商品，包括疫苗类、血液制品类及血源筛查用诊断试剂等。

（3）首次在我国境内销售的药品。

（4）进口暂未列入《进口药品目录》的原料药的单位，必须遵守《进口药品管理办法》中的各项有关规定，主动到各口岸药品检验所报验。

2. 报关规范

（1）向海关申报进口列入《进口药品目录》中的药品，应向海关提交"进口药品通关单"。

（2）进口药品通关单仅限在该单注明的口岸海关使用，并实行"一批一证"制度。

目前，一般药品出口目前暂无特殊的管理要求。

九、美术品进出口管理

为加强对美术品进出口经营活动、商业类美术品展览活动的管理，促进中外文化交流，丰富人民群众文化生活，国家对美术品进出口实施监督管理。

（一）主管部门

文化部负责对美术品进出口经营活动的审批管理，海关负责对美术品进出境环节进行监管。文化部委托美术品进出口口岸所在地省、自治区、直辖市文化行政部门负责本辖区美术品的进出口审批。

我国对美术品进出口实行专营，经营美术品进出口的企业必须是在商务部门备案登记并取得进出口资质的企业。美术品进出口单位应当在美术品进出口前，向美术品进出口口岸所在地省、自治区、直辖市文化行政部门申领进出口批准文件，批准文件中应附美术品详细清单，企业持批准文件向海关办理通关手续。

（二）管理范围

（1）纳入我国进出口管理的美术品是指艺术创作者以线条、色彩或者其他方式，经艺术创作者以原创方式创作的具有审美意义的造型艺术作品，包括绘画、书法、雕塑、摄影等作品，以及艺术创作者许可并签名的、数量在 200 件以内的复制品。

（2）批量临摹的作品、工业化批量生产的美术品、手工艺品、工艺美术产品、木雕、石雕、根雕、文物等均不纳入美术品进行管理。

（3）我国禁止进出境含有下列内容的美术品：违反宪法确定的基本原则的；危害国家统一、主权和领土完整的；泄漏国家秘密、危害国家安全或者损害国家荣誉和利益的；煽动民族仇恨、民族歧视，破坏民族团结，或者侵害民族风俗习惯的；宣扬或者传播邪教迷信的；扰乱社会秩序，破坏社会稳定的；宣扬或者传播淫秽、色情、赌博、暴力、恐怖或者教唆犯罪的；侮辱或者诽谤他人、侵害他人合法权益的；蓄意篡改历史、严重歪曲历史的；危害社会公德或者有损民族优秀文化传统的；我国法律、行政法规和国家规定禁止的其他内容的。

（三）报关规范

（1）向海关申报进出口管理范围内的美术品，报关单位应主动向海关提交有效的进出口批准文件及其他有关单据。

（2）美术品进出口单位向海关递交的批准文件不得擅自更改。如有更改，应当及时将变更事项向审批部门申报，经审批部门批准确认后，方可变更。

（3）文化行政部门的批准文件，不得伪造、涂改、出租、出借、出售或者以其他任何形式转让。

（4）同一批已经批准进口或出口的美术品复出口或复进口，进出口单位可持原批准文件正本到原进口或出口口岸海关办理相关手续，文化行政部门不再重复审批。上述复出口或复进口的美术品如与原批准内容不符，进出口单位则应当到文化行政部门重新办理审批手续。

十、音像制品进口管理

为了加强对音像制品进口的管理，促进国际文化交流，丰富人民群众的文化生活，根据《音像制品管理条例》及国家有关规定，对音像制品实行进口许可管制。

（一）主管部门

国家新闻出版广电总局负责全国音像制品进口的监督管理和内容审查工作，县级以上地方人民政府文化行政部门依照本办法负责本行政区域内的进口音像制品的监督管理工作；各级海关在其职责范围内负责音像制品进口的监督管理工作。

国家新闻出版广电总局设立音像制品内容审查委员会，委员会下设办公室，负责审查进口音像制品的内容。音像制品应在进口前报国家新闻出版广电总局进行内容审查，审查批准取得"进口音像制品批准单"后方可进口。

国家对设立音像制品成品进口单位实行许可制度，音像制品成品进口业务由国家新闻出版广电总局批准的音像制品成品进口单位经营；未经批准，任何单位或者个人不得从事音像制品成品进口业务。

（二）管理范围

（1）进口音像制品，是指从外国进口音像制品和进口用于出版（包括利用信息网络出版）及其他用途的音像制品，包括录有内容的录音带、录像带、唱片、激光视盘等。列入我国首批音像制品进口管理目录的商品有：重放声音或图像信息的磁带、已录制的其他磁带、其他磁性媒体，仅用于重放声音信息的已录制光学媒体、其他录制光学媒体、已录制唱片及其他媒体，共涉及 7 个海关 10 位商品编号。

（2）音像制品用于广播电视播放的，适用于广播电视法律、行政法规。

（3）国家禁止进口有下列内容的音像制品：

①反对宪法确定的基本原则的；

②危害国家统一、主权和领土完整的；

③泄漏国家秘密、危害国家安全或者损害国家荣誉和利益的；

④煽动民族仇恨、民族歧视，破坏民族团结，或者侵害民族风俗习惯的；

⑤宣扬邪教、迷信的；

⑥扰乱社会秩序，破坏社会稳定的；

⑦宣扬淫秽、赌博、暴力或者教唆犯罪的；

⑧侮辱或者诽谤他人，侵害他人合法权益的；

⑨危害社会公德或者民族优秀文化传统的；

⑩有法律、行政法规和国家规定禁止的其他内容的。

（三）报关规范

（1）向海关申报进口音像制品，报关单位应主动向海关提交有效的进口音像制品批准单及其他有关单据。

（2）进口音像制品批准单一次使用有效，不得累计使用。其中，属于音像制品成品进口的，批准单当年有效；属于用于出版的音像制品的，批准单有效期为 1 年。

（3）在经批准进口出版的音像制品版权授权期限内，音像制品进口经营单位不得进口该音像制品成品。

（4）随机器设备同时进口以及进口后随机器设备复出口的记录操作系统、设备说明、专用软件等内容的音像制品，无须申领音像制品批准单，海关凭进口单位提供的合同、发票等有效单证验放。

十一、民用爆炸物品进出口管理

为了加强对民用爆炸物品进出口的管理，维护国家经济秩序，保障社会公共安全，根据《民用爆炸物品安全管理条例》，国家对民用爆炸物品实施进出口限制管理。

（一）主管部门

工业和信息化部为国家进出口民用爆炸物品主管部门，负责民用爆炸物品进出口的审批；公安机关负责民用爆炸物品境内运输的安全监督管理；海关负责民用爆炸物品进出口环节的管理。

在进出口民用爆炸物品前，进出口企业应当向工业和信息化部申领"民用爆炸物品进／出口审批单"，在取得"民用爆炸物品进／出口审批单"后，进出口企业应当将获准进出口的民用爆炸物品的品种和数量等信息向收货地或者出境口岸所在地县级人民政府公安机关备案，并同时向所在地省级民用爆炸物品行业主管部门备案，在依法取得公安机关核发的"民用爆炸物品运输许可证"后，方可运输民用爆炸物品。

（二）管理范围

民用爆炸物品是指用于非军事目的、列入民用爆炸物品品名表的各类火药、炸药及其制品和雷管、导火索等点火、起爆器材。

（三）报关规范

（1）向海关申报进出口民用爆炸物品，报关单位应主动向海关提交有效的"民用爆炸物品进／出口审批单"及其他有关单据。"民用爆炸物品进／出口审批单"实行"一批一单"和"一单一关"管理。

（2）海关无法确定进出口物品是否属于民用爆炸物品的，由进出口企业将物品样品送交具有民用爆炸物品检测资质的机构鉴定，海关依据有关鉴定结论实施进出口管理。

（3）民用爆炸物品在海关特殊监管区域或者场所与境外之间进出的，应当向海关提交有效的"民用爆炸物品进／出口审批单"。

十二、出入境检验检疫管理

对列入《法检目录》以及其他法律法规规定需要检验检疫的货物进出口时，货物所有人或其合法代理人，在办理进出口通关手续前，必须向口岸检验检疫机构报检。海关凭口岸出入境检验检疫机构签发的"中华人民共和国检验检疫入境货物通关单"（以下简称入境货物通关单）或"中华人民共和国检验检疫出境货物通关单"（以下简称出境货物通关单）验放。

自 2008 年 1 月 1 日起，国家实行出入境货物通关单电子数据联网，出入境检验检疫机构对法检商品签发通关单，实时将通关单电子数据传输至海关，海关凭以验放法检商品，办结海关手续后将通关单使用情况反馈检验检疫部门。

（一）入境货物通关单

入境货物通关单是我国出入境检验检疫管理制度中，对列入《法检目录》中属进境管理的商品在办理进口报关手续前，口岸检验检疫机构依照有关规定接受报检后签发的单据，同时也是进口报关的专用单据，是海关验放该类货物的重要依据之一。入境通关单实行"一批一证"制度，证面内容不得更改。

入境货物通关单主要适用于下列情况：

（1）列入《法检目录》的商品；

（2）外商投资财产价值鉴定（受国家委托，为防止外商瞒骗对华投资额而对其以实物投资形式进口的投资设备的价值进行的鉴定）；

（3）进口可用作原料的废物；

（4）进口旧机电产品；

（5）进口货物发生短少、残损或其他质量问题需对外索赔时，其赔付的进境货物；

（6）进口捐赠的医疗器械；

（7）其他未列入《法检目录》，但国家有关法律、行政法规明确由出入境检验检疫机构负责检验检疫的入境货物或特殊物品等。

（二）出境货物通关单

出境货物通关单是我国出入境检验检疫管理制度中，对列入《法检目录》中属出境管理的商品在办理出口报关手续前，口岸检验检疫机构依照有关规定接受报检后签发的单据，同时也是出口报关的专用单据，是海关验放该类货物的重要依据之一。出境货物通关单实行"一批一证"制度，证面内容不得更改。

出境货物通关单适用于下列情况：

（1）列入《法检目录》的货物；

（2）出口纺织品标识；

（3）对外经济技术援助物资及人道主义紧急救灾援助物资；

（4）其他未列入《法检目录》，但国家有关法律、行政法规明确由出入境检验检疫机构负责检验检疫的出境货物。

十三、其他货物进出口管理

（一）黄金及其制品进出口管理

黄金及其制品进出口管理是指中国人民银行、商务部依据《中华人民共和国金银管理条例》等有关规定，对进出口黄金及其制品实施监督管理的行政行为。

黄金及其制品进出口管理属于我国进出口许可管理制度中限制进出口管理范畴，中国人民银行是黄金及其制品进出口管理机关。自 2008 年 1 月 1 日起，进出口《黄金及其制品进出口管理商品目录》中的货物，海关凭中国人民银行或其授权的中国人民银行分支机构签发的"黄金及其制品进出口准许证"办理验放手续。保税区、出口加工区及其他海关特殊监管区域和保税监管场所与境外进出及海关特殊监管区域、保税监管场所之间进出的黄金及其产品，免于办理"黄金及其制品进出口准许证"，由海关实施监管。保税区、出口加工区及其他海关特殊监管区域和保税监管场所与境内区外之间进出黄金及其产品，应办理"黄金及其制品进出口准许证"。

"黄金及其制品进出口准许证"用来证明对外贸易经营者经营黄金及其制品合法进出口的证明文件，是海关验放的重要依据。

列入中国人民银行、海关总署联合发布的《黄金及其制品进出口管理商品目录》的黄金及其制品，主要包括：氰化金、氰化金钾（含金 40%）、其他金化合物、非货币用金粉、非货币用未锻造金、非货币用半制成金、货币用未锻造金（包括镀铂的金）、金的废碎料、镶嵌钻石的黄金制首饰及其零件、镶嵌濒危物种制品的金首饰及零件、其他黄金制首饰及其零件、金制工业用制品、实验室用制品等。

（二）有毒化学品管理

有毒化学品是指进入环境后通过环境蓄积、生物累积、生物转化或化学反应等方式损害健康和环境，或者通过接触对人体具有严重危害和具有潜在危险的化学品。

为了保护人体健康和生态环境，加强有毒化学品进出口的环境管理，国家根据《关于化学品国际贸易资料交换的伦敦准则》，发布了《中国禁止或严格限制的有毒化学品名录》，对进出口有毒化学品进行监督管理。

环境保护部在审批有毒化学品进出口申请时，对符合规定准予进出口的，签发有毒化学品环境管理放行通知单。

有毒化学品环境管理放行通知单是我国进出口许可管理制度中具有法律效力，用来证明对外贸易经营者经营列入《中国禁止或严格限制的有毒化学品名录》的化学品合法进出口的证明文件，是海关验放该类货物的重要依据。

（三）农药进出口管理

农药进出口管理是国家农业主管部门依据《中华人民共和国农药管理条例》，对进出口用于预防、消灭或者控制危害农业、林业的病、虫、草和其他有害生物，有目的地调节植物、昆虫生长的化学合成物或者来源于生物、其他天然物质的一种物质或者几种物质的混合物及其制剂实施的管理。

农业部是国家主管部门，会同海关总署依据《中华人民共和国农药管理条例》和《在国际贸易中对某些危险化学品和农药采用事先知情同意程序的鹿特丹公约》，制定《中华人民共和国进出口农药登记证明管理名录》（以下简称《农药名录》）。进出口列入上述目录的农药，应事先向农业部农药检定所申领"农药进出口登记管理放行通知单"，凭以向海关办理进出口报关手续。

"农药进出口登记管理放行通知单"是我国进出口许可管理制度中具有法律效力，用来证明对外贸易经营者经营《农药名录》所列农药合法进出口的证明文件，是海关验放该类货物的重要依据。

"农药进出口登记管理放行通知单"实行"一批一证"管理，进出口一批农药产品，办理一份通知单，对应一份海关进出口货物报关单。通知单一式两联，第一联进出口单位交海关办理通关手续，由海关留存与报关单一并归档，第二联由农业部留存。

（四）兽药进口管理

兽药进口管理是指国家农业主管部门（即农业部）依据《进口兽药管理办法》，对进出口兽药实施的监督管理。受管理的兽药是指用于预防、治疗、诊断畜禽等动物疾病，有目的地调节其生理机能并规定作用、用途、用法、用量的物质。

进口兽药实行目录管理，《进口兽药管理目录》由农业部会同海关总署制定、调整并公布。企业进口列入《进口兽药管理目录》的兽药，应向进口口岸所在地省级人民政府兽医行政管理部门申请办理"进口兽药通关单"，凭此向海关办理报关手续。"进口兽药通关单"实行"一单一关"制，在 30 日有效期内只能一次性使用。

兽药进口单位进口暂未列入《进口兽药管理目录》的兽药时，应如实申报，主动向海关出具"进口兽药通关单"；对进口同时列入《进口药品目录》的兽药，海关免予验核"进口药品通关单"；对进口的兽药，因企业申报不实或伪报用途所产生的后果，企业应承担相应的法律责任。

（五）水产品捕捞进口管理

我国已加入养护大西洋金枪鱼国际委员会、印度洋金枪鱼委员会和南极海洋生物资源养护委员会。为遏制非法捕鱼活动和有效养护有关渔业资源，上述政府间渔业管理组织已对部分水产品实施合法捕捞证明制度。根据合法捕捞证明制度的规定，国际组织成员进口部分水产品时，有义务验核船旗国政府主管机构签署的合法捕捞证明，没有合法捕捞证明的水产品被视为非法捕捞产品，各成员国不得进口。

为有效履行我国政府相关义务，树立我国负责任渔业国际形象，农业部会同海关总署对部分水产品捕捞进口实施进口限制管理，并调整公布了《实施合法捕捞证明水品清单》。对进口列入《实施合法捕捞水产品清单》的水产品（包括进境样品、暂时进口、加工贸易进口以及进入海关特殊监管区域和海关保税监管区域和海关监管场所等），有关单位应向农业部申请"合法捕捞通关证明"向海关办理相关手续。

申请"合法捕捞产品通关证"时，应提交由船旗国政府主管机构签发的合法捕捞证明原件。如在船旗国以外的国家或地区加工的该目录所列产品进入我国，申请单位应提交由船旗国政府主管机构签发的合法捕捞产品副本和加工国或地区授权机构签发的再出口证明原件。

案例解析

"固体废物"与"洋垃圾"是两个不同的概念。

固体废物是指《中华人民共和国固体废物污染环境防治法》管理范围内的废物，即在生产建设、日常生活和其他活动中产生的污染环境的废弃物质，包括工业固体废物、城市生活垃圾、危险废物以及液态废物和置于容器中的气态废物。

我国对进口"固体废物"实施分类管理，在管理目录上分为禁止、限制和自动许可。

只有国家明令禁止进口的固体废物，如废矿渣、废催化剂、废轮胎、废电池、电子垃圾等工业废物以及旧服装、建筑垃圾、生活垃圾、医疗垃圾和危险废物等，才是通常所说的"洋垃圾"，才是"绿篱"专项行动的重点打击对象，坚决将其御于国门之外。

旧服装是国家明令禁止进口的物品，属于《禁止进口固体废物目录》

中规定的第七类"废纺织原料及制品"。本案中，犯罪嫌疑人走私旧服装进境的行为，涉嫌构成走私废物罪。

海关提醒：广大市民，辨识走私旧服装可以重点关注以下方面：一是查看衣服的成色，旧服装的钮扣、拉链大多没有光泽，金属涂层脱落；商标、洗标卷曲，号码和规格字迹模糊、泛黄；袖口、领口、腋下的面料有磨损或起球；有些服装有难以消除的污渍。二是辨别服装的味道，大多旧服装存在异味。三是进口旧服装款式一般以单件出现，很少有相同的款式和型号，此外旧服装无吊牌和合格证，少数旧服装衣兜内还会发现个人的姓名或其他属于个人物品的标记。

链接：我国《刑法》第一百五十二条第二款规定："逃避海关监管将境外固体废物、液态废物和气态废物运输进境，情节严重的，处五年以下有期徒刑，并处或者单处罚金；情节特别严重的，处五年以上有期徒刑，并处罚金。"同时，《刑法》第一百五十五条规定："下列行为，以走私罪论处，依照本节的有关规定处罚：（一）直接向走私人非法收购国家禁止进口物品的，或者直接向走私人非法收购走私进口的其他货物、物品，数额较大的；（二）在内海、领海、界河、界湖运输、收购、贩卖国家禁止进出口物品的，或者运输、收购、贩卖国家限制进出口货物、物品，数额较大，没有合法证明的。"

本章关键名词

对外贸易管制　进出口许可制度　固体废物　出入境检验检疫制度
关税配额管理　许可证件管理　一批一证　一证一关

本章练习题

一、单项选择题

1.《中华人民共和国两用物项和技术进出口许可证》有效期一般不超过（　　），跨年度使用的，只能使用到次年的（　　）底。

　　A.6个月，1月　　　　　　　　　　B.6个月，2月

　　C.1年，3月　　　　　　　　　　　D.1年，6月

2. 下列进出口许可证件中实行"非一批一证"管理的是（　　）。

　　A. 废物进口许可证

　　B. 濒危野生动植物国际贸易公约允许进出口证明书

  C. 精神药品进口准许证   D. 进口药品通关单

3. 某单位进列入《自动进口许可证管理类可用作原料的废物目录》的废物一批，海关凭有效的（   ）办理通关手续。

  A. 中华人民共和国自动进口许可证   B. 入境货物通关单

  C. 废物进口许可证   D. 废物进口许可证及入境货物通关单

4.《中华人民共和国进口许可证》有效期为（   ）年。跨年度使用时，有效期最长不得超过次年（   ）。

  A. 半年、1 月底   B. 1 年、1 月底

  C. 1 年、2 月底   D. 1 年、3 月 31 日

5. 我国目前对对外贸易经营者的管理实行（   ）。

  A. 自由进出制   B. 登记和核准制

  C. 审批制   D. 备案登记制

6. 对列入《出入境检验检疫机构实施检验检疫的进出境商品目录》范围的进出口货物，海关凭下列单证验放（   ）。

  A. 报关单   B. 报验单

  C. 出入境货物通关单   D. 放行单

7. "非一批一证" 的《中华人民共和国货物进出口许可证》在有效期内最多可以使用（   ）次。

  A. 2 次   B. 6 次   C. 10 次   D. 12 次

8. "非一批一证" 的《中华人民共和国自动进口许可证》在有效期内最多可以使用（   ）次。

  A. 3 次   B. 6 次   C. 10 次   D. 12 次

9. 出口货物许可证的有效期一般是（   ）。

  A. 6 个月   B. 一年   C. 3 个月   D. 9 个月

10. 进口货物许可证的有效期一般是（   ）。

  A. 6 个月   B. 一年   C. 3 个月   D. 9 个月

二、多项选择题

1.《中华人民共和国检验检疫入境货物通关单》的适用范围包括（   ）。

  A. 列入《法检目录》的进境管理的商品

  B. 外商投资财产价值鉴定   C. 旧机电产品进口备案

  D. 美国、日本、韩国、欧盟成员国输往我国的木质包装物

2. 我国对外贸易管制的基本构架内容包括（   ）。

  A. 海关监管制度、关税制度

  B. 贸易救济制度   C. 对外贸易经营者资格管理制度

D. 进出口许可制度、出入境检验检疫制度、进出口货物收付汇管理制度

3. 进出口许可证发证机关包括（　　　　）。

A. 商务部授权的配额许可证事务局　　　B. 商务部驻各地特派员办事处

C. 各省市商务局

D. 商务部授权的各省（直辖市）级商务局

4. 货物、技术进出口许可管理制度的管理范围包括（　　　　）。

A. 禁止进出口货物、技术　　　　　　　B. 限制进出口货物、技术

C. 自由进出口货物

D. 自由进出口货物中部分实行自动许可管理的货物

5. 下列商品中（　　　　）禁止出口。

A. 发菜　　　　　　　B. 麻黄草　　　　C. 劳改产品　　　D. 四氯化碳

6. 国家对自动进口许可管理的货物的管理规定有（　　　　）。

A. 自动进口许可管理的货物属于自由进口的货物，不受限制

B. 进口属于自动进口许可管理的货物，均应当给予许可

C. 进口前，须向主管部门提交自动进口许可申请

D. 进口时，须凭自动进口许可证明向海关办理报关手续

7. 对下列实行自动进口许可管理的大宗、散装货物，溢装数量在货物总量 3% 以内的，免予另行申领自动进口许可证（　　　　）。

A. 原油　　　　　　　B. 成品油　　　　C. 化肥　　　　　D. 钢材

8. 对外贸易救济措施包括（　　　　）。

A. 关税措施　　　　　B. 反倾销措施　　C. 反补贴措施　　D. 保障措施

9. 我国出入境检验检疫制度内容包括（　　　　）。

A. 进出口商品检验制度　　　　　　　　B. 进出境动植物检疫制度

C. 国境卫生监督制度　　　　　　　　　D. 口岸检验检疫制度

10. 我国对"进口许可证"正确的管理规定是（　　　　）。

A. 是具有法律效力，用来证明合法进口的最终证明文件，是海关验放的重要依据

B. 原则实行"一批一证"制度

C. 对不实行"一批一证"的商品，必须在备注栏中注明"非一批一证"字样

D. "非一批一证"在其有效期内最多可使用 6 次

三、判断题

1. 我国《对外贸易法》规定只有我国境内的法人、其他组织才有资格向国家主管部门办理备案登记，获得进出口经营权。（　　）

2. 我国出入境检验检疫制度实行目录管理，对列入法检商品目录的商品，实施

强制性检验检疫。（　　）

3. 未列入《限制进口的可用作原料的废物目录》及《自动进口许可管理可用作原料的废物目录》的商品，可以自由进口。（　　）

4. 关税配额管理是指以国家各主管部门签发许可证件的方式来实现各类限制进口的措施。（　　）

5. 对外贸易管制是政府一种强制性行政管理行为。我国对外贸管制按管制对象可分为货物进出口贸易管制、技术进出口贸易管制和国际服务贸易管制。（　　）

6. 进口的废物不能转关（废纸除外），只能在口岸海关办理申报进境手续。（　　）

7. 进出口许可证管理实行目录管理和分级发证制度。（　　）

8. 出口非配额限制是以经国家行政许可并签发许可证件的方式来实现出口限制的贸易管制措施。（　　）

9. 反补贴和反倾销措施针对的是价格歧视这种不公平贸易行为而实施的。（　　）

10. 图书馆、音像资料馆、科研机构、学校进口供科研、教学用的音像制品，可自行申报进口。（　　）

第三章

海关监管货物报关程序

本章导读

　　本章介绍的是海关监管货物及其报关程序，包括海关监管制度及海关监管货物概述、一般进出口货物及其报关程序、保税进出口货物及其报关程序、特定减免税货物及其报关程序、暂时进出境货物及其报关程序，以及其他进出口货物及其报关程序。本章内容较多，在学习时应抓住共性，记住特性，这样比较容易理解和掌握。本章在原来教材的基础上，增加了无纸化通关的内容和H2000 深加工结转管理系统的运用及跨境电子商务货物及物品报关的内容。

学习目标

　　1. 掌握一般进出口货物、保税货物、特定减免税货物、无代偿抵偿货物和退运货物的报关程序
　　2. 熟悉暂准进出口货物、过境、转运及通运的含义和报关规范
　　3. 掌握三种不同类型进出境快件报关单的区别及使用界定
　　4. 了解其他进出口货物的报关程序
　　5. 掌握转关运输三种类型及其报关程序

案例导入

【案例一】超期未报货物的处理

　　2008 年 2 月，汕头 A 公司向香港 B 公司订购了一批国家限制进口钢材，香港 B 公司随后与韩国 C 公司签订了购买钢材合同，同时委托境外 D 银行为其购买上述钢材开具信用证，D 银行于同年 4 月向韩国 C 公司开立了金额为 92.5 万美元的信用证。2008 年 8 月，韩国 C 公司按合同约定将上述信用证项下钢材运抵汕头港并储存在港口海关监管区内，但此后汕头

A 公司未收取货物、支付货款并办理进口报关手续，香港 B 公司也没有就该批钢材向境外 D 银行赎取货款赎取提单。在此情况下，D 银行向国外供货方韩国 C 公司支付了信用证项下货物应付款项，并以此获得了进口钢材的正本提单。在此期间，汕头 A 公司进口钢材因自运输工具申报进境之日起超过三个月未向海关申报，某海关根据《海关法》第三十条的有关规定，于 2009 年 2 月依法提取上述超期未报关钢材委托专门拍卖机构进行公开拍卖，拍卖所得价款人民币 8896025.60 元，扣除拍卖手续费、仓储费、税款等有关费用后，剩余货款为人民币 5832052.82 元。境外 D 银行在获悉进口钢材被海关拍卖后，持正本提单以货物所有权人身份向某海关申请发还上述变卖余款。2009 年 8 月，某海关针对 D 银行的申请做出不予发还变卖余款的书面决定，同时阐明了有关理由：即 D 银行属于境外银行，不是具有进出口经营权并实际进口货物的中华人民共和国境内法人或组织，不是海关法所规定的进口货物"收货人"，因此无权要求海关发还超期未报关货物的变卖余款。

根据以上案例情况分析：

1. 海关是否有权变卖处理超期未报关货物？

2. 海关如何变卖处理超期未报关货物？

3. 具备哪些条件才有权申领变卖余款？

【案例二】如何办理出口加工区进口设备的报关手续？

申海工业有限公司（上海松江出口加工区内 A 类独资企业）于 2008 年 7 月至 2009 年 3 月期间先后从新加坡、马来西亚、日本等国购进橡胶磨床、粉末集尘器、制胶机、自动送料机等多批用于生产的设备及模具。

2010、2011 年间，该公司曾将其中部分设备运往区外进行维修。

2014 年 6 月该公司因对生产线进行调整，决定将原进口的橡胶磨床、粉末集尘器等 5 台设备（原值 USD63453.00，属于自动进口许可证管理）转售给深圳鹏海科技有限公司，并按规定向海关办理出区报关手续。

请问：

1. 2008、2009 年间，设备进口时如何办理报关手续？

2. 2010、2011 年申海公司将设备运往区外维修，应符合哪些规定？

3. 2014 年 6 月设备转售鹏海公司，出区报关手续应如何办理？

第一节　海关监管制度及海关监管货物概述

一、海关监管制度概述

（一）海关监管制度的含义

海关监管制度是规定和调整海关在对进出境的货物、物品、运输工具及监管场所进行实际监督管理的过程中发生的，海关与进出境货物、物品、运输工具的当事人和他们的代理人、担保人之间发生的管理与被管理的关系，以及海关与其他行政部门或企事业单位之间业务合作、配合关系的法律规范的总称。它作为规定海关和相对人进出境监管中权利义务的法律规范，既规范海关监管行为又规范相对人进出境行为，特别是规范相对人的报关行为、纳税行为、代理行为、承运行为、担保行为，以及实现权利和履行义务的步骤，接受海关调查处罚和请求行政或司法救济等内容，是海关实施进出境监管活动的基本制度保障，同时也是监督海关依法行政的主要依据。

（二）海关监管制度的表现形式

海关监管制度的表现形式主要有：

（1）《海关法》关于海关对进出境的货物、物品、运输工具监管的规定；

（2）其他国家法律如《文物保护法》、《对外贸易法》、《中华人民共和国道路安全法》、《中华人民共和国民用航空法》等涉及海关对进出境的货物、物品、运输工具监管的部分；

（3）国务院各有关行政法规涉及海关对进出境的货物、物品、运输工具监管的部分；

（4）海关总署制定、颁布或海关总署与其他各级机关联合制定、颁布的有关行政规章；

（5）我国参加或缔结的国际公约、条约及海关行政互助协议。

（三）海关监管制度的基本内容

这里主要介绍海关对进出境货物的监管制度，包括一般进出口、保税进出口、特定减免税进口、暂时进出境和其他进出境等监管制度。

1. 一般进出口监管制度

一般进出口监管制度是指货物应在进出境现场通关环节缴纳进出口税费，经海关放行，进口货物可以在境内自行处置、出口货物运离关境可以自由流通的监管规程或准则。

2. 保税进出口监管制度

保税进出口监管制度是指经海关批准，货物进境时未办理纳税手续，在境内加工、储存后复运出境，经核销办结海关手续的监管规程或准则。

在实践中保税进出口监管制度分为保税加工进出口监管制度和保税物流进出口监管制度。

3. 特定减免税进口监管制度

特定减免税进口监管制度是指根据国家政策规定，货物进口时减纳或免纳进口关税，进口后在特定地区、特定企业、特定用途上使用，在规定的期限内接受海关监管的监管规程或准则。

4. 暂时进出境监管制度

暂时进出境监管制度是指经海关批准，货物在规定范围内暂予免纳进出口税进境或出境，在规定期限内除因正常使用而产生的折旧或者损耗外原状复运出境、进境，并办结海关手续的监管规程或准则。

5. 其他进出口监管制度

其他进出口监管制度主要特殊进出境方式和目的的货物而适用的监管规程或准则，主要包括过境、转运、通运、租赁进口、无代价抵偿进出口、修理货物进出境、退运进出口、出口退关等监管制度。

二、海关监管货物概述

（一）海关监管货物的含义

关于海关监管货物办结海关手续的时限的规定具体如下：

货物类别	办结海关手续的时限
一般进口货物	自货物进境起到办理海关放行手续止
暂时进口及保税进口货物	自货物进境起到原货或加工成品复运出境并由海关予以注销或核销，或向海关补办正式进口的补税、纳税手续止
特定减免税货物	自货物进境起到海关监管年限期满止，或向海关办理补证、补税手续止
超期未报进口货物	自货物进境起到由海关提取变卖止
过境、转运、通运货物	自进境起到出境止
出口货物	自向海关申报起到出境止

海关监管货物是指在海关监管起讫时间内，未办结全部海关手续的进出境货物。其主要特征是：一是进出境货物，这是海关监管的前提；二是在海关监管起讫时间内，必须接受海关监管的进出境货物。

《海关法》规定，进口货物自进境起到办结海关手续止，出口货物自向海关申报起到出境止，过境、转运、通运货物自进境起到出境止，应当接受海关监管。

（二）海关监管货物的种类

《海关法》规定，海关监管货物包括一般进出口货物，过境、转运、通运货物，特定减免税货物，以及暂时进出境货物、保税货物和其他尚未办结海关手续的进出境货物。

从不同的监管要求出发，可以将海关监管货物分成不同种类。

分类依据	类别
按国家贸易管制政策分	禁止进出口货物、限制进出口货物和自由进出口货物
按监管货物的流向分	出口货物、进口货物、过境货物、转运货物、通运货物及暂时进出境货物
按海关监管时限分	一般进出口货物、保税货物、特定减免税货物、暂时进出境货物、过境、转运、通运货物、超期未报货物和其他监管货物

可见，海关监管货物实际上包括了所有的进出境货物。下面将按照海关监管时限进行介绍。

（1）一般进出口货物是指在进出境环节缴纳进出口税费，并办结各项海关手续后可以直接在境内自行使用、销售的货物。

（2）保税货物是指经海关批准未办理纳税手续进境，在境内储存、加工、装配后复运出境的货物。保税货物又分为保税加工货物和保税物流货物两大类。

（3）特定减免税货物，是指经海关依法准予免税进口的用于特定地区、特定企业，有特定用途的货物。特定地区指我国关境内由国家规定的某一特别限定区域，享受减免税政策的货物只能在这一专门规定的区域使用。特定企业指国家专门规定的企业，享受减免税政策的货物只能在这些规定的企业使用。特定用途指货物用于国家规定的用途。

（4）暂时进出境货物是为特定的目的，经海关批准进境或出境，按规定的期限原状复运或进境的货物。主要包括展览会、交易会展示或使用的货物、货样，文化、体育交流活动使用的表演、比赛用品，进行新闻报道使用的仪器、设备及用品等。

（5）过境、转运、通运货物指由境外起运，通过中国境内继续运往境外的货物。其中，通过境内陆路运输的，称过境货物；在境内设立海关的地点换装运输工具，而不通过境内陆路运输的，称转运货物；由船舶、航空器载运并由原运输工具载运出境的，称通运货物。

（6）其他尚未办结海关手续的进出境货物包括溢卸货物、误卸货物、退运货物、租赁货物、进出境修理货物、无代价抵偿货物等。

三、海关管理相对人

海关管理相对人是指与海关监管主体相对应的另一方当事人，即进出境活动中处于被管理地位上的公民、法人和其他组织。通常，与海关监管活动比较密切的，且与海关打交道比较频繁的，主要有报关人和报关活动相关人等。

报关人指向海关进行申报的人，包括自然人、法人和其他组织。进出境货物的报关人包括进出口货物收发货人和报关企业；进出境运输工具的报关人为进出境运输工具负责人或其代理人；进出境物品的报关人为物品所有人或其代理人。

报关活动相关人指从事与海关监管货物相关的运输、储存、加工等业务的人，包括自然人、法人和其他组织。主要承接保税加工、物流、仓储业务的企业，转关运输承运人等。报关活动相关人须按规定向海关报告其与海关监管货物相关的运输、储存、加工等情况，保证海关监管货物始终置于海关监管之下。

四、报关业务流程

（一）含义

报关业务程序是指围绕报关的目标和任务所展开的一系列工作内容，并按照一定次序和步骤从起点到终点的运行过程。一般包括签订委托代理协议、获取报关业务单证、审查报关随附单证及相关信息、填制报关单、计算税费、现场申报、配合海关查验、办理税费缴纳及结关放行手续等业务步骤。

货物进出境应当经过审单、查验、征税、放行四个海关作业环节。与之相适应，进出口货物收发货人或其代理人应当按程序办理相对应的进出口申报、配合查验、缴纳税费、提取或装运货物等手续，货物才能进出境。但是，这些程序还不能满足海关对所有进出境货物的实际监管要求。比如加工贸易原材料进口，海关要求事先备案，因此不能在"申报"和"审单"这一环节完成上述工作，必须有一个前期办理手续的阶段；如果上述进口原材料加工成成品出口，在"放行"和"装运货物"离境的环节也不能完成所有的海关手续，必须有一个后期办理核销结案的阶段。因此，从海关对进出境货物进行监管的全过程来看,报关程序按时间先后可以分为三个阶段:前期阶段、进出境阶段、后续阶段。

(二)基本程序

1. 前期阶段

前期阶段是指进出口货物收发货人或其代理人根据海关对进出境货物的监管要求,在货物进出口以前,向海关办理备案手续的过程,主要包括:

(1)保税加工货物进口之前,进口货物收货人或其代理人办理加工贸易备案手续,申请建立加工贸易电子账册、电子化手册或者申领加工贸易电子化手册。

(2)特定减免税货物在进口之前,进口货物收货人或其代理人办理货物的减免税申请手续,申领减免税证明。

(3)暂时进出境货物进出之前,进出口货物收发货人或其代理人办理货物暂时进出境备案申请手续。

(4)其他进出境货物中的出料加工货物出口之前,出口货物发货人或其代理人办理出料加工的备案手续。

2. 进出口阶段

进出口阶段是指进出口货物收发货人或其代理人根据海关对进出境货物的监管要求,在货物进出境时,向海关办理进出口申报、配合查验、缴纳税费、提取或装运货物手续的过程。

(1)进出口申报

进出口申报是指进出口货物的收发货人或其代理人在海关规定的期限内,按照海关规定的形式,向海关报告进出口货物的情况,提请海关按其申报的内容放行进出口货物的工作环节。

(2)配合查验

配合查验是指申报进出口的货物经海关决定查验时,进出口货物的收发货人或其代理人到达查验现场,配合海关查验货物,按照海关要求搬移货物,开拆包装,以及重新封装货物的工作环节。

(3)缴纳税费

缴纳税费是指进出口货物的收发货人或其代理人接到海关发出的税费缴纳通知书后,向海关指定的银行办理税费款项的缴纳手续,通过银行将有关税费款项缴入海关专门账户的工作环节。

(4)提取或装运货物

提取货物即提取进口货物,是指进口货物的收货人或其代理人,在办理了进口申报、配合查验、缴纳税费等手续,海关决定放行后,凭海关加盖放行章的进口提货凭证或海关通过计算机发送的放行通知书,提取进口货物的工作环节。

装运货物即装运出口货物，是指出口货物的发货人或其代理人，在办理了出口申报、配合查验、缴纳税费等手续，海关决定放行后，凭海关加盖放行章的出口装货凭证或凭海关通过计算机发送的放行通知书，通知港区、机场、车站及其他有关单位装运出口货物的工作环节。

3. 后续阶段

后续阶段是指进出口货物收发货人或其代理人根据海关对进出境货物的监管要求，在货物进出境储存、加工、装配、使用、维修后，在规定的期限内，按照规定的要求，向海关办理上述进出口货物核销、销案、申请解除监管等手续的过程，主要包括：

（1）保税加工货物，进口货物收货人或其代理人在规定期限内办理申请核销的手续。

（2）特定减免税货物，进口货物收货人或其代理人在海关监管期满，或者在海关监管期内经海关批准出售、转让、退运、放弃并办妥有关手续后，向海关申请办理解除海关监管的手续。

（3）暂时进境货物，指进口货物的收货人或其代理人在暂时进境规定期限内，或者在经海关批准延长暂时进境期限到期前，办理复运出境手续或正式进口手续，然后申请办理销案手续；暂时出境货物，指出口货物的发货人或其代理人在暂时出境规定期限内，或者在经海关批准延长暂时出境期限到期前，办理复运进境手续或正式出口手续，然后申请办理销案手续。

（4）其他进出境货物中的出料加工货物、修理货物、部分租赁货物等，进出口货物收发货人或其代理人在规定的期限内办理销案手续。（见表 3.1）

表3.1 五类货物报关程序的比较

报关程序 / 货物类别	前期阶段 （进出境前办理）	进出境阶段 （进出境时办理） 收发货人 —— 海关	后续阶段 （进出境后办理）
一般进出口货物	无	申报 —— 接受申报 ↓ 配合查验 —— 查验 ↓ 缴纳税费 —— 征税 （适用一般进出口） ↓ 提取 / 装运货物 —— 放行	无
保税进出口货物	备案、申请登记手册		核销手续
特定减免税货物	特定减免税申请和申领征免税证明		解除海关监管手续
暂准进出境货物	行政审批（展览品备案申请）		销案手续
其他进出境货物	出料加工货物的备案		销案手续

五、电子报关及电子通关系统

(一)电子报关

电子报关是指进出口货物收发货人或其代理人通过计算机系统,按照《中华人民共和国海关进出口货物报关单填制规范》(以下简称《报关单填制规范》)的有关要求,向海关传送报关单电子数据,并备齐随附单证的申报方式。

《海关法》规定:"办理进出口货物的海关申报手续,应当采用纸质报关单和电子数据报关单的形式。"这一规定确定了电子报关的法律地位,使电子数据报关单和纸质报关单具有同等的法律效力。

在一般情况下,进出口货物收发货人或其代理人应当采用纸质报关单形式和电子数据报关单形式向海关申报,即进出口货物收发货人或其代理人先向海关计算机系统发送电子数据报关单,接收到海关计算机系统发送的表示接受申报的信息后,凭以打印向海关提交的纸质报关单,并准备必需的随附单证。

特殊情况下经海关同意,允许先采用纸质报关单形式申报,电子数据事后补报。在向未使用海关信息化管理系统作业的海关申报时,可以采用纸质报关单申报形式。在特定条件下,进出口货物收发货人或其代理人可以单独使用电子数据报关单向海关申报,保存纸质报关单证。

(二)电子通关系统

我国海关已经在进出境货物通关作业中全面使用计算机进行信息化管理,成功地开发运用了多个电子通关系统。

1. 海关H2010通关系统

H2010 通关系统(现代海关综合管理信息系统)是对 H2000 通关系统的全面更新换代项目。它将大通关与大监管有机地结合起来,既提高了海关的通关效率,又加强了对企业的风险管理。

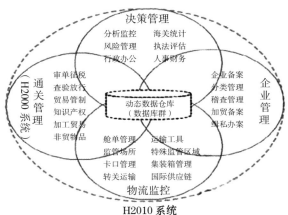

H2010 系统

2. 中国电子口岸系统

中国电子口岸系统又称口岸电子执法系统，简称电子口岸，是经国务院批准，没海关总署会同公安部、财政部、原铁道部、交通运输部、工业和信息化部、商务部、中国人民银行、国家税务总局、工商行政管理总局、国家质量监督检验检疫局、中国民航局、国家外汇管理局、国家发改委和环境保护部等 14 个部委共同建设的跨部门、跨地区、跨行业的大通关统一信息平台。

电子口岸依托国家电信公网，实现进出口相关管理部门间与大通关流程相关的数据共享和联网核查，实现工商、税务、海关、外汇、外贸、质检、公安、交通、银行等部门，以及进出口企业、加工贸易企业、外贸中介服务企业、外贸货主单位的联网，将进出口管理流信息、资金流信息、货物流信息存放在一个集中式的数据库中，随时供国家各行政管理部门进行跨部门、跨地区、跨行业的数据交换和联网核查，并向企业提供报关申报、网上支付、外汇核销、出口退税等"一站式"电子政务服务。

企业要通过电子口岸办理业务，只能通过电子口岸 IC 卡登录后才能进行操作。下面就电子口岸卡简单加以介绍。

电子口岸卡是中国电子口岸企业 IC 卡，指需使用中国电子口岸的企业及其人员，通过备案申请取得存储有用户信息的 CPU 智能卡。企业 IC 卡是企业在网上使用的身份证和印章，其内部存有企业用户的密钥和证书，可进行身份认证及数字签名，是企业办理网上业务时明确法律责任、保护企业合法权益的重要用具，必须妥善保存和管理。中国电子口岸 IC 卡分为企业法人卡和企业操作员卡。企业法人卡只能办一张，而操作员卡可以根据企业需要办多张。

企业法人卡又称公章卡，在中国电子口岸中是唯一代表企业身份的 IC 卡。该卡的持有者可以申请企业网上业务权限，备案本企业操作员卡，对本企业操作员卡进行管理。

企业操作员卡由企业法人卡注册并授权，该卡持有者可以在口岸电子业务系统进行除企业管理、操作员卡申领之外的具体业务操作。操作员卡根据权限不同又可分为：具有录入权限的录入卡；具有申报权限的申报卡。持有企业操作员卡者可以在授权范围内进行相关业务操作。

3. QP系统

QP（QuickPass）系统，又称"中国电子口岸客户端——通关系统"，是由中国电子口岸数据中心开发，并提供给申报单位用于向管理部门进行电子申报及办理相关手续的操作客户端。QP系统具有企业注册管理、加工贸易管理、报关单电子申报等功能，是申报单位与管理部门进行数据沟通的重要平台，对提高申报单位通关效率、促进国家外贸发展起着重要的积极作用。目前，全国只有上海口岸还在使用EDI系统，其他各口岸全部使用QP系统。

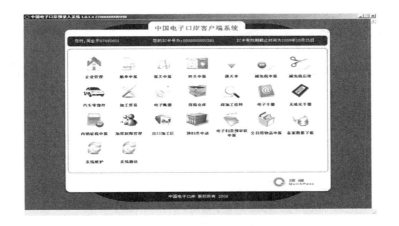

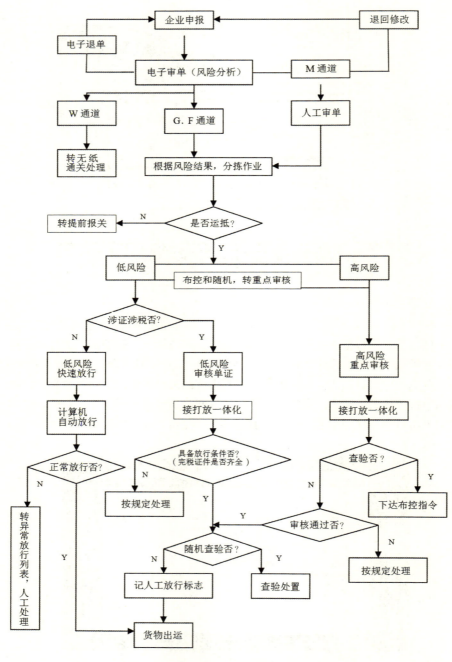

图3.1 天津海关分类通关业务操作流程

第二节 一般进出口货物的报关程序

一、一般进出口货物概述

（一）含义

一般进出口货物是一般进口货物和一般出口货物的合称，是指在进出境环节缴纳了应征的进出口税费并办结了所有必要的海关手续，海关放行后不再进行监管，可以直接进入生产和流通领域的进出口货物。

（二）特征

1. 进出境时缴纳进出口税费

一般进出口货物的收发货人应当按照《海关法》和其他有关法律、行政法规的规定，在货物进出境时向海关缴纳应当缴纳的税费。

2. 进出口时提交相关的许可证件

货物进出口应受国家法律、行政法规管制的，进出口货物收发货人或其代理人应当向海关提交相关的进出口许可证件。

3. 海关放行即办结海关手续

海关征收了全额的税费，审核了相关的进出口许可证件，并对货物进行实际查验（或作出不予查验的决定）以后，按规定签章放行。这时，进出口货物收发货人或其代理人才能提取进口货物或者装运出口货物的手续。

对一般进出口货物来说，海关放行就意味着海关手续已经全部办结，海关不再监管，可以直接进入生产和流通领域。

（三）范围

海关监管货物按货物进境或出境后是否复运出境或复运进境，可以分为两类：一类是进境或出境后不再复运出境或复运进境的货物，我们称为实际进出口的货物；另一类是进境或出境后还将复运出境或复运进境的货物，我们称为非实际进出口的货物。

实际进出口货物，除特定减免税货物以外，都属于一般进出口货物的范围，主要包括以下内容：

（1）不批准保税的一般贸易进口货物；

（2）转为实际进口的保税货物；

（3）转为实际进口或出口的暂时进出境货物；

（4）易货贸易、补偿贸易进出口货物；

（5）不批准保税的寄售代销贸易货物；

（6）承包工程项目实际进出口货物；

（7）外国驻华商业机构进出口陈列用的样品；

（8）外国旅游者小批量订货出口的商品；

（9）随展览品进境的小卖品；

（10）免费提供的进口货物，如：

①外商在经济贸易活动中赠送的进口货物；

②外商在经济贸易活动中免费提供的试车材料等；

③我国在境外的企业、机构向国内单位赠送的进口货物。

二、一般进出口货物报关程序

一般进出口货物进出境报关程序只由四个环节构成：进出口申报——配合查验——缴纳税费——提取或装运货物。

所有进出境货物报关程序都有进出口阶段，因此一般进出口货物的进出境报关程序除缴纳税费环节外也适用于其他所有的进出境货物的报关。

（一）进出口申报

1. 概述

（1）含义

申报指进出口货物收发货人、受委托的报关企业，依照《海关法》及有关法律、行政法规的要求，在规定的期限地点，采用电子数据报关单和纸质报关单形式，向海关报告实际进出口货物的情况，并接受海关审核的行为。

为进出口货物收发货人、受委托的报关企业办理申报手续的人员，应当是在海关备案的报关人员。

（2）申报地点

①进口货物应当由收货人或其代理人在进境地海关申报；出口货物应当由发货人或其代理人在出境地海关申报。

②经过收发货人申请，海关同意，进口货物可以在设有海关的指运地申报；出口货物可以在设有海关的启运地申报。

③保税货物、特定减免税货物、暂时进境货物，因故改变使用目的从而改变货物性质转为一般进口货物时，进口货物的收货人或其代理人应当向货物所在地主管海关申报。

④区域通关一体化情况下，企业可自主选择向注册地、进出境地或直属海关集中地报关地点报关。

（3）申报期限

①进口货物：自装载货物的运输工具申报进境之日起 14 天内（从运输工具申报进境之日的第二天开始算，下同）。超过 3 个月仍未向海关申报的，货物由海关提取并依法变卖。对于不宜长期保存的货物，海关可以根据实际情况提前处理。

②出口货物：货物运抵海关监管区后、装货的 24 小时以前申报。

③特殊货物：经电缆、管道或其他特殊方式进出境的货物，按照海关规定定期申报。

（4）申报日期

进出口货物收发货人或其代理人的申报数据自被海关接受之日起，其申报的数据就产生法律效力，即进出口货物收发货人或其代理人应当向海关承担"如实申报"、"如期申报"等法律责任。因此，海关接受申报数据的日期非常重要。

申报日期是指申报数据被海关接受的日期。无论以电子数据报关单方式申报，还是以纸质报关单申报，海关接受申报数据的日期即为申报日期。

①采用先电子数据报关单申报，后提交纸质报关单，或仅以电子数据报关单方式申报的，申报日期为海关计算机系统接受申报数据时记录的日期。该日期将反馈给原数据发送单位，或公布于海关业务现场，或通过公共信息系统发布。

②电子数据报关单经过海关计算机检查被退回的，进出口货物收发货人或其代理人应当按照要求重新申报，申报日期为海关接受重新申报的日期。

③先纸质报关单申报，后补报电子数据，或只提供纸质报关单申报的，海关工作人员在报关单上做登记处理的日期为海关接受申报的日期。

（5）申报方式

申报采用电子数据报关单申报形式和纸质报关单申报形式。电子数据报关单和纸质报关单均具有法律效力。

电子数据报关单申报形式是指进出口货物的收发货人、受委托的报关企业通过计算机系统按照《中华人民共和国进出口货物报关单填制规范》（以下简称《报关单填制规范》）的要求向海关传送报关单电子数据并且备齐随附单证的申报方式。

纸质报关单申报形式是指进出口货物的收发货人、受委托的报关企业，按照海关的规定，填制纸质报关单，备齐随附单证，向海关当面递交的申报方式。

进出口货物的收发货人、受委托的报关企业应当以电子数据报关单形式向海关申报，与随附单证一并递交的纸质报关单的内容应当与电子数据报关单一致；特殊情况下经海关同意，允许先采用纸质报关单形式申报，电子数据事后补报，补报的电子数据应当与纸质报关单内容一致。在向未使用海关信息化管理系统作业的海关申报时可以采用纸质报关单申报形式。

目前，全国海关的全部通关业务现场正积极开展试点通关作业无纸化申报。所谓"通关作业无纸化"，是指海关以企业分类管理和风险分析为基础，按照风险等级对进出口货物实施分类，运用信息化技术改变海关验核进出口企业递交纸质报关单及随附单证办理通关手续的做法，直接对企业通过中国电子口岸录入申报的报关单及随附单证的电子数据进行无纸审核、验放处理的通关作业方式。

知识链接：

海关总署公告2014年第25号
（关于深入推进通关作业无纸化改革工作有关事项的公告）

为进一步做好2014年通关作业无纸化改革工作，海关总署决定，在2013年改革试点取得明显成效的基础上，在全国海关深入推进通关作业无纸化改革工作。现就有关事项公告如下：

一、扩大试点范围：

（一）试点范围扩大至全国海关的全部通关业务现场。

（二）全面推进转关货物和"属地申报、属地放行"货物通关作业无纸化改革，加快区域通关改革无纸化作业的深化应用。

（三）启动快件、邮运货物通关作业无纸化改革试点。

二、试点简化报关单随附单证：

（一）进口货物

1. 加工贸易及保税类报关单：

合同、装箱清单、载货清单（舱单）等随附单证企业在申报时可不向海关提交，海关审核时如需要再提交。

2. 非加工贸易及保税类报关单：

装箱清单、载货清单（舱单）等随附单证企业在申报时可不向海关提交，海关审核时如需要再提交。

3. 京津冀海关实施区域通关一体化改革的报关单：

合同、装箱清单、载货清单（舱单）等随附单证企业在申报时可不向海关提交，海关审核时如需要再提交。

（二）出口货物

出口货物各类报关单，企业向海关申报时，合同、发票、装箱清单、载货清单（舱单）等随附单证可不提交，海关审核时如需要再提交。

三、试点企业经报关所在地直属海关同意，在与报关所在地直属海关、第三方认证机构（中国电子口岸数据中心）签订电子数据应用协议后，可在该海关范围内适用"通关作业无纸化"通关方式。

经海关同意准予适用"通关作业无纸化"通关方式的进出口企业需要委托报关企业代理报关的，应当委托经海关准予适用"通关作业无纸化"通关方式的报关企业。

四、经海关批准的试点企业可以自行选择有纸或无纸作业方式。选择无纸作业方式的企业在货物申报时，应在电子口岸录入端选择"通关无纸化"方式。

五、对于经海关批准且选择"通关作业无纸化"方式申报的经营单位管理类别为 AA 类企业或 A 类生产型企业的，申报时可不向海关发送随附单证电子数据，通关过程中根据海关要求及时提供，海关放行之日起 10 日内由企业向海关提交，经海关批准符合企业存单（单证暂存）条件的可由企业保管。

对于经海关批准且选择"通关作业无纸化"方式申报的其他管理类别的经营单位，应在货物申报时向海关同时发送报关单和随附单证电子数据。

六、各有关单位需要查阅、复制海关存档的报关单及随附单证电子数据档案时，应按照规定办理手续，海关根据电子档案出具纸质件并加盖单证管理部门印章。

七、涉及许可证件但未实现许可证件电子数据联网核查的进出口货物暂不适用"通关作业无纸化"作业方式。

本公告内容自 2014 年 4 月 1 日起施行，海关总署公告 2013 年第 19 号同时废止。

特此公告。

补充说明：自 2016 年 2 月 1 日起，在全国范围内实施自动进口许可证通关作业无纸化。有效范围为实施自动进口许可"一批一证"管理的货物（原油、燃料油除外），且每份进口货物报关单仅适用一份自动进口许可证。

（6）申报单证

申报单证分为报关单和随附单证两大类，其中随附单证包括基本单证和特殊单证。

报关单是由报关员按照海关规定格式填制的申报单，是指进出口货物报关单或者带有进出口货物报关性质的单证，比如特殊监管区域进出境备案清单、进出口货物集中申报清单、ATA 单证册、过境货物报关单、快件报关单、跨境贸易电子商务进出境货物申报清单、跨境贸易电子商务进出境物品申报清单等。一般来说，任何货物的申报，都必须有报关单。

基本单证是指进出口货物的货运单据和商业单据。主要有进口提货单、出口装货单、商业发票、装箱单等。一般来说,任何货物的申报,都必须有基本单证。

特殊单证主要有进出口许可证件、加工贸易手册、进出口货物征免税证明、原产地证明书、贸易合同等。某些货物的申报,必须有特殊单证,比如租赁贸易货物进口申报,必须提交租赁合同;修理物品进出口或复运进出口申报,要提供委托修理协议;退运货物进出口申报要有退运协议。货物实际进出口前,海关已对该货物做出预归类决定的,申报时应当提交"预归类决定书"。

（7）申报的修改或撤销

海关接受进出口货物申报后,电子数据和纸质的进出口货物报关单不得修改或者撤销;符合规定情形的,应当按照进出口货物报关单修改和撤销的相关规定办理。自 2016 年 3 月 1 日起,除因计算机、网络系统等技术原因无法通过预录入系统办理报关单修改或者撤销的,海关采用无纸质方式办理报关单修改和撤销业务。

修改或撤销申报有三种情况:

第一种情况是有以下情形之一的,当事人可以向原接受申报的海关办理进出口货物报关单修改或者撤销手续,海关另有规定的除外:

①出口货物放行后,由于装配、装运等原因造成原申报货物全部或部分退关、变更运输工具的;

②进出口货物在装载、运输、存储过程中因溢短装、不可抗力的灭失、短损等原因造成原申报数据与实际货物不符的;

③由于办理退补税、海关事务担保等其他手续而需要修改或者撤销报关单数据的;

④根据贸易惯例先行采用暂时价格成交、实际结算时按商检品质认定或国际市场实际价格付款方式需要修改申报内容的;

⑤已申报进口货物办理直接退运手续,需要要修改或者撤销原进口货物报关单的;

⑥由于计算机、网络系统等方面的原因导致电子数据申报错误的。

企业发现报关单申报数据有错时,可主动通过 QP 系统向海关申请报关单修改 / 撤销;报关单修改 / 撤销后,企业可对数据状态等进行查询。

报关单的状态需为已审结,企业方可进行修改、撤销申请操作。

QP 系统修撤单申请流程:

——企业进行修 / 撤单申请;

——海关在综合业务管理平台上审批申请;

——海关在 H2010 进行报关单修改或删除;

——企业实时查询审批状态。

电脑显示	含义	下一步操作
申报、发往综管平台成功 海关接收入库成功	数据接受	无需操作
同意	同意修改或撤销的申请	可进行第二次修改或撤销
不同意	不允许修改	可进行撤销，可重新申请修改
不受理	海关不受理修改申请	删除系统中的修改申请数据，可进行撤销申请

　　第二种情况是海关发现报关单需要进行修改或者撤销可以的，采取以下方式主动要求当事人修改或者撤销：

　　①将电子数据报关单退回，并详细说明修改的原因和要求，当事人应当按照海关要求进行修改后重新提交，不得对报关单其他内容进行变更；

　　②海关通过预录入系统向当事人发起报关单修改或者撤销确认。当事人应通过预录入系统及时查询并在5日内向海关确认"同意办理"或者"不同意办理"的意见，确认后海关完成对报关单的修改或者撤销。

　　第三种情况是除不可抗力外，进出口收发货人有以下情形之一的，海关可以直接撤销相应的电子数据报关单：

　　①海关将电子数据报关单退回修改，进出口货物收发货人或其代理人未在规定期限内重新发送的；

　　②海关审结电子数据报关单后，进出口货物收发货人或其代理人未在规定期限内递交纸质报关单的；

　　③出口货物申报后未在规定期限内运抵海关监管场所的；

　　④海关总署规定的其他情形。

　　海关已经决定布控、查验的，以及涉嫌走私或者违反海关监管规定的进出口货物，在办结前不得修改或撤销报关单及其电子数据；已签发报关单证明联的进出口货物，当事人办理报关单修改或者撤销时应当向海关交回报关单证明联；因修改或者撤销的进出口货物报关单导致需要变更、补办进出口许可证件的，进出口货物收发货人或其代理人应当向海关提交相应的进出口许可证件。

　　（8）特殊申报

　　①提前申报。经海关批准，报关人员可以在取得提（运）单或载货清单（舱单）数据后，向海关提前申报。在进出口货物品名、规格、数量等已确定无误的情况下，经批准的报关人员可以在进口货物起运后、抵港前或出口货物运入海关监管场所前3日内，提前向海关办理报关手续，并按照海关的要求交验有

关随附单证、进出口货物批准文件及其他需提供的证明文件。

②集中申报。特殊情况下，经海关批准，报关人员可以自装载货物的运输工具申报进境之日起1个月内向指定海关办理集中申报手续。集中申报的报关人员应当向海关提供有效担保，并在每次货物进出口时，按要求向海关报告货物的相关信息，经海关准许先予查验和提取货物。提货后，报关人员应当自装载货物的运输工具申报进境之日起1个月内向海关办理集中申报及纳税、放行等海关手续。

③补充申报。补充申报是指进出口货物收发货人或其代理人依照海关有关行政法规和规章的要求，在进出口货物报关单之外采用补充申报单的形式，向海关进一步申报为确定货物完税价格、商品归类、原产地等所需信息的行为。

补充申报单包括"进出口货物价格补充申报单"、"进出口货物商品归类补充申报单"、"进出口货物原产地补充申报单"，以及海关行政法规和规章规定的其他补充申报单证。

收发货人、报关企业应当自收到海关补充申报电子指令之日起5个工作日内，通过系统向海关申报电子数据补充申报单。经海关审核通过后，收发货人、报关企业应当打印纸质的补充申报单（一式两份）签名盖章后递交现场海关（适用无纸化通关方式申报的除外）。

④向指定海关申报。经营以下货物，需按规定向指定海关申报：经电缆、管道、输送带或者其他特殊运输方式输送进出口的货物；以一般贸易方式进出口钻石的；进口汽车整车；进口药品、麻醉药品、精神药品、蛋白同化制剂、肽类激素；出口麻黄素类产品。

⑤一次申报。也称为单一窗口申报，指的是"一次录入、分别申报"，即对依法须报检报关货物，企业可在企业端一次性录入关检申报数据，分别完成报检和报关。

即货物进出口时，企业在"一次申报"客户端上一次性录入报关、报检需要的所有申报数据，该客户端可以自动将录入数据拆分成报关、报检表单，分别发送至海关、检验检疫业务监管系统，检验检疫部门在收到报检单并施检完成后，将生成的通关单电子数据向海关发送，同时向企业客户端反馈通关单编号，企业在取得检验检疫返回的通关单编号后向海关实施报关。

（9）滞报金

进口货物收货人未按规定期限向海关申报产生滞报的，由海关按规定征收滞报金。（具体内容见本教材第五章第一节相关介绍。）

2. 步骤

申报步骤：准备申报单证——→申报前看货取样——→申报。

（1）准备申报单证

准备申报单证是报关员开始进行申报工作的第一步，是整个报关工作能否顺利进行的关键一步。准备申报单证主要包括报关随附单证及相关信息的收集、整理、审核，以及报关单的填制和复核等内容。

①单证的收集

代理报关委托书

编号：00015657799

我单位现　　（A 逐票、B 长期）委托贵公司代理　　等通关事宜。（A、填单申报 B、辅助查验 C、垫缴税款 D、办理海关证明联 E、审批手册 F、核销手册 G、申办减免税手续 H、其他）详见《委托报关协议》。

我单位保证遵守《海关法》和国家有关法规，保证所提供的情况真实、完整、单货相符。否则，愿承担相关法律责任。

本委托书有效期自签字之日起至　　年　月　日止。

委托方（盖章）

法定代表人或其授权签署《代理报关委托书》的人（签字）　　年　月　日

委托报关协议

为明确委托报关具体事项和各自责任，双方经平等协商签定协议如下：

委托方		被委托方	
主要货物名称		*报关单编号	No.
HS 编码	□□□□□□□□□□	收到单证日期	年 月 日
货物总价		收到单证情况	合同□　　发票□
进出口日期	年 月 日		装箱清单□　提（运）单□
提单号			加工贸易手册□　许可证件□
贸易方式			其他
原产地/货源地		报关收费	人民币：　　元
其他要求：		承诺说明：	

背面所列通用条款是本协议不可分割的一部份，对本协议的签署构成了对背面通用条款的同意。	背面所列通用条款是本协议不可分割的一部份，对本协议的签署构成了对背面通用条款的同意。
委托方业务签章：	被委托方业务签章：
经办人签章： 联系电话：　　年 月 日	经办报关员签章： 联系电话：　　年 月 日

CCBA　　（白联：海关留存、黄联：被委托方留存、红联：委托方留存）　　中国报关协会监制

随附单证的收集主要指单证的移交与接收。不同的报关单位对这一程序的要求不尽相同。

对自理报关单位来说，合同、发票、装箱单等基本商业单证由公司内部相关部门提供，与申报货物相关的贸易管理单证、海关单证及其他单证一般由报关人员向相关部门申领。

对报关企业来说，随附单证一般由报关委托人随报关委托协议一起提供给报关人员，程序相对复杂。

如果选择无纸化通关，则需通过代理报关委托书／委托报关协议系统操作完成。

收集单证及相关信息是报关人员积极履行法定义务和职责的一项专门化业务活动。在收集过程中必须做到依法获取、主动及时、客观全面，同时还要抓住关键、分清主次、及时全面、妥善保管、注意保密。

②单证的整理

随附单证的整理就是把不同性质的单证分离出来，并把相同性质的单证放在一起。其实质是对有关信息资料的核对过程，目的是保证所填制的报关单数据项与委托方所提供的材料一致，保证申报信息符合海关监管的一般要求。

③单证的审核

审核是指报关人对获取到的报关随附单证及相关信息进行分析和审查，判断其真实性、并核定其使用价值，以便用其办理报关业务。

审核的基本要求是"齐全、有效、一致"，主要内容包括审核其真实可靠性、使用性及合法性，这是报关人积极履行法定审查义务的重要工作内容，也是防止申报差错、加快报关速度的关键环节。

④报关单的填制

进出口报关单各设有 48 个栏目，其中有 39 个栏目必须由报关员填制。

报关单填制流程一般由填制准备、分类查找各栏目的填写信息、核实确认主要报关内容、填写原始数据报关单（纸质）、检查原始数据报关单（纸质）、电子报关数据预录入等步骤组成。（具体填写见本教材第六章内容。）

图 3.2 以进口海运为例，阐述提单换取提货单的流程图：

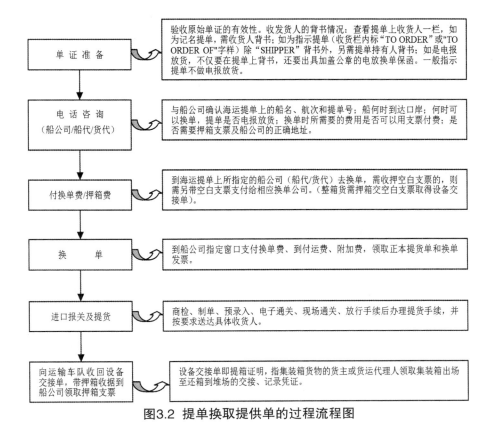

图3.2　提单换取提供单的过程流程图

　　报关员换取提货单后，就可以根据收货人提供的相关资料，填写报关单，准备申报。

　　（2）申报前看货取样

　　进口货物的收货人在向海关申报前，为了确定进口货物的品名、规格、型号等，可以向海关提出查看货物或者提取货样的申请。海关同意的，派员到场监管。

　　涉及动植物及其产品和其他须依法提供检疫证明的货物，如需提取货样，应当按照国家的有关法律规定，事先取得主管部门签发的书面批准证明。提取货样的，到场监管的海关工作人员与进口货物的收货人在海关开具的取样记录和取样清单上签字确认。

　　（3）申报

　　①报关单电子数据申报

　　A.报关单电子数据预录入

　　报关单电子数据预录入是指报关人员按照《报关单填制规范》手工填制预

录入报关单后，自行或交由报关现场的预录入中心以此为数据，将报关单数据输入电脑，形成电子数据报关单并经确认无误后向管辖地海关审单中心传输的作业环节。

目前，除上海海关使用 EDI 方式向海关进行电子申报外，其他各口岸都使用 QP 系统将报关单内容录入海关计算机系统，生成电子数据报关单。

B. 报关单电子数据发送

报关单电子数据发送后，除接到海关不接受申报的信息外，申报单位原则上不能对已发送的电子数据做出修改。在报关电子数据发送前，须特别注意因电子数据申报不实而可能引起的有关法律责任。

C. 报关单电子数据申报结果查询

关于报关单电子数据申报结果，可以通过海关计算机系统发布的信息进行查询，也可以通过海关审单中心发布的信息进行查询。

a. 查询海关计算机系统发布的信息

在审单作业过程中，报关人员可以通过海关设置在报关或预录入大厅的显示屏幕和自助终端、短信息及 EDI 通关系统等手段，了解审单等作业环节的处理过程及结果，以保证及时办理通关手续。

海关计算机系统对报关单电子数据进行审核后，根据通道判别情况，自动对外发送处理结果，主要有：

电脑显示	含义	下一步操作
等待处理	审单中心正在对电子数据进行审核或正在等待审核	继续等待处理结果
现场交单（有纸）	单电子数据已通过计算机审核	向隶属海关现场接单审核/征税费环节递交纸质报关单及随附单据
放行交单（有纸）	电子数据已通过计算机审核	携带所有纸质单证前往隶属海关放行环节办理交单和放行手续
L(入预录入库成功)（无纸化）	电子数据成功录入海关预录入库	根据要求办理查验（电子查验通知书）
J(通关无纸化审结)（无纸化）	审单中心确定办理税费及证件手续	办理缴纳税费（网上支付）等手续
退回修改	电子数据未通过计算机审核	按海关修改要求修改报关单电子数据后，重新进行电子申报

b. 查询海关审单中心发布的信息

报关人员在海关审单中心对报关电子数据进行审核过程中或审核结束后，可以查询其对外发送的处理结果，主要有：

电脑显示	含义	下一步操作
请修改报关数据	报关人员申报有误	按规定办理报关单数据修改、删除手续
等待处理	审单中心正在对电子数据进行审核或正在等待审核	继续等待处理结果
与中心联系	审单中心需要进一步了解有关情况	打电话或到审单中心联系
现场交单（有纸）	电子数据已通过计算机审核	向隶属海关现场接单审核环节递交纸质报关单及随附单据
缴纳税费（有纸）	电子数据已通过计算机审核	向隶属海关办理税费缴纳手续
放行交单（有纸）	电子数据已通过计算机审核	携带所有纸质单证前往隶属海关放行环节办理交单和放行手续
P（放行回执）（无纸化）	报关单放行	自行打印放行通知单办理装货或提货手续

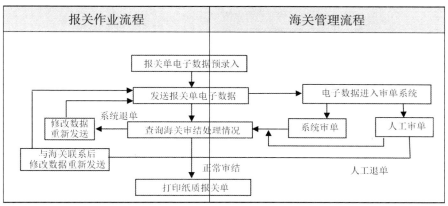

图3.3　电子数据申报作业流程图（有纸）

②现场交单——提交纸质报关单和随附单证

海关审结电子数据报关单后，进出口货物收发货人或其代理人应当自接到海关"现场交单"或"放行交单"信息之日起10日（指自然日，不是工作日）内，持打印的纸质报关单，在纸质"进（出）口货物报关单"下方申报单位处加盖报关单位的报关专用章。报关员在左下角签名后，连同随附单证到货物所在地海关提交书面单证并办理相关手续。

　　未在规定期限或核准期限内递交纸质报关单的，海关将删除电子数据报关单，被海关删除电子数据报关单的货物，视为未申报，进出口货物的收发货人或其代理人应当重新申报。由此产生的滞报金将按照《中华人民共和国海关征收进口货物滞报金办法》的规定办理。

　　特殊情况下，如果因节假日或转关运输等其他特殊原因需要逾期，报关人员应当事先向海关提出书面申请，说明原因，经海关核准后在核准期限（一般为交单期届满后的 30 个自然日）内办理。

　　现场交单的结果可以查询海关计算机系统获得相关处理信息：

电脑显示	含义	下一步操作
接单处理完成	海关单证审核完成	进入税费缴纳或放行流转环节
缴纳税费	进入缴纳税费环节	到海关领取各类税费缴款书，并缴纳税费
已放行	海关对此票货物已放行	到海关办理放行提货手续

（二）配合查验

海关查验通知单

海关编号： 3301201200000▒▒▒▒

　　你单位于 2012年5月11日 所申报货物，经审核现决定实施查验，请联系港务等相关部门作好准备，于　　月　　日派员配合海关查验。

　　特此通知。

运货方式	水路运输(2)		提运单号	▒▒▒▒▒
存货地点	芜湖海关(3301)		申报毛重(KG)	10102.5
包装种类	纸箱(2)	申报件数 250	申报净重(KG)	8642.5

序号	商品编号	商品名称	数量单位	总值
1	8415821000	1.5匹移动空调机/非整体式及窗式	175台	34,774.25美元
2	8415821000	1.5匹移动空调机/非整体式及窗式	35台	7,499.80美元
3	8415821000	1匹移动空调机/非整体式及窗式安	40台	6,950.00美元

联系人：　　　　　　联系电话：

经办关员： ▒▒▒▒▒

签收人：　　　　　　　　　　　　　　　　　　▒▒▒▒
　　　　　　　　　　　　　　　　　　　　　　▒▒▒▒

注：海关查验通知一式两联，第一联报关单位留存，第二联海关留存。

图3.4 海关查验通知单（纸质）

1. 海关查验

（1）含义

海关查验是指海关为确定进出境货物收发货人向海关申报的内容是否与进出口货物的真实情况相符，或者为确定进出境货物归类、价格、原产地等，依法对进出口货物进行实际核查的执法行为。

查验布控指海关对进出口货物的查验是建立在风险分析基础上有选择地进行的，在接单审核完毕后，通过在电脑中布控查验要求，能够有针对性地对货物进行检验。海关对进出口货物实行查验，主要有审单中心布控、接单现场布控和作业现场海关人员布控。一旦查验布控，即下达查验指令，查验关员必须实施查验。海关将通知进出口货物收发货人或其代理人办理查验手续。（见图3.5）

海关通过查验，检查报关单是否伪报、瞒报、申报不实，同时也为海关的征税、统计、后续管理提供可靠的资料。

进口查验通知书

2202201010208862531

申报单位	赫比（上海）家用电器产品有限公司 2202		海关编号	2202201010208862531			申报日期 2010-05-18
进口口岸	吴淞海关	备案号 E22105000007		进口日期 2010-05-16			
经营单位	赫比（上海）家用电器产品有限公司 3122241031（+）	运输方式 水路运输		运输工具名称 TOHO HK/10038		提运单号 THH10038SHA053*04	
收货单位	赫比（上海）家用电器产品有限公司 3122241031（+）	贸易方式 进料对口 0615		征免性质 进料加工 503		征税比例 0%	
许可证号		起运国（地区） 香港 110		抵运港 香港 110		境内目的地 上海浦东新区 31222	
批准文号		成交方式 CIF	运费 000//		保费 000//		杂费
合同协议号	2400049309	件数 1		包装种类 托盘	毛重（公斤） 1030	净重（公斤） 1000	
集装箱号	0(0)	随附单据				用途	
备注							

项号	商品名称	数量及单位	原产国（地区）	单价	总价	币制
1	聚甲基丙烯酸甲酯	1000千克	美国	4.5	4500	USD

以上内容与我司向海关申报和实际货物相符。
如有不符，我司愿承担一切法律责任。

经营或申报单位签章　　　　　　　　　　海关签注
年　　月　　日　　　　　　　　　　年　　月　　日

图3.5　进口查验通知书（电子）

（2）地点

查验应当在海关监管区内实施。特殊情况经进出口货物收发货人或其代理人书面申请，海关可以派员到监管区外实施查验。

（3）时间

海关决定查验即以书面形式提前通知进出口货物收发货人或其代理人，约定查验时间。一般约定在正常工作时间内。特殊情况海关接受进出口货物收发货人或其代理人的请求，也可以在工作时间外实施查验。

对于危险品或者鲜活、易腐、易烂、易失效、易变质等不宜长期保存的货物，以及因其他特殊情况需要紧急验放的货物，经进出口货物收发货人或其代理人申请，海关可以优先实施查验。

（4）方法

海关实施查验可以彻底查验，也可以抽查。彻底查验是指对一票货物逐件开拆包装，验核货物实际状况；抽查是指按照一定比例有选择地对一票货物中的部分货物验核货物实际状况。

海关进行查验时可以采用人工查验或采用H986集装箱透视、X光机等技术查验手段。查验操作可以分为人工查验和设备查验。

①人工查验

人工查验包括外形查验、开箱查验。外形查验是指对外部特征直观、易于判断基本属性的货物的包装、运输标志和外观等状况进行验核；开箱查验是指将货物从集装箱、货柜车厢等箱体中取出并拆除包装后对货物实际状况进行验核。

②设备查验

设备查验是指以技术检查设备为主对货物实际状况进行的验核。

图3.6 海关关员通过FS6000和H986等机检设备进行查验

（5）复验

海关可以对已查验货物进行复验。有下列情形之一的，海关可以复验：

①经初次查验未能查明货物的真实属性，需要对已查验货物的某些性状做进一步确认的；

②货物涉嫌走私违规，需要重新查验的；

③进出口收发货人对海关查验结论有异议，提出复验要求并经海关同意的；

④其他海关认为必要的情形。

已经参加过查验的查验人员不得参加对同一票货物的复验。

（6）径行开验

径行开验是指海关在进出口货物收发货人或其代理人不在场的情况下，对进出口货物进行开拆包装查验。有下列情形之一的，海关可以径行开验：

①进出口货物有违法嫌疑的；

②经海关通知查验，进出口货物收发货人或其代理人届时未到场的。

海关径行开验时，存放货物的海关监管场所经营人、运输工具负责人应当到场协助，并在查验记录上签名确认。

2. 配合查验

配合查验就是报关员在向海关申报后，根据海关查验的要求，配合海关对其申报的进出口货物实施检查，并履行相关义务。

（1）进出口货物收发货人或其代理人配合海关查验应当做好以下工作

①负责按照海关要求搬运货物，开拆包装以及重新封装货物；

②预先了解和熟悉所申报货物的情况，回答查验人员的询问，提供查验货物必要的资料；

③协助海关提取需要做进一步检验、化验或鉴定的货样，收取海关开具的取样清单；

④查验结束后，认真阅读查验人员填写的"海关进出口货物查验记录单"，并在审核无误后签名确认。

（2）进出口货物收发货人或其代理人配合海关查验的作业流程（见图3.7）

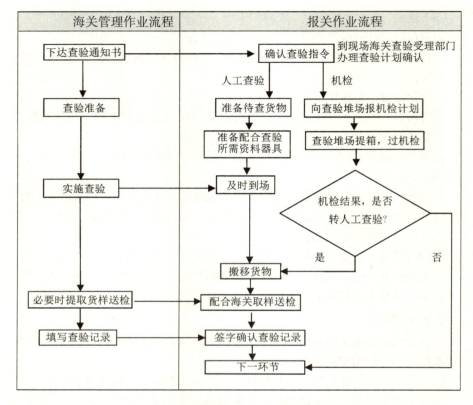

图3.7 配合海关查验的作业流程图

3. 货物损坏及赔偿

在查验过程中或者证实海关在径行开验过程中，由于海关查验人员的责任造成被查验货物损坏的，进出口货物收发货人或其代理人可以要求海关赔偿。

（1）赔偿范围

海关的赔偿范围仅限于实施查验过程中（之前和之后损坏，海关不赔偿），由于海关关员的责任造成被查验货物损坏的直接经济损失。

（2）以下情况不属于海关赔偿范围

①进出口货物收发货人或其代理人搬移货物、开拆、封装货物或保管不善造成的损失；

②易腐、易失效货物在海关正常工作程序所需时间内（含扣留或代管期间）所发生的变质或失效的；

③海关正常查验时产生的不可避免的磨损；

④在海关查验之前已发生的损坏和海关查验之后发生的损坏；

⑤由于不可抗拒的原因造成货物的损坏、损失。

进出口货物收发货人或其代理人在海关查验时对货物是否受损坏未提出异议，事后发现货物有损坏的，海关不负赔偿责任。

（三）缴纳税费

海关接受申报后，对于应缴纳税费的货物，报关单位应办理货物税费的缴纳手续。

1. 缴纳税费含义

缴纳税费是进出口货物的收发货人或其代理人接到海关对货物应缴纳关税、进口环节增值税、消费税、滞报金、滞纳金等税费所开具的关税和代征税缴款书或收费专用票据后，在规定的时间内，到海关指定银行柜台办理缴纳税费手续，或者通过电子支付系统向指定银行缴纳税费的行为。

2. 缴纳税费方式

（1）银行柜台缴纳

除另有规定外，海关在货物实际进境并完成海关现场接单审校工作之后即填发税款缴款书。报关人员应当自海关填发税款专用缴款之日起15日内向指定银行缴纳税款。逾期海关按日加收滞纳税款的万分之五的滞纳金。

缴纳税款后，报关人员应当及时将盖有证明银行已收讫税款的业务印章的税款缴款书送交填发海关验核，海关据此办理核注手续。

（2）电子支付系统缴纳

报关人员必须在申报当日向海关确定税款的支付方式，如果选择电子支付，则进出口货物报关单通过电子审结后，海关业务系统自动向中国电子口岸和支付平台发送税费信息，企业可登录中国电子口岸或支付平台查询税费信息，并通过支付平台向商业银行发送税费预扣指令。

现场海关收到支付平台转发的银行税费预扣成功回执后，即为企业打印税单（标记"电子支付"），同时海关业务系统通过支付平台自动向商业银行转发税费实扣通知。

税单打印成功后，接收支付平台转发的实扣通知并做实扣操作。现场海关收到实扣成功回执后，海关业务系统自动核注税费，现场海关即可办理放行手续。（见图3.8）

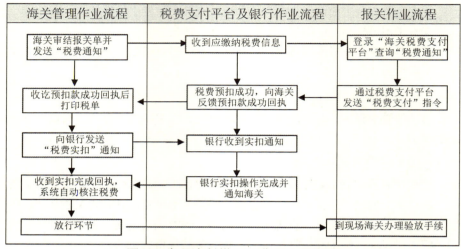

图3.8 电子支付缴纳税费作业流程图

（3）集中汇总征税

集中汇总征税就是海关对符合条件的进出口纳税义务人在一定时期内多次进出口货物应纳税款实施汇总计征。

汇总征税企业应是进出口报关单上的经营单位，并且符合以下条件：

①是海关税费电子支付系统用户；

②企业类别为一般认证及以上；

③上一自然年的月均纳税次数不低于4次；

④企业申报符合规范要求，遵守海关税收征管法律法规，纳税及时，为海关征税提供必要的信息；

⑤无其他不适合汇总征税的情形。

具体操作举例：企业在A直属海关注册，希望在A、B、C、D四个直属海关开展汇总征税业务。

首先，企业向注册地A直属海关的关税职能部门提出申请，并注明拟在A、B、C、D四个直属海关开展汇总征税业务。

然后，A直属海关评估通过后，将企业信息及"评估表"发送至B、C、D三个直属海关。A、B、C、D四个直属海关关税职能部门均应分别在系统里面对企业信息进行资格备案。

接着，企业应向银行申请开具受益人为A、B、C、D四个直属海关的保函。

最后，企业向A直属海关提供银行保函。A直属海关在系统中进行备案并对B、C、D三个直属海关进行钩选后，该份保函可以在A、B、C、D四个直属海关范围内通用。

税款总担保实现了"一份保函全国通用"。在总担保的有效期内，H2010系统对担保额度进行智能化管理，根据企业税款缴纳情况循环使用。

3. 缴纳凭证

（1）进出口关税和进口环节代征税的缴纳凭证

海关征收进出口关税和进口环节代征税时，应向纳税义务人或其代理人填发"海关专用缴款书"（含关税、进口环节代征税）。纳税义务人或其代理人持凭"海关专用缴款书"向银行缴纳税款。

海关填发的"海关专用缴款书"各联说明如下：

第一联为"收据"——由国库收款签章后交缴款单位或缴纳人；

第二联为"付款凭证"——由缴库单位开户银行作付出凭证；

第三联为"收款凭证"——由收款国库作收入凭证；

第四联为"回执"——由国库盖章后退回海关财务部门；

第五联为"报查"——关税由国库收款后退回海关，进口环节代征税送当地税务机关；

第六联为"存根"——由填发单位存查。

进口货物收货人或其代理人缴纳税款后，应将"海关专用缴款书"第一联送签发海关验核，海关凭以办理有关手续。

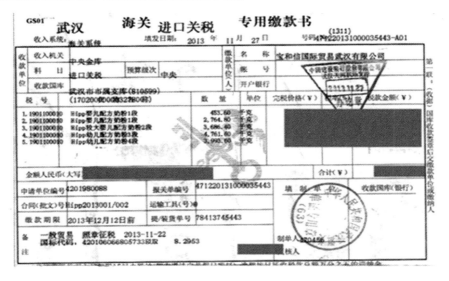

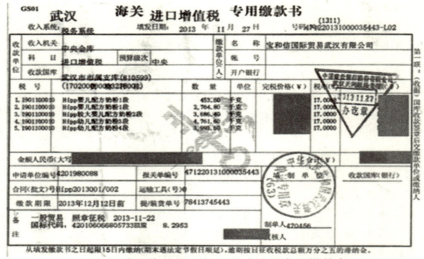

图3.9 武汉海关进口关税及增值税专用缴款书

（2）滞纳金的缴纳凭证

滞纳金缴款书的格式与税款缴款书相同。海关征收进口货物的关税、进口环节增值税、消费税、船舶吨税等的滞纳金时，应向纳税义务人或其代理人填发"海关专用缴款书"。纳税义务人或其代理人应持凭"海关专用缴款书"向银行缴纳滞纳金。

4. 缴纳地点

纳税义务人应当在货物的进出境地向海关缴纳税款，经海关批准也可以在纳税义务人所在地向其主管海关缴纳税款（即"属地纳税"）。

5. 延期纳税

纳税义务人因不可抗力或者国家税收政策调整而不能按期缴纳税款的，应当在货物进出口前向申报地的直属海关或者其授权的隶属海关提出延期缴纳税款的书面申请并随附相关资料，同时还应当提供缴税计划。

直属海关或者其授权的隶属海关应当自接到纳税义务人延期缴纳税款的申请之日起30日内审核情况是否属实，并做出是否同意延期缴纳税款的决定以及延期缴纳税款的期限。由于特殊情况在30日内不能做出决定的，可以延长10日。

直属海关或者其授权的隶属海关经审核未批准延期缴纳税款的，应当自做出决定之日起3个工作日内通知纳税义务人，并填发税款缴款书。

货物实际进出口时，纳税义务人要求海关先行放行的，应当向海关提供税款担保。

延期缴纳税款的期限，自货物放行之日起最长不超过 6 个月。

（四）提取或装运货物

1. 海关进出境现场放行和货物结关

（1）海关进出境现场放行是指海关接受进出口货物的申报，审核电子数据报关单和纸质报关单及随附单证，查验货物，征免税费或接受担保以后，对进出口货物做出结束海关进出境现场监管决定，允许进出口货物离开海关监管现场的工作环节。

在纸质报关方式下，海关进出境现场放行一般由海关在进口货物提货凭证或出口货物装货凭证上加盖海关放行章。进出口货物收发货人或其代理人凭以提取进口货物或将出口货物装上运输工具离境。

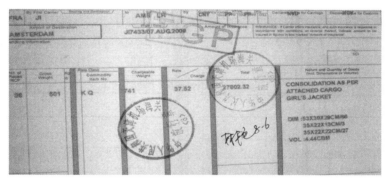

图3.10　海关加盖放行章的航空运单

实行"无纸通关"申报方式的海关，海关做出现场放行决定时，通过计算机将海关决定放行的信息发送给进出口货物收发货人或其代理人和海关监管货物保管人。进出口货物收发货人或其代理人从计算机上自行打印海关放行凭证，凭以提取进口货物或将出口货物装上运输工具离境。

（2）货物结关是进出境货物办结海关手续的简称。进出境货物由收发货人或其代理人向海关办理完所有的海关手续，履行了法律规定的与进出口有关的一切义务，就办结了海关手续，海关不再进行监管。

（3）海关进出境现场放行包含两种情况：

海关现场放行等于结关：对于一般进出口货物，放行时进出口货物收发货人或其代理人已经办理了所有海关手续，因此，放行就是结关。

海关现场放行不等于结关:对于保税货物、暂时进口货物、特定减免税货物、部分其他进出境货物，放行时进出口货物收发货人或其代理人并未办理完所有的海关手续，海关在一定时期内还需进行监管，所以该类货物的海关进出境现场放行并不等于结关。

2. 提取或装运货物

（1）进口货物收货人或其代理人签收海关加盖海关放行章戳记的进口提货凭证，凭以到货物进境地的港区、机场、车站、邮局等地的海关监管仓库办理提取进口货物的手续。

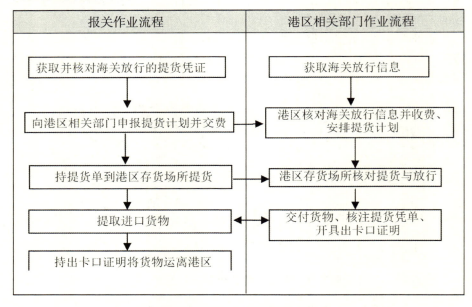

图3.11 进口提货作业流程

（2）出口货物发货人或其代理人签收海关加盖海关放行章戳记的出口装货凭证，凭以到货物进境地的港区、机场、车站、邮局等地的海关监管仓库，办理将货物装上运输工具离境的手续。（见图3.12）

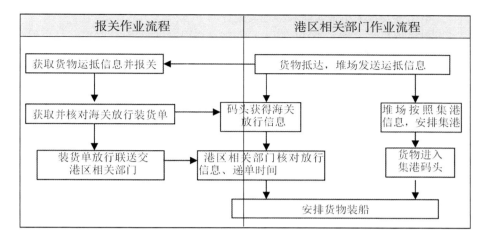

图3.12 出口货物装运作业流程图

（五）事后交单及报关单证明联

1.事后交单

事后交单指经海关审核准予适用"事后交单"通关方式的企业采取"无纸化报关"方式录入报关单向海关申报，经海关审核满足计算机自动放行条件的，货物放行后在规定期限内向海关递交纸质报关单证或传输随附单据的电子数据。

（1）低风险快速放行货物的事后交单

对于高级认证企业申报的货物或经海关 H2010 系统风险分析或海关专业审单确定为低风险的货物，不涉及许可证件和税费的，或仅涉及通关单并且通关单联网比对正常的，计算机系统完成电子审核后，系统自动按照低风险快速放行通道作业。对该类通道货物，如经营单位在一般认证企业资质以上且在申报时自主选择无纸方式申报，经海关计算机系统判别后会自动根据企业的类型，发出回执，告知企业单证处置的方式，如"事后交单"或"企业暂存"。事后交单的期限为 10 天。

（2）通关作业无纸化的事后交单

高级认证企业或一般认证生产型企业如选择通关作业无纸化方式申报，则申报时可不向海关发送随附单证电子数据,通关过程中根据海关要求及时提供,海关放行之日起 10 内由企业向海关提交，经海关批准符合企业存单条件的可由企业保管。

2.申请签发报关单证明联和办理其他证明手续

进出口货物收发货人或其代理人，办理完毕提取进口货物或装运出口货物的手续以后，如需要海关签发有关货物进口、出口证明的，均可向海关提出申请。

（1）报关单证明联

常见的报关单证明联主要有：进口付汇证明联、出口收汇证明联、出口退税证明联、报关单加工贸易核销联。

海关在报关单证明联上加盖"海关验讫章"的同时，通过海关电子口岸执法系统向银行和国家外汇管理部门发送证明联电子数据。

目前，海关不再为国家外汇管理机构核定的货物贸易外汇管理 A 类企业提供纸质报关单收汇、付汇证明联，A 类企业办理货物贸易外汇收付业务，按规定须提交纸质报关单的，可以通过中国电子口岸自行以普通 A4 纸打印报关单证明联（出口收汇或进口付汇用）并加盖企业公章。对于外汇管理机构核定的货物贸易外汇管理 B 类和 C 类企业，海关仍为其提供纸质报关单收汇、付汇证明联。

在通关作业无纸化方式下，对需要在国家税务机构办理出口退税的出口货物，海关不再为企业签发出口退税证明联。海关经审核，对符合规定的，通过海关电子口岸执法系统向国家税务机构发送证明联电子数据。

（2）进口货物证明书

进口货物证明书是指依据国家有关法律、行政法规、规章和国际公约的要求，海关在办结进口货物放行手续后，应进口货物收货人的申请所签发的证明文书。

下列情况，收货人可在办结进口货物放行手续后向海关申请签发证明书：

①进口汽车和摩托车整车；

②有特殊管理规定，明确需签发证明书的进口货物；

③我国所加入或缔结的国际公约要求缔约国履行签发证明书义务的进口货物；

④海关同意签发证明书的进口货物。

目前，需要签发"进口货物证明书"的货物主要是进口车辆。海关对贸易性渠道进口的车辆在办结验放手续后一律签发"进口货物证明书"，并实行"一车一证"制，作为货主办理上牌手续的重要依据。

通过下面的进出境报关作业流程图可以帮助读者更好地理解掌握上述知识。

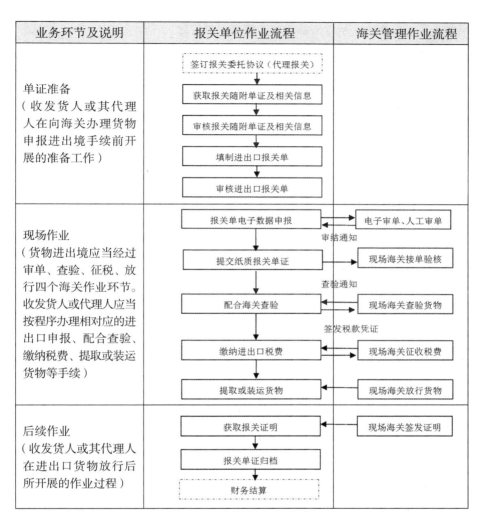

图3.13　进出境报关作业流程

第三节　保税加工货物的报关程序

一、保税加工货物概述

（一）含义

保税加工货物，是指经海关批准未办理纳税手续进境，在境内加工、装配后复运出境的货物。通常被称为加工贸易保税货物。

保税加工经营活动的物流状况需要经过料件进境、产品加工及产品出境三个阶段。

保税加工货物就是加工贸易保税货物，不完全等同于加工贸易货物。加工贸易货物只有经过海关批准才能保税进口。经海关批准准予保税进口的加工贸易货物才是保税加工货物。

（二）范围

（1）料件——专为加工、装配出口产品而从国外进口且海关准予保税的原材料、零部件、元器件、包装物料、辅助材料。

（2）用进口保税料件生产的成品、半成品。

（3）在保税加工生产过程中产生的副产品、残次品、边角料和剩余料件。

（三）形式

保税加工通常有两种形式：来料加工和进料加工。

来料加工是指由关境外企业提供料件，经营企业不需要付汇进口，按照境外企业的要求进行加工或装配，只收取加工费，制成品由境外企业销售的经营活动。

进料加工是指经营企业用外汇购买料件进口，制成成品后外销出口的经营活动。

（四）特点

（1）保税加工料件在进口前须在海关设立手册或账册。

（2）保税加工料件一般实行保税监管，进口时暂时免于缴纳进口关税及进口环节海关代征税，加工成品出口后，海关根据核定的实际加工复出口的数量予以核销；除国家另有规定外，属于国家对进口有限制性规定的，免于交验进口许可证件。

（3）保税加工产品一般须复运出境，属于应当征收出口关税的，应按照规定缴纳出口关税。

（4）保税加工货物转为内销时须经批准并交验进口许可证件，缴纳进口关税。

（五）经营方式

保税加工经营活动主要由经营企业和加工企业来完成。

经营企业是指负责对外签订加工贸易进出口合同的各类进出口企业和外商投资企业，以及经批准获得来料加工经营许可的对外加工装配服务公司。

加工企业是指接受经营企业委托，负责对进口料件进行加工或者装配，且具有法人资格的生产企业，以及由经营企业设立的虽不具有法人资格，但实行相对独立核算并已经办理工商营业证（执照）的工厂。

在保税加工经营活动中，由于经营形式、物流状况等的不同，习惯上将其划分为两类：

1. 常规经营方式

保税加工常规经营方式是指加工贸易经营企业将进口料件由自己或者委托本关区的加工贸易生产企业生产成成品后出口的方式。

2. 特殊经营方式

（1）异地加工

加工贸易经营企业将进口料件委托另一个直属海关管辖区域范围的加工贸易生产企业生产成成品后出口的方式，称为异地加工。

（2）结转进口加工

加工贸易经营企业从海关特殊监管区域、保税监管场进口或从境内其他加工贸易企业结转进口料件后加工或委托加工的方式，称为结转进口加工。

（3）外发加工

经营企业委托承揽企业对加工贸易货物进行加工，在规定期限内将加工后的产品最终复出口的方式，称为外发加工。

（4）深加工结转

指加工贸易企业将保税进口料件加工的产品转至另一加工贸易企业进一步加工后复出口的方式，称为深加工结转。

（六）保税加工的业务流程

保税加工的业务流程分为五个阶段。

1. 办理加工贸易手册设立手续

在此阶段，经营企业或代理人在加工贸易合同经商务主管部门批准，料件尚未进口前，凭合同、批件等到加工企业所在地主管海关办理手册设立手续，由海关确认监管方式、征免性质、商品名称、数量、金额、单耗等情况，以及按规定办理保证金台账手续后，以加工贸易电子化手册的方式，企业按保税方式办理进出口货物报关手续。

2. 办理料件进口手续

在此阶段，经营企业或代理人在保税料件进口时，凭取得的加工贸易手册及其他报关单证向海关申报，办理料件进口报关手续。

3. 加工期间配合核查

在此阶段，被核查人应当接受并配合海关实施保税核查，提供必要的工作条件，如实反映情况，提供海关保税核查需要的有关账簿、单证等纸质资料和电子数据。海关查阅被核查人的有关资料或者进入被核查人的生产经营场、货物存放场核查时，被核查人的有关负责人或者其指定的代表应当到场，并按照海关要求清点账簿、打开货物存放场、搬移货物或者开启货物包装。

4. 按最终流向办理相关手续

在此阶段，经营企业或代理人根据加工贸易成品复出口、转为内销或深加工结转等不同流向，分别按海关相关管理制度办理报关手续。

5. 办理报核手续

在此阶段，经营企业或代理人在核对确认加工贸易所需料件、生产成品复出口及单耗情况后，在规定的期限内向海关申请核销，经海关审核并按规定办理银行保证金台账销案手续后核销结案。

除上述五个基本阶段外，根据现阶段保税加工业务的开展实际，经营企业或其代理人在加工贸易半成品（或料件）需进行境内企业间保税流转、外发加工、料件调拨加工时，涉及的企业还需向海关办理境内保税加工流转手续。

二、保税加工的海关管理模式

（一）保税加工的海关管理模式

海关对保税加工货物的监管模式有两大类：一类是物理围网的监管模式，包括出口加工区和跨境工业园区，采用电子账册管理；另一类是非物理围网的监管模式，采用电子化手册管理或计算机联网监管。（见图3.14）

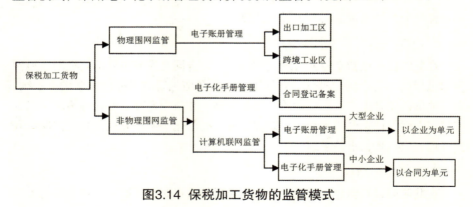

图3.14 保税加工货物的监管模式

1. 物理围网

物理围网是指由海关对专门划定区域内开展保税加工业务实施封闭式管

理。目前，主要适用于保税区、出口加工区、保税港区、综合保税区等海关监管的特殊区域企业开展加工贸易。在该模式下，海关对加工贸易企业实行联网监管，以企业为海关监管单元，以核查企业电子底账作为海关监管的主要手段，不实行银行保证金台账管理。

2. 非物理围网

非物理围网是指由海关针对经营企业的不同情况分别以电子化手册和电子账册作为海关监管的主要手段。在该模式下，海关对以电子化手册作为海关监管主要手段的加工贸易企业，以加工贸易合同为单元，实行银行保证金台账管理。海关对以电子账册作为海关监管主要手段的加工贸易企业实行联网监管，以企业作为监管单元，除特殊情况外，不实行银行保证金台账管理。

（二）海关对各种监管模式的保税加工货物的管理

海关对各种监管模式的保税加工货物的管理主要分为以下五个方面：
商务审批——备案保税——纳税暂缓——监管延伸——核销结关。

1. 商务审批

加工贸易业务只有经过商务主管部门审批才能进入海关备案程序。大体分为两种情况：

（1）审批加工贸易合同

加工贸易经营企业在向海关办理加工贸易合同备案手续或者申请设立电子化手册之前，先要到商务主管部门办理加工贸易合同审批手续。经审批后，凭"加工贸易业务批准证"和"加工贸易经营企业经营状况和生产能力证明"及商务主管部门审批同意的加工贸易合同到海关办理备案。

"加工贸易业务批准证"需准备以下资料：

①加工贸易合同申报表（原件并加盖企业公章）；

②加工贸易业务批准证申请表；

③出口成品申请备案清单；

④进口料件申请备案清单；

⑤出口成品及对应进口料件消耗清单；

⑥近期"加工贸易合同核销表"（原件及复印件，新企业除外）；

⑦加工企业生产能力证明（新企业需要验厂）；

⑧加工贸易合同报批手册（新企业除外）；

⑨其他资料，如企业营业执照、进出口资格证明材料及正在执行中的"加工贸易手册"（新企业除外）；涉及特种行业、限制管理的，还需提供相应的许可文件。

（2）审批加工贸易经营范围

加工贸易经营企业在向海关申请联网监管和建立电子账册、电子化手册之前，先要到商务主管部门办理审批加工贸易经营范围的手续，凭商务主管部门出具的"经营范围批准证"和"加工贸易经营企业经营状况和生产能力证明"到海关申请联网监管并建立电子账册、电子化手册。

2. 备案保税

加工贸易料件经海关批准才能保税进口。海关批准保税是通过受理备案来实现的。凡是准予备案的加工贸易料件一律可以不办理纳税手续，即保税进口。

电子化手册管理和联网监管下的保税加工货物报关有备案程序，海关通过受理备案实现批准保税。出口加工区管理下的保税加工货物报关虽然没有备案程序，但是进境报关使用"中华人民共和国出口加工区进境备案清单"（以下简称"出口加工区进境备案清单"），把备案和进境申报融合在一起，既简化了手续，也带有备案的性质。

企业在备案资料库时，需登录QP系统，进入"无纸化手册"系统，录入基本信息、料件表和成品表并保存数据后进行申报，即实现备案资料库申报。

企业进行通关手册的设立和变更申请时，可在"通关手册备案"界面下，录入基本信息、料件表、成品表和单损耗表并保存数据后进行申报，即实现数据的申报。申报后，完成通关备案流程。

3. 纳税暂缓

国家规定专为加工出口产品而进口的料件，按实际加工复出口成品所耗用料件的数量准予免缴进口关税和进口环节增值税、消费税。但由于在料件进口的时候无法确定用于出口成品的料件的实际数量，因此无法免税，海关只有先准予保税，在产品实际出口并最终确定使用在出口成品上的料件数量后，再确定征免税的范围，即用于出口的不予征税，不出口的征税。

保税加工货物经批准不复运出境，需向海关缴纳进口关税和海关代征税及缓税利息（具体见第五章），对于进口料件的管理则适用海关事务担保，按加工贸易银行保证金台账制度执行。

加工贸易银行保证金台账制度是指经营加工贸易的单位或企业凭海关核准的手续，按合同备案金额向指定银行申请设立保证金台账，加工成品在规定的期限内全部出口，经海关核销合同后，由银行核销保证金台账。

加工贸易企业设立台账时分为"不转"（即不设台账），"空转"（设台账不付保证金），"实转"（设台账并付保证金）和"半实转"（设台账并按应缴税款的50%支付保证金）四种。

台账制度的核心内容是对不同地区（东部地区和中西部地区）、不同信用状况的加工贸易企业（原 AA、A、B、C、D 类）所经营的加工贸易涉及的不同进出口商品（禁止类、限制类、允许类）实行分类管理，对部分企业进口的部分料件，由银行按照海关根据规定计算的金额征收保证金。（见表 3.2）

表3.2　加工贸易银行保证金台账分类管理内容

商品／地区分类 管理分类 企业分类	禁止类商品	限制类商品		允许类商品	
		东部地区	中西部地区	东部地区	中西部地区
高级认证企业（原 AA 类）	不准开展加工贸易	空转		不转	
一般认证企业（原 A 类）		空转			
一般信用企业（原 B 类）		半实转	空转		
失信企业（原 C 类）		实转			
失信企业（原 D 类）		不准开展加工贸易			

注：东部地区包括辽宁省、北京市、天津市、河北省、山东省、江苏省、上海市、浙江省、福建省、广东省。中西部地区指除东部地区以外的中国其他地区。

认证企业及一般信用的加工贸易企业（原 AA 类、A 类、B 类）进口料件金额在 1 万美元以下的，不设台账，也不交付保证金。

4. 监管延伸

保税加工货物的海关监管无论是地点还是时间，都必须延伸。

从地点上说，保税加工的料件离开进境地口岸海关监管场所后进行加工、装配的地方，都是海关监管的场所。

从时间上说，保税加工的料件在进境地被提取，不是海关监管的结束，而是海关保税监管的开始，海关一直要监管到加工、装配后复运出境或者办结正式进口手续最终核销结案为止。这里涉及两个期限：

（1）准予保税的期限

准予保税的期限是指经海关批准保税后在境内加工、装配、复运出境的时间限制。

（2）申请核销的期限

申请核销的期限是指加工贸易经营人向海关申请核销的最后日期。（见表 3.3）

表3.3 保税加工货物的海关监管期限

保税加工 监管方式	保税期限	核销期限
电子化手册	原则上不超过1年，经批准可以申请延长，延长的最长期限原则上也是1年。	在手册有效期到期之日起或最后一批成品出运后30天内。
联网监管电子账册管理	从企业的电子账册记录第一批料件进口之日起到该电子账册被撤销止。	一般以6个月为1个报核周期。首次报核是从海关批准电子账册建立之日起算，满6个月后的30天内报核；以后则从上一次的报核日期起算，满6个月后的30天内报核。
出口加工区	从加工贸易料件进区到加工贸易成品出区办结海关手续止。	每6个月向海关申报1次保税加工货物的进出境、进出区的实际情况。
珠海园区		自开展有关业务之日起，每年向海关办理报核1次。

5. 核销结关

保税加工货物经过海关核销后才能"结关"。

三、电子化手册管理下的保税加工货物报关程序

电子化手册管理模式的主要特征是以合同为单元进行监管，其基本程序是手册设立——进出口报关——核销。（见图3.15）

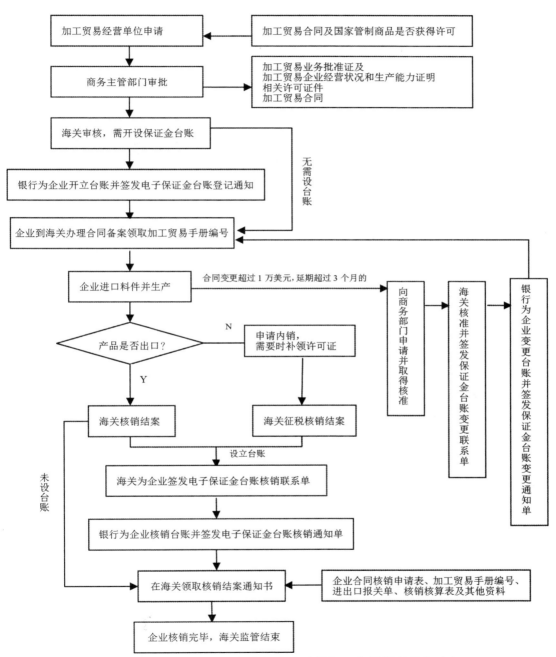

图3.15 电子化手册下实行保证金台账的加工贸易报关业务流程

（一）手册设立

1. 设立海关

经营企业应当向加工企业所在地主管海关办理加工贸易货物的手册设立手续。

经营企业与加工企业不在同一直属海关管辖的区域范围的，应当按照海关对异地加工贸易的管理规定办理手册设立手续。

2. 提交单证

经营企业办理加工贸易货物的手册设立，应当向海关如实申报贸易方式、单耗、进出口口岸，以及进口料件和出口成品的商品名称、商品编号、规格型号、价格和原产地等情况，并且提交下列单证：

（1）商务主管部门签发的加工贸易业务批准证；

（2）经营企业自身有加工能力的，应当提交主管部门签发的"加工贸易加工企业生产能力证明"；

（3）经营企业委托加工的，应当提交经营企业与加工企业签订的委托加工合同、主管部门签发的加工企业"加工贸易加工企业生产能力证明"；

（4）经营企业对外签订的合同；

（5）海关认为需要提交的其他证明文件和材料。

3. 手册设立

经营企业按照相关规定，提交齐全有效的单证材料，申报设立手册的，海关应当自接受企业手册设立申报之日起 5 个工作日内完成加工贸易手册设立手续。

需要办理担保手续的，经营企业按照规定提供担保后，海关办理手册设立手续。

4. 税款担保

有下列情形之一的，海关可以要求经营企业在办理手册设立手续时提供相当于应缴税款金额的保证金或者银行、非银行金融机构保函：

（1）租赁厂房或者设备的；

（2）首次开展加工贸易业务的；

（3）加工贸易手册延期两次（含两次）以上的；

（4）办理异地加工贸易手续的；

（5）涉嫌违规，已经被海关立案调查，案件尚未审结的。

海关要求经营单位开设保证金台账的，经营单位应向银行办理台账保证金专用账户设立手续。已设立台账保证金专用账户的企业，凭"海关注册登记证明"向银行进行一次性备案登记。

为简化手续，进口料件金额在 10000 美元以下的，认证企业及一般信用的加工贸易企业（原 AA 类、A 类、B 类）可以不设台帐，也就是说"不转"。

上述企业进口金额在 5000 美元及以下的 78 种客供服装辅料，免设手册。

手册设立后，如果进口料件金额发生变更，变更后进口金额超 10000 美元的，适用认证企业及一般信用的加工贸易企业（原 AA 类、A 类、B 类），需重新开设台账；东部地区一般信用企业（原 B 类）合同金额变更后，进口料件如果涉及限制类商品的，由银行加收相应的保证金。

5. 与设立手册相关的事宜

（1）异地加工贸易管理

——经营企业凭所在地商务主管部门核发的"加工贸易业务批准证"和加工企业所在地县级以上商务主管部门出具的"加工贸易加工企业经营状况和生产能力证明"，填制"异地加工贸易申报表"（以下简称"申报表"），向经营企业所在地主管海关办理异地加工贸易手续。

——海关对于办理过异地加工贸易业务的经营单位，应当查阅由加工企业主管海关反馈的"中华人民共和国海关异地加工贸易回执"（以下简称"回执"）。经核实合同执行情况正常的，在"申报表"（一式二联）内批注签章，与"加工贸易业务批准证"、"加工贸易加工企业生产能力证明"一并制作关封，交经营单位凭以向加工企业主管海关办理手册设立手续。

——加工企业主管海关凭经营单位提供的"加工贸易业务批准证"、委托加工合同、"加工贸易加工企业生产能力证明"、"申报表"及其他有关单证办理手册设立手续。如果由加工企业向海关办理手册设立手续的，应当持有经营单位出具的委托书。

（2）加工贸易申报单耗

单耗是指加工贸易企业在正常加工生产条件下加工单位成品所耗用的料件量。单耗包括净耗和工艺损耗。

净耗是指在加工后，料件通过物理变化或者化学反应或者转化到单位成品中的料件量。

工艺损耗是指因加工工艺原因，料件在正常加工过程中，除净损耗外所必须耗用，但不能存在或者转化到成品中的量。

单耗的计算公式：单耗 ＝ 净耗 / （1 − 工艺损耗率）

工艺损耗率是指工艺损耗占所耗用料件的百分比。

工艺损耗率 ＝ （工艺所耗数量 / 全部进口料件数量）×100%

耗用料件数量 ＝ 单耗 × 成品数量

加工贸易企业应当在加工贸易手册设立环节向海关进行单耗备案，在货物出口、深加工结转、内销及报核前填写"中华人民共和国海关加工贸易单耗申报单"，向海关如实申报单耗。

申报单耗应当包括以下内容：

①加工贸易项下料件和成品的商品名称、商品编号、计量单位、规格型号和品质；

②加工贸易项下成品的单耗；

③加工贸易同一料件有保税和非保税料件的，应当申报非保料件的比例、商品名称、计量单位、规格型号和品质。

（3）加工贸易外发加工备案

经营企业开展外发加工业务，应当在货物首次外发之日起 3 个工作日内向海关备案外发加工基本情况；企业应当在货物外发之日起 10 日内向海关申报实际收发货情况，同一手（账）册、同一承揽者的收、发货情况可合并办理。

办理外发加工备案需要向海关递交的材料：

①企业申请外发加工的书面报告；

②经营企业签章的"加工贸易货物外发加工申请审批表"及"加工贸易外发加工货物外发清单"（应用外发加工子系统的免予提交）；

③经营企业与承揽者签订的加工合同或者协议；

④承揽者相关证明复印件；

⑤经营企业签章确认的承揽者生产能力状况证明；

⑥由报关企业报关人员办理的，应递交"代理报关委托书／委托报关协议"；

⑦其他海关需要的单证和材料。

企业持上述资料到海关预录入中心录入并向海关进行备案。

企业在每批货物实际收发货 3 日内，填制保税货物外发加工发货单和外发加工收货单，待外发加工业务结束后，须在合同有效期内向主管海关办理核销手续。申请核销时，应提交以下单证：

①企业外发加工的核销申请报告。内容包括外发加工货物加工情况及加工后货物、边角料、余料、残次品及副产品处理情况等。

②外发加工发货单、外发加工收货单和外发加工货物收发货汇总表。

③海关监管需要的其他单证。

对全工序外发的，经营企业应当在办理外发加工备案手续的同时向海关缴纳相当于外发加工货物应缴税款金额的保证金或者银行、非银行金融机构保函。企业变更外发加工信息时，涉及企业应缴纳外发加工保证金数量增加的，企业应补缴保证金或者保函。

经营企业开展外发加工业务，不得将加工贸易货物转卖给承揽者；承揽者不得将加工贸易货物再次外发。

外发加工的成品、剩余料件以及生产过程中产生的边角料、残次品、副产品等加工贸易货物，经营企业向所在地主管海关办理相关手续后，可以不运回本企业。

（二）进出口报关

1. 进出境货物报关

保税加工货物进出境由加工贸易经营单位或其代理人申报。

保税加工货物进出境申报必须持有加工贸易登记手册编号或其他准予合同备案的凭证。

保税加工货物进出境的报关程序包括四个环节：

申报──→配合查验──→暂缓纳税（保税）──→提取或装运货物

加工贸易企业在主管海关备案的情况在计算机系统中已生成电子底账，有关电子数据已传输到口岸海关，因此企业在口岸海关报关时提供的有关单证内容必须与电子底账数据相一致。

保税加工货物进出境报关的许可证件管理和税收征管要求如下：

（1）进出口许可证件管理

进口料件，除易制毒化学品、监控化学品、消耗臭氧层物质、原油、成品油等个别规定商品外，均可以免予交验进口许可证件，但不包括涉及公共道德、公共卫生、公共安全所实施的进出口管制证件，如检验检疫证件等。

出口成品，属于国家规定应交验出口许可证的，在出口报关时必须交验出口许可证。

（2）进出口税收征管

准予保税的加工贸易料件进口，暂缓纳税。加工贸易项下出口应税商品，如系全部使用进口料件加工生产的产（成）品，不征收出口关税；如系部分使用进口料件、部分使用国产料件加工的产（成）品，则按海关核定的比例征收出口关税。

2. 深加工结转申报

根据《海关总署关于 H2000 深加工结转管理系统推广应用暂行办法》规定，深加工结转报关由转入、转出企业向各自主管海关申报结转备案，经双方主管海关备案后，可以办理实际收发货及报关手续。海关通过计算机系统对企业申报的数据实行网上备案、审核。

深加工结转报关业务具体分为结转计划备案、收发货登记和结转报关三个阶段。

（1）计划备案

转出、转入企业结转时应向各自主管海关申请"中华人民共和国海关加工贸易保税货物深加工结转申报表"（即电子关封，以下简称《申报表》）电子数据备案。

一份"申报表"对应一个转出企业和一个转入企业；一份"申报表"对应转出企业一本"加工贸易登记手册"（以下简称"手册"，包括联网监管电子账册、电子化手册、电子底账），对应一本转入企业"手册"。

"申报表"有效期为3个月，不超过手册有效期或核销截止日期。

①转出企业通过电子口岸录入"申报表"电子数据后向海关申报，并将"申报表"电子口岸统一编号通知转入企业；转入企业通过电子口岸录入相应"申报表"电子数据后向海关申报；

②转出地海关审核通过后，转入地海关审核"申报表"；双方主管海关审核通过后，转入、转出企业即可办理结转收发货登记及报关手续。

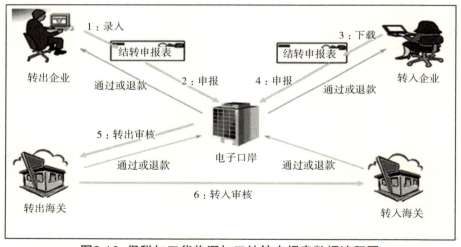

图3.16 保税加工货物深加工结转申报表数据流程图

（2）收发货登记

转出、转入企业应当分别在每批实际发货及收货后10日内录入申报"保税货物深加工结转收发货单"（以下简称"收发货单"）或"保税货物深加工结转退货单"（以下简称"退货单"）电子数据。因特殊原因无法申报的，经主管海关同意，可适当延长申报时限，但最长不超过20日。

（3）结转报关

转出、转入企业应当分别在转出地、转入地海关办理结转报关手续。转出、转入企业可以根据"申报表"电子数据逐批或者多批次合并办理报关手续。每批结转货物实际收货后，转入企业应当在次月底前办理该批货物的申报手续，且不超过手册有效期或核销截止日期。

转入企业可通过电子口岸查询收货情况，按"申报表"电子数据向转入地海关办理结转进口报关手续，并在结转进口报关单申报后及时将报关情况通知转出企业。

转出企业自转入企业申报结转进口后，通过电子口岸查询发货情况，按"申报表"电子数据向转出地海关办理结转出口报关手续。

一份结转进口报关单对应一份结转出口报关单，两份报关单之间对应的申报序号、"申报表"编号、价格、数量（或折算后数量）应当一致，报关单所填写的关联"手册"号及关联报关单号应相互对应。

3. 其他保税加工货物的报关

其他保税加工货物，是指履行加工贸易合同过程中产生的剩余料件、边角料、残次品、副产品和受灾保税货物。

剩余料件，是指加工贸易企业在从事加工复出口业务过程中剩余的可以继续用于加工制成品的加工贸易进口料件。

边角料，是指加工贸易企业从事加工复出口业务，在海关核定的单耗标准内，加工过程中产生的，无法再用于加工该合同项下出口制成品的数量合理的废、碎料及下脚料。

残次品，是指加工贸易企业从事加工复出口业务，在生产过程中产生的有严重缺陷或者达不到出口合同标准，无法复出口的制成品（包括完成品和未完成品）。

副产品，是指加工贸易企业从事加工复出口业务，在加工生产出口合同规定的制成品（主产品）过程中同时产生的且出口合同未规定应当复出口的一个或一个以上的其他产品。

受灾保税货物，是指加工贸易企业从事加工出口业务中，因不可抗力原因或其他经海关审核认可的正当理由造成损毁、灭失、短少等导致无法复出口的保税进口料件和加工制成品。

对于履行加工贸易合同中产生的上述其他保税加工货物，企业必须在手册有效期内处理完毕。处理的方式有内销、结转、退运、销毁等。

（1）内销报关

保税加工货物转内销应经商务主管部门审批，办理"加工贸易保税进口料件内销批准证"办理正式进口报关手续，缴纳进口税和缓税利息。经批准允许转内销的加工贸易保税货物属进口许可证件管理的，企业还应按规定向海关补交进口许可证件；申请内销的剩余料件，如果金额占该加工贸易合同项下实际进口料件总额 3% 及以下且总值在人民币 1 万元及以下的，免审批，免交许可证件。

　　企业在 QP 系统的"内销征税申报"模块，填写"加工贸易保税货物内销征税联系单"并向海关发送，海关进行预归类、预审价审核。企业通过 QP 系统查询到海关的具体审核意见后，填制进口报关单向海关发送，并通过查询电子口岸信息回执，了解电子审单提示信息。海关审结通过后，企业可按要求办理缴纳税款和相关缓税利息，完成内销手续。

　　（2）余料结转申报

　　加工贸易企业申报将剩余料件结转到另一个加工贸易合同使用，限同一经营企业、同一加工企业、同样进口料件和同一加工贸易方式。凡具备条件的，海关按规定核定单耗后，企业可以办理该合同核销及其剩余料件结转手续。剩余料件转入合同已经商务主管部门审批的，由原审批部门按变更方式办理相关手续，如剩余料件的转入量不增加已批合同的进口总量，则免于办理变更手续；转入合同为新建合同的，由商务主管部门按现行加工贸易审批管理规定办理。

　　经营企业申报剩余料件结转的，应当向海关提交下列单证：

　　——经营企业申报剩余料件结转的材料；

　　——经营企业拟结转的剩余料件清单；

　　——海关需要收取的其他单证和材料。

　　经营企业应当如实申报《加工贸易剩余料件结转联系单》，凭以办理通关手续。

　　加工贸易企业申报剩余料件结转有下列情形之一的，企业缴纳不超过结转保税料件应缴纳税款金额的风险担保金后，海关予以办理：

　　——同一经营企业申报将剩余料件结转到另一加工企业的；

　　——剩余料件转出金额达到该加工贸易合同项下实际进口料件总额 50% 及以上的；

　　——剩余料件所属加工贸易合同办理两次以及两次以上延期手续的。

　　剩余料件结转涉及不同主管海关的，在双方海关办理相关手续，并由转入地海关收取风险担保金。

　　前款所列须缴纳风险担保金的加工贸易企业有下列情形之一的，免于缴纳风险担保金：

　　——适用加工贸易一般认证企业（原 A 类）管理的；

　　——已实行台账实转的合同，台账实转金额不低于结转保税料件应缴税款金额的；

　　——原企业发生搬迁、合并、分立、重组、改制、股权变更等法律规定的情形，且现企业继承原企业主要权利义务或者债权债务关系的，剩余料件结转不受同一经营企业、同一加工企业、同一贸易方式限制。

（3）退运

加工贸易企业因故申请将剩余料件、边角料、残次品、副产品等保税加工货物退运出境的，应持手册等有关单证向口岸海关报关，办理出口手续，留存有关报关单证，以备报核。

（4）销毁

被海关做出不予结转决定或不予放弃决定的加工贸易货物或涉及知识产权等原因企业要求销毁的加工贸易货物，企业可以向海关提出销毁申请，海关经核实同意销毁的，由企业按规定销毁，必要时海关可以派员监督。货物销毁后，企业应当收取有关部门出具的销毁处置证明，以备报核。

（5）受灾保税加工货物的处理

对于受灾保税加工货物，加工贸易企业须在灾后 7 日内向主管海关书面报告，并提供商务主管部门、保险公司或检验检疫等有关主管部门出具的证明文件，海关可视情况派员核查取证。

因不可抗力受灾保税加工货物灭失，或者已完全失去使用价值无法再利用的，可由海关审定，并予以免税。其对应的原进口料件，如属进口许可证件管理的，免交许可证件，反之应当交验进口许可证件。

（关于保税加工货物及不可抗力受灾保税货物内销征税的相关规定见本教材第五章第四节。）

（三）加工贸易货物核销

1. 核销的含义

核销，是指加工贸易经营企业加工复出口或者办理内销等海关手续后，凭规定单证向海关报核，海关按照规定进行核查以后办理解除监管手续的行为。

2. 报核的时间

（1）经营企业应当在规定的期限内将进口料件加工复出口，并自加工贸易手册项下最后一批成品出口或者加工贸易手册到期之日起 30 日内向海关报核。

（2）经营企业对外签订的合同因故提前终止的，应当自合同终止之日起 30 日内向海关报核。

3. 报核的步骤

准备资料——填写核算表——预录入——报核

（1）合同履约后，及时收集、整理、核对手册和进出口报关单；

（2）根据有关账册记录、仓库记录、生产工艺资料等查清此合同加工生产的“实际单耗”，并据以填写核销核算表（产品的实际单耗如与合同备案单耗不一致的，应在最后一批成品出口前进行单耗的变更）；

（3）填写核销预录入申报单，办理报核预录入手续；

（4）携带报核需要的有关单证到主管海关报核，并填写报核签收回联单。

4. 海关受理报核和核销

海关核销可以采取纸质单证核销、电子数据核销的方式，必要时可以下厂核查，企业应当予以配合。

海关应当自受理报核之日起 30 日内予以核销。特殊情况需要延长的，经直属海关关长或者其授权的隶属海关关长批准可以延长 30 日。

经营企业遗失加工贸易手册的，应当及时向海关报告。海关按照有关规定处理后对遗失的加工贸易手册予以核销。

对经核销结案的加工贸易手册，海关向经营企业签发"核销结案通知书"。

经营企业已经办理担保的，海关在核销结案后按照规定解除担保。

四、电子账册管理下的保税加工货物报关程序

（一）电子账册管理简介

1. 含义

电子账册管理是海关以加工贸易企业的整体加工贸易业务为单元对保税加工货物实施监管的一种模式。海关为联网企业建立电子底账，联网企业只设立一个电子账册。根据联网企业的生产情况和海关的监管需要确定核销周期，并按照该核销周期对企业进行核销。

电子账册模式的适用对象是加工贸易进出口较为频繁、规模较大、原料和产品较为复杂、管理信息化程度较高较完善的大型加工贸易企业。

电子账册模式联网监管的基本管理原则是：一次审批、分段备案、滚动核销、控制周转、联网核查。

2. 特点

（1）对经营资格、经营范围、加工生产能力一次性审批，不再对加工贸易合同进行逐票审批；

（2）采取分段备案，先备案进口料件，在生产成品出口前再备案成品，以及申报实际的单耗情况；

（3）建立以企业为单元的电子账册，实行滚动核销制度，取代以合同为单元的电子化手册；

（4）对进出口保税货物的总价值按照企业生产能力进行周转量控制，取消对进出口保税货物备案数量控制；

（5）企业通过计算机网络向商务部门和海关申请办理审批、备案及变更等手续；

（6）实行银行保证金台账制度；

（7）纳入电子账册的加工贸易货物全额保税；

（8）凭电子身份认证卡实现全国口岸的通关。

3. 电子账册的建立

电子账册的建立经过三个步骤：

联网监管申请和审批——>加工贸易业务申请和审批——>建立商品归并关系和电子账册。

（1）联网监管的申请和审批

申请电子账册管理模式的加工贸易企业，先由商务主管部门对其经营范围依法进行审批，同意后，加工贸易企业向所在地直属海关提出书面申请，并提交有关单证，经审核符合联网监管条件的，主管海关制发"海关实施加工贸易联网监管通知书"。

（2）加工贸易业务的申请和审批

商务主管部门总体审定联网企业的加工贸易资格、业务范围和加工生产能力，在收到企业申请后，对非国家禁止开展的加工贸易业务，予以批准并签发"联网监管企业加工贸易业务批准证"。

（3）建立商品归并关系和电子账册

联网企业凭商务主管部门签发的"联网监管企业加工贸易业务批准证"向所在地主管海关申请建立电子账册。

电子账册包括"经营范围电子账册"和"便捷通关电子账册"。"经营范围电子账册"也称"IT账册"，不能直接报关，主要是用来检查控制"便捷通关电子账册"进出口商品的范围。"便捷通关电子账册"也称"E账册"，用于加工贸易货物的备案、通关和核销。

电子账册是在商品归并关系确立的基础上建立起来的，没有商品归并关系就不能建立电子账册，所以联网监管的实现依靠商品归并关系的建立。

商品归并关系是指海关与联网企业根据监管的需要，按照中文品名、HS编码、价格、贸易管制等条件，将联网企业内部管理的"料号级"商品与电子账册备案的"项号级"商品归并或拆分，建立一对多或多对一的对应关系。

归入同一个联网监管商品项号需同时满足以下条件：

——10位HS编码相同的；

——商品名称相同的；

——申报计量单位相同的；

——规格型号虽不同但单价相差不大的。

（二）报关程序

包括三个阶段：备案——→进出口报关——→报核和核销

1. 备案

（1）"经营范围电子账册"备案

企业凭商务主管部门的批准证通过网络向海关办理备案手续，企业在收到海关的备案信息后，将商务主管部门的纸质批准证交海关存档。备案内容为：

①经营单位名称和代码；

②加工单位名称和代码；

③批准证件编号；

④加工生产能力；

⑤加工贸易进口料件和成品范围（商品编码前4位）。

（2）"便捷通关电子账册"备案

企业通过网络向海关办理备案手续，备案内容为：

①企业基本情况表，包括经营单位及代码、加工企业及代码、批准证号、经营范围账册号、加工生产能力等；

②料件、成品部分，包括归并后的料件、成品名称、规格、商品编码、备案计量单位、币制、征免方式等；

③单耗关系：包括成品对应料件的净耗、耗损率等。

其他部分可同时申请备案，也可分段申请备案，但料件必须在相关料件进口前备案，成品和单耗关系最迟在相关成品出口前备案。

海关根据企业的加工能力设定电子账册最大周转金额，并对部分高风险或需要重点监管的料件设定最大周转数量。电子账册进口料件加上剩余料件的金额、数量，不得超过最大周转金额和数量。

每一个企业一般只能申请建立一份"便捷通关电子账册"，但如果企业设有无法人资格独立核算的分厂，料件、成品单独管理的，经海关批准，可另建立电子账册。

企业需在异地口岸办理进出口报关或异地深加工结转报关手续的，可以向海关申请办理"便捷通关电子账册"异地报关备案。

（3）备案变更

①"经营范围电子账册"变更

企业的经营范围、加工能力发生变更时，经商务主管部门批准后，通过网络向海关办理申请变更，海关予以审核通过并收取商务主管部门出具的"联网监管企业加工贸易业务批准证变更证明"等书面材料。

②"便捷通关电子账册"变更

"便捷通关电子账册"的最大周转金额、核销期限等需要变更时，企业应向海关提交申请，海关批准后直接变更。基本情况表内容、料件成品发生变化的，只要未超出经营范围和加工能力，不必报商务主管部门审批，可以通过网络直接向海关申请变更。

2. 进出口报关

（1）进出境货物报关

①程序

——企业从系统导出料号级数据生成归并前的报关清单，通过网络发送到电子口岸；

——电子口岸根据归并原则对其进行归并，并分拆成报关单后发送回企业；

——企业填写完整的报关单内容后，通过网络向海关正式申报。

②报关单填制要求

申报数据与备案数据一致。企业按实际进出口的料件号与成品号填报关单，并按加工贸易货物的实际性质填报监管方式。

③申报方式

可选择有纸报关或无纸报关方式申报。

无纸报关，海关凭盖有申报单位和其代理企业的提货专用章的放行通知书办理"实货放行"手续；报关单位凭盖有经营单位、报关单位及报关员印章的纸质单证办理"事后交单"事宜。

有纸报关的，应由本企业的报关员办理现场申报手续。

（2）深加工结转货物报关（参照电子化手册的有关内容）

（3）其他保税加工货物的报关

经主管海关批准，可按月度集中办理内销征税手续。每个核销周期结束前，必须办结本期所有的内销征税手续。

3. 报核和核销

海关对电子账册实行滚动核销的形式，180 天为一个报核周期。首次报核从电子账册设立之日起 180 天后的 30 天内；以后报核期限，从上次报核之日起 180 天后的 30 天内。特殊情况可以延期，但延长期限不得超过 60 天。

（1）企业报核

企业报核分为预报核和正式报核两步。

①预报核指企业在向海关正式申请核销前，在电子账册本次核销周期到期

之日起 30 天内，将本核销期限内申报的所有的电子账册进出口报关数据按海关要求的内容以电子报文形式向海关申请报核。

海关通过计算机将企业的预报核报关单内容与电子账册数据进行比对，对结果完全相同、计算机反馈"同意报核"的，企业应提交以下单证进行正式报核：

——企业核销期内的财务报表；

——纸质报关单；

——已征税的税款缴纳证复印件；

——企业电子账册报核总体情况表；

——企业保税进口料件盘点资料；

——归并参数表的纸质文本（本期核销内有变更的）；

——其他海关认为需要的单证。

②正式报核指企业预报通过海关审核后，以预报核海关核准的报关数据为基础，填报本期保税进口料件应当留存数量、实际留存数量等内容，以电子报文形式向海关正式申请报核。

海关认为必要时，可以要求企业进一步报送相关资料进行比对，对不相符且属于企业填报有误的可以退单，企业必须重新申报。

联网企业不再使用电子账册的，应当向海关申请核销。海关对电子账册核销完毕，予以注销。

（2）海关核销

海关核销的目的是掌握企业在某个时段所进口的各项保税加工料件的使用、流转、损耗的情况，确认是否符合以下的平衡关系：

进口保税料件（含深加工结转进口）= 出口成品折料件（含深加工结转出口）+ 内销料件 + 内销成品折料 + 剩余料件 + 损耗 – 退运成品折料

海关除了对书面数据进行核算，确定是否平衡外，还会根据实际情况盘库。根据结果进行如下处理：

①报核数据与海关底账数据及盘点数据相符的，海关通过正式审核，将本期的结余数作为下一期期初数；

②企业实际库存多于电子底账核算结果的，海关按实际库存量调整电子底账的当期结余数量；

③企业实际库存少于电子底账核算结果且可以提供正当理由的，按内销处理；不能提供正当理由的，对短缺部分，移交缉私部门处理。

五、出口加工区进出货物报关程序

(一)出口加工区简介

1. 含义

出口加工区是指由省、自治区、直辖市人民政府报国务院批准在中华人民共和国境内设立的、由海关对保税加工进出口货物进行封闭式监管的特定区域。

2. 功能

出口加工区的主要功能是保税加工。加工区内设置加工区管理委员会、出口加工企业、专为出口加工企业生产提供服务的仓储企业以及经海关核准专门从事加工区内货物进、出的运输企业。

3. 管理

加工区是海关监管的特定区域。加工区与境内其他地区之间设置符合海关监管要求的隔离设施及闭路电视监控系统,在进出区通道设立卡口。

海关在加工区内设立机构,并依照有关法律、行政法规,对进出加工区的货物及区内相关场所实行 24 小时监管。区内企业建立符合海关监管要求的电子计算机管理数据库,并与海关实行电子计算机联网,进行电子数据交换。

区内不得经营商业零售、一般贸易、转口贸易及其他与加工区无关的业务,不得建立营业性的生活消费设施。除安全人员和企业值班人员外,其他人员不得在加工区内居住。

从境外运入区内的加工贸易货物,全额保税。除国家另有规定的除外,不实行进出口许可证件管理。禁止进出口的货物,不得进区。

境内区外进入区内的货物视同出口,办理出口报关手续,除取消退税的基建物资外,可以办理出口退税手续。

区内企业开展加工贸易业务不实行保证金台账制度,适用电子账册管理,实行备案电子账册的流动累扣、扣减,每 6 个月核销一次。区内企业从境外进口自用的生产、管理所需设备、物资,除交通车辆和生活用品外,予以免税。

(二)报关程序

出口加工区企业在进出口货物前,应向出口加工区主管海关申请建立电子账册。出口加工区企业电子账册包括"加工贸易电子账册(H 账册)"和"企业设备电子账册"。出口加工区进出境货物和进出区货物通过电子账册办理报关手续。

1. 与境外之间

从境外运进或运至境外的货物,由收发货人或其代理人填写进、出境货物备案清单，向出口加工区海关报关。

对于跨越关区进出境的出口加工区货物，除邮递物品、个人随身携带物品、跨越关区进口车辆和出区在异地口岸"拼箱"出口货物以外，可以按"转关运输"中的直转转关方式（详见本章第八节）办理转关。

对于同一直属海关的关区内进出境的出口加工区货物，可以按直通式报关。

2. 与境内区外其他地区之间

（1）出口加工区货物运往境内区外——区外企业报进口，区内企业报出口

由区外企业录入进口货物报关单，凭发票、装箱单、相应的许可证件等单证向出口加工区海关办理进口报关手续。进口报关结束后，区内企业填制出口加工区出境货物备案清单，凭发票、装箱单、电子账册编号等单证向出口加工区海关办理出区报关手续。

出口加工区海关放行货物后，向区外企业签发进口货物报关单付汇证明联，向区内企业签发出口加工区出境货物备案清单收汇证明联。

（2）境内区外货物运入出口加工区——区外企业报出口，区内企业报进口

由区外企业录入出口货物报关单，凭购销合同（协议）、发票、装箱单等单证向出口加工区海关办理出口报关手续。出口报关结束后，区内企业填制出口加工区进境货物备案清单，凭购销发票、装箱单、电子账册编号等单证向出口加工区海关办理进区报关手续。

出口加工区海关查验、放行货物后，向区外企业签发出口货物报关单收汇证明联，向区内企业签发出口加工区进境货物备案清单付汇证明联。

（3）出口加工区货物出区深加工结转

出口加工区货物出区深加工结转是指加工区内企业经海关批准并办理相关手续，将本企业加工生产的产品直接或者通过保税仓库转入其他出口加工区、保税区等海关特殊监管区域内及区外加工贸易企业进一步加工后复出口的经营活动。

出口加工区保税货物在海关特殊监管区域间流转，可以按照区间结转方式办理。

区间结转是指海关特殊监管区域内企业（以下简称转出企业）将保税货物转入其他海关特殊监管区域内企业（以下简称转入企业）的经营活动。

区间结转企业可以采用"分批送货、集中报关"的方式办理海关手续，收发货可采用企业自行运输或者比照转关运输的方式进行。

企业开展区间结转业务，应当按照以下流程向主管海关申报"海关特殊监管区域保税货物结转申报表"（以下简称"申报表"），办理区间结转备案手续：

①转入企业填报"申报表"转入信息向转入地主管海关申报。

②转入地主管海关确认后，转出企业填报"申报表"相应的转出信息向转

出地主管海关申报，转出地主管海关进行确认。

③"申报表"从转出地主管海关确认之日起生效，企业可以按照经海关确认后的"申报表"进行实际收发货，办理报关手续。

"申报表"应符合以下要求

A. 一份"申报表"对应转出企业一本电子账册和转入企业一本电子账册。

B. "申报表"中区间结转保税货物品名、商品编号和计量单位等信息应与企业对应电子账册一致。

C. 区间结转双方对应商品申报计量单位和申报数量应当一致，申报计量单位不一致的法定数量应当一致。

D. 区间结转双方的商品编号前 8 位应当一致。

E. "申报表"有效期一般为半年，最长不超过 1 年，逾期不能发货。

F. "申报表"由转入地主管海关进行登记编号，编号办法为：S（代表区间结转)+ 转入关别 4 位 + 年份 2 位 + 顺序号 5 位。

G. "申报表"备案后已备案商品不能变更。

④企业办理区间结转备案手续后，应当按照"申报表"进行实际收发货。企业的每批次收发货，应向海关如实申报，海关予以登记。

转出 / 转入企业按照"申报表"向转出 / 转入地主管海关申报区间结转出区 / 入区核放单，转出 / 转入地主管海关卡口核放确认后，海关登记发货 / 收货信息。

⑤转出、转入企业每次实际发货、收货后，应当在每次实际发货、收货之日起 30 日内在各自主管海关按照先报进、后报出的顺序办结集中报关手续，转出与转入报关数据应对碰一致。集中报关手续不得跨年度办理。

转入企业应在结转进口报关之日起 2 个工作日内将报关情况通知转出企业。

企业实际收发货后，应当按照以下规定办理结转报关手续：

A. 企业按照"申报表"项下实际收货逐批或者多批次合并向主管海关办理报关手续。

B. 企业填制备案清单时，应当按照海关规定如实准确地向海关申报结转保税货物的品名、商品编号、规格、数量、价格等项目。

C. 一份结转进区备案清单对应一份结转出区备案清单，进区、出区备案清单之间对应的申报序号、商品编号前 8 位、价格、数量（或折算后数量）应当一致。

D. 出区备案清单中"关联报关单号"栏应填写所对应的进区备案清单号。

备案清单所填写的"关联备案"栏应相互对应，进区备案清单的"关联备案"栏应填写出区企业备案的账册号，出区备案清单的"关联备案"栏应填写进区企业备案的账册号。

E. 随附单证代码填写 K（深加工结转），进区、出区备案清单随附单证的单证编号栏内填写对应"申报表"编号。

F. 运输方式应当填写"其他"（代码 9）。

G. 以来料加工贸易方式结转的，企业监管方式应当填写"来料深加工结转"（代码 0255）；以进料加工贸易方式结转的，企业监管方式应当填写"进料深加工结转"（代码 0654）。

H. 启抵国（地区）应当填写"中国"（代码 142）。

I. 企业逐批或者多批次合并向主管海关办理报关手续时，应根据结转双方实际收发货数量确定结转报关数量。实际收货数量与实际发货数量相同的，结转双方按相同数量报关；实际收货数量少于实际发货数量的，结转双方按实际收货数量进行报关，实际发货数量与报关数量差异部分由转出企业向转出地主管海关办理补税手续，如属许可证件管理商品，还应向海关出具有效的进口许可证件；实际收货数量大于实际发货数量的，结转双方按实际发货数量进行报关，实际收货数量与报关数量差异部分由转入企业向转入地海关申报入区备案清单，办理货物入区报关手续。

六、珠海园区进出货物报关程序

（一）珠海园区简介

1. 含义

珠澳跨境工业区是指经国务院批准，在珠海经济特区和澳门特别行政区之间跨越珠海和澳门关境线，由中国海关和澳门海关共同监管的海关特殊监管区域。

珠澳跨境工业区由珠海园区和澳门园区两部分组成：

珠海园区是指经国务院批准设立的珠澳跨境工业区由中国海关按照《海关法》和其他有关规律、行政法规进行监管的珠海经济特区部分的园区。

澳门园区是指经国务院批准设立的珠澳跨境工业区由澳门海关按照澳门特别行政区的有关法律进行监管的澳门特别行政区部分的园区。

2. 功能

珠海园区具备保税区、出口加工区和口岸功能，可以从事保税物流、保税加工和国际贸易，是海关综合保税监管的特殊区域。

珠海园区可以开展以下业务：

（1）加工制造；

（2）检测、维修、研发；

（3）拆解、翻新；

（4）储存进出口货物以及其他未办结海关手续货物；

（5）进出口贸易，包括转口贸易；

（6）国际采购、分销和配送；

（7）国际中转；

（8）商品展示、展销；

（9）经海关批准的其他加工和物流业务。

3. 管理

珠海园区实行保税区政策，与境内其他地区之间进出口货物在税收方面实行出口加工区政策。海关对区内企业实行电子账册管理制度和计算机联网管理制度。

（1）禁止事项

禁止进出口货物，不得进出珠海园区；不得建立商业性生活消费设施；除安全保卫人员及企业值班人员外，其他人员不得在园区内居住。

（2）企业管理

珠海园区内企业应当具有法人资格，具备向海关缴纳税款及履行其他法定义务的能力，并且在区内拥有专门的营业场所。

海关对区内企业实行电子账册监管制度和计算机联网管理制度。

（3）加工贸易管理

区内企业自开展业务之日起,应当每年向珠海园区主管海关办理报核手续，珠海园区主管海关应当自受理报核申请之日起 30 天内予以核销。区内企业有关账册、原始单证应当自核销结束之日起至少保留 3 年。

区内企业不实行加工贸易银行保证金台账制度。

区内加工贸易货物内销不征收缓税利息。

（4）特殊情况处理

遭遇不可抗力，海关监管货物被盗窃，区内企业分立、合并、破产的，应在情况发生之日起 5 个工作日内书面报告海关。

因不可抗力因素造成货物损坏、灭失的，区内企业及时书面报告园区海关，并提供保险、灾害鉴定部门的有关证明。

（二）报关程序

1. 与境外之间

海关对园区和境外之间进出货物，实行备案制管理，填写进、出境货物备案清单，向海关备案。也可以集中办理申报手续。

除法律另有规定以外，不实行进出口配额、许可证件管理。

2. 与境内区外其他地区之间

（1）出区

珠海园区内货物运往区外，视同进口。由区内企业填制出境货物备案清单，区外收货人填制进口货物报关单向珠海园区主管海关办理申报手续。需要征税的，按货物出区的实际状态征税；属于许可证件管理的，应当出具许可证件。

（2）进区

货物从境内区外进入珠海园区，视同出口。海关按照货物出口的有关规定办理手续。属于出口应税商品的，按照有关规定进行征税；属于配额、许可证件管理商品的，区内企业或者区外发货人还应当向海关出具出口配额、许可证件。

货物的出口退税，除法律、行政法规另有规定外，按照以下规定办理：

①从区外进入珠海园区供区内企业使用的国产机器、设备、原材料、零部件、元器件、包装物料以及建造基础设施，企业和行政管理部门生产、办公用房所需合理数量的基建物资等，海关按照出口货物的有关规定办理手续，签发出口货物报关单证明联；

②从区外进入珠海园区供区内企业和行政管理机构使用的生活消费用品、交通运输工具等，海关不予签发出口货物报关单证明联；

③从区外进入珠海园区的进口机器、设备、原材料、零部件、元器件、包装物料、基建物资等，有关企业应当向海关提供上述货物或者物品的清单，并且办理出口报关手续。上述货物或者物品已经缴纳的进口环节税，不予退还。

第四节 保税物流货物的报关程序

一、保税物流货物概述

（一）含义

保税物流货物是指经海关批准未办理纳税手续进境，在境内储存后复运出境的货物，也称保税仓储货物。

已办结海关出口手续尚未离境，经海关批准存放在海关专用监管场所或特殊监管区域的货物带有保税物流货物的性质。

（二）特征

（1）进境暂缓缴纳进口关税及海关代征税，复运出境免税，内销应当缴纳进口关税和进口环节海关代征税，不征收缓税利息。

（2）进出境时除国家另有规定外，免于交验进出口许可证件。

（3）进境海关现场放行不是结关，进境后必须进入海关保税监管场所或特殊监管区域，运离这些场所或区域必须办理结关手续。

（三）范围

（1）进境经海关批准进入海关保税监管场所或特殊监管区域，保税储存后转口境外的货物；

（2）已经办理出口报关手续尚未离境，经海关批准进入海关保税监管场所或特殊区域储存的货物；

（3）经海关批准进入海关保税监管场所或特殊区域储存加工贸易货物，国际航行的船舶和航空器的油料、物料和维修用零配件，外商进境暂存货物；

（4）经海关批准进入海关保税监管场所或特殊区域储存的其他未办结海关手续的进境货物。

（四）管理

海关对保税物流货物的监管模式有两大类：一类是非物理围网的监管模式，如保税仓库、出口监管仓库；另一类是物理围网的监管模式，包括保税物流中心、保税物流园区、保税区、保税港区、综合保税区。

对各种监管形式的保税物流货物的管理，主要分为五点：

1. 设立审批

保税物流货物必须存放在经过法定程序审批设立的专用场所或者特殊区域。保税仓库、出口监管仓库、保税物流中心要经过海关审批，并核发批准证书，凭批准证书设立及存放保税物流货物；保税物流园区、保税区、保税港区要经过国务院审批，凭国务院同意设立的批复设立，并经海关等部门验收合格才能存放保税物流货物。

未经法定程序审批同意设立的任何场所或者区域都不得存放保税物流货物。

2. 准入保税

保税物流货物报关，在任何一种监管模式下，都没有备案程序，因此不能像对保税加工货物那样通过备案实现法律规定的批准保税，而只能通过准予进入来实现批准保税。这样，准予进入成为海关保税物流货物监管目标之一。这个监管目标只有通过对专用场所或者特殊区域的监管来实现。

对专用场所或者特殊区域实施监管成为海关对保税物流货物监管的重要职责。海关应当依法监管场所或者区域，按批准存放范围准予货物进入监管场所或区域，不符合规定存放范围的货物不准进入。

除自用物资外，凡按照批准范围进入经过法定程序审批而设立的专用监管场所或特殊监管区域的进境货物，或者已办结海关出口手续尚未离境的货物，就意味着已经保税。

3. 纳税暂缓

凡进境进入保税物流监管场所或特殊监管区域的保税物流货物在进境时都可以暂时不办理进口纳税手续，等到运离保税监管场所时才办理纳税手续，或者征税，或者免税。

内销时保税物流货物不需要征收缓税利息，而保税加工货物（特殊监管区域内的加工贸易货物和边角料除外）内销征税时要征收缓税利息。

4. 监管延伸

（1）监管地点延伸

进境货物从进境地海关监管现场，已办结海关出口手续尚未离境的货物，从出口申报地海关现场，分别延伸到保税监管场所或者特殊监管区域。

（2）监管时间延伸

①保税仓库存放保税物流货物的时间是 1 年，可以申请延长，延长的时间最多 1 年；

②出口监管仓库存放保税物流货物的时间是 6 个月，可以申请延长，延长的时间最多 6 个月；

③保税物流中心存放保税物流货物的时间是 2 年，可以申请延长，延长的时间最多 1 年；

④保税物流园区存放保税物流货物的时间没有限制；

⑤保税区存放保税物流货物的时间没有限制。

5. 运离结关

除外发加工和暂时运离（维修、测试、展览等）需要继续监管以外，每一批货物运离专用监管场所或特殊监管区域，都必须根据货物的实际流向办结海关手续。

表3.4 各种监管形式下的保税物流货物的管理要点

监管场所区域名称	存货范围	储存期限	服务功能	注册资本不低于	面积（不低于）		审批权限	入区退税	备注
					东部	中西部			
保税仓库	进口	1年+1年	储存	300万元人民币	公用/维修2000m²液体5000m³		直属海关	否	按月报核
出口监管仓库	出口	半年+半年	储存/出口配送/国内结转		配送5000m²结转1000m²				退换货物先入后出
保税物流中心	进出口	2年+1年	储存/全球采购配送/国内结转/转口/提要中转	5000万元人民币	100000m²	50000m²	海关总署	是	
保税物流园区		无期限	储存/贸易/全球采购配送/中转/展示				国务院		按年报核
保税区			物流园区+维修/加工					否	离境退税
保税港区			保税区+港口					是	

注：①出口配送型仓库可以存放为拼装出口货物而进口的货物。
　　②经批准享受入仓即退税政策的除外。
　　③保税物流中心B型的经营者不得开展物流业务。

二、保税仓库货物的报关程序

（一）保税仓库简介

1. 含义

保税仓库是指经海关批准设立的专门存放保税货物及其他未办结海关手续货物的仓库。

我国的保税仓库根据使用对象分为公用型和自用型两种。

公用型保税仓库——由主营仓储业务的中国境内独立企业法人经营，专门向社会提供保税仓储服务。

自用型保税仓库——由特定的中国境内独立企业法人经营，仅存储供本企业自用的保税货物。

根据所存货物的特定用途，公用型保税仓库和自用型保税仓库下面还衍生出一种专用型保税仓库，即专门用来存储具有特定用途或特殊种类的商品的保税仓库，包括液体危险品保税仓库、备料保税仓库、寄售维修保税仓库和其他专用保税仓库。其中液体危险品保税仓库是指符合国家关于危险化学品存储规定的，专门提供石油、成品油或者其他散装液体危险化学品保税仓储服务的保税仓库。

2. 功能

保税仓库功能单一，就是仓储，而且只能存放进境货物。

经海关批准可以存入保税仓库的货物包括：

①加工贸易进口货物；

②转口货物；

③供应国际航行船舶和航空器的油料、物料和维修用零部件；

④供维修外国产品所进口寄售的零配件；

⑤外商进境暂存货物；

⑥未办结海关手续的一般贸易进口货物；

⑦经海关批准的其他未办结海关手续的进境货物。

保税仓库不得存放国家禁止进境货物，不得存放未经批准影响公共安全、公共卫生或健康、公共道德或秩序的国家限制进境货物以及其他不得存入保税仓库的货物。

3. 设立

保税仓库应当设立在设有海关机构、便于海关监管的区域。经营保税仓库的企业及存储保税货物的营业场所必须符合海关要求。

企业申请设立保税仓库的，应向仓库所在地主管海关提交书面申请，提供海关要求的相关文件。由主管海关受理并报直属海关审批。

4. 管理

（1）保税仓库存储货物的期限为 1 年，需延长储存期限，应向主管海关申请，经批准可以延长的最长期限不超过 1 年。

特殊情况下，延期后货物存储期超过 2 年的，由直属海关审批。

保税仓库货物超出规定期限未申请延长或海关不批准延期申请的，经营企业应当办理超期货物的退运、纳税、放弃、销毁等手续。

（2）保税仓库所存货物是海关监管货物，未经批准并办理相应手续，不得挪作他用。

（3）货物储存期间发生损毁或灭失，除不可抗力原因外，保税仓库应向海关缴纳损毁、灭失货物的税款，并承担相应的法律责任。

（4）保税仓库货物只可以进行分级分类、分拆分拣、分装、计量、组合包装、打膜、加刷或刷贴运输标志、改换包装、拼装等辅助性简单作业。在保税仓库内从事上述作业必须向主管海关提出书面申请，经批准后方可进行。

（5）仓库经营企业每月前5个工作日内，向海关提交报关单报表、库存总额报表及其他海关认为必要的月报单证，将上月仓库货物入、出、转、存、退等情况以计算机数据和书面形式报送仓库主管海关。

（二）保税仓库货物的报关程序

1. 进仓报关

保税仓库货物在进境入仓，除易制毒化学品、监控化学品、消耗臭氧层物质外，免领进口许可证件。由经营企业在仓库主管海关办理报关手续，经主管海关批准，也可直接在进境口岸海关办理报关手续。

如果保税仓库主管海关与进境口岸海关不是同一直属海关的，经营企业可以按照转关运输方式办理报关手续。

如果二者是同一直属海关的，经直属海关批准，可不按转关运输方式办理，由经营企业直接在口岸海关办理报关放行手续后，自行提取货物入仓。

2. 出仓报关

保税仓库货物可能出现进口报关和出口报关两种情况，可逐一报关，也可集中报关。

（1）进口报关

保税仓库货物出仓运往境内其他地方转为正式进口的，必须经主管海关保税监管部门审核同意。转为正式进口的同一批货物，要填制两张报关单，一张办结出仓报关手续，填制出口货物报关单，监管方式填写"1200"；一张办理进口申报手续，按照实际进口监管方式，填制进口报关单。

进口手续大致分为：

①保税仓库货物出仓用于加工贸易的，由加工贸易企业或其代理人按保税加工货物的报关程序办理进口报关手续；

②保税仓库货物出仓用于可以享受特定减免税的特定地区、特定企业和特定用途的，由享受特定减免税的企业或其代理人按特定减免税货物的相关程序办理进口报关手续；

③保税仓库货物出仓进入国内市场或用于境内其他方面，由收货人或其代理人按一般进口货物的报关程序办理进口报关手续。

④保税仓库内的寄售维修配件申请以保修期内免税出仓的，由保税仓库经营企业办理进口报关手续，填制进口货物报关单，贸易方式栏填"无代价抵偿货物"，并确认免税出仓的维修件在保修期内且不超过原设备进口之日起3年，

维修件由外商免费提供，更换下的零部件合法处理。

（2）出口报关

保税仓库出仓复运出境货物，应当按照转关运输方式办理。仓库主管海关与进境口岸海关是同一直属海关的，经直属海关批准，可以不按照转关运输方式办理，由经营企业自行提取货物出仓到口岸海关办理出口报关手续。

（3）集中报关

保税货物出库批量少、批次频繁的，经海关批准可以办理集中报关手续。

集中报关出仓的，保税仓库经营企业应当向主管海关提出书面申请，写明集中报关的商品名称、发货流向、发货频率、合理理由。

集中报关由主管海关的分管关长审批，并按以下要求办理手续：

①仓库主管海关可以根据企业资信状况和风险度收取保证金；

②集中报关的时间根据出货的频率和数量、价值合理设定；

③为保证海关有效监管，企业当月出仓的货物最迟应在次月前 5 个工作日内办理报关手续，并且不得跨年度申报。

3. 流转报关

保税仓库与海关特殊监管区域或其他海关保税监管场所往来流转的货物，按转关运输有关规定办理相关手续。

保税仓库和特殊监管区域或其他海关保税监管场所是同一直属海关的，经直属海关批准，可以不按照转关运输方式办理。

保税仓库货物转往其他保税仓库的，应当各自在仓库主管海关报关，报关时应先办理进口报关，再办理出口报关。

三、出口监管仓库货物的报关程序

（一）简介

1. 含义

出口监管仓库，是指经海关批准设立，对已办结海关出口手续的货物进行存储、保税货物配送、提供流通性增值服务的海关专用监管仓库。

2. 类型

出口监管仓库分为出口配送型仓库和国内结转型仓库。

出口配送型仓库是指存储以实际离境为目的的出口货物的仓库。

国内结转型仓库是指存储用于国内结转的出口货物的仓库。

3. 功能

出口监管仓库的功能也只有仓储，主要用于存放出口货物。

（1）经海关批准可以存入出口监管仓库的货物有：

①一般贸易出口货物；

②加工贸易出口货物；

③从其他海关特殊监管区域、场所转入的出口货物；

④其他已办结海关出口手续的货物。

出口配送型仓库还可以存放为拼装出口货物而进口的货物。

（2）出口监管仓库不得存放下列货物：

①国家禁止进出境货物；

②未经批准的国家限制进出境货物；

③海关规定不得存放的货物。

4. 设立

（1）申请设立的条件

出口监管仓库的设立应当符合区域物流发展和海关对出口监管仓库布局的要求，符合国家土地管理、规划、交通、消防、安全、环保等有关法律、行政法规的规定。

（2）申请设立和审批

企业申请设立出口监管仓库，应当向仓库所在地主管海关提交书面申请，提供海关要求的有关文件。海关按照行政许可的法定程序，对符合条件的，做出准予设立的决定，并出具批准文件；对不符合条件的，做出不予设立的决定，并书面告知申请企业。

（3）验收和运营

申请设立出口监管仓库的企业应当自海关出具批准文件之日起 1 年内向海关申请验收出口监管仓库。

企业无正当理由逾期未申请验收或者验收不合格的，该出口监管仓库的批准文件自动失效。

出口监管仓库验收合格后，经直属海关注册登记并核发"中华人民共和国出口监管仓库注册登记证书"，即可以投入运营。该证书有效期为 3 年。

5. 管理

（1）出口监管仓库所存货物的存储期限为 6 个月。如因特殊情况需要延长储存期限，应在到期之前向主管海关申请延期，经海关批准可以延长，延长的期限最长不超过 6 个月。货物存储期限满前，仓库经营企业应当通知发货人或其代理人办理货物的出境或者进口手续。

（2）出口监管仓库经营企业应当如实填写有关单证、仓库账册，真实记录并全面反映其业务活动和财务状况，编制仓库月度进、出、转、存情况表和年度财务会计报告，并定期报送主管海关。

（3）出口监管仓库必须专库专用，不得转租、转借给他人经营，不得下设分库。

（4）出口监管仓库货物的性质、发生损毁或者灭失的处理及商品简单加工业务的范围与保税仓库货物相同。

（二）出口监管仓库货物报关程序

1. 进仓报关

（1）出口货物存入出口监管仓库时发货人或其代理人应当向主管海关办理出口报关手续，填制出口货物报关单。按照国家规定应当提交出口许可证件和缴纳出口税的，发货人或其代理人必须提交出口许可证件和缴纳出口税。

（2）发货人或其代理人按照海关规定提交报关必需单证和仓库经营企业填制的"出口监管仓库货物入仓清单"。

（3）对经批准享受入仓即退税政策的出口监管仓库，海关在货物入仓办结海关手续后予以签发出口报关单退税证明联；否则，海关在货物实际离境后签发。

经主管海关批准，对批量少、批次频繁的入仓货物，可以办理集中报关手续。

2. 出仓报关

出口监管仓库出仓可能出现出口报关和进口报关两种情况。

（1）出口报关

出口监管仓库货物出仓出境时，仓库经营企业或者其他代理人应当向主管海关申报，按照海关规定出境时提交报关必需的单证和仓库经营企业填制的"出口监管仓库货物出仓清单"。

出境口岸不在仓库主管海关的，经海关批准，既可在口岸所在地海关也可在主管海关办理相关手续。

入仓没有签发出口报关单退税证明联的，出仓离境后海关按照规定签发。

（2）进口报关

出口监管仓库货物转进口的，应当经海关批准，按照进口货物的有关规定办理相关手续：

①用于加工贸易的，由加工贸易企业或其代理人按保税加工货物的报关程序办理进口报关手续；

②用于可以享受特定减免税的特定地区、特定企业和特定用途的，由按

享受特定减免税的企业或其代理人按特定减免税货物的报关程序办理进口报关手续；

③进入国内市场或用于境内其他方面，由收货人或其代理人按一般进口货物的报关程序办理进口报关手续。

3. 结转报关

经转入转出方所在地主管海关批准，并按照转关运输的规定办理相关手续后，出口监管仓库之间，出口监管仓库与保税区、出口加工区、珠海园区、保税物流园区、保税港区、保税物流中心、保税仓库等特殊监管区域和保税监管场所之间可以进行货物流转。

4. 更换报关

对已存入出口监管仓库因质量等原因要求更换的货物，经仓库所在地主管海关批准，可以进行更换。被更换货物出仓前，更换货物应当先行入仓，并应当与原货物的商品编码、品名、规格型号、数量和价值相同。

四、保税物流中心货物的报关程序

（一）保税物流中心简介

1. 含义

保税物流中心是指经海关总署批准，由中国境内一家企业法人经营、多家企业进入并从事保税仓储物流业务的海关集中监管场所。

2. 功能

保税物流中心的功能是保税仓库和出口监管仓库功能的叠加，既可以存放进口货物，也可存放出口货物，还可以开展多项增值服务。

（1）存放货物的范围

①国内出口货物；

②转口货物和国际中转货物；

③外商暂存货物；

④加工贸易进出口货物；

⑤供应国际航行船舶和航空器的物料、维修用零部件；

⑥供维修外国产品所进口寄售的零配件；

⑦未办结海关手续的一般贸易进口货物；

⑧经海关批准的其他未办结海关手续的货物。

（2）开展业务的范围

①保税存储进出口货物及其他未办结海关手续货物；

②对所存货物开展流通性简单加工和增值服务；

③全球采购和国际分拨、配送；

④转口贸易和国际中转业务；

⑤经海关批准的其他国际物流业务。

但不得开展以下业务：

①商业零售；

②生产和加工制造；

③维修、翻新和拆解；

④存储国家禁止进出口货物以及危害公共安全、公共卫生或者健康、公共道德或者秩序的国家限制进出口货物；

⑤存储法律、行政法规明确规定不能享受保税政策的货物；

⑥其他与物流中心无关的业务。

3. 设立

保税物流中心应当设在靠近海港、空港、陆路枢纽及内陆国际物流需求量较大，交通便利，设有海关机构且便于海关集中监管的地方。

保税物流中心的经营企业及其物流中心的申请设立必须满足海关规定的条件。物流中心验收合格后，由海关总署向企业核发"保税物流中心验收合格证书"和"保税物流中心注册登记证书"，颁发保税物流中心标牌。物流中心在验收合格后方可开展有关业务。

4. 管理

（1）保税物流中心内货物保税存储期限为 2 年，确有正当理由的，经主管海关同意可以予以延期，除特殊情况外，延期不得超过 1 年。

（2）企业根据需要经主管海关批准，可以分批进出货物，月度集中报关，但不得跨年度办理。

（3）保税物流中心内存储货物的性质、发生损毁或者灭失的处理与保税仓库货物相同。

（4）保税物流中心经营企业应设立管理机构负责物流中心的日常工作；但不得在本中心内直接从事保税仓储物流的经营行为的监管。

（二）保税物流中心进出货物报关程序

1. 物流中心与境外之间进出货物报关

（1）应向物流中心主管海关办理相关手续。物流中心与口岸不属于同一个主管海关的，经主管海关批准，可在口岸海关办理相关手续。

（2）物流中心与境外之间进出的货物，除实行出口配额管理和中华人民共和国参加或缔结的国际条约及国家另有规定外，不实行进出口配额、许可证件管理。

（3）从境外进入物流中心内的货物，凡属于规定存放货物范围内的货物予以保税；属于物流中心企业进口自用办公用品、交通运输工具、生活消费品等，以及物流中心开展综合物流服务所需进口的机器、装卸设备、管理设备等，按照进口货物的有关规定和税收政策办理相关手续。

2. 物流中心与境内之间进出货物报关

物流中心内货物运往所在关区外，或者跨越关区提取物流中心内货物，可以在物流中心主管海关办理报关手续，也可按监管货物转关运输方式办理相关手续。

（1）出中心

①出中心进入关境内其他地区视同进口，按货物进入境内的实际流向和实际状态填制进口报关单，办理进口报关手续。

②出中心运往境外，填制出口货物报关单，办理出口报关手续。

（2）进中心

①货物从境内进入物流中心视同出口，办理出口报关手续。

②从境内运入物流中心已办结报关手续或者从境内运入物流中心供中心内企业自用的国产设备以及转关出口货物，海关签发出口退税报关单证明联。

从境内运入物流中心的下列货物，海关不签发出口退税报关单证明联：

①供中心企业自用的生活消费品、交通运输工具；

②供中心企业自用的各种进口设备；

③特殊监管区域之间往来的货物。

五、保税物流园区及其货物的报关程序

（一）保税物流园区简介

1. 含义

保税物流园区是指经国务院批准，在保税区规划面积或者毗邻保税区的特定港区内设立的、专门发展现代国际物流的海关特殊监管区域。

2. 功能

主要功能是保税物流，可以开展的保税物流业务包括：

（1）存储进出口货物及其他未办结海关手续的货物；

（2）对所存货物开展流通性简单加工和增值服务；

（3）进口贸易，包括转口贸易；

（4）国际采购、分配和配送；

（5）国际中转；

（6）商品展示；

（7）经海关批准的其他国际物流业务。

3. 管理

保税物流园区是海关监管的特定区域。园区与境内其他地区之间应当设置符合海关监管要求的卡口、围网隔离设施、视频监控系统及其他海关监管所需的设施。海关在园区内派驻机构，依照有关法律、行政法规，对进出园区的货物、运输工具、个人携带物品以及对园区内相关场所实行 24 小时监管。

海关对园区企业实行电子账册监管制度和计算机联网管理制度。

（1）禁止事项

①除安全人员和相关部门、企业值班人员外，其他人员不得在园区内居住。

②园区内不得建立工业生产加工场所和商业性消费设施。

③园区内不得开展商业零售、加工制造、翻新、拆解及其他与园区无关的业务。

④法律、行政法规禁止进出口的货物、物品不得进出园区。

（2）企业管理

保税物流园区行政机构及其经营主体、在保税物流园区内设立的企业等单位的办公场所应当设置在园区规划面积内、围网外的园区综合办公区内。

海关对园区企业实行电子账册监管制度和计算机联网管理制度。

园区企业须依照法律、行政法规的规定，规范财务管理，设置符合海关监管要求的账簿、报表，记录本企业的财务状况和有关进出园区货物、物品的库存、转让、转移、销售、简单加工、使用等情况，如实填写有关单证、账册，凭合法有效的凭证记账核算。

（3）物流管理

园区内货物不设存储期限。

园区企业自开展业务之日起，每年向园区主管海关办理报核手续，海关于受理之日起 30 天内核库。

园区企业须编制月度货物进、出、转、存情况表和年度财务会计报告，并定期报送园区主管海关。

园区内货物可以自由流转。但应向海关进行电子数据备案，并在转让、转移后向海关的报核。

（二）保税物流园区进出货物的报关程序

1. 与境外之间

海关对园区和境外之间进出货物，除园区自用的免税进口货物、国际中转货物外，实行"备案管理制度"。填写进出境货物备案清单。

境外进入园区：除法律、法规另有规定外，不实行许可证件管理。

园区运往境外：除法律、法规另有规定外，免征出口关税，不实行许可证件管理。

2. 与境内区外之间

园区和区外之间进出货物，由区内或区外企业在园区主管海关办理申报手续。

（1）园区货物运往区外，视同进口

供区内行政管理机构及其经营主体和区内企业使用的机器、设备和办公用品等需要运往区外进行检测、维修的，应当向园区主管海关提出申请，经主管海关核准、登记后可以运往区外。并自运出之日起 60 天内运进区内。特殊情况不能如期运回，应于期满前 10 日内向主管海关提出申请，延长期限不得超过 30 天。

（2）区外货物运入园区，视同出口

属于应当缴纳出口关税的商品，应当照章缴纳；属于许可证件管理的商品，应当同时向海关出具有效的许可证件。

用于办理出口退税的出口货物报关单证明联的签发手续，按照下列规定办理：

①从区外入区，供区内企业开展业务的国产货物及其包装材料，由区内企业或者区外发货人及其代理人填写出口货物报关单，海关按照对出口货物的有关规定办理，签发出口货物报关单证明联；货物从异地转关进入园区的，启运地海关在收到园区主管海关确认转关货物已进入园区的电子回执后，签发出口货物报关单退税证明联；

②从区外入区，供区内行政管理机构及其经营主体和区内企业使用的国产基建物资、机器、装卸设备、管理设备等，海关按照对出口货物的有关规定办理，并签发出口货物报关单退税证明联；

③从区外入区，供区内行政管理机构及其经营主体和区内企业使用的生活消费品、办公用品、交通运输工具等，海关不予签发出口货物报关单退税证明联；

④从区外入区的原进口货物、包装物料、设备、基建物资等，区外企业应当向海关提供上述货物或者物品的清单，按照出口货物的有关规定办理申报手续，海关不予签发出口货物报关单退税证明联，原已缴纳的关税、进口环节增值税和消费税不予退还；

⑤除已经流通性简单加工的货物外，区外进入园区的货物，因质量、规格型号与合同不符等原因，应当在货物申报进入园区之日起 1 年内向园区主管海关申请办理退换手续。更换入区货物可免领出口许可证件，免征出口关税，但海关不予签发出口报关单退税证明联。

（3）与其他特殊监管区域、保税监管场所之间往来货物

海关对于园区与海关其他特殊监管区域或者保税监管场所之间往来的货物，继续实行保税监管，不予签发出口货物报关单退税证明联。但货物从未实行国内货物入区、入仓环节出口退税制度的海关特殊监管区域或者保税监管场所转入园区的，按照货物实际离境的有关规定办理申报手续，由转出地海关签发出口货物报关单退税证明联。

园区与其他特殊监管区域、保税监管场所之间的货物交易、流转，不征收进出口环节和国内流通环节的有关税收。

六、保税区进出货物的报关程序

（一）保税区简介

1. 含义

保税区是指经国务院批准在中华人民共和国境内设立的由海关进行监管的特定区域。

2. 功能

保税区具有出口加工、转口贸易、商品展示、仓储运输等多种功能，也就是说既有保税加工的功能，又有保税物流的功能。

3. 管理

保税区与境内其他地区之间，设置符合海关监管要求的隔离设施。

保税区关于禁止事项及物流管理内容与保税物流园区基本一致，这里重点阐述加工贸易管理。

①保税区企业开展加工贸易，除进口易制毒化学品、监控化学品、消耗臭氧层物质要提供进口许可证件，生产激光光盘要主管部门批准外，其他加工贸易料件进口免予交验许可证件；

②保税区内企业开展加工贸易，不实行银行保证金台帐制度；

③区内加工企业加工的制成品及加工过程中产生的边角余料运往境外时，免征出口关税；

④运往非保税区时，应当按照国家有关规定向海关办理进口报关手续，并依法纳税，免交缓税利息。

（二）保税区进出货物报关程序

保税区进出货物报关分为进出境报关和进出区报关。具体如下表3.5。

表3.5　保税区进出货物报关情况

报关类别	货物类别		报关程序要求	
进出境	进出境自用的货物	报关制——填写进出口货物单	许可证件：除易制毒化学品、监控化学品、消耗臭氧层等国家特殊货物外，不实行进出口许可证管理。 税收：除交通车辆和生活用品外，其他区企业及行政管理机构自用的办公用品、设备物资等都予以免税。	
	进出境非自用的货物	备案制——填写进出境货物备案清单		
进出区	保税加工货物进出区	进区	报出口——填写出口报关单，海关不签发报关单退税证明联。交手册及相关许可证件。	
		出区	报进口——根据货物不同流向，填写不同的进口报关单。	
	进出区外发加工	进区加工	凭外发加工合同向保税区海关备案，加工出区后核销。不填写进出口报关单，不缴税费。	
		出区加工	由区外经营企业在加工企业所在地海关办理加工贸易备案手续，办理手册及设立台账。加工期限6个月，特殊情况可延期6个月。	
	设备进出区	进出区	向保税区海关备案，不填写进出口报关单。 进区——不缴关税，国外进口已缴纳进口关税的货物不退进口税。海关不签发报关单退税证明联。 出区——向海关办理销案。	

七、保税港区进出货物的报关程序

（一）保税港区简介

1. 含义

保税港区是指经国务院批准，设立在国家对外开放的口岸港区和与之相连的特定区域内，具有口岸、物流、加工等功能的海关特殊监管区域。

2. 功能

保税港区具备目前中国海关所有特殊监管区域具备的全部功能。

3. 管理

保税港区实行封闭式管理。

保税港区享受保税区、出口加工区相关的税收和外汇政策。国外货物入保税港区保税；货物出保税港区进入国内销售按货物进口规定办理，并按货物实际状态征税；国内货物入保税港区视同出口，实行退税；保税港区内企业之间的交易不征增值税和消费税。

（1）禁止事项

①保税港区内不得居住人员；

②保税港区内不得建立工业生产加工场所和商业性消费设施；

③保税港区内企业的生产经营活动应当符合国家产业发展要求，不得开展高耗能、高污染和资源性产品及列入《加工贸易禁止类商品目录》商品的加工贸易业务；

④法律、行政法规禁止进出口的货物、物品不得进出保税港区。

（2）物流管理

保税港区货物不设存储期限。但存储期限超过 2 年的，区内企业应当每年向海关备案。

（3）加工贸易管理

区内企业不实行加工贸易银行保证金台账和合同核销制度，港区内加工贸易货物不实行单耗标准管理。区内企业自开展业务之日起，定期向海关报送货物的进出区及储存情况。

（4）特殊情况处理

区内企业申请放弃的货物，经海关及有关主管部门核准后，由保税港区主管海关依法提取变卖，但法律、法规规定不得放弃的货物除外。

因不可抗力因素造成的货物损坏、灭失的，区内企业及时书面报告港区海关，并提供保险、灾害鉴定部门的有关证明。

（二）报关程序

1. 境外之间

海关对保税港区与境外之间进出的货物实行备案制管理，对从境外进入保税港区的货物予以保税。

2. 与区外非特殊监管区域或场所之间

保税港区与区外之间进出的货物，区内企业或者区外的收发货人按照进出口货物有关规定向保税港区主管海关办理申报手续。

3. 与其他海关特殊监管区域或者保税监管场所之间

保税港区与其他海关特殊监管区域或者保税监管场所之间往来的货物，实行保税监管，不予签发出口报关单退税证明联。

但对未实行退税的海关监管区域入区的，视同货物实际离境，由转出地海关签发出口报关单退税证明联。

第五节　特定减免税货物

一、特定减免税货物概述

（一）含义

特定减免税货物，是指海关根据国家的政策规定准予减免税进口，用于特定地区、特定企业、特定用途的货物。

特定地区，是指我国关境内由行政法规规定的某一特别限定区域，享受减免税优惠的进口货物只能在这一特别限定的区域内使用。

特定企业，是指由国务院制定的行政法规专门规定的企业，享受减免税优惠的进口货物只能由这些专门规定的企业使用。

特定用途，是指国家规定可以享受减免税优惠的进口货物只能用于行政法规专门规定的用途。

（二）特征

1. 特定条件下减免进口关税

特定减免税是我国关税优惠政策的重要组成部分，是国家无偿向符合条件的进口货物使用企业提供的关税优惠，其目的是优先发展特定地区的经济，鼓励外商在我国的直接投资，促进国有大中型企业和科学、教育、文化、卫生事业的发展。因而，这种关税优惠具有鲜明的特定性，只能在国家行政法规规定的特定条件下使用。

2. 进口申报应当提交进口许可证件

特定减免税货物是实际进口货物。按照国家有关进出境管理的法律法规，凡属于进口需要交验许可证件的货物，收货人或其代理人都应当在进口申报时向海关提交进口许可证件。

3. 进口后在特定的海关监管期限内接受海关监管

进口货物享受特定减免税的条件之一就是在规定的期限，使用于规定的地区、企业和用途，并接受海关的监管。特定减免税进口货物的海关监管期限按照货物的种类各有不同，其中船舶、飞机为8年；机动车辆为6年；其他货物为5年。监管期限自货物进口之日起计算。

（三）范围

特定减免税货物大体分为三类：特定地区减免税货物、特定企业减免税货物和特定用途减免税货物。

（四）管理

（1）减免税备案、审批、税款担保和后续管理业务等相关手续应当由进口货物减免税申请人或其代理人办理。

进口货物减免税申请人是指根据有关进口税收优惠政策和有关法律法规的规定，可以享受进口税收优惠，并依法向海关申请办理减免税相关手续的具有独立法人资格的企事业单位、社会团体、国家机关；符合规定的非法人分支机构；经海关总署审查确认的其他组织。

进口货物减免税申请人可自行向海关申请办理相关手续，也可委托报关企业或进口货物收货人代理。

（2）减免税申请人面临以下情形之一的，可以向海关申请凭税款担保先予办理货物放行手续：

①主管海关按照规定已经受理减免税备案申请或者审批申请，尚未办理完毕的；

②有关进口税收优惠政策已经国务院批准，具体实施措施尚未明确，海关总署已确认减免税申请人属于享受该政策范围的；

③其他经海关总署核准的情况。

减免税申请人在货物申报进口前向主管海关提出申请，主管海关准予担保的，出具"准予办理减免税货物税款担保证明"，进口地海关凭主管海关的准予担保证明办理货物的税款担保和验放手续。

税款担保期限不超过6个月，经直属海关关长或者其授权人批准可以延期，延长期限不超过6个月。特殊情况仍需延期的，应当经海关总署批准。

（3）在海关监管年限内，减免税申请人应当自减免税货物放行之日起，每年第一季度向主管海关递交减免税货物使用状况报告书，报告减免税货物使用状况。

（4）减免税货物转让给进口同一货物享受同等减免税优惠待遇的其他单位的，不予恢复减免税货物转出申请人的减免税额度，减免税货物转入申请人的减免税额度按照海关审定的货物结转时的价格、数量或者应缴税款扣减。

二、特定减免税货物的报关程序

特定减免税货物的报关程序分三个阶段：

减免税备案和审批──→进口报关──→后续处置和解除监管。

（一）减免税备案和审批

减免税申请人向投资项目所在地海关申请办理减免税备案、审批手续。

投资项目涉及多个海关的，减免税申请人可向其所在地海关或有关海关的共同上级海关申请。有关海关的共同上级海关可指定相关海关办理备案、审批手续。

该阶段包括减免税备案和减免税证明申领两个环节，基本程序为：

1. 减免税备案

减免税申请人向主管海关办理备案手续，海关对其资格进行确认并对项目是否符合减免税政策要求进行审核并确定项目的减免税额度。

2. 减免税审批

减免税备案后，货物进口前，减免税申请人持以下单证向主管海关申领减免税证明：

（1）进出口货物征免税申请表；

（2）企业营业执照或者事业单位法人证书、国家机关设立文件、社团登记证书、民办非企业单位登记证书、基金会登记证书等证明材料；

（3）进出口合同、发票及相关货物的产品情况资料；

（4）相关政策规定的享受进出口税收政策资格的证明材料；

（5）海关认为需要提供的其他材料。

集团长春有限公司

申请报告

长开发区海关：

感谢贵关一直以来对敝司的大力支持和帮助！

我司拟从厦门进口一台柴油叉车，合同号：LXFB0908085，

金额：17676.00USD，申请办理减免税证明。

名称	数量	单位	价格	币制
柴油叉车	1	台	17676.00	USD

以上说明请贵关领导核实并给予批复为感！！

致

礼

集团长春有限公司

2009 年 10 月 9 日

进出口货物征免税申请表

企业代码	22012300☐		企业名称	☐集团长春有限公司			
审批依据	嘉报发[1997]106号		进(出)口标志	进口		征免性质/代码	鼓励项目/789
项目统一编号	C3221500027		产业政策审批条目/代码	汽车零部件制造/G2207		合同号	LXFB0708085
审批部门/代码	吉林外经贸委/C322		许可证号				
经营单位/代码	☐集团长春有限公司/22012300☐		成交方式	CIF			
项目性质	中外合资		进(出)口岸	厦门海关			
货物是否已向海关申报进口	否		有效日期	2010.3.9			

序号	商品编码	商品名称	规格型号	法定数量	法定计量单位	申报数量	申报计量单位	金额	币制	原产地
1	84272090000	柴油叉车(林德牌)	H30D	1	台	1	台	17,676.00	USD	中国
2										
3										
4										
5										
备注										

减免税申请人签章		联系人：	王坤
200☐年☐☐月9日		电话：	☐

进口设备清单

确认书号：

序号	设备名称	规格型号	数量	单位	金额	币种
60	电动平面网印机		1	台	14,000.00	美元
61	舌片自动焊接机		1	套	900,000.00	美元
62	钢化预处理坂东线		3	套	10,000,000.00	美元
63	BT钢化炉		2	套	804,097.00	美元
64	压制成型炉		3	套	12,351,487.00	美元
65	热成像仪		1	台	46,195.00	美元
66	在线光学检测仪		1	台	282,187.57	美元
67	PVB研磨机		1	台	130,000.00	美元
68	压制成型炉模具		1	套	130,000.00	美元
	合计				49,390,850.00	美元

设备清单变更第6次0年8月4日

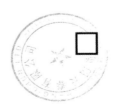

中西部省、自治区、直辖市利用外资
优势产业和优势项目确认书

编号：吉外经贸外企（增）字[2006]48 号

□集团长春有限公司：

根据国务院国发[1997]37 号文件的规定，兹确认：你公司生产汽车玻璃及其配套产品项目符合国家产业政策。由吉林省商务厅于 2005 年以吉商外资字[2005]78 号文件批复增资。请按规定到长春海关办理进出口设备免税手续。

项目统一编号：C32221500027

项目产业政策审批条目：《中西部地区外资投资优势产业目录》吉林省部分第七条：汽车零部件制造。（G2207）

项目单位：□集团长春有限公司

项目性质：中外合资企业

项目内容：生产汽车玻璃及其配套产品。

项目执行年限：（起始年/截止年）：2000 年/2050 年

项目投资总额：82000 万元人民币

项目用汇额：49390850.00 美元

备注：此额度含吉外经贸外企(增)字[2005]54 号确认书中 23782656.00 美元之额度。

吉林省商务厅

二〇〇六年十二月二十五日

抄送：长春海关

　　主管海关进行审核，确定其所申请货物的免税方式，依据其是否符合减免税政策要求决定签发"进出口货物征免税证明"。

　　"进出口货物征免税证明"有效期6个月，持证人应当在海关签发征免税证明的有效期内进口经批准的特定减免税货物。如情况特殊，可以申请延期，延长最长期限为6个月。

　　"进出口货物征免税证明"实行"一批一证"和"一证一关"管理，如果一批特定减免税货物需要分两个口岸进口或者分两次进口的，应当事先分别申领征免税证明。

　　（二）进口报关

　　特定减免税货物的报关程序与一般进出口货物的报关程序的不同之处在于：

　　（1）进口报关时，需提交报关单及随附单证外，还应提交"进出口货物征免税证明"。海关在审单时从计算机查阅征免税证明的电子数据，核对纸质的"进出口货物征免税证明"。

　　（2）一般不豁免进口许可证件，但是对外资企业和港澳台胞及侨资企业进口本企业自用的机器设备，可免交验进口许可证；外资投资企业在投资总额内进口涉及机电产品自动进口许可管理的，也可免交验有关许可证件。

　　（3）填制报关单时，注意报关单"备案号"栏内填写"进出口货物征免税证明"上的12位编号（首字母为Z），编号写错将不能通过海关计算机逻辑审核，或者在提交纸质报关单时无法顺利通过海关审单。

　　（三）后续处置和解除监管

　　1. 后续处置

　　（1）变更使用地点

　　在海关监管年限内，减免税货物应当在主管海关核准的地点使用。

　　需变更使用地点的，减免税货物申请人应当向主管海关提出申请，经批准后方可变更。

　　如需移出主管海关辖区的，减免税货物申请人应持有关单证及需要异地使用的说明材料向主管海关申请办理异地监管手续，经主管海关审核同意并通知异地海关后，方可将减免税货物运至转入地海关管辖地并接受其监管。

　　减免税货物异地使用结束后，减免税货物申请人应及时向异地海关申请办结异地监管手续，经其同意并通知主管海关后，将减免税货物运回主管海关管辖地。

　　（2）结转

　　在海关监管年限内，减免税货物申请人将减免税货物转让给进口同一货物享受同等减免税优惠待遇的其他单位的，手续如下：

①转出申请人持有关单证向转出地主管海关提出申请，转出地主管海关审核同意后，通知转入地主管海关；

②转入申请人向转入地主管海关申请办理减免税审批手续。转入地主管海关审核无误后签发征免税证明；

③转出、转入申请人分别向各自的主管海关申请办理减免税货物的出口、进口报关手续；

④转出地主管海关办理减免税货物的解除监管手续。结转减免税货物的监管年限应当连续计算，转入地主管海关在剩余监管年限内对结转减免税货物继续实施后续监管。

（3）转让

在海关监管年限内，减免税申请人将减免税货物转让给不享受进口税收优惠政策或者进口同一货物不享受同等减免税优惠待遇的其他单位的，应事先向减免税申请人主管海关申请办理减免税货物补缴税款和解除监管手续。

（4）移作他用

在海关监管年限内，减免税申请人需要将减免税货物移作他用的，应事先向主管海关申请。经海关批准，可按照海关批准使用地区、用途、企业将减免税货物移作他用。同时，减免税申请人应按移作他用的时间补缴相应税款；移作他用的时间不能确定的，应当提交不低于剩余监管年限应补缴税款总额的税款担保。

（5）变更、终止

在海关监管年限内，减免税申请人发生分立、合并、股东变更、改制等变更情形的，权利义务承受人应当自营业执照颁发之日起 30 日内，向原减免税申请人的主管海关报告主体变更情况及原减免税货物情况。经海关审核，按规定补缴税款或者办理备案变更或者结转等相关手续。

在海关监管年限内，因破产、改制或者其他情形导致减免税申请人终止，原减免税申请人或其他依法应当承担关税及进口环节海关代征税缴纳义务的主体应当自资产清算之日起 30 日内向主管海关申请办理补缴税款和解除监管手续。

（6）退运、出口

在海关监管年限内，减免税申请人要求将减免税货物退运出境或出口的，应当报主管海关核准并持出口报关单向主管海关办理原进口减免税货物的解除监管手续。

（7）贷款抵押

在海关监管年限内，减免税申请人要求以减免税货物向金融机构办理贷款抵押的，应当向主管海关提出书面申请。经审核批准可以办理贷款抵押手续，但需向海关提供下列形式的担保：

①与货物应缴税款等值保证金；

②境内金融机构提供的相当于货物应缴税款的保函；

③减免税申请人、金融机构共同向海关提交"进口减免税货物贷款抵押承诺保证书"，书面承诺当减免税申请人抵押贷款无法清偿需要以抵押物抵偿时，抵押人或抵押权人先补缴海关税款，或者从抵押物的折（变）价款中优先偿付海关税款。

2. 解除监管

（1）自动解除监管

特定减免税进口货物监管期届满时，减免税申请人不必向海关申请领取"减免税进口货物解除监管证明"，有关减免税货物自动解除监管，可以自行处置。

（2）申请解除监管

①期满申请解除监管

特定减免税货物监管期届满时，减免税申请人需要"减免税进口货物解除监管证明"的，可以自监管年限届满之日起1年内，持有关单证向海关申请领取"减免税进口货物解除监管证明"。海关应当自接到申请之日起20日内核实情况，并填发"减免税进口货物解除监管证明"。

②期内申请解除监管

特定减免税货物在海关监管期限以内，因特殊原因出售、转让、放弃，或者企业破产清算的，原"进口货物征免税证明"的申请人在办理有关进口货物的结关手续后，应当向原签发征免税证明的海关提出解除监管申请，主管海关经核准后，签发"减免税进口货物解除监管证明"。

第六节　暂时进出境货物的报关程序

一、暂时进出境货物概述

（一）含义

暂时进出境货物是暂时进境货物和暂时出境货物的合称。

暂时进境货物是指为了特定的目的，经海关批准暂时进境，按规定的期限原状复运出境的货物。

暂时出境货物是指为了特定的目的，经海关批准暂时出境，按规定的期限原状复运进境的货物。

（二）特征

1. 有条件暂时免予缴纳税费

暂时进出境货物在向海关申报进出境时，不必缴纳进出口税费，但收发货人须向海关提供担保。

2. 免予提交进出口许可证件

暂时进出境货物不是实际进出口货物，只要按照暂时进出境货物的有关法律、行政法规办理进出境手续，可以免予交验进出口许可证件。但是，涉及公共道德、公共安全、公共卫生所实施的进出境管制制度的暂时进出境货物应当凭许可证件进出境。

3. 规定期限内按原状复运出境

暂时进出境货物应当自进境或者出境之日起6个月内复运出境或者复运进境；经收发货人申请，海关可以根据规定延长复运出境或者复运进境的期限。

4. 按货物实际使用情况办结海关手续

暂时进出境货物都必须在规定期限内，由货物的收发货人根据货物不同的情况向海关办理核销结关手续。

（三）范围

暂时进出境货物分为两大类。

第一类是指经海关批准暂时进境，在进境时纳税义务人向海关缴纳相当于应纳税款的保证金或者提供其他担保可以暂不缴纳税款，并按规定的期限复运出境的货物和经海关批准暂时出境，在出境时纳税义务人向海关缴纳相当于应纳税款的保证金或者提供其他担保可以暂不缴纳税款，并按规定的期限复运进境的货物。

第二类是指第一类以外的暂时进出境货物。应当按照该货物的完税价格和其在境内、境外滞留时间与折旧时间的比例，按月缴纳进、出口税的暂时进出境货物。（本章对此类暂时进出境货物不做介绍。）

第一类暂时进出境货物的范围如下：

（1）在展览会、交易会、会议及类似活动中展示或者使用的货物；

（2）文化、体育交流活动中使用的表演、比赛用品；

（3）进行新闻报道或者摄制电影、电视节目使用的仪器、设备及用品；

（4）开展科研、教学、医疗活动使用的仪器、设备及用品；

（5）上述四项所列活动中使用的交通工具及特种车辆；

（6）货样；

（7）供安装、调试、检测设备时使用的仪器、工具；

（8）盛装货物的容器；

（9）慈善活动使用的仪器、设备及用品；

（10）旅游用自驾交通工具及其用品；

（11）工程施工中使用的设备、仪器及用品；

（12）海关批准的其他暂时进出境货物。

知识拓展：海关快速通关保障"2013第十五届上海国际汽车工业展览会"首批整车入境

　　2013年第十五届上海国际汽车工业展览会（上海国际车展）首批整车抵沪，上海海关多项措施保障车展物资快捷便利通关。

　　3月21日，本届车展第一辆进口整车抵达上海浦东国际机场，该车辆为产自美国的克莱斯勒吉普车。进口参展车辆采取"门到门"查验方式。进境地海关即浦东国际机场海关凭展会主管地海关即浦东海关出具的查验联系关封负责对承运监管车辆施加海关封志。由企业向浦东海关提出申请自运的，经浦东海关审核同意的，浦东国际机场海关按照企业自运方式办理相关手续。运抵展馆后，浦东海关再对参展车辆进行现场查验。

　　上海海关一是提前准备，开展会前主动走访主办单位，积极宣传海关规定，听取通关的需求和建议，并实时跟踪展会全程；二是专题研究，量身定制海关监管方案，优化监管流程，实行单证快速审结及"门到门查验"等便利措施，确保展品"全天候"无障碍通关；三是强化技能，推行国际展览品监管业务标准化管理，提升关员窗口意识，树立海关良好服务形象；四是加强应急处置，由于展会社会关注度高，观众人数大，抽调业务骨干组建服务小组，届时做好海关派员巡馆工作，保障展品安全和布展顺利，为展会保驾护航。

二、暂时进出境货物报关程序

（一）使用 ATA 单证册的暂时进出境货物

1. ATA 单证册概述

（1）含义

ATA 单证册是"暂时进口单证册"的简称，是指世界海关组织通过的《货物暂时进口公约》及其附约 A 和《ATA 公约》中规定使用的、用于替代各缔约方海关暂时进出口货物报关单和税费担保的国际性通关文件。

（2）格式

一份 ATA 单证册一般由 8 页 ATA 单证组成：一页绿色封面单证、一页黄色出口单证、一页白色进口单证、一页白色复出口单证、两页蓝色过境单证、一页黄色复进口单证、一页绿色封底。

我国海关只接受用中文或者英文填写的 ATA 单证册。

（3）适用

在我国，ATA 单证册仅限于展览会、交易会会议及类似活动项下的货物。除此之外，我国海关不接受持 ATA 单证册办理进出口申报手续。

（4）管理

① 出证担保机构

中国国际商会是我国 ATA 单证册的出证和担保机构，负责签发出境 ATA 单证册，向海关报送所签发单证册的中文电子文本，协助海关确认 ATA 单证册的真伪，并且向海关承担 ATA 单证册持证人因违反暂时进出境规定而产生的相关税费、罚款。

② 管理机构

海关总署在北京海关设立 ATA 核销中心，对 ATA 单证册的进出境凭证进行核销、统计和追索，应成员方担保人的要求，提供 ATA 单证册项下进出境货物已经进境或者从我国复运出境的证明。

③ 期限

ATA 单证册有效期限为自货物进出境之日起 6 个月，超过 6 个月的，向海关申请延期，延期最多不超过 3 次，每次延长期限不超过 6 个月。参展期在 24 个月以上的，在 18 个月的延长期届满后仍需要延期的，由主管地直属海关报海关总署审批。

ATA 单证册项下货物需延长期限的，ATA 单证册持证人应在规定期限届满 30 个工作日前向货物暂时进出境申请核准地海关提出延期申请，并提交"货物暂时进 / 出境延期申请书"及相关申请材料。

直属海关受理延期申请的，于受理申请之日起 20 个工作日内制发"中华人民共和国货物暂时进 / 出境延期申请批准决定书"（或不批准决定书）。

④追索

ATA 单证册下暂时进境货物未能按规定复运出境或过境的，ATA 核销中心向中国国际商会提出追索。自提出追索之日起 9 个月内，中国国际商会向海关提供货物已经复运出境或者已经办理进口手续证明的，ATA 核销中心可撤销追索；在 9 个月期满后未能提供证明的，中国国际商会向海关支付税款和罚款。

2. 报关程序

（1）进出口申报

持 ATA 单证册向海关申报进出境货物，不需向海关提交进出口许可证件（国家另有规定的除外），也不需要另外再提供担保。

①进境申报

进境货物收货人或其代理人持 ATA 单证册向海关申报进境展览品时，先在海关核准的出证协会即中国国际商会以及其他商会，将 ATA 单证册上的内容分别预录入海关与商会联网的 ATA 单证册电子核销系统，然后向展览会主管海关提交纸质 ATA 单证册、提货单等单证。

海关在白色进口单证上签注，并留存白色进口单证（正联），退还其存根联和 ATA 单证册其他各联给货物收货人或其代理人。

②出境申报

出境货物发货人或其代理人持 ATA 单证册向海关申报出境展览品时，向出境地海关提交国家主管部门的批准文件、纸质 ATA 单证册、装货单等单证。

海关在绿色封面单证和黄色出口单证上签注，并留存黄色出口单证（正联），退还其存根联和 ATA 单证册其他各联给出境货物发货人或其代理人。

③异地复运出境、过境申报

使用 ATA 单证册进出境的货物异地复运出境、过境申报，ATA 单证册持证人应当持主管地海关签章的海关单证向复运出境地、过境地海关办理手续。主管地海关凭出境地、过境地海关签章的海关单证办理核销结案手续。

④过境货物

承运人或其代理人持 ATA 单证册向海关申报将货物通过我国转运至第三国参加展览会的，不必填制过境货物报关单。海关在两份蓝色过境单证上分别签注后，留存蓝色过境单证（正联），退还其存根联和 ATA 单证册其他各联给运输工具的承运人或其代理人。

（2）结关

① 正常结关

持证人在规定的期限内，将进境展览品和出境展览品复运出境或复运进境，海关在白色复出口单证和黄色复进口单证上分别签注、留存单证正联，存根联随 ATA 单证册其他各联退持证人，正式核销结关。

② 未正常结关

——ATA 单证册项下货物复运出境时，因故未经我国海关核销、签注的，ATA 核销中心凭另一缔约国海关在 ATA 单证册上签注的该批货物从该国进境或者复运进境的证明，或者我国海关认可的能够证明该批货物已经实际离开我国境内的其他文件，作为已经从我国复运出境的证明，对 ATA 单证册予以核销。

——ATA 单证册项下货物因不可抗力原因受损，无法原状复运出境、进境的，ATA 单证册持证人应当及时向主管地海关报告，可以凭关部门的证明材料办理复运出境、进境手续；因不可抗力原因灭失或失去使用价值的，经海关核实后可以视为该货物已经复运出境、进境。

因不可抗力以外的原因受损或者灭失的，ATA 单证册持证人应当按照进出口货物的有关规定办理海关手续。

（二）不使用 ATA 单证册报关的展览品

进出境展览品的海关监管有使用 ATA 单证册的，也有不使用 ATA 单证册直接按展览品监管的。以下介绍不使用 ATA 单证册报关的展览品。

1. 范围

（1）进境展览品

进境展览品包括在展览会中展示或示范用的货物、物品，为示范展出的机器或器具所需用的物品，展览者设置临时展台的建筑材料及装饰材料，供展览品做示范宣传用的电影片、幻灯片、录像带、录音带、说明书、广告、光盘、显示器材等。

以下与展出活动有关的物品也可以按展览品申报进境：

①为展出的机器或器件进行操作示范被消耗或损坏的物料；

②布置或装饰临时展台消耗的低值货物；

③参展期间免费散发的有关的宣传印刷品；

④供展览会使用的档案、表格及其他文件；

⑤在展览活动中的小件样品，包括原装进口的或者在展览期间用进口的散

装原料制成的食品或者饮料的样品。

上述货物、物品应当符合下列条件：

①由参展人免费提供并在展览期间专供免费分送给观众使用或者消费的；

②单价较低，做广告样品的；

③不适用于商业用途，并且单位容量明显小于最小零售包装容量的；

④食品及饮料的样品虽未包装分发，但确实在活动中消耗掉的。

展览用品中使用的酒精饮料、烟草制品及燃料，不适用有关免税的规定。

展览会期间出售的小卖品，属于一般进口货物范围。

（2）出境展览品

出境展览品包含国内单位赴国外举办展览会或参加外国博览会、展览会而运出的展览品，以及与展览活动有关的宣传品、布置品、招待品及其他公用物品。

与展览活动有关的小卖品、展卖品，可以按展览品报关出境，不按规定期限复运进境的办理一般出口手续，交验出口许可证，缴纳出口关税。

2. 期限

与 ATA 单证册的要求相同。

3. 进出境申报

（1）备案

备案时间：境内 / 出境举办展览会的办展人或者参加展览会的办展人、参展人（以下简称办展人、参展人）应在展览品进 / 出境20个工作日前，向主管地海关提交有关部门备案证明或批准文件及展览品清单等相关单证办理备案手续。

备案材料：展览会不属于有关部门行政许可项目的，办展人、参展人需提交邀请函、展位确认书等其他证明文件及展览品清单。

（2）申报

申报海关：进境申报可在展出地海关办理申报手续，如从非展出地进境，可在进境地办理转关运输手续；出境申报应在出境地海关办理。

申报材料：国家主管部门的批文、报关单、展览品清单、发票、装箱单、提货单 / 装货单等单证。

（3）税款担保及许可证件

对于展览品，展览会主办单位或其代理人向海关提供担保，在海关指定场所或海关派专人监管的场所举办展会的，经主管地直属海关批准，可免予担保。展品中涉及检验检疫等管制的，还应提交有关许可证件。

出境展览品属于应缴纳出口关税的，参展企业需向海关缴纳相当于税款的保证金；属于两用物项用品及相关技术的出口管制商品，应当交出口许可证。

（4）查验

海关对进出境展览品进行开箱查验，核对展览品清单。展览品开箱前，展览会主办单位或其代理人应当通知海关。海关查验时，展览品所有人或其代理人应当到场，负责搬移、开拆、封装货物。

4. 核销结关

（1）复运进出境

进/出境展览品按规定期限复运出/进境，海关分别签发报关单证明联，展览品所有人或其代理人凭以向主管海关办理核销结关手续。

（2）转为正式进出口

进境展览品在展览期间被人购买的，由展览会的主办单位或其代理人向海关办理进出口申报、纳税手续，其中属于许可证件管理的，还应当提交进出口许可证件。

（3）展览品放弃或赠送

展览品放弃的，由海关依法变卖后将款项上缴国库。

展览品赠送的，受赠人应当向海关办理进口手续，海关根据进口礼品或经贸往来赠送品的规定办理。

（4）展览品损坏、丢失、被窃

因展览品损坏、丢失、被窃等原因不能复运出境的，展览会的主办单位或其代理人应当向海关报告。对毁坏的展览品，海关根据毁坏程度估价征税；对于丢失、被窃的展览品，按进口同类货物征收进口税。

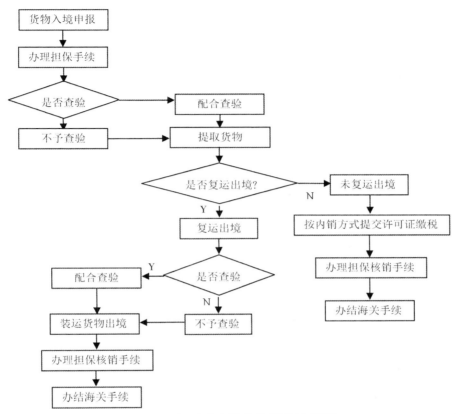

图3.17 暂时进出境货物报关流程图

（三）其他暂时进出境货物

1. 概述

（1）范围

可以暂不缴纳税款的 12 项暂时进出境货物，除使用 ATA 单证册报关的货物，不使用 ATA 单证册报关的展览品、集装箱箱体按各自的监管方式由海关进行监管外，其余的均按其他暂时进出境货物进行监管，均属于其他暂时进出境货物的范围。

（2）期限

与 ATA 单证册的要求相同。

（3）管理

其他暂时进出境货物进出境核准属于海关行政许可事项，应当按照海关行政许可的程序办理。海关根据收发货人的申请，做出是否批准的决定。

2. 报关程序

与展览品的报关程序相同。

3. 核销结关

与展览品核销结关程序相同。

第七节　其他进出境货物的报关程序

一、过境、转运、通运货物

（一）过境货物

1. 概述

（1）含义

过境货物是指从境外启运，在我国境内不论是否换装运输工具，通过陆路运输继续运往境外的货物。

（2）范围

准予过境货物：

——与我国签有过境货物协定的国家的过境货物；

——在同我国签有铁路联运协定的国家收、发货的过境货物；

——未与我国签有过境货物协定但经国家经贸、运输主管部门批准，并向入境地海关备案后准予过境的货物。

禁止过境货物：

——来自或运往我国停止或禁止贸易的国家和地区的货物；

——各种武器、弹药、爆炸品及军需品（通过军事途径运输的除外）；

——各种烈性毒药、麻醉品和鸦片、吗啡、海洛因、可卡因等毒品；

——我国法律、法规禁止过境的其他货物、物品。

（3）管理

海关对过境货物监管的目的是为了防止过境货物在我国境内运输过程中滞留在国内，或将我国货物混入过境货物随运出境;防止禁止过境货物从我国过境。

对过境货物经营人的要求：

——过境货物经营人应当持主管部门的批准文件和工商行政管理部门颁发的营业执照，向海关主管部门申请办理注册登记手续；

——装载过境货物的运输工具应当具有海关认可的加封条件或装置，海关认为必要时，可以对过境货物及其装载装置进行加封；

——运输部门和过境货物经营人应当负责保护海关封志的完整，任何人不得擅自开启或损毁。

对过境货物监管的其他规定：

——民用爆炸品、医用麻醉品等的过境运输，应经海关总署商有关部门批准后，可过境；

——有伪报货名和国别，借以运输我国禁止过境货物的，以及其他违反我国法律、行政法规情事的，海关可依法将货物扣留处理；

——海关可以对过境货物实施查验。海关在查验过境货物时，经营人或承运人应当到场，负责搬移货物，开拆、封装货物；

——过境货物在境内发生损毁或者灭失的（不可抗力的原因造成的除外），经营人应负责向出境地海关补办进口纳税手续。

2. 报关程序

（1）进出口报关

①进境报关

过境货物进境时，过境货物经营人或报关企业应当向进境地海关递交"过境货物报关单"和运单、转载清单、载货清单，以及发票、装箱清单等，办理过境手续。

海关审核无误后，在提运单上加盖"海关监管货物"戳记，并将过境货物报关单和过境货物清单制作"关封"后加盖"海关监管货物"专用章，连同上述提运单一并交经营人或报关企业。

②出境报关

过境货物出境时，过境货物经营人或报关企业应当及时向出境地海关申报，并递交进境地海关签发的"关封"和其他单证。

出境地海关审核有关单证、"关封"和货物，确认无误后，加盖放行章，监管货物出境。

（2）过境期限

过境货物的过境期限为 6 个月，因特殊原因，可以向海关申请延期，经海关同意后，最长可延期 3 个月。

过境货物超过规定期限 3 个月仍未过境的，海关按规定依法提取变卖，变卖后的货款按有关规定处理。

（3）在境内暂存和运输

关于过境货物在境内暂存和运输有以下规定：

①过境货物进境后因换装运输工具等原因卸下地储存时，应当经海关批准并在海关监管下存入海关指定或同意的仓库或场所；

②过境货物在进境以后、出境以前，应当按照运输主管部门规定的路线运输，运输部门没有规定的，由海关指定；

③海关可根据情况派员押运过境货物运输。

（二）转运货物

1. 概述

（1）含义

转运货物是指由境外启运，通过我国境内设立海关的地点换装运输工具，不通过境内陆路运输，继续运往境外的货物。

（2）范围

进境运输工具载运的货物必须具备下列条件之一的，方可办理转运手续：

①持有转运或联运提货单的；

②进口载货清单上注明是转运货物的；

③持有普通提货单，但在卸货前向海关声明转运的；

④误卸下的进口货物，经运输工具经理人提供确实证件的；

⑤因特殊原因申请转运，获海关批准的。

（3）管理

海关对转运货物实施监管的目的主要在于防止货物在口岸换装过程中误进口或误出口。

海关对转运货物有以下监管规定：

①外国转运货物在中国口岸存放期间，不得开拆、改换包装或进行加工；

②转运货物必须在3个月之内办理海关手续并转运出境，超过3个月仍未转运出境或办理其他海关手续的，海关将提取依法变卖处理；

③海关对转运的外国货物有权进行查验。

2. 报关程序

（1）载有转运货物的运输工具进境后，承运人应当在进口载货清单上列明转运货物的名称、数量、起运地和到达地，并向主管海关申报进境；

（2）申报经海关同意后，在海关指定的地点换装运输工具；

（3）在规定时间内运送出境。

（三）通运货物

1. 含义

通运货物是指从境外启运，不通过我国境内陆路运输，运进境后由原运输工具载运出境的货物。

2. 报关程序

（1）运输工具进境时，运输工具的负责人应凭注明通运货物名称和数量的"船舶进口报告书"或国际民航机使用的"进口载货舱单"向进境地海关申报；

（2）进境地海关在接受申报后，在运输工具抵、离境时对申报的货物予以核查，并监管货物实际离境。

运输工具因装卸货物需搬运或倒装货物时，应向海关申请并在海关的监管下进行。

过境货物、转运货物、通运货物的异同比较

不同货物类别	是否通过我国境内陆路运输	是否在我国境内换装运输工具	期限	相同
过境货物	是	均可	6+3 个月	起运地和目的地都在境外
转运货物	否	是	3 个月	
通运货物	否	否	无规定	

二、货样、广告品

（一）概述

1. 含义

货样是指专供订货参考的进出口货物样品；广告品是指用以宣传有关商品的进出口广告宣传品。

2. 分类

有进出口经营权的企业价购或售出货样、广告品为货样广告品 A；没有进出口经营权的企业（单位）进出口以及免费提供进出口的货样、广告品为货样广告品 B。

（二）报关程序

进出口货样、广告品的报关程序除暂时进出境的货样、广告品外只有进出口报关阶段的四个环节，即申报—→配合查验—→缴纳税费—→提取或装运货物。其要点如下：

1. 证件管理

（1）进口非许可证件管理的货样、广告品（不论价购、价售或免费提供），有进出口经营权的企业，在其经营范围内，凭经营权向海关申报。

没有进出口经营权的单位进口数量合理且价值在人民币1000元以下的货样、广告品，凭其主管司局级以上单位证明向海关申报。数量不合理或价值在人民币1000元以上的，凭省级商务主管部门的审批证件向海关申报。

（2）进口许可证管理的货样、广告品，凭进口许可证向海关申报。

（3）进口自动进口许可管理的机电产品和一般商品的货样、广告品，属每批次价值人民币5000元以下免领自动进口许可证。进口的货样、广告品属旧机电产品，需要程序审批并按有关旧机电产品进口的规定申报。

（4）出口货样每批次货值人民币3万元以下免领出口许可证；运出境外的两用物品和技术的货样或实验用样品，按规定办理两用物项和技术出口许可证，凭许可证向海关申报。

（5）列入《法检目录》范围内的进出口货样、广告品，凭出入境货物通关单向海关申报。

2. 税收管理

进出口货样、广告品经海关审核数量合理且每次总值在人民币400元及以下的，免征关税和进口环节海关代征税。每次总值在人民币400元以上的，征收超出部分的关税和进口环节海关代征税。

三、无代价抵偿货物

（一）概述

1. 含义

无代价抵偿货物是指进出口货物在海关放行后，因残损、短少、品质不良或者规格不符，由进出口货物的发货人、承运人或者保险公司免费补偿或者更换的与原货物相同或者与合同规定相符的货物。

收发货人申报进出口的无代价抵偿货物，与退运出境或者退运进境的原货物不完全相同或者与合同规定不完全相符的，经收发货人说明理由，海关审核认为理由正当且税则号列未发生改变的，仍属于无代价抵偿货物范围。

收发货人申报进出口的免费补偿或者更换的货物，其税则号列与原进出口货物的税则号列不一致的，不属于无代价抵偿货物范围，属于一般进出口货物范围。

2. 特征

（1）免予交验进出口许可证件。

（2）进口无代价抵偿货物，不征收进口关税和进口代征税；出口无代价抵偿货物，不征收出口关税。但是进出口与原货物或合同规定不完全相符的无代价抵偿货物，应当按规定计算与原进出口货物的税款差额，高出原征收税款数额的应当征收超出部分的税款，低于原征收税款，原进出口货物的发货人、承运人或者保险公司同时补偿货款的，应当退还补偿货款部分的税款，未补偿货款的，不予退还。

（3）现场放行后，海关不再进行监管。

（二）报关程序

无代价抵偿货物大体上可以分为两种，一种是短少抵偿，一种是残损、品质不良或规格不符抵偿。对两种抵偿引起的两类进出口无代价抵偿货物在报关程序上有所区别。

1. 残损、品质不良或规格不符引起的无代价抵偿货物进出口海关手续

残损、品质不良或规格不符引起的无代价抵偿货物，进出口前应当先办理被更换的原进出口货物中残损、品质不良或规格不符货物的有关海关手续。

（1）原进出口退运出 / 进境——被更换的原进出口货物退运出 / 进境时，不征收出 / 进口关税及进口环节海关代征税。

（2）放弃，交由海关处理——海关应当依法出口并向收货人提供依据，凭以申报进口无代价抵偿货物。

（3）不退运出 / 进境，也不放弃——原进出口货物的收发货人应当按照海关接受无代价抵偿货物申报进出口之日适用的有关规定申报进 / 出口，并缴纳进 / 出口关税及进口环节海关代征税，属于许可证件管理的商品还应当交验相应的许可证件。

2. 申报期限

向海关申报进出口无代价抵偿货物应当在原进出口合同规定的索赔期内，而且不超过原货物进出口之日起 3 年。

3. 提供单证

收发货人向海关申报无代价抵偿货物进出口时，除应当填制报关单和提供基本单证外，还应当提供其他特殊单证。

（1）进口申报

①原进口货物报关单；

②原进口货物退运出境的出口货物报关单，或者原进口货物交由海关处理的货物放弃处理证明，或者已经办理纳税手续的单证（短少抵偿的除外）；

③原进口货物税款缴纳书或者进出口货物征免税证明；

④买卖双方签订的索赔协议。

海关认为需要时，纳税义务人还应当提交具有资质的商品检验机构出具的原进口货物残损、短少、品质不良或者规格不符的检验证明书或者其他有关证明文件。

（2）出口申报

①原出口货物报关单；

②原出口货物退运进境的进口货物报关单或者已经办理纳税手续的单证（短少抵偿的除外）；

③原出口货物税款缴纳书；

④买卖双方签订的索赔协议。

海关认为需要时，纳税义务人还应当提交具有资质的商品检验机构出具的原出口货物残损、短少、品质不良或者规格不符的检验证明书或者其他有关证明文件。

四、退运货物

退运货物是指原进出口货物因各种原因，造成退运出/进口的货物。退运货物包括一般退运货物和直接退运货物。

（一）一般退运货物

1. 含义

一般退运货物是指已办理申报手续且海关已放行出/进口，因各种原因造成退运进/出口的货物。

2. 报关

（1）退运进口

原出口货物退运进境时，若该批货物已收汇、已核销，原发货人或其代理人应填写进口货物报关单，并提供原货物出口时的出口货物报关单，现场海关应凭加盖已核销专用章的"外汇核销单出口退税专用联"（正本），或税务部门出具的"出口商品退运已补税证明"，保险公司证明或承运人溢装、漏卸的证明等有关资料，向进境地海关办理退运进口手续，同时签发一份进口货物报关单。

原出口货物退运进口时，若出口未收汇，原发货人或其代理人在办理退运手续时，提交原出口货物报关单、报关单退税证明联，向进口地海关申报退运进口，同时填制一份进口货物报关单；若出口货物部分退运进口，海关应在原出口货物报关单上批注退运的实际数量、金额后退回企业并留存复印件，海关核实无误后，验放有关货物进境。

（2）退运出口

因故退运出口的进口货物，原收货人或其代理人应填写出口货物报关单申报出境，并提供原货物进口时的进口货物报关单、保险公司证明或承运人溢装、漏卸的证明等有关资料，经海关核实无误后，验放有关货物出境。

3. 税收

（1）退运进口

因品质或者规格原因，出口货物自出口之日起1年内原状退货复运进境的，经海关核实后不予征收进口税，原出口时已经征收出口关税的，只要重新缴纳因出口而退还的国内环节税，自缴纳出口税款之日起1年内准予退还。

（2）退运出口

因品质或者规格原因，进口货物自进口之日起1年内原状退货复运出境的，经海关核实后可以免征出口关税，已征收的进口关税和进口环节海关代征税，自缴纳进口税款之日起1年内准予退还。

（二）直接退运货物

直接退运货物是指进口货物进境后、办结海关放行手续前，进口货物收发货人、原运输工具负责人或其代理人（以下统称当事人）直接退运境外，或者海关根据国家有关规定责令直接退运境外的全部或部分货物。

进口转关货物在进境地海关放行后，当事人办理退运手续的，不属于直接退运货物，应按一般退运货物办理退运手续。

1. 当事人办理直接退运的货物

（1）范围

货物进境后、办结海关放行手续前，有下列情形之一的，当事人可以向海关办理直接退运批准手续：

①因国家贸易管理政策调整，收货人无法提供相关证件的；

②属于错发、误卸或者溢卸货物，能够提供发货人或者承运人书面证明文书的；

③收发货人双方协商一致同意退运，能够提供双方同意退运的书面证明文书的；

④有关贸易发生纠纷，能够提供法院判决书、仲裁机构仲裁决定书或者无争议的有效货物所有权凭证的；

⑤货物残损或者国家检验检疫不合格，能够提供国家检验检疫部门根据收货人申请而出具的相关检验证明文书的。

对海关已经确定布控、查验或者认为有走私违规嫌疑的货物，不予办理直接退运。布控、查验或者案件处理完毕后，按照海关有关规定处理。

（2）报关程序

办理直接退运手续的进口货物未向海关申报的，当事人应当向海关提交"进口货物直接退运表"以及证明进口实际情况的合同、发票、装箱清单、提运单或者载货清单等相关单证、证明文书，按照规定填制报关单，办理直接退运的申报手续。

如已向海关申报的，当事人除向海关提交未进口所需材料外还需提供原报关单或者转关单，并先行办理报关单或者转关单删除手续。海关依法删除原报关单或者转关单数据后，当事人按照规定填制报关单，办理直接退运的申报手续。

进口货物直接退运表

单位名称：	联系人及电话：
日期：	货物进口日期：
货物品名：	数（重）量：
退运数（重）量：	货物查验情况：
货物存放地点：	提／运单号：
是否已向海关申报：	
是否需要许可证件：	
直接退运原因：	
	（单位签章） 年　月　日
备注：	

办理进口货物直接退运手续，进出口货物报关单填写的特殊要求：

① "标记唛码及备注" 栏填写 "进口货物直接退运表" 编号；

② "贸易方式" 栏填写 "直接退运"（代码 4500）。

当事人办理进口货物直接退运的申报手续时，应当先填写出口货物报关单向海关申报，再填写进口货物报关单，并在进口货物报关单的 "标记唛码及备注" 栏填报关联报关单（出口报关单）号。

因进口货物收发货人或者承运人的责任造成货物错发、误卸或者溢卸，当事人免予填制报关单，凭 "进口货物直接退运表" 向海关办理直接退运手续。

直接退运的货物不需要交验进出口许可证件或者其他监管证件，免予征收各种税费及滞报金，不列入海关统计。

进口货物直接退运应当从原进境地口岸退运出境。对因运输原因需要改变运输方式或者由另一口岸退运出境的，应当经由原进境地海关批准后，以转关运输方式出境。

2. 海关责令直接退运的货物

（1）范围

货物进境后、办结海关放行手续前，有下列情形之一，依法应当退运的，由海关责令当事人将进口货物直接退境外：

①进口国家禁止进口的货物，已经海关依法处理的；

②违反国家检验检疫政策法规，经国家检验检疫部门处理并且出具 "检验检疫处理通知书" 或者其他证明文书的；

③未经许可擅自进口属于限制进口的固体废物，已经海关依法处理的；

④违反国家有关法律、行政法规，应当责令直接退运的其他情形。

对需要责令进口货物直接退运的，由海关根据相关政府行政主管部门出具的证明文书，向当事人制发 "责令直接退运通知书"。

（2）报关程序

办理进口货物直接退运手续，进出口货物报关单填写的特殊要求：

① "标记唛码及备注" 栏填写 "责令直接退运通知书" 编号；

② "贸易方式" 栏填写 "直接退运"（代码 4500）。

其他手续与当事人申请直接退运的货物相类似。

```
┌──────────────────────────────────────────────────┐
│              中华人民共和国        海关              │
│           责令进口货物直接退运通知书                 │
│           关退通〔     〕       号：                 │
│                      ：                            │
│      根据              的决定（证明文书编号：      ），│
│   你（单位）进口的              违反了《中华人民共和国海关法》│
│   和《中华人民共和国海关进口货物直接退运管理办法》的有关规定，│
│   现责令你（单位）在收到该通知书之日起 1 个月内持有关材料到海 │
│   关办理该货物的直接退运手续。                        │
│                                                    │
│      特此通知。                                     │
│                              （印）                 │
│                       年      月      日            │
└──────────────────────────────────────────────────┘
```

五、加工贸易不作价设备

（一）概述

1. 含义

加工贸易不作价设备是指与加工贸易经营企业开展加工贸易（包括来料加工、进料加工及外商投资企业履行产品出口合同）的境外厂商，免费（不需境内加工贸易经营企业付汇，也不需用加工费或差价偿还）向经营单位提供的加工生产所需设备。

2. 范围

加工贸易境外厂商免费提供的不作价设备，如果属于国家禁止进口商品和《外商投资项目不予免税的进口商品目录》所列商品，海关不能受理加工贸易不作价设备申请。除此以外的其他商品，加工贸易企业可以向海关提出加工贸易不作价设备免税进口的申请。

3. 特征

（1）加工贸易不作价设备与保税加工货物比较

进境后虽然都用于加工贸易生产，但有明显的区别，主要区别在于：前者是加工贸易生产设备，进境后使用时一般不改变形态，国家政策不强调复运出境；后者是加工贸易生产料件，进境后使用时一般改变形态，国家政策强调加工后复运出境。

（2）加工贸易不作价设备与特定减免税设备比较

都是免税进境的生产设备，但在海关管理上有明显的区别：前者按保税货物管理，后者按特定减免税货物管理。

（3）加工贸易不作价设备与保税加工货物、特定减免税货物一样，在进口放行后需要继续监管。

（二）程序

加工贸易不作价设备的报关程序包括备案→进口→核销三个阶段。

1. 备案

加工贸易不作价设备的备案合同应当是订有加工贸易不作价设备条款的加工贸易合同或者加工贸易协议，单独的进口设备合同不能办理加工贸易不作价设备的合同备案。

加工贸易不作价设备的备案手续如下：

（1）凭商务主管部门批准的加工贸易合同（协议）和批准件及"加工贸易不作价设备申请备案清单"到加工贸易合同备案地主管海关办理合同备案申请手续。

（2）主管海关根据加工贸易合同（协议）、批准件和"加工贸易不作价设备申请备案清单"及其他有关单证，对照《外商投资项目不予免税的进口商品目录》，审核准予备案后，核发登记手册。

海关核发的加工贸易登记手册有效期一般为1年，1年到期前，加工贸易经营企业向海关提出延期申请，延长期一般为1年，可以申请延长4次。

加工贸易不作价设备不纳入加工贸易银行保证金台账管理的范围，因此不需要设立台账。

海关可以根据情况对加工贸易不作价设备收取相当于进口设备应纳进口关税和进口环节海关代征税税款金额的保证金或者银行或非银行金融机构的保证函。

不在加工贸易合同或者协议里订明的单独进口的不作价设备及其零配件、零部件不予备案。

2. 进口

企业凭登记手册向口岸海关办理进口报关手续，口岸海关凭登记手册验放。

加工贸易不作价设备，除国家另有规定的外，进境时免进口关税，不免进口环节增值税，如有涉及进口许可证件管理的，可免交进口许可证件。

加工贸易不作价设备进口申报时，报关单的"贸易方式"栏填"不作价设备"（代码0320）对临时进口（期限在6个月以内）加工贸易生产所需不作价模具、单台设备，按暂准进境货物办理进口手续。

3. 核销

加工贸易不作价设备属海关监管货物，其监管期限是根据特定减免税货物的海关监管期限来规定的，一般是5年。

申请解除海关监管有两种情况：

（1）监管期内

监管期限未满，企业申请提前解除监管，主要有五种情况：

①结转

加工贸易不作价设备在享受同等待遇的不同企业之间结转，以及加工贸易不作价设备转为减免税设备，转入和转出企业分别填制进、出口货物报关单，报关单"贸易方式"栏根据报关企业所持加工贸易登记手册或征免税证明，分别选择填报"加工贸易设备结转"、"减免税设备结转"，报关单"备案号"栏分别填报加工贸易登记手册编号、征免税证明编号或为空，报关单其他栏目按现行《报关单填制规范》关于结转货物的要求填报。

②转让

转让给不能享受减免税优惠或者不能进口加工贸易不作价设备的企业，必须由原备案加工贸易合同或者协议的商务主管部门审批，并按照规定办理进口海关手续，填制进口货物报关单，提供相关的许可证件，按照以下计算公式确定完税价格缴纳进口关税：

转让设备进口完税价格（CIF）×[按加工贸易不作价设备规定条件使用月数 ÷（5×12）]

不足15天的，不计月数，超过或者等于15天的作为1个月计算。

③留用

监管期未满本企业移作他用或者虽未满监管期但加工贸易合同已经履约本企业留用的，必须由原备案加工贸易合同或者协议的商务主管部门审批，并按照规定办理进口海关手续，填制进口货物报关单，提供相关的许可证件，按照上述计算公式确定完税价格缴纳进口关税。

④修理、替换

进境加工贸易不作价设备需要出境修理或者由于质量或规格不符需要出境替换的，可以使用加工贸易不作价设备登记手册申报出境和进境，也可以按照出境修理货物或者无代价抵偿货物办理海关进出境手续。

⑤退运

监管期内退运应当由原备案加工贸易合同或者协议的商务主管部门审批，凭批准件和加工贸易不作价登记手册到海关办理退运出境的海关手续。

（2）监管期满

加工贸易不作价设备 5 年监管期满，如不退运出境，可以留用，也可以向海关申请放弃：

监管期限已满的不作价设备，要求留在境内继续使用，企业可以向海关申请解除监管，也可以自动解除海关监管；监管期满既不退运也不留用的加工贸易不作价设备，可以向海关申请放弃，海关比照放弃货物办理有关手续。放弃货物要填制进口货物报关单。

六、电子商务进出境货物、物品

（一）相关概念

（1）"电子商务企业"是指通过自建或者利用第三方电子商务交易平台开展跨境贸易电子商务业务的境内企业，以及提供交易服务的跨境贸易电子商务第三方平台提供企业。

（2）"个人"是指境内居民。

（3）"电子商务交易平台"是指跨境贸易电子商务进出境货物、物品实现交易、支付、配送并经海关认可且与海关联网的平台。

（4）"电子商务通关服务平台"是指由电子口岸搭建，实现企业、海关以及相关管理部门之间数据交换与信息共享的平台。

（5）"电子商务通关管理平台"是指由中国海关搭建，实现对跨境贸易电子商务交易、仓储、物流和通关环节电子监管执法的平台。

（二）企业注册登记及备案管理

（1）开展电子商务业务的企业，如需向海关办理报关业务，应按照海关对报关单位注册登记管理的相关规定，在海关办理注册登记。

（2）开展电子商务业务的海关监管场所经营人应建立完善的电子仓储管理系统，将电子仓储管理系统的底账数据通过电子商务通关服务平台与海关联网对接；电子商务交易平台应将平台交易电子底账数据通过电子商务通关服务平台与海关联网对接；电子商务企业、支付企业、物流企业应将电子商务进出境货物、物品交易原始数据通过电子商务通关服务平台与海关联网对接。

（3）电子商务企业应将电子商务进出境货物、物品信息提前向海关备案，货物、物品信息应包括海关认可的货物 10 位海关商品编码及物品 8 位税号。

（三）电子商务进出境货物、物品通关管理

（1）电子商务企业或个人、支付企业、物流企业应在电子商务进出境货物、物品申报前，分别向海关提交订单、支付、物流等信息。

（2）电子商务企业或其代理人应在运载电子商务进境货物的运输工具申报进境之日起14日内，电子商务出境货物运抵海关监管场所后、装货24小时前，按照已向海关发送的订单、支付、物流等信息，如实填制"货物清单"，逐票办理货物通关手续。个人进出境物品，应由本人或其代理人如实填制"物品清单"，逐票办理物品通关手续。

除特殊情况外，"货物清单"、"物品清单"、"进出口货物报关单"应采取通关无纸化作业方式进行申报。

（3）电子商务企业或其代理人应于每月10日前（当月10日是法定节假日或者法定休息日的，顺延至其后的第一个工作日，第12月的清单汇总应于当月最后一个工作日前完成），将上月结关的"货物清单"依据清单表头同一经营单位、同一运输方式、同一启运国/运抵国、同一进出境口岸，以及清单表体同一10位海关商品编码、同一申报计量单位、同一法定计量单位、同一币制规则进行归并，按照进、出境分别汇总形成"进出口货物报关单"向海关申报。

（4）电子商务企业在以"货物清单"方式办理申报手续时，应按照一般进出口货物有关规定办理征免税手续，并提交相关许可证件；在汇总形成"进出口货物报关单"向海关申报时，无需再次办理相关征免税手续及提交许可证件。

个人在以"物品清单"方式办理申报手续时，应按照进出境个人邮递物品有关规定办理征免税手续，属于进出境管制的物品，需提交相关部门的批准文件。

（5）"进出口货物报关单"上的进出口日期以海关接受"进出口货物报关单"申报的日期为准。

七、租赁货物

（一）概述

1. 含义

租赁是指所有权和使用权之间的一种借贷关系，即由资产所有者（出租人）按契约规定，将租赁物件租给使用人（承租人），使用人在规定期限内支付租金并享有对租赁物件使用权的一种经济行为。跨越国（地区）境的租赁就是国际租赁。而以国际租赁方式进出境的货物，即为租赁进出口货物。这里主要介绍租赁进口货物。

2. 范围

国际租赁大体上有两种：一种是金融租赁，带有融资性质；一种是经营租赁，带有服务性质。因此，租赁进口货物包含金融租赁进口货物和经营租赁进口货物两类。

金融租赁进口货物一般是不复运出境的，租赁期满，以很低的名义价格转让承租人，承租人按合同规定分期支付租金，租金的总额一般都大于货价；经营租赁进口货物一般是暂时性质的，按合同规定的期限复运出境，承租人按合同规定支付租金，租金总额一般都小于货价。

（二）报关程序

根据《关税条例》的规定，租赁进口货物的纳税义务人对租赁进口货物应当按照海关审定的租金作为完税价格缴纳进口税款，租金分期支付的可以选择一次性缴纳税款或者分期缴纳税款。选择一次性缴纳税款的可以按照海关审定的货物的价格作为完税价格，也可以按照海关审定的租金总额作为完税价格。

租赁进口货物的报关程序要根据纳税义务人对缴纳税款的完税价格的选择来决定。

1. 金融租赁进口货物的报关程序

金融租赁进口货物由于租金大于货价，纳税义务人会选择一次性按货价缴纳税款或者选择按租金分期缴纳税款，不可能选择一次性按租金的总额缴纳税款。这样，金融租赁进口货物的报关就可能出现下面两种情况：

（1）按货物的完税价格缴纳税款

收货人或其代理人在租赁货物进口时应当向海关提供租赁合同，按进口货物的实际价格向海关申报提供相关的进口许可证件和其他单证，按海关审定的货物完税价格计算税款数额，缴纳进口关税和进口环节海关代征税。

海关现场放行后，不再对货物进行监管。

（2）按租金分期缴纳税款

收货人或其代理人在租赁货物进口时应当向海关提供租赁合同，按照第一期应当支付的租金和按照货物的实际价格分别填制报关单向海关申报，提供相关的进口许可证件和其他单证，按海关审定的第一期租金的完税价格计算税款数额，缴纳进口关税和进口环节海关代征税，海关按照货物的实际价格统计。

海关现场放行后，对货物继续进行监管。纳税义务人在每次支付租金后的15日内（含15日）按支付租金额向海关申报，并缴纳相应的进口关税和进口环节海关代征税，直到最后一期租金支付完毕。

需要后续监管的金融租赁进口货物租期届满之日起30日内，纳税义务人应当申请办结海关手续，将租赁进口货物退运出境，如不退运出境，以残值转让，则应当按照转让的价格审定完税价格，计征进口关税和进口环节海关代征税。

2. 经营租赁进口货物的报关程序

经营租赁进口货物由于租金小于货价，货物在租赁期满应当返还出境，纳税义务人只会选择按租金缴纳税款，经营租赁进口货物的具体报关程序与金融租赁进口货物报关程序的第二种相同。

八、进出境修理货物

（一）概述

1. 含义

进出境修理货物是指运进境进行维护修理后复运出境的机械器具、运输工具或者其他货物以及为维修这些货物需要进口的原材料、零部件。出境修理货物是指运出境进行维护修理后复运进境的机械器具、运输工具或者其他货物以及为维修这些货物需要出口的原材料、零部件。

进境修理包括原出口货物运进境修理和其他货物运进境修理。出境修理包括原进口货物运出境修理和其他货物运出境修理。

原进口货物出境修理包括原进口货物在保修期内运出境修理和原进口货物在保修期外运出境修理。

2. 特征

（1）进境维修货物免予缴纳进口关税和进口环节海关代征税，但要向海关提供担保，并接受海关后续监管。对于一些进境维修的货物，也可以申请按照保税货物办理进境手续。

（2）出境修理货物进境时，在保修期内并由境外免费维修的，可以免征进口关税和进口环节海关代征税；在保修期外的或者在保修期内境外收取维修费用的，应当按照境外修理费和材料费审定完税价格计征进口关税和进口环节海关代征税。

（3）进出境修理货物免予交验许可证件。

（二）报关程序

1. 进境修理货物

货物进境后，收货人或其代理人持维修合同或者含有保修条款的原出口合同及申报进口需要的所有单证办理货物进口申报手续，并提供进口税款担保。

货物进口后在境内维修的期限为进口之日起 6 个月，可以申请延长，延长的期限最长不超过 6 个月。在境内维修期间受海关监管。

修理货物复出境申报时应当提供原修理货物进口申报时的报关单（留存联

或复印件）。

修理货物复出境后应当申请销案，正常销案的，海关应当返还保证金或撤销担保。未复出境部分货物应当办理进口申报纳税手续。

2. 出境修理货物

发货人在货物出境时，向海关提交维修合同或含有保修条款的原进口合同以及申报出口需要的所有单证，办理出境申报手续。

货物出境后，在境外维修的期限为出境之日起 6 个月，可以申请延长，延长的期限最长不得超过 6 个月。

货物复运进境时应当向海关申报在境外实际支付的修理费和材料费，由海关审查确定完税价格，计征进口关税和进口环节海关代征税。

超过海关规定期限复运进境的，海关按一般进口货物计征进口关税和进口环节海关代征税。

九、集装箱箱体

（一）范围

集装箱箱体既是一种运输设备，又是一种货物。当货物用集装箱装载进出口时，集装箱箱体就作为一种运输设备；当一个企业购买进口或销售集装箱时，集装箱箱体就是一种普通的进出口货物。

集装箱箱体作为货物进出口是一次性的，而在通常情况下，是作为一种运输设备暂时进出境的。以下介绍后一种情况。

（二）报关程序

暂时进出境的集装箱箱体报关有以下两种情况：

（1）境内生产的集装箱及我国营运人购买进口的集装箱投入国际运输前，营运人应当向其所在地海关办理登记手续。

海关准予登记并符合规定的集装箱箱体，无论是否装载货物，海关准予暂时进境和异地出境，营运人或其代理人无需对箱体单独向海关办理报关手续，进出境时也不受规定的期限限制。

（2）境外集装箱箱体暂时进境，无论是否装载货物，承运人或者其代理人应当对箱体单独向海关申报，并应当于入境之日起 6 个月内复运出境。因特殊情况不能复运出境的，向暂时进境的海关提出延期申请，经海关核准后可以延期，但是延期不超过 3 个月，逾期应按规定办理进口报关纳税手续。

十、出料加工货物

（一）概述

1. 含义

出料加工货物是指我国境内企业运到境外进行技术加工后复运进境的货物。

2. 原则

出料加工的目的是为了借助国外先进加工技术提高产品的质量和档次，因此只有在国内现有的技术手段无法或难以达到产品质量要求而必须运到境外进行某项工序加工的情况下，才可开展出料加工业务。

出料加工原则上不能改变原出口货物的物理形态。对完全改变原出口货物物理形态的出境加工，属于一般出口。

3. 管理

出料加工货物自运出境之日起 6 个月内应当复运进境，经海关批准，可以延期，延长的期限不得超过 3 个月。

（二）报关程序

出料加工货物的报关包括三个阶段，即：备案——→进出口申报——→核销

1. 备案

经营企业应到主管海关办理出料加工合同的备案申请手续。海关审核决定受理备案的，核发"出料加工登记手册"。

2. 进出口申报

（1）出境申报

出料加工货物出境，发货人或其代理人应向海关提交手册、出口货物报关单、货运单据及其他海关需要的单证申报出口。属许可证件管理的商品，免交许可证件；属于应征出口税的，应提供担保。

为实现有效监管，海关可以对出料加工出口货物附加标志、标记或留取货样。

（2）进境申报

海关对出料加工货物复运进口，收货人或其代理人应当向海关提交手册、进口报关单、货运单据及其他海关需要的单证申报进口，海关对出料加工复进口货物以境外加工费、材料费、复运进境的运输及其相关费用和保险费审定完税价格，征收进口关税和进口环节海关代征税。

3. 核销

出料加工货物全部复运进境后，经营人应当向海关报核，海关进行核销。

提供担保的，应当退还保证金或者撤销担保。

出料加工货物未按海关允许期限复运进境的，海关按一般进出口货物办理，将货物出境时收取的税款担保金转为税款。货物进境时按一般进口货物征收进口关税和进口环节海关代征税。

十一、溢卸货物和误卸货物

（一）概述

1. 含义

溢卸货物是指未列入进口载货清单、提单或运单的货物，或者多于进口载货清单、提单或运单所列数量的货物。

误卸货物是指将指运境外港口、车站或境内其他港口、车站而在本港（站）卸下的货物。

2. 管理

经海关核实的溢卸货物和误卸货物，自运输工具卸货之日起3个月内（特殊情况可延期3个月），由载运该货物的原运输工具负责人向海关申请办理退运出境手续；或者由该货物的收发货人向海关申请办理退运或者申报进口手续。

（二）报关程序

溢卸、误卸货物报关程序的适用是根据该货物的处置来决定的，大体有以下几种情况：

1. 退运境外

属于溢卸或误卸货物，能够提供发货人或者承运人书面证明文书的，当事人可以向海关申请办理直接退运手续。

2. 溢短相补

运输工具负责人或其代理人要求将溢卸货物抵补短卸货物的，应与短卸货物原收货人协商同意，并限于同一运输工具、同一品种的货物。

非同一运输工具或同一运输工具非同一航次之间抵补的，只限于同一运输公司、同一发货人、同一品种的进口货物。

上述两种情况都应由短卸货物原收货人或其代理人按照无代价抵偿货物的报关程序办理进口手续。

3. 物归"原主"

指运境外港口、车站的误卸货物，运输工具负责人或其代理人要求运往境外时，经海关核实后按照转运货物的报关程序办理海关手续，转运至境外。

指运境内其他港口、车站的误卸货物，可由原收货人或其代理人就地向进境地海关办理进口申报手续，也可以经进境地海关同意办理转关运输手续。

4. 就地进口

溢卸货物由原收货人接受的，原收货人或其代理人应按一般进口货物报关程序办理进口手续，填写进口货物报关单向进境地海关申报，并提供相关的溢卸货物证明，如属于许可证件管理商品的，应提供有关的许可证件；海关征收进口关税和进口环节海关代征税后，放行货物。

5. 境内转售

原收货人不接受溢卸货物、误卸货物，或不办理溢卸货物、误卸货物的退运手续的，运输工具负责人或其代理人可以要求在国内进行销售，由购货单位向海关办理相应的进口手续。

十二、退关货物

（一）含义

退关货物又称出口退关货物，是指向海关申报出口并获准放行，但因故未能装上运输工具，经发货单位请求，退运出海关监管区域不再出口的货物。

（二）海关手续

（1）出口货物的发货人及其代理人应当在得知出口货物未装上运输工具，并决定不再出口之日起3天内，向海关申请退关；

（2）经海关核准且撤销出口申报后方能将货物运出海关监管场所；

（3）已缴纳出口关税的退关货物，可以在缴纳税款之日起1年内，提出书面申请，向海关申请退税；

（4）出口货物的发货人及其代理人办理出口货物退关手续后，海关应对所有单证予以注销，并删除有关报关电子数据。

十三、放弃货物

（一）概述

1. 含义

放弃货物又称放弃进口货物，是指进口货物的收货人或其所有人声明放弃，由海关提取依法变卖处理的货物。

2. 范围

（1）没有办结海关手续的一般进口货物；

（2）保税货物；

（3）在监管期内的特定减免税货物；

（4）暂时进境货物；

（5）其他没有办结海关手续的进境货物。

国家禁止或限制进口的废物、对环境造成污染的货物不得声明放弃。

（二）处理

放弃进口货物由海关提取依法变卖处理。

由海关提取依法变卖处理所得价款，优先拨付变卖处理实际支出的费用后，再扣除运输、装卸、储存等费用。所得价款不足以支付运输、装卸、储存等费用的，按比例支付。

变卖价款扣除相关费用后尚有余款的，上缴国库。

十四、超期未报关货物

（一）概述

1. 含义

超期未报关货物是指在规定的期限内未办结海关手续的海关监管货物。

2. 范围

（1）自运输工具申报进境之日起，超过 3 个月未向海关申报的进口货物；

（2）在海关批准的延长期满仍未办结海关手续的溢卸货物、误卸货物；

（3）超过规定期限 3 个月未向海关办理复运出境或者其他海关手续的保税货物；

（4）超过规定期限 3 个月未向海关办理复运出境或者其他海关手续的暂时进境货物；

（5）超过规定期限 3 个月未运输出境的过境、转运和通运货物。

（二）处理

超期未报关进口货物按照下列办法由海关提取依法变卖处理。

（1）被决定变卖处理的货物如属于《法检目录》范围的，由海关在变卖前提请出入境检验检疫机构进行检验检疫，检验检疫的费用与其他变卖处理实际支出的费用从变卖款中支付。

（2）变卖所得价款，在优先拨付变卖处理实际支出的费用后，按照运输、装卸、储存等费用和进口关税、进口环节海关代征税、滞报金的顺序扣除相关费用和税款，所得价款不足以支付同一顺序的相关费用的，按照比例支付。

（3）按照规定扣除相关费用和税款后，尚有余款的，自货物依法变卖之日起 1 年内，经进口货物收货人申请，予以发还。其中属于国家限制进口的，应当提交许可证件而不能提供的，不予发还；不符合进口货物收货人资格、不能证明其对进口货物享有权利的，申请不予受理。逾期无进口货物收货人申请、申请不予受理或者不予发还的，余款上缴国库。

（4）经海关审核符合被变卖进口货物收货人资格的发还余款申请人，应当按照海关对进口货物的申报规定，补办进口申报手续。

第八节　海关监管货物的特殊申报程序

一、进出境快件申报程序

（一）快件概述

1. 含义

进出境快件是指进出境快件运营人，以向客户承诺的快速商业运作方式承揽、承运的进出境的货物、物品。

进出境快件运营人（以下简称运营人）是指在中华人民共和国境内依法注册，在海关登记备案的从事进出境快件运营业务的国际货物运输代理企业。

2. 分类

进出境快件分为文件类、个人物品类和货物类三类。

（1）文件类进出境快件（以下简称 A 类快件）指无商业价值的文件、单证、票据和资料（依照法律、行政法规以及国家有关规定应当予以征税的除外）。

（2）个人物品类进出境快件（以下简称 B 类快件）是指境内收寄件人（自然人）收取或者交寄的个人自用物品（旅客分离运输行李物品除外）。

（3）货物类进出境快件（以下简称 C 类快件）是指价值在 5000 元人民币（不包括运、保、杂费等）及以下的货物（涉及许可证件管制的，需要办理出口退税、出口收汇或者进口付汇的除外）。

通过快件渠道进出境的其他货物、物品，应当按照海关对进出境货物、物品的现行规定办理海关手续。

（二）申报程序

1. 申报

（1）时间

进出境快件通关应当在海关正常办公时间内进行，如需在海关正常办公时间以外进行的，需事先征得所在地海关同意。

（2）方式

运营人应当按照海关的要求采用新版快件通关管理系统向海关办理进出境快件的报关手续。

（3）期限

进境快件应当自运输工具申报进境之日起 14 日内，出境快件在运输工具离境 3 小时之前，向海关申报。

（4）单证

不同的进出境快件申报时需要提供不同的单证：

A 类快件报关时，快件运营人应当向海关提交 A 类快件报关单、总运单（复印件）和海关需要的其他单证。

B 类快件报关时，快件运营人应当向海关提交 B 类快件报关单、每一进出境快件的分运单、进境快件收件人或出境快件发件人身份证影印件和海关需要的其他单证。B 类快件的限量、限值、税收征管等事项应当符合海关总署关于邮递进出境个人物品相关规定。

C 类快件报关时，快件运营人应当向海关提交 C 类快件报关单、代理报关委托书或者委托报关协议、每一进出境快件的分运单、发票和海关需要的其他单证，并按照进出境货物规定缴纳税款。进出境 C 类快件的监管方式为"一般贸易"或者"货样广告品 A"，征免性质为"一般征税"，征减免税方式为"照章征税"。

快件运营人按照上述规定提交复印件（影印件）的，海关可要求快件运营人提供原件验核。

中华人民共和国海关进境A类快件报关单（单票）

快件单号：　　　　　　　　　　　报关单号：

总运单号		分运单号		进境日期			申报日期
进口口岸	申报口岸	运输方式	运输工具名称	包装种类	运费	保费	杂费
发件人				启运国（地区）			
收件人				件数		重量（千克）	
备注		海关回执信息					
项号　　商品名称　　　规格型号　　　数量及单位 来源国（地区）　　单价　　总价　　币制							
录入员 录入单位		兹声明对以上内容承担如实申报、依法纳税之法律责任			海关批注及签章		
报关人员　　　申报单位（签章）							

2. 查验

海关查验进出境快件时，运营人应派员到场，并负责进出境快件的搬移、开拆、封装。

海关对进出境快件中的个人物品实施开拆查验时，运营人应通知进境快件的收件人或出境快件的发件人到场，收件人或发件人不能到场的，运营人应向海关提交其委托书，代理其履行义务，并承担相应的法律责任。

海关认为必要时,可对进出境快件径行开验、复验或者提取货样。

二、进出境货物集中申报程序

(一)概述

1. 含义

集中申报是指经海关备案,进出口货物收发货人在同一口岸多批次进出口规定范围内货物,可以先以集中申报清单申报货物进出口,再以报关单集中办理海关手续的特殊通关方式。

2. 范围

(1)图书、报纸、期刊类出版物等时效性较强的货物;

(2)危险品或者鲜活、易腐、易失效等不宜长期保存的货物;

(3)公路口岸进出境的保税货物。

3. 管理

(1)备案

①地点——收发货人应当在货物所在地海关,加工贸易企业应当在主管地海关办理集中备案手续。

②单证——提交"适用集中申报通关方式备案表"。

③担保——提供符合海关要求的担保,担保有效期最短不少于3个月。

④有效期——按照收发货人提交的担保有效期核定。

⑤变更、延期和终止。

当集中申报的货物、担保情况等发生变更时,收发货人应当向原备案地海关书面申请变更。

备案有效期届满可以延续。收发货人应于有效期届满前10日前向原备案地海关书面申请延期。

备案有效期届满未延期的,备案表效力终止。

(2)报关管理

进出口收发货人可以委托一般信用以上管理级别(含一般信用)的报关企业办理集中申报有关手续。

(二)申报程序

1. 电子申报

(1)时间

进口——自载运进口货物的运输工具申报进境之日起14日内。

出口——自货物运抵海关监管区后、装货的 24 小时前。

（2）单证

根据货运单填制"中华人民共和国进 / 出口货物集中申报清单"，按清单内容录入电子数据向海关申报。

（3）退单

海关发现集中申报清单电子数据与集中申报备案不一致的，应当予以退单。

2. 纸制单证申报

（1）提交集中申报清单及随附单证

①提交期限

收发货人应当自海关审结集中申报清单电子数据之日起 3 日内，持集中申报清单及随附单证到货物所在地海关办理交单验放手续。属于许可证件管理的，需提交相应的许可证件。

②修改或撤销集中申报清单

按报关单的修改或撤销手续办理。

（2）报关单集中申报

①期限

收发货人应当对一个月内以集中申报清单申报的数据进行归并，填制进出口报关单，一般贸易货物在次月 10 日之前、保税货物在次月底之前到海关办理集中申报手续。

②报关单填制要求

集中申报清单归并为同一份报关单的，各清单中的进出境口岸、经营单位、境内收发货人、贸易方式、起运国、装货港、运抵国、运输方式栏目及适用的税率、汇率必须一致。

清单中规定项目不一致而无法归并的，应当填写单独的报关单进行申报。

③其他手续

收发货人应当按照海关规定对涉税的货物办理税款缴纳手续；涉及许可证件管理的，应当提交海关批注过的相应许可证件。

④申领报关单证明联

收发货人办结集中申报手续后，海关按集中申报进出口货物报关单签发报关单证明联。"进出口日期"以海关接受报关单申报日期为准。

三、海关监管货物转关申报程序

（一）概述

1. 含义

转关是指海关监管货物在海关监管下，从一个海关运至另一个海关办理某项海关手续的行为，包括：货物由进境地入境，向海关申请转关，运往另一个设关地点进口报关；货物在起运地出口报关运往出境地，由出境地海关监管出境；已经办理入境手续的海关监管货物从境内一个设关地点运往境内另一设关地点报关。

2. 条件

（1）申请转关的条件

①转关的指运地和起运地必须设有海关；

②转关的指运地和起运地应当设有经海关批准的监管场所；

③转关承运人应当在海关注册登记，承运车辆符合海关监管要求，并承诺按海关对转关路线范围和途中运输时间所做的限定将货物运往指定的场所。

知识拓展：海关货运监管车

（2）不得申请转关的货物

①进口固体废物（废纸除外）；

②进口易制毒化学品、监控化学品、消耗臭氧层物质；

③进口汽车整车，包括成套散件和二类底盘；

④国家检验检疫部门规定必须在口岸检验检疫的商品。

3. 方式

转关有提前报关转关、直转转关和中转转关三种方式。

（1）提前报关转关

提前报关转关是指进口货物在指运地先申报，再到进境地办理进口转关手续，出口货物在未运抵起运地监管场所前先申报，货物运抵监管场所后再办理出口转关手续的转关。

（2）直转转关

进口直转转关是指进口货物在进境地海关办理转关手续，货物运抵指运地再在指运地海关办理申报手续的转关。

出口直转转关是指出口货物在运抵起运地海关监管场所申报后，在起运地海关办理出口转关手续再到出境地海关办理出境手续的转关。

（3）中转转关

进口中转转关是指持全程提运单需换装境内运输工具的进口中转货物由收货人或其代理人先向指运地海关办理进口申报手续，再由境内承运人或其代理人批量向进境地海关办理转关手续的转关。

出口中转转关是指持全程提运单需换装境内运输工具的出口中转货物由发货人或其代理人先向起运地海关办理出口申报手续，再由境内承运人或其代理人按出境工具分列舱单向起运地海关批量办理转关手续，并到出境地海关办理出境手续的转关。

4. 管理

（1）转关运输的期限

①直转方式转关的期限

直转方式转关的进口货物应当自运输工具申报进境之日起14日内向进境地海关办理转关手续，在海关限定期限内运抵指运地之日起14日内，向指运地海关办理报关手续。逾期按规定征收滞报金。在进境地办理转关手续逾期的，以自载运进口货物的运输工具申报进境之日起第15日为征收滞报金的起始日；在指运地申报逾期的，以自货物运抵指运地之日起第15日为征收滞报金的起始日。

②提前报关方式转关的期限

——进口转关货物应在电子数据申报之日起5日内，向进境地海关办理转关手续，超过期限的，指运地海关撤销提前报关的电子数据。

——出口转关货物应于电子数据申报之日起5日内，运抵起运地海关监管场所，办理转关和验放等手续，超过期限的，起运地海关撤销提前报关的电子数据。

（2）转关运输申报单证的法律效力

转关货物申报的电子数据与书面单证具有同等法律效力，对确实因为填报或传输错误的数据，有正当理由并经海关同意，可做适当的修改或者撤销。对海关已决定查验的转关货物，则不再允许修改或撤销申报内容。

（二）申报程序

1. 进口货物的转关

（1）提前报关的转关

指运地海关录入——→进境地海关转关——→指运地海关报关

①指运地海关录入

进口货物的收货人或其代理人在进境地海关办理进口货物转关手续前，向指运地海关传送进口货物报关单电子数据。指运地海关提前受理电子申报，提前对报关单进行电子审单、风险布控。接受申报后，计算机自动生成进口转关货物申报单，传输至进境地海关。

②进境地海关转关

收发货人或其代理人应向进境地海关提供进口转关货物申报单编号，并提交下列单证办理转关运输手续：

——"进口转关货物核放单"（广东省内公路运输的，提交进境汽车载货清单）；

——汽车载货登记簿或船舶监管簿；

——提货单。

进境地海关完成以下流程作业：

——调阅审核进口转关数据，核销进境舱单；

——输入境内运输工具的编号及车牌号或船名；

——施加关锁，录入关锁号；

——在汽车载货登记簿或船舶监管簿上批注转关申报单号及有关内容，并签章；

——在提货（运）单上加盖放行章，凭以办理提货手续；

③指运地海关报关

货物运抵指运地海关后，指运地海关完成以下流程作业：

——签注汽车载货登记簿或船舶监管簿；

——在计算机中核销转关货物和运输工具；

——验核关锁；

——受理纸质单证的接单、查验、征税、放行等通关全过程；

——在进口转关货物核放单上批注、签章后与进口转关申报单复印件留存归档。

提前报关的进口转关货物，进境地海关因故无法调阅进口转关数据时，可以按直转方式办理转关手续。

（2）直转方式的转关

进境地海关录入并转关——→指运地海关报关

收货人或其代理人在进境地录入转关申报数据，持下列单证直接办理转关手续：

①进口转关货物申报单（广东省内公路运输的，提交进境汽车载货清单）；

②汽车载货登记簿或船舶监管簿。

（3）中转方式的转关

指运地海关报关——→进境地海关转关（承运人或其代理人办理）

中转方式的进口转关一般采用提前报关转关。

收货人或其代理人向指运地海关办理进口报关手续后，由境内承运人或其代理人持下列单证向进境地海关办理转关手续：

①进口转关货物申报单；

②进口货物中转通知书；

③按指运地目的港分列的纸质舱单（空运方式提交联程运单）。

2. 出口货物的转关

（1）提前报关的转关

起运地海关录入（货未入监管区）——→出境地海关出境

①起运地海关录入

由货物的发货人或其代理人在货物未运抵运起运地海关监管场所前，先向起运地海关传送出口货物报关单电子数据，由起运地海关提前受理电子申报，生成出口转关货物申报单数据，传输至出境地海关。

发货人或其代理人应持下列单证向起运地海关办理出口转关手续：

——出口货物报关单；

——汽车载货登记簿或船舶监管簿；

——广东省内公路运输的，提交出境汽车载货清单。

②出境地海关出境

货物到达出境地后，发货人或其代理人应持下列单证向出境地海关办理转关货物出境手续：

——起运地海关签发的出口货物报关单；

——出口转关货物申报单或出境汽车载货清单；

——汽车载货登记簿或船舶监管簿。

（2）直转方式的转关

起运地海关录入（货已入监管区）——→出境地海关出境

①起运地海关录入

由发货人或其代理人在货物运抵起运地海关监管场所后，向起运地海关传送出口货物报关单电子数据，起运地海关受理电子申报，生成"出口转关货物申报单"数据，传输至出境地海关。

发货人或其代理人应持下列单证在起运地海关办理出口转关手续：

——出口货物报关单；

——汽车载货登记簿或船舶监管簿；

——广东省内运输的，提交出境汽车载货清单。

②出境地海关出境

直转的出口转关货物到达出境地后，发货人或其代理人应持下列单证向出境地海关办理转关货物的出境手续：

——起运地海关签发的出口货物报关单；

——出口转关货物申报单或出境汽车载货清单；

——汽车载货登记簿或船舶监管簿。

（3）中转方式的转关

起运地海关报关（发货人办理）——→转关（承运人办理）

货物的发货人或其代理人向起运地海关办理出口报关手续后，由承运人或其代理人向起运地海关传送并提交出口转关货物申报单、凭出境运输工具分列的电子或纸质舱单、汽车载货登记簿或船舶监管簿等单证，向起运地海关办理货物出口转关手续。

起运地海关核准后，签发"出口货物中转通知书"，承运人或其代理人凭以办理中转货物的出境手续。

3. 境内监管货物的转关

境内监管货物的转关运输，除加工贸易深加工结转按有关规定办理外，均应按进口转关方式办理，具体如下：

（1）提前报关的，由转入地（相当于指运地）货物收货人或其代理人，在转出地（相当于进境地）海关办理监管货物转关手续前，向转入地海关传送进口货物报关单电子数据报关。

由转入地海关提前受理电子申报，并生成"进口转关货物申报单"，向转出地海关传输。

转入地货物收货人或其代理人应持进口转关货物核放单和汽车载货登记簿

或船舶监管簿，并提供进口转关货物申报单编号，向转出地海关办理转关手续。

（2）直转的，由转入地货物收货人或其代理人在转出地录入转关申报数据，持进口转关货物申报单和汽车载货登记簿或船舶监管簿，直接向转出地海关办理转关手续。

货物运抵转入地后，海关监管货物的转入地收货人或其代理人向转入地海关办理货物的报关手续。

案例解析

案例一：

1. 海关是否有权变卖处理超期未报关货物？

《海关法》第三十条规定，进口货物的收货人自运输工具申报进境之日起超过三个月未向海关申报的，其进口货物由海关提取依法变卖处理；《海关关于超期未报关进口货物、误卸或溢卸的进境货物和放弃进口货物的处理办法》（海关总署第 91 号令）第二条规定，进口货物收货人应当自运输工具申报进境之日起十四日内向海关申报，超过上述规定期限申报的，由海关征收滞报金；超过三个月未向海关申报的，其进口货物由海关提取依法变卖处理。根据上述规定，如果进口货物的收货人自运输工具申报进境之日起超过三个月未办理报关手续，海关就有权依法提取变卖进口货物（超过十四日但未满三个月的，海关依据有关规定按日征收滞报金），这是《海关法》赋予海关在货物通关监管方面的一项法定职权。

2. 海关如何变卖处理超期未报关货物？

根据《海关法》第三十条的有关规定，海关变卖处理自运输工具申报进境之日起超过三个月未报关的进口货物应遵循以下原则：

——以公开拍卖为基本处置原则。除因特殊原因不能公开拍卖的货物外，海关提取变卖超期未报关货物均应根据《中华人民共和国拍卖法》的规定，委托有权拍卖的专门机构按照法定程序和方式对滞报货物进行公开拍卖，确保被变卖货物以合理价格成交，保障国家利益及当事人的合法财产权益。

——变卖所得款项应扣除有关费用。海关对超期未报关货物的变卖处理行为就法律性质而言属于强制收货人履行申报义务、办理进口手续的措施，收货人在正常通关环节所须承担的缴纳税款及货物运输、储存、装卸等费用的义务不能因海关对货物变卖处理而得以免除。在收货人不主动履行上述义务的情况下，海关有权从超期未报关货物的变卖款项中扣除有关费用，代收货人执行部分法定义务。这些费用包括：货物的运输、装卸和储存费用；进口关税和进口环节海关代征税；货物被提取变卖前已产生的滞报金。此外，海关在变卖处理货物过程中实际支出的费用（如委托拍卖机构的手续费）也应从变卖所得款项中扣除。

——变卖余款应发还符合条件的当事人。海关对超期未报关货物的变卖处理行为属于对不履行法定申报义务的收货人施加的强制措施，并非对其做出的行政处罚或制裁行为（现行《海关法》未将超期未报关行为视为违法行为并规定相应罚则），因此，对于超期未报关货物变卖所得价款扣除有关费用后的剩余款项，海关应发还具备特定资格和条件的当事人（有关资格和条件下文论述）。根据《海关法》第三十条的规定，超期未报关货物的变卖余款自货物依法变卖之日起一年内，经收货人申请，予以发还；逾期无人申请或申请人不符合发还条件的，余款上缴国库。

3.具备哪些条件才有权申领变卖余款？

根据《海关法》第三十条第一款的有关规定，只有具备以下条件的当事人，才有权申领超期未报关货物的变卖余款。

——必须具备海关法中"收货人"的主体资格。作为海关行政执法范畴中的特定概念，《海关法》及有关海关规章对"收货人"这一概念的含义和范围做出了明确界定。根据《海关法》的立法原义及海关总署第91号令（行政规章）的有关规定，海关法上的"收货人"是指经商务主管部门登记或核准具有货物进口经营资格、并经海关报关注册登记的实际从事进出口业务的中华人民共和国关境内法人或者其他组织。只有符合上述条件即具备"收货人"主体资格的当事人才有权申领超期未报关货物的变卖余款。

——必须就余款发还问题主动向海关提出申请。根据《海关法》的规定，超期未报关货物变卖余款的退还程序以收货人提出申请为启动要件，如果收货人未就有关问题提出申请，海关没有主动向收货人退还变卖余款的义务。

——必须在规定期限内申请发还余款。根据《海关法》的规定，要求发还超期未报关货物变卖余款的收货人必须自货物变卖之日起一年内提出申请，逾期申请的，海关有权拒绝发还余款。

——必须履行交验许可证件的法定义务。海关对超期未报关货物进行变卖处理，并不免除收货人在货物进口环节应尽的其他法律义务。如果滞报货物属于国家对进口有限制性规定的商品，要求海关发还变卖余款的当事人除须满足上述条件外，还要履行提交进口货物许可证件的法定义务，否则余款不予发还，全部上缴国库。

案例二：

1. 2008、2009 年间，设备进口时如何办理报关手续？

由于该设备属特定减免税货物，免于交验自动进口许可证，企业应在设备进境前办理征免税证明，然后填写出口加工区进境货物备案清单向出口加工区海关进行申报。

2. 2010、2011 年申海公司将设备运往区外维修，需要符合哪些规定？

企业需先报经出口加工区海关核准，然后按照修理货物的管理规定办理出区手续，要求自运往区外维修出运之日起 60 天内运回区内，在运回区内时，要将更换的零部件等一并运回。

3. 2014 年 6 月设备转售鹏海公司，应如何办理出区报关手续？

设备由出口加工区运往境内区外办理报关，一律由区外企业先办理，区外企业进口，区内企业出口。

首先应由鹏海公司按一般进口货物的有关规定办理报关手续，需交验自动进口许可证，填制进口货物报关单，由于此设备海关监管年限已经届满，出区内销的时候无需缴纳税费。

待进口报关结束后，由申海公司填写"出口加工区出境货物备案清单"办理出区手续。

本章关键名词

一般进出口货物	保税货物	保税仓库	保税物流中心
加工贸易	加工贸易手册	保证金台账	外发加工
深加工结转	内销	单耗	保税区
出口加工区	保税物流园区		特定减免税货物
ATA 单证册	暂时进出口货物		转关运输
过境、转运、通运货物			无代价抵偿货物
退运货物			退关货物

本章练习题

一、单项选择题

1. 关于进口货物申报时间的规定是自运输工具进境之日起(　　)内向海关申报。

　　A. 14 日　　　　　　B. 15 日　　　　　C. 1 个月　　　　D. 3 个月

2. 在进出境环境需要缴纳税费的货物是 (　　)。

　　A. 一般进出口货物　　　　　　　　B. 保税加工货物

C.特定减免税货物　　　　　　D.暂准进出境货物其他不变

3.关于报关单的修改和撤销，以下表述正确的是（　　）。

A.海关发现进出口货物报关单需要进行修改或者撤销的，海关可以直接进行修改或撤销

B.海关发现进出口货物报关单需要进行修改或者撤销的，收发货人或其代理人应当提交进出口货物报关单修改／撤销申请表

C.收发货人或其代理人要求修改或者撤销报关单的，应当提交进出口货物报关单修改／撤销确认书

D.因修改或者撤销进出口货物报关单导致需要变更、补办进出口许可证件的，进出口货物收发货人或者其代理人应当向海关提交相应的进出口许可证件

4.加工贸易银行保证金台账分类管理，下列执行半实转的情况是（　　）。

A.天津一般信用企业（原B类）企业电子账册进口料件为限制类商品，出口成品为允许类商品

B.重庆失信企业（原C类）企业纸质手册进口料件为允许类商品，出口成品为允许类商品

C.哈尔滨高级认证企业（原AA类）电子账册进口料件为限制类商品，出口成品为限制类商品

D.长春一般认证企业（原A类）电子账册进口料件为限制类商品，出口成品为限制类商品

5.青岛某企业进口一批电子零部件加工组装成收录机复出口到日本，该企业在该批零部件进口前需要做的程序是（　　）。

A.到青岛海关办理该合同的备案申请保税

B.直接到青岛海关申领《登记手册》

C.无需提前办理任何手续，只需零部件进口时办理报关纳税手续

D.到青岛海关办理该合同的备案并申领电子的或纸制《登记手册》

6.特定减免税进口的机器设备和其他设备、材料的海关监管年限为：（　　）

A.5年　　　　　　B.6年　　　　　　C.8年　　　　　　D.7年

7.进出口货物征免税证明的有效期为（　　）个月，实行"一证一批"的原则。

A.3　　　　　　B.6　　　　　　C.9　　　　　　D.12

8.保税物流中心内货物保税存储期限为（　　）年。确有正当理由的，经主管海关同意可以予以延期，除特殊情况外，延期不得超过（　　）年。

A.1；1　　　　　　B.1；2　　　　　　C.2；1　　　　　　D.2；2

9.北京某外资企业从美国购进大型机器成套设备，分三批运输进口，其中两批从天津进口，另一批从青岛进口。该企业在向海关申请办理该套设备的减免

税手续时，下列做法正确的是（　　　）。

A. 向北京海关分别申领两份征免税证明

B. 向北京海关分别申领三份征免税证明

C. 向天津海关申领一份征免税证明，向青岛海关申领一份征免税证明

D. 向天津海关申领两份征免税证明，向青岛海关申领一份征免税证明

10. 外商投资企业解散、终止或破产，海关对清算企业中仍在海关监管年限内的减免税货物区别不同情况做出相应的处理。下列不符合规定的选项是（　　　）。

A. 转让、出售给国内其他单位，海关按有关货物实际使用时间折旧补税

B. 外商投资企业的外方要求将货物退运出境的经海关核准，可允许原进口货物退运出境

C. 转让给其他可享受同等进口减免税优惠待遇的外商投资企业自用，应由接受企业按规定办妥减免税手续，主管海关对有关货物办理结转手续

D. 留给外商投资企业中的合营中方继续使用，海关将继续给予免税优惠

11. 根据我国海关现行规定，下列那类货物可适用 ATA 单证册制度？（　　　）

A. 暂时进口的集装箱　　　　　　　B. 暂时进口的文艺演出用服装

C. 暂时进口学术交流用教学用具　　D. 在展览会中供陈列用的展品

12. 从境外启运，在我国境内设立海关的地点换装运输工具，不通过境内陆路运输，继续运往境外的货物是（　　　）。

A. 通运货物　　　　B. 转口货物　　　　C. 过境货物　　　　D. 转运货物

13. 进境修理货物在境内维修的期限是（　　　）；如需要延期，经批准，延期最长不得超过（　　　）。

A. 3 个月；3 个月　　　　　　　　B. 6 个月；3 个月

C. 6 个月；6 个月　　　　　　　　D. 9 个月；6 个月

14. 向海关申报进出口无代价抵偿货物应当在原进出口合同规定的索赔期内且不超过原货物进出口之日起（　　　）。

A. 3 个月　　　　　B. 6 个月　　　　　C. 9 个月　　　　　D. 3 年

15. 秦皇岛某公司进口一批货物，装载货物的运输工具于 2010 年 9 月 18 日从天津新港申报进境，货物于 10 月 10 日（周一）向天津新港海关申报转关；转关货物 10 月 15 日运抵秦皇岛，请判断该转关属于何种方式？（　　　）

A. 提前报关方式　　B. 直转方式　　　　C. 中转方式　　　　D. 以上都不正确

二、多项选择题

1. 在进出境阶段需要实际办理的海关基本手续有（　　　）。

A. 进出口申报　　　B. 配合查验　　　　C. 缴纳税费　　　　D. 提取或装运货物

2. 下列那些货物适用于报关程序中的后续阶段？（　　　）

  A. 保税区内加工、装配的货物　　　　B. 外商投资企业进口的建筑材料

  C. 过境、转运、通运货物　　　　　　D. 使用《ATA 单证册》通关的货物

3. 一般进出口货物有以下（　　　　）特征。

  A. 在进出境环节纳税义务人应当按照海关法和其他有关法律、法规的规定，向海关缴纳关税、海关代征税、规费及其他费用

  B. 受国家法律、法规管制的进出口货物，应当向海关提交相关的进出口许可证件

  C. 海关放行即意味着海关手续已经全部办结，不再是海关监管货物

  D. 放行后的货物可以自由在境内、境外流通、使用

4. 进口货物申报地点的正确规定是（　　　　）。

  A. 烟台某公司从法国进口一批服装，该批货物进境口岸是青岛，该公司应到青岛海关申报

  B. 烟台某公司从法国进口一批服装，该批货物进境口岸是青岛，经该公司申请，海关同意，到烟台海关申报

  C. 烟台某公司从法国进口一批服装，该批货物进境口岸是青岛，该公司可以直接到烟台海关申报

  D. 烟台某公司从法国进口一批服装，经批准予以保税，后因故改变性质，在境内销售，该批货物应到烟台海关申报

5. 关于对进口货物申报的规定正确的是（　　　　）。

  A. 进口货物申报期限为自装载货物的运输工具申报进境之日起 14 日内

  B. 进口货物的收货人未按规定期限向海关申报的，由海关按《海关法》的规定征收滞报金

  C. 进口货物自装载货物的运输工具申报进境之日起超过 3 个月仍未向海关申报的，货物由海关依照《海关法》的规定提取变卖处理

  D. 对属于不宜长期保存的货物，海关可以根据实际情况提前处理

6. 进出口货物申报后确有正当理由的，经海关同意可修改或撤销申报。下列表述中属于正当理由是（　　　　）。

  A. 由于计算机、网络系统等方面的原因导致电子数据申报错误的

  B. 海关在办理出口货物的放行手续后，由于装运、配载原因造成原申报货物部分或全部退关的

  C. 因海关审价、归类认定后需对申报数据进行修改的

  D. 由于报关人员操作失误造成所申报的报关单内容有误，并且未发现有走私违规或者其他违法嫌疑的

7. 关于查验的正确规定是（　　　　）。

A.海关查验是指海关根据海关法确定进出境货物的性质、价格、数量、原产地、货物状况等是否与报关单上已申报的内容相符，对货物进行实际检查的行政执法行为

B.海关查验时，进出口货物的收发货人或其代理人应当到场

C.海关认为必要时，可以依法对已经完成查验的货物进行复验，即第二次查验

D.径行开验是指海关在进出口货物的收发货人或其代理人不在场的情况下，自行开拆货物进行查验，但应通知货物存放场所的管理人员或其他见证人到场并签字

8.关于报关、放行、结关及其关系的正确规定是（   ）。

A.报关是进出境货物的收发货人或其代理人向海关办理进出境手续的行为

B.放行是海关在审核了相关的单证，查验了货物，征收了税费后，按规定签章、放行的行为

C.结关是进出口货物收发货人或其代理人办理了全部进出境手续，货物自由流通而不再被海关监管的行为

D.报关是放行和结关的前提；放行是结关的前提

9.保税货物具有的特征是（   ）。

A.经海关批准暂缓纳税   B.因未办理纳税手续进境是海关的监管货物

C.在境内储存、加工、装配后应复运出境

D.因临时进出口原则上免交许可证件

10.采用纸质手册管理的加工贸易企业向海关申请将剩余料件结转至另一个加工贸易合同生产出口时，如不收取保证金、银行保函或采取其他相应的税收保全措施，应符合下列条件（   ）。

A.同一经营单位   B.同一加工厂

C.同样进口料件   D.同一加工贸易方式

11.经营企业因加工出口产品急需，申请本企业内部保税料件和国产料件进行串换的，需符合下列条件（   ）。

A.需提交书面申请

B.必须符合同品种、同规格、同数量、关税税率为零的条件

C.必须符合商品不涉及进出口许可证件管理的条件

D.经海关批准，串换下来同等数量的保税料件，可由企业自行处置

12.加工贸易合同备案步骤有（   ）。

A.报对外贸易主管部门审批合同，领取批准证件；需要领取许可证件的向有关主管部门领取许可证件

B. 持合法合同到主管海关备案申请保税

C. 海关批准保税后，需要开设台账的，要到指定银行开设台账

D. 台账开设后，到海关领取加工贸易《登记手册》

13. 下列关于海关专用监管场所或特殊监管区域保税物流货物存放时间的表述，
　　正确的是（　　　　）。

A. 保税仓库存放保税物流货物的时间是 1 年，可以申请延长，延长期最长 1 年

B. 出口监管仓库存放保税物流货物的时间是 1 年，可以申请延长，延长期
最长 1 年

C. 保税物流园区存放保税物流货物无时间限制

D. 保税物流中心存放保税物流货物的时间是 1 年，可以申请延长，延长期
最长 1 年

14. 保税货物改变性质，不复运出境而在境内销售，需办理的相关手续有（　　　　）。

A. 先向批准其合同的对外贸易主管部门申请内销，并获得内销批准文件

B. 如属许可证件管理的范围，还需补办许可证件

C. 到主管海关交验许可证件并办理纳税手续

D. 上述手续办结后，该批货物就可在境内自由处置

15. 转关运输方式包括（　　　　）。

A. 提前报关转关方式　　　　　　　　B. 直转方式

C. 中转方式　　　　　　　　　　　　D. 以上都不正确

16. 暂准进出口货物的特征是（　　　　）。

A. 有条件暂时免纳税费　　　　　　　B. 除另有规定外，免于提交许可证件

C. 在特定期限内除因使用而产生正常损耗外按原状复运进出境

D. 按货物实际使用情况办结海关手续

17. 在货物进境后，办结海关放行手续前，特定情形下依法应当退运的，由海
　　关责令当事人退运境外，上述特定情形包括（　　　　）。

A. 因国家贸易管理政策调整，收货人无法提供相关证件

B. 进口国家禁止进口的货物，经海关依法处理后的

C. 违反国家检验检疫政策法规，经国家检验检疫部门处理并且出具检验检
疫处理通知书的

D. 未经许可擅自进口属于限制进口的固体废物用做原料，经海关依法处理的

18. 下列货物中需要海关后续管理的有（　　　　）。

A. 无代价抵偿货物　　　　　　　　　B. 出料加工货物

C. 一次性按货物完税价格缴纳税款的租赁进口货物

D. 进境修理货物

19. 下列关于进境快件内容的表述，正确的是（　　　　）。

    A. A类快件指无商业价值的文件类快件

    B. B类快件指个人自用物品类

    C. 价值在 4500 元人民币（不包括运、保、杂费等）不涉及许可证件，不退税、不收汇、不付汇的货物属于 C 类快件

    D. 价值在 4800 元人民币需要退税的出口货物类应当适用普通货物类进口报关单

20. 关于海关监管货物的管理规定是（　　　　）。

    A. 进境货物尚未办理海关进口手续的货物属于海关监管货物

    B. 出口货物已办理海关出口手续但尚未装运出口的货物属于海关监管货物

    C. 进境货物已办理海关放行手续，但仍处于海关监管之下，需纳入海关后续管理的货物，属于海关监管货物

    D. 海关监管货物未经海关许可，不得进行任何处置

三、判断题

1. "一般进出口"指的就是以"一般贸易"方式进出口。（　　　）

2. 电子数据报关单经过海关计算机检查被退回的，视为海关不接受申报，进出口货物收发货人、受委托的报关企业应当按照要求修改后重新申报，申报日期为海关接受重新申报的日期。（　　　）

3. 某企业向当地海关申报进口一批烤面包机，货物已运抵海关监管区内的仓库，海关根据情报，在没有通知该公司的情况下，由仓库人员陪同对这批货物进行了查验，发现该批货物是高档音响器材。该企业以海关查验时报关员不在场为由，拒绝承认查验结果。因此，当地海关不得以此对其进行处罚。（　　　）

4. 海关在实施查验时，不能在未经收发货人或其代理人同意的情况下，自行开箱验货或者提取货样。（　　　）

5. 某公司从日本购买一艘货轮，拟从事国际货物运输，该货轮进境时应按进境运输工具向海关报关。（　　　）

6. 进出口货物收发货人或其代理人应当自接到海关现场交单通知之日起 10 日内，持报关单证到货物所在地海关提交书面单证并办理相关海关手续。（　　　）

7. 转关货物应当自运输工具申报进境之日起 14 天内向指运地海关办理转关手续，在海关限定期限内运抵指运地海关之日起 14 天内，向指运地海关办理报关手续。逾期按规定征收滞报金。（　　　）

8. 加工贸易保税货物深加工结转是指加工贸易企业将保税进口料件转至另一海关关区的加工贸易企业进一步加工后复出口的经营活动。（　　　）

9. 出料加工货物未按海关允许期限复运进境的，海关按照一般进出口货物办理。（　　　）

10. 只要在境内储存、加工、装配后复运出境的货物，都可以按保税货物进行监管。（　　）

11. 出口加工区区内企业开展加工贸易业务不实行加工贸易银行保证金台账制度，海关不实行《加工贸易登记手册》管理。（　　）

12. 海关对开展异地加工贸易的经营企业和加工企业实行分类管理，如果两者管理类别不相同，按加工贸易经营企业类别管理。（　　）

13. 商务部是我国 ATA 单证册的担保协会和出证协会。（　　）

14. ATA 单证册既是国际通用的暂准进口报关单证，又是具有国际效力的担保书，在我国，目前仅适用在展览会、交易会、会议及类似活动中供陈列或使用的货物。（　　）

15. 一般退运进出口货物是指货物因质量不良或较货物时间延误等原因，被国内外买方拒收退运或因错发、错运造成的溢装、漏卸而退运的货物。（　　）

16. 因品质或者规格原因，出口货物自出口之日起 1 年内原状退货复运进口的，不征进口税款，原征出口税的，只要重新缴纳因出口而退还的国内环节税的，自缴纳出口税款之日起 1 年内准予退还。（　　）

17. 直接退运货物是指进口货物进境后向海关申报，办理进口手续后因特殊原因需退运，经主管海关批准将货物全部退运境外的货物。（　　）

18. 租赁进口货物自进境之日起至租赁结束办结海关手续之日止，应当接受海关监管。（　　）

19. 无代价抵偿货物是指进口货物在征税或免税放行后，发现货物有残损、短少或品质不良，而由境外承运人、发货人或保险公司补偿或更换的货物。（　　）

20. 转关货物在国内储运中发生损坏、短少、灭失情事时，除不可抗力外，承运人、货物所有人、存放场所负责人应承担税赋责任。（　　）

四、简答题

1. 一般进出口货物、保税加工货物、特定减免税货物及暂准进出境货物各自具有哪些特征？

2. 比较各种货物的报关程序。

3. 什么是 ATA 单证册？它有哪些好处？

4. 沈阳市某进出口公司 A 购买韩国产新闻纸一批。货物进口时由大连转关至沈阳海关办理该批货物的报关纳税手续。承担该批货物转关运输的是大连某运输公司 B。在运输途中，因汽车驾驶员张某吸烟，不慎引发火灾，致使该批新闻纸全部灭失。在这种情况下，根据海关的有关规定，该批货物的进口纳税义务应当由谁承担，为什么？

5. 哪些货物可以办理直接退运手续？

五、案例分析题

（一）江苏新创轮胎有限公司（一般信用企业，原 B 类企业），使用现汇从境外购进天然橡胶（限制类）和炭黑（自由类）一批（价值 100000 美元），用于生产挖掘机轮胎出口。合同执行过程中，由于市场原因，申请将手册延期 3 个月。加工生产完毕后，尚剩余炭黑若干（价值 1000 美元）。新创公司办理了相关海关手续后，将轮胎销至山东卡特机械有限公司，用做卡特公司进料加工手册项下料件，装配挖掘机后出口。

根据上述案例，解答下列问题：

1. 经营企业在办理登记备案手续时，银行保证金台账应按下列哪一项规定办理？（　　）

　　A. 设立银行保证金台账，天然橡胶和炭黑均无须缴付保证金

　　B. 天然橡胶按应征税款的 50% 缴付保证金，炭黑无须缴付保证金

　　C. 天然橡胶按应征税款的 100% 缴付保证金，炭黑无须缴付保证金

　　D. 天然橡胶和炭黑均按应征税款的 50% 缴付保证金

2. 在合同执行过程中，企业办理变更手续的必要程序为（　　）。

　　A. 商务部门审批→海关受理变更→银行变更台账→海关变更手册

　　B. 海关受理变更→银行变更台账→海关变更手册

　　C. 商务部门审批→银行变更台账→海关变更手册

　　D. 商务部门审批→银行变更台账→海关受理变更→海关变更手册

3. 新创公司将轮胎售予卡特公司的经营行为属（　　）。

　　A. 进料成品内销　　　　　　　　　　B. 外发加工

　　C. 异地加工　　　　　　　　　　　　C. 深加工结转

4. 对于新创公司剩余的炭黑，在手册有效期内，该企业可以按照下列哪种方式处理？（　　）。

　　A. 凭商务主管部门"加工贸易保税进口料件内销批准证"，办理炭黑的进口报关纳税手续

　　B. 向海关申请将炭黑转至本企业相同贸易方式下的另一份加工贸易合同

　　C. 将炭黑退运出境

　　D. 申请放弃炭黑，交由海关处理

5. 若新创公司最终选择将炭黑作内销处理，关于缓税利息的表述正确的是（　　）。

　　A. 缓税利息计算期限的终止日期为企业向海关申报内销之日

　　B. 缓税利息率为中国人民银行公布的活期存款利率

　　C. 缓税利息 = 补征税款 × 计息期限 × 缓税利息率 /360

D. 若缓税利息不足人民币 50 元，免于缴纳

（二）无锡长弓电子科技有限公司办理加工贸易电子化手册，进口集成电路芯片，加工生产存储集成电路，加工生产完毕后，成品深加工结转至纪元电子 (苏州) 有限公司。生产过程中产生的存储集成电路残次品经海关批准后作销毁处理。

纪元电子苏州有限公司是一家经海关批准，采用电子账册模式管理的加工贸易联网企业，该企业为承揽该笔加工贸易业务，对 "便捷通关电子账册" 的最大周转金额以及成品种进行了变更，但未超过经营范围和加工能力。纪元公司共进口存储集成电路 10000 个，出口激光视盘机 5000 台，每台激光视盘机用 1 个存储集成电路。但其中的 1000 台由于质量问题退运。经海关批准内销存储集成电路 1000 个，激光视盘机 1000 台。尚剩余部分存储集成电路（生产过程中无损耗）。

根据上述案例，解答下列问题：

1. 长弓公司和纪元公司办理深加工结转手续的正确程序是（　　）。

　A. 计划备案——结转报关——收发货登记

　B. 计划备案——收发货登记——结转报关

　C. 结转报关——计划备案——收发货登记

　D. 收发货登记——计划备案——结转报关

2. 关于长弓公司销毁处理存储集成电路残次品，以下表述正确的是（　　）。

　A. 销毁的存储集成电路残次品须办理纳税手续

　B. 销毁的存储集成电路残次品应填制报关单报关

　C. 由长弓公司按规定销毁，海关可派员监督

　D. 长弓公司应当收取有关部门出具的销毁证明材料，以备报核

3. 下列关于纪元公司变更 "便捷通关电子账册" 的表述，正确的是（　　）。

　A. 变更最大周转金额以及成品品种都须经商务主管部门审批

　B. 变更最大周转金额以及成品品种不须经商务主管部门审批

　C. 变更最大周转金额不须经商务主管部门审批，变更成品品种须经商务主管部门审批

　D. 变更最大周转金额须经商务主管部门审批，变更成品品种不须经商务主管部门审批

4. 纪元公司向海关报核时，账册上的料件量为（　　）。

　A.4000 个　　　　　B.6000 个　　　　　C.3000 个　　　　　D.5000 个

进出口商品归类

本章导读

　　本章主要介绍进出口商品归类的基础知识，包括《协调制度》的基本结构和特点，重点阐述了归类总规则的运用及商品归类的方法。

学习目标

1. 了解《协调制度》的基本结构和特点
2. 熟练掌握并灵活运用六大归类规则
3. 掌握归类方法
4. 熟悉约束性预归类制度在实际报关业务中的运用

案例导入

　　国内新兴进出口公司欲向欧洲出口 ANTA（安踏）女式带帽套头衫

　　商品描述：

　　面料针织双面起绒织物（含棉 40%，麻 60%），无门襟，无衬里，袖口和下摆收紧，带帽子；除袖子和帽子外为前后两整片面料缝合而成；适合春秋季节穿着。

　　请问：该商品应当如何进行归类？

海关进出口商品归类是指在《商品名称及编码协调制度公约》（以下简称协调制度公约）商品分类目录体系下，以《中华人民共和国进出口税则》（以下简称进出口税则）为基础，按照《进出口税则商品及品目注释》（以下简称商品及品目注释）、《中华人民共和国进出口税则本国子目注释》（以下简称本国子目注释）以及海关总署发布的关于商品归类的行政裁定、商品归类决定的要求，确定进出口货物的商品编码。

为什么要进行商品归类，确定进出口货物的商品编码呢？下面节取《2014年进出口税则》的相关内容帮助大家来理解。

中华人民共和国海关进口税则　第一类

税则号列	货品名称	最惠（%）	普通税率	增值税率	出口退税	计量单位	监管条件	Article Description
0105.9992	---鹅	10	50	13	5	千克/只	AB	---Geese
0105.9993	---珍珠鸡	10	50	13	5	千克/只	4xAB	---Guinea fowls
0105.9994	---火鸡	10	50	13	5	千克/只	AB	---Turkeys
01.06	其他活动物：							Other live animals:
	-哺乳动物：							-Mammals:
	--灵长目：							--Primates:
0106.1110	---改良种用	0	0	13	5	千克/只	AFEB	---pure-bred breeding
0106.1190	---其他	10	50	13	5	千克/只	AFEB	---Other
	--鲸、海豚及鼠海豚（鲸目哺乳动物）；海牛及儒艮（海牛目哺乳动物）；海豹、海狮及海象（鳍足亚目哺乳动物）：							--Whales,dolphins and porpoises（mammals of the order Cetacea）；manatees and dugongs（mammals of the order Sirenia）；seal,sea lion and walrus（Pinnipedia mammal）；
	--鲸、海豚及鼠海豚（鲸目哺乳动物）；海牛及儒艮（海牛目哺乳动物）：							--Whales,dolphins and porpoises（mammals of the order Cetacea）；manatees and dugongs（mammals of the order Sirenia）：
0106.1211"	----改良种用	0	50	13	5	千克/只	ABEF	----Pure-bred breeding
0106.1219	----其他	10	50	13	5	千克/只	ABEF	----Other
	---海豹、海狮及海象（鳍足亚目哺乳动物）：							---Seal,sea lion and walrus（mammals of the suborder Pinnipedia）：

以《进出口税则》中的珍珠鸡为例，进出口货物的商品编码"01059993"一经确定，其适用的进口关税税率、增值税率、出口退税率、法定计量单位、监管证件也就确定下来。

正确的归类一方面可以帮助企业避免遭遇归类审核导致的通关"瓶颈"，从而提高通关效率；另一方面提升企业对进出口贸易的可预见性，帮助企业有效准备货物在通关环节所需要满足的各类海关监管要求，提升物流效率，降低企业风险。因此，进出口商品归类是报关人员必须掌握的基本技能之一。

因此说，商品归类工作不仅是海关开展税收征管、实施贸易管制、编制进出口统计和查缉走私违规行为等工作的基础，也是进出口企业办理各项进出口报关相关业务的重要基础。

第一节 《商品名称及编码协调制度》简介

一、《商品名称及编码协调制度》的产生

海关进出口商品归类是建立在商品分类目录基础上的。早期的国际贸易商品分类目录只是因为对进出本国的商品征收关税产生的，结构较为简单。随着社会化大生产的发展，进出口商品品种与数量不断增加，除了税收需要，人们还要了解进出口贸易情况，即还要进行贸易统计，因此海关合作理事会（1995年更名为世界海关组织）与联合国统计委员会分别编制了两个独立的商品分类目录，即《海关合作理事会商品分类目录》（简称 CCCN）和《国际贸易标准分类目录》（简称 SITC）。

由于商品分类目录的不同，一种商品有时在一次国际贸易过程中要使用不同的编码，给国际贸易带来极大的不便。因此海关合作理事会于 1983 年 6 月通过了《协调制度公约》及其附件《商品名称及编码协调制度》（Harmonized Commodity Description and Coding System，简称协调制度或 HS）。

《协调制度》既满足了海关税则和贸易统计的需要，又包容了运输及制造业等要求，因此该目录自 1988 年 1 月 1 日生效后，即被广泛应用于海关税则、国际贸易统计、原产地规则、国际贸易谈判、贸易管制等多种领域，所以又被称为"国际贸易的语言"。截至 2007 年，已有 200 多个国家、地区和国际组织采用《协调制度》目录。

随着新产品的不断出现和国际贸易结构的变化，《协调制度》每隔若干年就要修订一次。自 1988 年生效以来，共进行过五次修订，形成了 1988 年、1992 年、1996 年、2002 年、2007 年和 2012 年共六个版本。

二、《商品名称及编码协调制度》的基本结构

《协调制度》将国际贸易涉及的各种商品按照生产类别、自然属性和不同功能用途等分为 21 类 97 章，每一章由若干品目构成，品目项下又细分出若干一级子目和二级子目。为了避免各品目和子目所列商品发生交叉归类，在类、章下加有类注、章注和子目注释。为了使每一项商品的归类具有充分的依据，设立了归类总规则，作为整个《协调制度》商品归类的总原则。

《协调制度》是一部系统的国际贸易商品分类目录，所列商品名称的分类和编排是有一定规律的。

从类来看，它基本上按社会生产的分工分类，如农业在第一、二类，化学工业在第六类，纺织工业在第十一类，冶金工业在第十五类，机电制造业在第

十六类等。

从章来看，基本上按商品的自然属性或功能、用途来划分。第一章至第八十三章（第六十四章至第六十六章除外）基本上是按商品的自然属性来分章，如第一章至第五章是活动物和动物产品，第六章至第十四章是活植物和植物产品，第二十五章至第二十七章是矿产品。又如第十一类包括了动植物和化学纤维的纺织原料及其产品，其中第五十章和第五十一章是蚕丝、羊毛及其他动物毛，第五十二章和第五十三章是棉花、麻及其他植物纺织纤维，第五十四章和第五十五章为化学纤维。商品之所以按自然属性分类是因为其种类成分或原料比较容易区分，同时也因为商品价值的高低往往取决于构成商品本身的原材料。另外，第六十四章至第六十六章和第八十四章至第九十七章则是按货物的用途或功能来分章的，其中第六十四章是鞋，第六十五章是帽，第八十四章是机械设备，第八十五章是电气设备，第八十七章是车辆，第八十八章是航空航天器，第八十九章是船舶等。这样分类的原因一是因为这些物品往往由多种材料构成，难以将这些物品作为某一种材料制成的物品来分类；二是因为商品的价值主要体现在生产该物品的社会必要劳动时间上，如一辆汽车，其价值一般主要看生产这辆汽车所耗费的社会必要劳动时间，而不是看生产汽车用了多少钢材等。

从品目的排列看，一般也是原材料先于成品，加工程度低的产品先于加工程度高的产品，列明具体的品种先于列明一般的品种。如在第三十九章内，品目 3901 至 3914 是初级形状的塑料，品目 3916 至 3921 是塑料半制品，品目 3922 至 3926 是塑料制成品。

第二节 我国海关进出口商品分类目录简介

一、我国海关进出口商品分类目录的产生

我国海关自 1992 年 1 月 1 日起开始采用《协调制度》，进出口商品归类工作成为我国海关最早实现与国际接轨的执法项目之一。

根据海关征税和海关统计工作的需要，我国在《协调制度》的基础上增设本国子目（三级和四级子目），形成了我国海关进出口商品分类目录，然后分别编制出《进出口税则》和《统计商品目录》。

为了明确增设的本国子目的商品含义和范围，我国又制定了《本国子目注释》，作为归类时确定三级子目和四级子目的依据。

根据《协调制度公约》对缔约国权利义务的规定，我国《进出口税则》和

《统计商品目录》与《协调制度》的各个版本同步修订。自 2012 年 1 月 1 日起，我国采用 2012 版《协调制度》，并据此编制了 2015 年版《进出口税则》和《统计商品目录》。

二、我国海关进出口商品分类目录的基本结构

《进出口税则》中的商品号列称为税号，为征税需要，每项税号后列出了该商品的税率；《统计商品目录》中的商品号列称为商品编号，为统计需要，每项商品编号后列出了该商品的计量单位，并增加了第二十二类"特殊交易品及未分类商品"，内分第九十八章、第九十九章。

《协调制度》中的编码只有 6 位数，而我国进出口税则中的编码为 8 位数，其中第 7、第 8 位是我国根据实际情况加入的"本国子目"。

编码的编排是有一定规律的，以 0301.9210"鳗鱼苗"为例说明如下：

编码：0 3　　0 1　　9　　2　　1　　0
位数：1 2　　3 4　　5　　6　　7　　8
含义：章号　顺序号　一级子目　二级子目　三级子目　四级子目

从以上可以看出：第 5 位编码代表一级子目，第 6 位编码代表二级子目，第 7、第 8 位依此类推。需要指出的是，若第 5 ~ 8 位上出现数字"9"，则通常情况下代表未具体列明的商品，即在"9"的前面一般留有空序号以便用于修订时增添新商品。如上述编码 0301.9210 中第 5 位的"9"代表除观赏鱼以外的其他活鱼，其中 1 ~ 9 之间的空序号可以用于将来增添新的其他需要具体列名的活鱼。在商品编码表中的商品名称前分别用"–""−−""−−−""−−−−"代表一级子目、二级子目、三级子目、四级子目。

为了便于大家了解，对于《协调制度》与《进出口税则》目录层级的对照关系列表加以分析。

《协调制度》与《进出口税则》目录层级的对照关系表

《协调制度》			《进出口税则》		
编码层级	商品编码	商品名称	税则号列	商品名称	编码层级
品目	02.07	品目 01.05 所列家禽的鲜、冷、冻肉及食用杂碎：	02.07	税目 01.05 所列家禽的鲜、冷、冻肉及食用杂碎：	税目
一级子目	0207.1	– 鸡：	0207.1	– 鸡：	一级子目
二级子目	0207.11	−− 整只，鲜或冷的	0207.1100	−− 整只，鲜或冷的	二级子目
二级子目	0207.12	−− 整只，冻的	0207.1200	−− 整只，冻的	二级子目

续　表

《协调制度》			《进出口税则》		
二级子目	0207.13	-- 块及杂碎，鲜或冷的	0207.13	-- 块及杂碎，鲜或冷的	二级子目
			0207.131	--- 块：	三级子目
			0207.1311	---- 带骨的	四级子目
			0207.1319	---- 其他	四级子目
			0207.132	--- 杂碎：	三级子目
			0207.1321	---- 翼(不包括翼尖)	四级子目
			0207.1329	---- 其他	四级子目

三、目录内容

第一类　活动物；动物产品（第一章至第五章）

★ 第一章　　活动物

★ 第二章　　肉及食用杂碎

★ 第三章　　鱼、甲壳动物、软体动物及其他水生无脊椎动物

★ 第四章　　乳品；蛋品；天然蜂蜜；其他食用动物产品

★ 第五章　　其他动物产品

第二类　植物产品（第六章至第十四章）

★ 第六章　　活树及其他活植物；鳞茎、根及类似品；插花及装饰用簇叶

★ 第七章　　食用蔬菜、根及块茎

★ 第八章　　食用水果及坚果；甜瓜或柑橘属水果的果皮

★ 第九章　　咖啡、茶、马黛茶及调味香料

★ 第十章　　谷物

★ 第十一章　　制粉工业产品；麦芽；淀粉；菊粉；面筋

★ 第十二章　　含油籽仁及果实；杂项籽仁及果实；工业用或药用植物；稻草、秸秆及饲料

★ 第十三章　　虫胶；树胶、树脂及其他植物液、汁

★ 第十四章　　编结用植物材料；其他植物产品

第三类　动、植物油和脂及其分解产品；精制的食用油脂；动、植物蜡（第十五章）

本类仅由一章构成，即第十五章；商品范围包括动、植物油和脂及其分解产品；精制的食用油脂；动、植物蜡。本类（章）既包括原材料、经部分加工或完全加工的产品，也包括处理油脂物质或动、植物蜡所产生的残渣。

★第十五章　　动、植物油、脂及其分解产品；精制的食用油脂；动、植物蜡

第四类　食品；饮料、酒及醋；烟草及烟草代用品的制品（第十六章至第二十四章）

本类包括加工程度超过第一类和第二类允许的范围、通常供人食用的动物或植物产品；本类还包括动、植物原料制饲料以及烟草及制成的烟草代用品。本类共分九章，可分为五组产品：主要以动物产品为原料的食品（第十六章）；主要以植物产品为原料的食品（第十七章至第二十一章）；饮料、酒及醋（第二十二章）；食品工业残渣及配制的动物饲料（第二十三章）；烟草及其制品（第二十四章）。

★第十六章　　肉、鱼、甲壳动物、软体动物及其他水生无脊椎动物的制品

★第十七章　　糖及糖食

★第十八章　　可可及可可制品

★第十九章　　谷物、粮食粉、淀粉或乳的制品；糕饼点心

★第二十章　　蔬菜、水果、坚果或植物其他部分的制品

★第二十一章　　杂项食品

★第二十二章　　饮料、酒及醋

★第二十三章　　食品工业的残渣及废料；配制的动物饲料

★第二十四章　　烟草、烟草及烟草代用品的制品

第五类　矿产品（第二十五章至第二十七章）

本类包括从陆地或海洋里直接提取的原产状态或只经过洗涤、粉碎或机械物理方法精选的矿产品及残渣、废料，而其加工后的制品则归入以后的类章。本类共三章。

★第二十五章　　盐；硫磺；泥土及石料；石膏料、石灰及水泥

★第二十六章　　矿砂、矿渣及矿灰

★第二十七章　　矿物燃料、矿物油及其蒸馏产品；沥青物质；矿物蜡

第六类　化学工业及其相关工业的产品（第二十八章至第三十八章）

本类包括化学工业产品以及化学工业产品为原料做进一步加工的相关工业产品。总体上讲，本类可分为两大部分：第一部分由第二十八章的无机化学品及第二十九章的有机化学品构成，为基本化工原料，是单独的已有化学定义的化学品（少数产品除外），用于合成或制造其他相关工业的各种制成品；第二部分由第三十章至第三十八章构成，基本上为各种制成品，是非单独的已有化学定义的化学品（少数除外）。

★第二十八章　　无机化学品；贵金属、稀土金属、放射性元素及其同位素的有机及无机化合物

本章包括绝大部分无机化学品及少数有机化学品。其编目结构按商品的分子结构从简单到复杂排列。即按元素、非金属化合物、金属化合物、杂项产品的顺序排列。下分6个分章：第一分章，元素；第二分章，无机酸及非金属氧化物；第三分章，非金属卤化物及硫化物；第四分章，无机碱和金属氧化物、氢氧化物及过氧化物；第五分章，无机酸盐、无机过氧酸、盐及金属酸盐、金属过氧酸盐；第六分章，杂项产品。

★ 第二十九章　　有机化学品

本章分成13分章，共有42个4位数税（品）目号。本章按商品分子结构从简单到复杂排列。即按烃(第一分章)；含氧基化合物(第二分章至第八分章)；含氮基化合物（第九分章）；有机—无机化合物、杂环化合物、核酸、磺酰胺（第十分章）；从动植物料提取的初始物质（第十一分章至第十二分章）；其他有机物（第十三分章）排列。

★ 第三十章　　　药品

★ 第三十一章　　肥料

★ 第三十二章　　鞣料浸膏及燃料浸膏；鞣酸及其衍生物；燃料、颜料及其他着色料；油漆及清漆；油灰及其他类似胶粘剂；墨水、油墨

★ 第三十三章　　精油及香膏；芳香料制品及化妆盥洗品

★ 第三十四章　　肥皂、有机表面活性剂、洗涤剂、润滑剂、人造蜡、调制蜡、光洁剂、蜡烛及类似品、塑型用膏、"牙科用蜡"及牙科用熟石膏制剂

★ 第三十五章　　蛋白类物质；改性淀粉；胶；酶

★ 第三十六章　　炸药；烟火制品；火柴；引火合金；易燃材料制品

★ 第三十七章　　照相及电影用品

★ 第三十八章　　杂项化学产品

第七类　塑料及其制品；橡胶及其制品（第三十九章至第四十章）

★ 第三十九章　　塑料及其制品

★ 第四十章　　　橡胶及其制品

第八类　生皮、皮革、毛皮及其制品；鞍具及挽具；旅行用品、手提包及类似品；动物肠线（蚕胶丝除外）制品（第四十一章至第四十三章）

★ 第四十一章　　生皮（毛皮除外）及皮革

★ 第四十二章　　皮革制品；鞍具及挽具；旅行用品、手提包及类似容器；动物肠线（蚕胶丝除外）制品

★ 第四十三章　　毛皮、人造毛皮及其制品

第九类　木及木制品；木炭；软木及软木制品；稻草、秸秆、针茅或其他编结材料制品；篮筐及柳条编结品（第四十四章至第四十六章）

★ 第四十四章　　木及木制品；木炭

★ 第四十五章　　软木及软木制品

★ 第四十六章　　稻草、秸秆、针茅或其他编结材料制品；篮筐及柳条编结品

第十类　木浆及其他纤维状纤维素浆；回收（废碎）纸或纸板；纸、纸板及其制品（第四十七章至第四十九章）

★ 第四十七章　　木浆及其他纤维状纤维素浆；回收（废碎）纸或纸板

★ 第四十八章　　纸及纸板；纸浆、纸或纸板制品

★ 第四十九章　　书籍、报纸、印刷图画及其他印刷品；手稿、打字稿及设计图纸

第十一类　纺织原料及纺织制品（第五十章至第六十三章）

第十一类分为两大部分。第一部分包括第五十至第五十五章，共六章。包括普通纺织原料、纱线和织物，是按原料性质顺序排列的，排列顺序为动物纺织原料，植物纺织原料，然后是化学纺织原料，各种纺织原料一般又根据纤维长度按先长后短的顺序排列。

每章中，再按原料、废料、普通机织物顺序排列。

第二部分是第五十六章至第六十三章，共八章。包括了除第一部分货品以外的纺织物及制品，是按加工程度，从絮胎、特种纱线、特种织物、针织或钩编织物、服装、其他纺织制品和废旧纺织品，按章顺序排列。

★ 第五十章　　　蚕丝

★ 第五十一章　　羊毛、动物细毛或粗毛；马毛纱线及其机织物

★ 第五十二章　　棉花

★ 第五十三章　　其他植物纺织纤维；纸纱线及其机织物

★ 第五十四章　　化学纤维长丝

★ 第五十五章　　化学纤维短纤

★ 第五十六章　　絮胎、毡呢及无纺织物；特种纱线；线、绳、索、缆及其制品

★ 第五十七章　　地毯及纺织材料的其他铺地制品

★ 第五十八章　　特种机织物；簇绒织物；花边；装饰毯；装饰带；刺绣品（本章包括各种纺织材料制的特种机织物、簇绒织物、花边、壁毯、装饰带、刺绣品以及金属线制的用于衣着、装饰和类似用途的机织物和物品）。

★ 第五十九章　　浸渍、涂布、包覆或层压的纺织物；工业用纺织制品

★ 第六十章　　　针织物及钩编织物

★ 第六十一章　　针织或钩编的服装及衣着附件

★ 第六十二章　非针织或非钩编的服装及衣着附件

★ 第六十三章　其他纺织制成品；成套物品；旧衣着及旧纺织品；碎织物

第十二类　鞋、帽、伞、杖、鞭及其零件；已加工的羽毛及其制品；人造花；人发制品（第六十四章至第六十七章）

★ 第六十四章　鞋靴、护腿和类似品及其零件

★ 第六十五章　帽类及其零件

★ 第六十六章　雨伞、阳伞、手杖、鞭子、马鞭及其零件

★ 第六十七章　已加工羽毛、羽绒及其制品；人造花；人发制品

第十三类　石料、石膏、水泥、石棉、云母及类似材料的制品；陶瓷产品；玻璃及其制品（第六十八章至第七十章）

★ 第六十八章　石料、石膏、水泥、石棉、云母及类似材料的制品

★ 第六十九章　陶瓷产品

★ 第七十章　玻璃及其制品

第十四类　天然或养殖珍珠、宝石或半宝石、贵金属、包贵金属及其制品；仿首饰、硬币（第七十一章）

本类只有一章，即第七十一章，分为三个分章。

第一分章：天然或养殖珍珠、宝石、半宝石。

第二分章：贵金属及包贵金属。

第三分章：珠宝首饰，金、银器及其他制品。

★ 第七十一章　天然或养殖珍珠、宝石或半宝石、贵金属、包贵金属及其制品；仿首饰、硬币

第十五类　贱金属及其制品（第七十二章至第八十三章）

本类共有十二章，主要包括贱金属材料及结构较简单的贱金属制品、金属陶瓷及其制品。

★ 第七十二章　钢铁

★ 第七十三章　钢铁制品

★ 第七十四章　铜及其制品

★ 第七十五章　镍及其制品

★ 第七十六章　铝及其制品

★ 第七十七章　空章（保留为税则将来所用）

★ 第七十八章　铅及其制品

★ 第七十九章　锌及其制品

★ 第八十章　锡及其制品

★ 第八十一章　其他贱金属、金属陶瓷及其制品

★ 第八十二章　　贱金属工具、器具、利口器、餐匙、餐叉及其零件

★ 第八十三章　　贱金属杂项制品

第十六类　机器、机械器具、电气设备及其零件；录音机及放声机、电视图像、声音的录制和重放设备及其零件、附件（第八十四至第八十五章）

第十六类可划分为两部分，第一部分由第八十四章组成，包括各种机器及机械器具。第二部分由第八十五章组成，主要包括电气设备等。

★ 第八十四章　　核反应堆、锅炉、机器、机械器具及其零件

★ 第八十五章　　电机、电气设备及其零件；录音机及放声机、电视图像、声音的录制和重放设备及其零件、附件

第十七类　车辆、航空器、船舶及有关运输设备（第八十六章至第八十九章）

本类共有 4 章。包括各种铁道、电车道用车辆及气垫火车（第八十六章），其他陆上车辆，包括气垫车辆（第八十七章），航空、航天器（第八十八章），船舶、气垫船及浮动结构体（第八十九章）以及与运输设备相关的一些具体列名商品，如集装箱、某些铁道或电车轨道固定装置和机械信号设备、降落伞、航空器发射装置等。

★ 第八十六章　　铁道及电车道机车、车辆及其零件；铁道及电车道轨道固定装置及其零件、附件；各种机械（包括电动机械）交通信号设备

★ 第八十七章　　车辆及其零件、附件，但铁道及电车道车辆除外

★ 第八十八章　　航空器、航天器及其零件

★ 第八十九章　　船舶及浮动结构体

第十八类　光学、照相、电影、计量、检验、医疗或外科用仪器及设备、精密仪器及设备；钟表；乐器；上述物品的零件、附件（第九十章至第九十二章）

★ 第九十章　　光学、照相、电影、计量、检验、医疗或外科用仪器及设备、精密仪器及设备；上述物品的零件、附件

★ 第九十一章　　钟表及其零件

★ 第九十二章　　乐器及其零件、附件

第十九类　武器、弹药及其零件、附件（第九十三章）

★ 第九十三章　　武器、弹药及其零件、附件

第二十类　杂项制品（第九十四章至第九十六章）

★ 第九十四章　　家具；寝具、褥垫、弹簧床垫、软坐垫及类似的填充制品；未列名灯具及照明装置；发光标志、发光铭牌及类似品；活动房屋

★ 第九十五章　　玩具、游戏品、运动用品及零件、附件

★ 第九十六章　　杂项制品

第二十一类　艺术品、收藏品及古物（第九十七章）

★ 第九十七章　　艺术品、收藏品及古物

第二十二类　特殊交易品及未分类商品（第九十八章至第九十九章）

本类由第九十八章和九十九章组成，仅在《中华人民共和国海关统计商品目录》中专为统计需要而设。

★ 第九十八章　　特殊交易品及未分类商品

本章包括：未分类商品，是指数量零星、单项金额较小、逐项归类难度大、且非税非证的进口商品；出口的计算机软件及军品（特殊交易品）

★ 第九十九章　　（无标题）

本章仅包括以出顶进的新疆棉和内地棉。

第三节　协调制度归类总规则

《协调制度》将国际贸易中种类繁多的商品，根据其在国际贸易中所占的比重和地位，分成若干类、章、分章和商品组。为使人们在对各种商品进行归类时遵循统一的原则，并使各类商品能够准确无误地归入《协调制度》恰当的税目项下，不发生重复、交叉和归类的不一致，《协调制度》将商品归类的普遍规律加以归纳总结，作为规则列出，形成了《协调制度》的六个商品归类总规则。

一、规则一

条文内容：

> 类、章及分章的标题，仅为查找方便而设；具有法律效力的归类，应按品目条文和有关类注或章注确定，如品目、类注或章注无其他规定，按以下规则确定。

条文解释：

规则一有三层含义：

（1）指出"类、章及分章的标题，仅为查找方便而设"，而不是归类的法律依据。

《协调制度》系统地列出了国际贸易的货品，将这些货品分为类、章、及分章，每类、章或分章都有标题，尽可能确切地列明所包括货名种类的范围。但在许多情况下，归入某类或某章的货品种类繁多，类、章标题不可能将其一一列出，全都包括进去。因此，本规则一开始就说明，类、章及分章的标题"仅为查找方便而设"。据此，标题对商品归类不具有法律效力。

例如，第一章的标题是"活动物"，但实际上，马、牛、羊等活动物归入该章，而活的鱼、甲壳动物、软体动物及其他水生无脊椎动物却是归入第三章。所以说"类、章及分章的标题，仅为查找方便而设"。

（2）归类的法律依据应是品目条文和类注、章注。

例如，查找"马戏团的马匹"，该货品看似可以归入第一章"活动物"。但第一章章注三规定，本章不包括品目95.08的动物，查品目95.08"……；流动马戏团及流动动物园；……"。那么马戏团的马匹应归入95081000。所以说，具有法律效力的归类应按品目条文和类注、章注确定。

（3）如品目、类注或章注无其他规定，则按下面的其他规则（规则二、三、四、五、六）来归类。

二、规则二

条文内容：

（一）品目所列货品，应视为包括该项货品的不完整品或未制成品，只要在进口或出口时该项不完整品或未制成品具有完整品或制成品的基本特征；还应视为包括该项货品的完整品或制成品（或按本款可作为完整品或制成品归类的货品）在进口或出口时的未组装件或拆散件。

（二）品目中所列材料或物质，应视为包括该种材料或物质与其他材料或物质混合或组合的物品。品目所列某种材料或物质构成的货品，应视为包括全部或部分由该种材料或物质构成的货品。由一种以上材料或物质构成的货品，应按规则三归类。

条文解释：

（1）规则二（一）将所有列出某一些物品的品目范围扩大为不仅包括完整的物品，而且还包括该物品的不完整品或未制成品，只要报检时它们具有完整品或制成品的基本特征。

例如，"缺少车门的轿车"仍具有轿车的基本特征，所以按轿车归类。

"做分指手套用已剪成手套形状的针织棉布"虽未制成手套，但已具有手套的基本特征，按手套归类。

（2）规则二（一）第二部分完整品或制成品的未组装件或拆散件应归入已组装物品的同一品目。

本款规则所称"报验时的未组装件或拆散件"，是指其零件可通过紧固件（螺钉、螺母、螺栓等），或通过铆接、焊接等组装方法便可装配起来的物品。组装方法的复杂性可不予考虑，但其零件必需是无须进一步加工的制成品。某一物品的未组装零件如超出组装成品所需数量的，超出部分应单独归类。

例如，"商店零售的未组装自行车拆散件"，具有自行车的特征，按自行车归类。

鉴于第一类至第六类各品目的商品范围所限，本款规则这一部分的规定一般不适用于这六类所包括的货品（即第三十八章及以前各章所包括的货品）。

（3）规则二（二）是针对混合及组合的材料或物质，以及由两种或多种材料或物质构成的货品而设的，目的在于将任何列出某种材料或物质的品目扩大为包括该种材料或物质与其他材料或物质的混合品或组合品，同时还将任何列出某种材料或物质构成的货品的品目扩大为包括部分由该种材料或物质构成的货品。它所适用的是列出某种材料或物质的品目。但其适用条件是加进去的物质或组合起来的货品不能使原来商品的特征或性质发生改变。

例如，"加碘的盐"，虽然盐中加了碘，但没有改变盐的特征，仍按盐归类。

但是，如果添加的材料或物质改变了货品原来的特征，则不适用本规则。

例如，"稻谷中加入杀鼠剂"，已经成为一种杀灭老鼠的毒饵，不能按稻谷归类。

（4）只有在规则一无法解决时，方能用规则二。

例如，品目1503的条文规定为"液体猪油，未经混合"，则混合了其他油的液体猪油，不能运用规则二（二）归入品目1503。

三、规则三

条文内容：

　当货品按规则二（二）或由于其他原因看起来可归入两个或两个以上品目时，应按以下规则归类。

（一）列名比较具体的品目，优先于列名一般的品目。但是，如果两个或两个以上品目都仅述及混合或组合货品所含的某部分材料或物质，或零售的成套货品中的某些货品，即使其中某个品目对该货品描述得更为全面、详细，这些货品在有关品目的列名应视为同样具体。

（二）混合物，不同材料构成或不同部件组成的组合物以及零售的成套货品，如果不能按照规则三（一）归类时，在本款可适用的条件下，应按构成货品基本特征的材料或部件归类。

（三）货品不能按照规则三（一）或（二）归类时，应按号列顺序归入其可归入的最末一个品目。

条文解释：

（1）规则三使用的优先次序为：具体列名——基本特征——从后归类。

对于根据规则二（二）或其他原因看起来可归入两个或两个以上品目的货品，本规则规定了三条归类办法。这三条办法应按照其在本规则的先后次序加以运用。据此，只有在不能按照规则三（一）归类时，才能运用规则三（二）；不能按照规则三（一）和（二）两款归类时，才能运用规则三（三）。

（2）只有在品目条文和类、章注无其他规定的条件下，才能运用本规则。

例如，第九十七章章注四（二）规定，根据品目条文既可归入 9701 至 9705 中的一个品目，又可归入品目 9706 以前的有关品目，即货品应按第九十七章章注四（二）的规定而不能根据本规则进行归类。

（3）规则三（一）是本规则的第一条归类办法，它规定列名比较具体的品目应优先于列名比较一般的品目（简称具体列名原则）。一般来说：

①列出品名比列出类名更为具体。

例如，电动理发推子应归入品目 8510 "电动剃须刀、电动毛发推剪及电动脱毛器"，而不应作为 "家用电动器具" 归入品目 8509。

②如果某一品目所列名称更为明确地述及某一货品，则该品目要比所列名称不那么明确述及该货品的其他品目更为具体。

例如，"小轿车用的安全玻璃" 涉及 7007 的 "玻璃" 和 8708 的 "汽车零、附件"，因 7007 的 "玻璃" 列名更具体，所以归入 7007。

（4）如果两个或两个以上品目都仅述及混合或组合货品所含的某部分材料或物质，或零售成套货品中的某些货品，即使其中某个品目比其他品目对该货品描述得更为全面、详细，这些货品在有关品目的列名应视为同样具体。在这种情况下，货品应按规则三（二）或（三）的规定进行归类。

（5）规则三（二）是指不能按照规则三（一）归类的混合物、组合物及零售的成套货品的归类。它们按构成货品基本特征的材料或部件归类（简称基本特征原则）。

但是，不同的货品，确定其基本特征的因素会有所不同。例如，可根据其所含材料或部件的性质、体积、数量、重量或价值来确定货品的基本特征，也可根据所含材料对货品用途的作用来确定货品的基本特征。

本款规则所称 "不同部件组成的组合物"，不仅包括部件相互固定组合在一起，构成了实际不可分离整体的货品，还包括其部件可相互分离的货品，但这些部件必须是相互补足，配合使用，构成一体并且通常不单独销售的。例如，由一个带活动烟灰盘的架子构成的烟灰盅、由一个特制的架子（通常为木制的）及几个形状、规格相配的空调味料瓶子组成的家用调味架等。这类组合货品的各件一般都装于同一包装内。

本款规则所称"零售的成套货品"，是指同时符合以下三个条件的货品：

①由至少两种看起来可归入不同品目的不同物品构成的。例如六把乳酪叉不能作为本款规则所称的成套货品。

②为了迎合某项需求或开展某项专门活动而将几件产品或物品包装在一起的。

③其包装形式适于直接销售给用户而货物无需重新包装的，例如装于盒、箱内或固定于板上。

例如，由一个夹牛肉（不论是否夹奶酪）的小圆面包构成的三明治（品目1602）和法式炸土豆片（品目2004）包装在一起的成套货品，该货品应归入品目1602。

配制一餐面条的成套货品，由装于一纸盒内的一包未煮的面条（品目1902）、一小袋乳酪粉（品目0406）及一小罐番茄酱（品目2103）组成，该货品应归入品目1902。

不符合以上三个条件时，不能看成是规则三（二）中的零售成套货品。例如："包装在一起的手表与打火机"或"包装在一起的一罐小虾（品目1605）、一罐肝酱（品目1602）、一罐乳酪（品目0406）、一罐火腿肉片（品目1602）及一罐开胃香肠（品目1601）"，由于不符合以上第二个条件，所以只能分开归类。

（6）货品如果不能按照规则三（一）或（二）归类时，应按号列顺序归入其可归入的最后一个品目。（简称从后归类原则）。

例如，橡胶底的旅游鞋，以及鞋面材料一半是皮革（品目6403），一半是纺织材料（品目6404）的鞋靴，就难以确定其主要特征，似乎既可归入品目6403，又可归入品目6404，根据从后归类的原则，该商品应归入品目6404。

四、规则四

条文内容：

> 根据上述规则无法归类的货品，应归入与其最相类似的货品的品目。

条文解释：

（1）本规则适用于不能按照规则一至三归类的货品，应归入与其最相类似的货品的品目中。

（2）在按照规则四归类时，必须将报验货品与类似货品加以比较以确定其与哪种货品最相类似，然后所报验的货品应归入与其最相类似的货品的同一品目。

这里的"最相类似"指名称、特征、用途、功能、结构等因素，需要综合考虑才能确定。

本规则的制定是为了使整个规则更严密，但一般很少实际使用。

五、规则五

条文内容：

> 除上述规则外，本规则适用于下列货品的归类：
>
> （一）制成特殊形状仅适用于盛装某个或某套物品并适合长期使用的，如照相机套、乐器套、枪套、绘图仪器盒、项链盒及类似容器，如果与所装物品同时进口或出口，并通常与所装物品一同出售的，应与所装物品一并归类。但本款不适用于本身构成整个货品基本特征的容器。
>
> （二）除规则五（一）规定的以外，与所装货品同时进口或出口的包装材料或包装容器，如果通常是用来包装这类货品的，应与所装货品一并归类。但明显可重复使用的包装材料和包装容器可不受本款限制。

条文解释：

（1）规则五（一）仅适用于同时符合以下各条规定的容器：

①制成特定形状或形式，专门盛装某一物品或某套物品的，即专门按所要盛装的物品进行设计的，有些容器还制成所装物品的特殊形状；

②适合长期使用的，即容器的使用期限与所盛装的物品相比是相称的，在物品不使用期间（例如，运输或储藏期间），这些容器还起到保护物品的作用；

③与所装物品一同报验的（单独报验的容器应归入其所应归入的品目）；

④通常与所装物品一同出售的；

⑤本身并不构成整个货品基本特征的。

例如，首饰盒及箱（品目7113）、电动剃须刀套（品目8510）、望远镜盒（品目9005）、乐器盒、箱及袋（品目9202）、枪套（品目9303）等。

但是，本规则不包括本身构成了货品基本特征的某些容器。

例如，"装有茶叶的银质茶叶罐"、"装有糖果的装饰性瓷碗"。这些包装容器本身价值昂贵或具有其他作用，已构成整个货品的基本特征，应与所装物品分别归类。

"单独进口的某电视机专用包装纸箱（瓦楞纸板制）"，尽管是该箱是电视机专用的，也不能按电视机 8528 归类，只能按瓦楞纸板箱归入 4819。

（2）规则五（二）仅适用于同时符合以下各条规定的包装材料及包装容器：

①规则五（一）以外的；

②通常用于包装有关货品的；

③与所装物品一同报验的（单独报验的容器应归入其所应归入的品目）；

④不属于重复使用的。

例如，包装玻璃器皿的纸板箱、包装大型机器设备的木板箱等，均应与所装物品一并归类。

但是，本款规定不适用于明显可重复使用的包装材料或包装容器。

例如，"装有液化煤气的煤气罐"，由于具有明显可重复使用的特性，所以不能与液化煤气一并归类，而应与液化煤气分开归类。

六、规则六

条文内容：

> 货品在某一品目项下各子目的法定归类，应按子目条文或有关的子目注释以及以上各条规则来确定，但子目的比较只能在同一数级上进行。除条文另有规定的以外，有关的类注、章注也适用于本规则。

条文解释：

（1）子目归类首先按子目条文或子目注释确定；

（2）如无法确定，则上述各规则的原则同样适用于子目的确定（如具体列名、基本特征、从后归类等原则）；

（3）有些子目涉及的问题在类注、章注中已阐明，为了不至于重复，有关的类注、章注也适用于确定子目。但子目注释优先于类注、章注。

（4）具体确定子目时，还应当注意以下两点：

①先确定一级子目，再确定二级子目、然后三级子目、最后四级子目的顺序进行。

②确定子目时，应遵循"同级比较"的原则。一级子目与一级子目比较，确定一级子目后，再将二级子目与二级子目比较，确定二级子目，依此类推。

这里，我们以查找"重量为 25 千克的活猪，非种用"的 HS 编码为例：

```
0103        猪：
01031000    — 改良种用
```

```
                     - 其他：
                     -- 重量在 50 千克以下：
01039110      --- 重量在 10 千克以下
01039120      --- 重量在 10 千克及以上，但在 50 千克以下
01039200      -- 重量在 50 千克及以上
```

在归入品目 0306 下的子目时，应按以下步骤进行：

①先确定一级子目，即将两个一级子目"改良种用"与"其他"进行比较而归入"其他"；

②再确定二级子目，即将二级子目："重量在 50 千克以下"与"重量在 50 千克及以上"进行比较而归入"重量在 50 千克以下"；

③然后确定三级子目，即将两个三级子目"重量在 10 千克以下"与"重量在 10 千克及以上，但在 50 千克以下"进行比较而归入"重量在 10 千克及以上，但在 50 千克以下"。

所以最后归入子目 01039120。

再比如，对于商品"针织印花棉制床单"进行归类。

品目 6302 项下的子目列名如下：

```
6302    床上、餐桌、盥洗及厨房用的织物制品：
                - 针织或钩编的床上用织物制品：
6302.1010--- 棉制
6302.1090--- 其他纺织材料制
                - 其他印花的床上用织物制品：
                -- 棉制：
6302.2110 --- 床单
6302.2190 --- 其他
                -- 化学纤维制：
6302.2210 --- 床单
6302.2290 --- 其他
                -- 其他纺织材料制
6302.2910 --- 丝及绢丝制
6302.2920 --- 麻制
6302.2990 --- 其他
                - 其他床上用织物制品：
                -- 棉制：
```

```
6302.3110 --- 刺绣的
          --- 其他:
6302.3191 ---- 床单
6302.3192 ---- 毛巾被
6302.3199 ---- 其他
          -- 化学纤维制:
...... ......
```

　　很多人在归入品目 6302 项下的子目时，往往会犯盲目"跳级"的错误，容易直接按"棉制床单"的列名归入子目 6302.2110，其错误的根源在于看到"床单"的列名就迫不及待地"跳级"归类，而没有按照"子目的比较只能在同一数级上进行"这一规则，先确定一级子目，再确定二级子目，然后三级子目，最后四级子目的步骤进行。

　　如果按正确的步骤，先确定一级子目，由于该床单是针织的，所以应归入品目 6302 项下的第一个一级子目"针织或钩编的床上用织物制品"，因没有二级子目，就直接确定三级子目，由于该床单是棉制，所以应归入三级子目 6302.1010。

第四节　进出口货物商品归类的海关管理

　　为了规范进出口货物的商品归类，保证商品归类结果的准确性和统一性，根据《海关法》、《关税条例》，海关总署以第 158 号总署令发布了《中华人民共和国海关进出口货物商品归类管理规定》。

一、归类的依据

　　进出口货物的商品归类应当遵循客观、准确、统一的原则。

　　具体来说，对进出口货物进行商品归类的依据是：

①《商品名称及编码协调制度公约》；

②《中华人民共和国进出口税则》；

③《进出口税则商品及品目注释》；

④《中华人民共和国进出口税则本国子目注释》；

⑤海关总署发布的关于商品归类的行政裁定；

⑥海关总署发布的商品归类决定。

二、归类的申报要求

为了规范进出口企业申报行为，提高申报数据质量，促进贸易便利化，海关总署制定了《中华人民共和国海关进出口商品规范申报目录》（以下简称《规范申报目录》）。《规范申报目录》按我国海关进出口商品分类目录的品目顺序编写，并根据需要在品目级或子目级列出了申报要素，如成分、含量、功能、原理等。为便于企业申报和海关监管，申报要求又根据归类、估价等需要，细分为"归类要素"、"价格要素"及"审单及其他要素"三种类别。其具体内容见《规范申报目录》内容结构图例。

第一类　活动物；动物产品

第一章　活动物

税则号列	商品名称	申报要素(A:归类要素 B:价格要素 C:审单及其他要素)及说明举例
01.01	马、驴、骡	A；1. 品名；2. 是否改良种用。B；3. 品种
01.02	牛	A；1. 品名；2. 是否改良种用
0103.1000	－改良种用	A；1. 品名；2. 是否改良种用
	－其他	A；1. 品名；2. 个体重量
01.04	绵羊、山羊；	A；1. 品名；2. 是否改良种用
0104.1010	－－－改良种用绵羊	例：改良种用绵羊
0104.1090	－－－其他	例：活绵羊
0104.2010	－－－改良种用	例：改良种用山羊
0104.2090	－－－其他	例：活山羊
01.05	家禽，即鸡、鸭、鹅、火鸡及珍珠鸡；	A；1. 品名；2. 是否改良种用；3. 个体重量。例：不包括其他活禽(如鹌鹑、野鸡、鸽、野鸭、大雁)(税目 01.06)
03.02	鲜、冷鱼，但税目 03.04 的鱼片及其他鱼肉除外；	例：不包括鱼片及其他鱼肉(税目 03.04)
	－鲑科鱼，但鱼肝及鱼卵除外；	A；1. 品名；2. 制作或保存方法(鲜、冷)；3. 拉丁名称。B；4. 个体重量 [如 1000～2000 克/条(块) 等]
	－比目鱼，但鱼肝及鱼卵除外；	A；1. 品名；2. 制作或保存方法(鲜、冷)；3. 拉丁名称。B；4. 个体重量 [如 1000～2000 克/条(块) 等]

图4.1　《规范申报目录》内容结构图例

收发货人或者其代理人应当按照法律、行政法规规定以及海关要求如实、准确申报进出口货物的商品名称、规格型号等，并且对其申报的进出口货物进行商品归类，确定相应的商品编码。

例如，品目 2204 "鲜葡萄酿造的酒"下各子目的申报要素分别为：

子目 2204.1000 "汽酒"：1. 品名；2. 种类；3. 加工方法。

子目 2204.2100 "装入 2 升及以下容器的其他酒及加酒精抑制发酵的酿酒葡萄汁"：1. 品名；2. 品牌；3. 加工方法；4. 容器容积；5. 年份；6. 产区。

子目 2204.2900 "装入 2 升以上容器的其他酒及加酒精抑制发酵的酿酒葡萄汁"：1. 品名；2. 种类；3. 加工方法；4. 容器容积。

三、归类的修改

收发货人或者其代理人申报的商品编码需要修改的，应当按照《中华人民共和国海关进出口货物报关单修改和撤销管理办法》等规定向海关提出申请。

海关经审核认为商品编码不正确的，可以根据《中华人民共和国海关进出口货物征税管理办法》（以下简称《征管办法》）有关规定，按照商品归类的有关规则和规定予以重新确定，并且根据《中华人民共和国海关进出口货物报关单修改和撤销管理办法》等有关规定通知收发货人或者其代理人对报关单进行修改、删除。

四、商品预归类

在海关注册登记的进出口货物经营单位（以下称申请人），可以在货物实际进出口的 45 日前，向直属海关申请就其拟进出口的货物预先进行商品归类（以下简称预归类）。有关预归类的规定如下：

（一）预归类申请

申请人申请预归类的，应当填写并且提交"中华人民共和国海关商品预归类申请表"（格式文本见下表）。

预归类申请应当向拟实际进出口货物所在地的直属海关提出。

中华人民共和国海关商品预归类申请表

申请人：	
企业代码：	
通讯地址：	
联系电话：	
商品名称（中、英文）：	
其他名称：	
商品描述（规格、型号、结构原理、性能指标、功能、用途、成分、加工方法、分析方法等）：	
进出口计划（进出口日期、口岸、数量等）：	
随附资料清单（有关资料请附后）：	
此前如就相同商品持有海关商品预归类决定书的，请注册决定书编号：	
申请人（章） 　　　　　　　　年　　月　　日	海关（章）： 签收人： 接受日期：　　　　年　　月　　日

注：1. 填写此申请表前应阅读《中华人民共和国进出口货物商品归类管理规定》；

2. 本申请表一式两份，申请人和海关各执一份；

3. 本申请表加盖申请人和海关印章方为有效。

（二）预归类受理和预归类决定

申请预归类的商品归类事项，经直属海关审核认为属于《进出口税则》《商品及品目注释》、《本国子目注释》以及海关总署发布的关于商品归类的行政裁定、商品归类决定有明确规定的，应当在接受申请之日起 15 个工作日制发"中华人民共和国海关商品预归类决定书"（以下简称预归类决定书），并且告知申请人。属于没有明确规定的，应当在接受申请之日起 7 个工作日内告知申请人按照规定申请行政裁定。

（三）预归类决定书的使用

申请人在制发预归类决定书的直属海关所辖关区进出口预归类决定书所述商品时，应当主动向海关提交预归类决定书。

申请人实际进出口预归类决定书所述商品，并且按照预归类决定书申报的，海关按照预归类决定书所确定的归类意见审核放行。

有关规定发生变化导致相关预归类决定书不再适用的，作出预归类决定的直属海关应当制发通知单，或者发布公告，通知申请人停止使用有关的预归类决定书。

五、其他管理要求

因商品归类引起退税或者补征、追征税款以及征收滞纳金的，按照有关法律、行政法规以及海关总署规章的规定办理。

违反《中华人民共和国海关进出口货物商品归类管理规定》，构成走私行为、违反海关监管规定行为或者其他违反《海关法》行为的，由海关依照《海关法》和《海关行政处罚实施条例》的有关规定予以处理；构成犯罪的，依法追究刑事责任。

案例解析

ANTA 安踏女式带帽套头衫的商品编码的实例阐述商品归类的实际操作程序如下：

一、归类准备

1. 确定商品所属类别，明确归类要素

实际业务中，一些归类专家将《协商制度》的二十一类分为七大门类，并明确各门类的归类要素。以下是各大门类商品的基本归类要素。

门类名称	对应《协商制度》类别	基本归类要素
动植物类商品	第一类至第四类	品名、制作或保存方法、加工方法、加工程度、成分含量、用途等。
化工类商品	第五类至第七类	品名、状态、成分含量、分子式和结构式、生产工艺、用途等。
轻工类商品	第八类至第十三类（第十一类除外）	品名、种类、材质、制作或保存方法、状态、加工方法、加工程度、用途等。
纺织类商品	第十一类	品名、成分含量、织造方法、染整方法、组织结构、种类、类别、处理材料、用途等。
金属类商品	第十四类、第十五类	品名、成分含量、材质、加工方法、形状、规格、用途等。
机电类商品	第十六类至第十八类	品名、结构、原理、功能、用途等。
其他商品	第十九类至第二十一类	由于3类商品之间差异较大，归类要素各不相同。 十九类：品名、驱动方式、用途 二十类：品名、用途、材质、种类 二十一类：品名、用途、种类、年代。

根据"带帽套头衫"的品名、商品描述等信息，可确定其属于纺织类商品，需收集的归类要求有品名、成分含量、织造方法、染整方法、组织结构、种类、类别、处理材料、用途等。

2. 获取归类要素信息

通过商品描述，获取基本归类要素信息如下：

归类要素	要素描述
品名	带帽套头衫
成分含量	双面起绒织物（含棉40%，麻60%）
织造方法	针织
染整方法	——
组织结构	——
种类	套头衫
类别	女式
处理材料	——
用途	春秋季节穿着

二、归类操作

1. 确定类章范围

带帽套头衫属于纺织类商品，可确定归入十一类。

查阅类注，没有涉及该商品的条款。

从商品描述来看，带帽套头衫是针织服装，分析十一类各章结构，只有第六十一章"针织或钩编的服装及衣着附件"符合要求，因此，排除其他章，确定在六十一章继续查找。

2. 确定品目

（1）类章注释排除法

查阅章注，章注一"本章仅适用于制成的针织或钩编织品"，该商品符合要求，继续查找。

（2）品目条文排除法。第六十一章品目条文分列如下（截取部分）：

品目编码	品目条文	实际操作
61.01	针织或钩编的男式大衣、斗篷、带风帽的防寒短上衣、防风衣……	排除
61.02	针织或钩编的女式大衣、斗篷、带风帽的防寒短上衣、防风衣……	排除
61.03	针织或钩编的男式西服套装、便服套装、上衣、长裤、马裤……	排除
61.04	针织或钩编的女式西服套装、便服套装、上衣、连衣裙、裙子、长裤、马裤……	排除

61.05	针织或钩编的男衬衫	排除
61.06	针织或钩编的女衬衫	排除
61.07	针织或钩编的男式内裤、三角裤、长睡衣、睡衣裤、浴衣……	排除
61.08	针织或钩编的女式长衬裙、三角裤、睡衣、睡衣裤、浴衣……	排除
61.09	针织或钩编的T恤衫、汗衫及其他内衣背心	排除
61.10	针织或钩编的套头衫、开襟衫、马甲（背心）及类似品	继续查找
61.11	针织或钩编的婴儿服装及衣着附件	排除
61.12	针织或钩编的运动服、滑雪服及游泳服	排除
61.13	用税目5903、5906、5907的针织物或钩编织物制成的服装	排除
61.14	针织或钩编的其他服装	排除
61.15	针织或钩编的连裤袜、紧身裤袜、长筒袜、短袜及其他袜类……	排除
61.16	针织或钩编的分指手套、连指手套及露指手套	排除
61.17	其他制成的针织或钩编衣着附件；服装或衣着附件的针织或钩编的零件	排除

通过商品描述信息，确定除了品目61.10，其他都可排除。

（3）《商品及品目注释》排除法。经查《商品及品目注释》，品目61.10"包括上半身穿着但不论男女的针织或钩编物品 [卫生衫、套头衫、开襟衫、马甲（背心）及类似品]"，因此可以确定归入品目61.10。

3. 确定子目

（1）子目注释排除法。第六十一章没有子目注释，此步骤未起到排除作用。

（2）子目条文排除法。61.10项下子目条文分列如下：

子目编码	子目条文	实际操作
6110.1	—羊毛或动物细毛制：	排除
6110.2	—棉制	排除
6110.3	—化学纤维制	排除
6110.9	—其他纺织材料制：	继续查找

根据面料双面"起绒织物（含棉40%，麻60%）"可以确定子目6110.9。《协调制度》未对子目6110.9作拆分，故可确定子止6110.90。

《进出口税则》对子目 6110.9 作拆分，其项下三级子目条文分列如下：

子目编码	子目条文	实际操作
6110.9010	——丝及绢丝	排除
6110.9090	——其他	确定

通过查阅子目 6110.9 的两个三级子目，因该商品以"起绒织物（含棉 40%，麻 60%）"作为面料，故可确定归入子目 6110.9090。

本章关键名词

《商品名称及编码协调制度》 商品归类总规则 预归类制度

本章练习题

一、选择题

1. 下列货品属于《协调制度》归类总规则中所规定的"零售的成套货品"的是（ ）。
   A. 一个礼盒，内有咖啡一瓶、咖啡伴侣一瓶、塑料杯子两只
   B. 一个礼盒，内有一瓶白兰地酒、一只打火机
   C. 一碗方便面，内有一块面饼、两包调味包、一把塑料小叉
   D. 一个礼盒，内有一包巧克力、一个塑料玩具

2. 下列关于约束性预归类制度的表述正确的是（ ）。
   A.《海关进出口商品预归类决定书》自海关签发之日起一年内有效
   B.《海关进出口商品预归类决定书》只限申请人适用
   C. 海关总署做出的预归类决定在全国范围内有效
   D. 直属海关做出的预归类决定在本关区范围内有效

二、判断题

1. 当货品看起来可归入两个或两个以上税目时，应按"从后归类"的原则归类。（ ）

2. 应税货物已缴纳税款的进出口商品归类争议应通过行政复议途径解决。（ ）

3.《中华人民共和国海关统计商品目录》中前 21 类、97 章的商品目录与《中华人民共和国进出口税则》中的完全相同。（ ）

三、简答题

1. 对进出口商品进行归类的依据有哪些？

2. 简述归类总规则中的规则二、规则三及规则五的具体内容。

四、查找下列商品的HS编码

1. 黄花菜

2. "鳄鱼"牌牛皮公文包

3. 阿斯匹林

4. 安放在公共场所的饮料自动售货机（装有制冷装置）

5. 人造肉

6. 成套理发工具，由一个电动理发推子、一把木梳、一把剪子、一把刷子及一条毛巾组成，装于一个塑料盒中

7. 线性低密度聚乙烯粒子

8. CD-ROM 光盘

9. "龙井"绿茶，150 克塑料袋装

10. "长虹"牌数字等离子彩色电视机（显示屏幕 74 厘米）

11. 纯棉针织短袜（适合 75mm 婴儿穿）

12. 按重量计含羊毛 45%、粘胶短纤 30%、锦纶短纤 25%，每平方米 190 克的色织平纹精纺机织物

13. 按重量计由 60% 的苯乙烯、40% 的甲苯乙烯的单体单元组成的共聚物（初级形状）

14. 按重量计算含钢铁 70%、含铝 20%a、含铜 10a% 金属材料制造的蒸锅

15. 装有压燃式活塞内燃发动机、汽缸容量（排气量）为 2000 毫升的四轮驱动越野车

进出口税费

本章导读

  本章主要介绍进出口税费的种类、进出口完税价格的审定，各种税费的计算、征收、减免及退补以及原产地规则与税率的适用等问题。

  征收税费是海关的四项基本任务之一，纳税义务人应缴纳什么税费、缴纳多少税费、如何缴纳税费以及海关计算税费的依据等内容是我们学习的关键，也是外贸从业人员进行进出口成本核算的主要内容之一。

学习目标

  1. 熟练掌握进出口商品税费的种类和计算
  2. 完税价格的审定
  3. 掌握货物原产地规则的确定办法及其适用的税率
  4. 熟悉关于进出口税费缴纳、退补及减免的规定

案例导入

【案例一】特殊关系是否影响了成交价格？

  2008年5月，A公司向天津海关申报进口海德堡GT02胶印机2台，单价为CIF15万美元/台，低于海关掌握的价格（4月该企业进口的同类商品价格约为18.6万美元）。海关审核后认为，真正的买卖双方"天津保税区海德堡印刷设备公司"与"海德堡中国有限公司"存在特殊关系，二者同为德国海德堡公司的全资子公司，且特殊关系影响到了成交价格。

  为此海关下发了《价格质疑通知书》，将质疑理由书面告知进口商，要求其以书面形式提供相关资料或其他证据，证明买卖双方的特殊关系是否影响成交价格。

进口商对此进行了解释：（1）本票货物卖方价格中不含销售利润，此利润让给国内天津保税区海德堡印刷设备公司。双方虽有特殊关系，但法人独立，独立核算；（2）本公司4月份进口的设备销售价格中含有国内发生的培训、安装、指导费等；（3）本货物进口后销售给国内用户的价格为人民币320万元，行业普遍利润为15%。

请问：企业的解释能否消除海关的怀疑？海关该如何决定此票货物的完税价格？

【案例二】如何计算税费？

国内A公司进口俄罗斯产的伏特加酒600瓶（0.9千克/瓶），成交价格为CIF天津USD18.00/瓶。已知其适用中国银行的外汇折算价为1美元=人民币6.1344元。

请问：该公司需向海关缴纳多少税款？

第一节　海关税收征管制度概述

海关税收是指海关代表国家对进出境货物、物品、运输工具所征的税。主要包括关税、进口环节代征的增值税、消费税、船舶吨税等。依法征收税费是海关的基本任务之一。依法缴纳税费是有关纳税义务人的基本义务。通常所讲的海关税收征管制度主要指关税制度。

在经过商品归类、确定原产地、估价等环节后，海关将对进出口货物征税。具体适用以下海关征税制度，包括税率及其适用、汇率的适用、进出口货物完税价格的确定、征纳退补、关税的减免、税收的强制措施和保全措施、纳税争议的解决，以及海关与纳税义务人相应的权利和义务等。

一、关税

（一）关税的含义和特点

1. 关税的含义

关税是由海关代表国家，按照国家制定的关税政策、公布实施的税法和进出口税则，对进出关境的货物和物品征收的一种流转税。

关税是一种国家税收，其征收主体是国家，由海关代表国家向纳税义务人征收；课税对象是准许进出口的货物和物品。但并不意味着对所有的进出口的货物和物品都征税，例如零税率货物和物品、免税货物和物品、保税货物等。严格讲，关税的征收对象是进出境的应税货物和物品。

关税纳税义务人是指依法负有直接向国家缴纳关税义务的法人或自然人，亦称为关税纳税人或关税纳税主体。我国关税的纳税义务人是进口货物的收货人、出口货物的发货人、进（出）境物品的所有人。

关税是国家保护国内经济、实施财政政策、调整产业结构、发展进出口贸易的重要手段，也是世界贸易组织允许各缔约方保护其境内经济的一种手段。

知识拓展：关税的起源

随着社会生产力的发展，出现了商品的生产和交换。关税正是随着商品交换和商品流通领域的不断扩大，以及国际贸易的不断发展而产生和逐步发展的。

在古代，统治者在其领地内对流通中的商品征税，是取得财政收入的一种最方便的手段和财源。近代国家出现后，关税成为国家税收中的一个单独税种，形成了近代关税。其后，又发展成为现代各国所通行的现代关税。

在我国，西周时期（约公元前11世纪至公元前771年）就在边境设立关卡（最初主要是为了防卫）。《周礼·地官》中有了"关市之征"的记载。春秋时期，诸侯割据，纷纷在各自领地边界设立关卡，"关市之征"的记载也多起来。关税从其本来意义上是对进出关卡的物品征税；市税是在领地内商品聚散集市上对进出集市的商品征税。征税的目的是"关市之赋以待王之膳服"。据《周礼·天官》记载，周朝中央征收九种赋税，关市税是其中一种，直接归王室使用，关和市是相提并论的。边界关卡之处也可能是商品的交换集市。关税和市税都是对商品在流通环节中征税。《管子·问篇》曾提到"征于关者勿征于市，征于市者勿征于关"，对同一商品不主张重复征税，以减轻商人负担。关市之征是我国关税雏形，我国的"关税"的名称也是由此演进而来的。

在国外，关税也是一种古老的税种，最早发生在欧洲。据《大英百科全书》对customs一词的来源解释，古时在商人进入市场交易时要向当地领主交纳一种例行的常规的入市税（Customary Tolls），后来就把Customs和Customs Duty作为海关和关税的英文名称。

公元前五世纪时，希腊地区的经济在当时已比较发达，商品贸易往来很普遍，雅典成为当时的贸易中心。外国商人为取得在该地的贸易权利和受到保护，便向领主送（贡）礼。后来，雅典以使用港口的报酬为名，正式对输出入的货物征收2%~5%的使用费。其后，罗马帝国征服了欧、非、亚的大片领地，欧洲经济也有了进一步的发展，海上和陆地贸易昌盛，各地区之间和各省之间的商业往来发达。罗马时代，就对通过海港、道路、桥梁等的商品课税2.5%，其后关税就作为一种正式的间接税征收,对进出境的一切贸易物品(帝国的信使除外)均须缴纳进出口税,正常税率是12.5%,有的地区还按商品分类征税,对不同地区的进口货物税率也有差别。例如,针对来自印度和阿拉伯的货物,在红海口岸的征税高达25%。罗马帝国境内曾形成很多关税势力圈,在各自边界上征税。另外,很多都市还对食品征收入市税。征税的目的主要是为了财政收入。

关税在英文中还有一个术语名称是Tariff。据说在地中海西口,距直布罗陀21英里处,古时有一个海盗盘踞的港口名叫塔利法(Tariffa)。当时,进出地中海的商船为了避免被抢劫,被迫向塔利法港口的海盗缴纳一笔买路费。以后Tariff就成为关税的另一通用名称,泛指关税、关税税则或关税制度等义。

2. 关税的特点

(1)课税对象不同。关税征收的对象是进出境的货物和物品,而不是其他货物和物品或行为;货物和物品也只有在进出境的时候才能征收关税,在关境内流通时就不再征收关税。

(2)无偿性。海关在征税的时候,既不向纳税人支付任何报酬,也不给予某些特许权利或提供相应的服务,税款一经征收,即为国家所有。

(3)强制性。凡是法律规定负有纳税义务的单位或个人,无论其主观上是否愿意,都必须无条件地履行纳税义务,否则就会受到法律制裁。

(4)固定性。海关在征税之前,对于征税的对象及税收的比例或者数额,都通过法律形式规定下来,由征纳双方共同遵守。海关只能按规定的标准收税,不能无故多征或少征。

(5)涉外性。关税的课税对象是进出境的货物和物品,因此一国关税政策的制定,包括进出口税则的确定、税率的分类和高低等,直接影响到国际贸易的开展。关税政策、关税措施不仅体现一国的贸易政策,也发挥着调节国与国之间的政治、经济关系的作用,为一国的对外政策服务,所以关税具有较强的涉外性。

(二)关税的分类

按照不同分类标准,可对关税进行多种分类,从应用的角度,本教材将关税做如下划分:

1. 按照货物的流向,可分为进口关税、出口关税和过境关税

进口关税是指一国(地区)海关以进境货物和物品为课税对象所征收的关税。这是关税中最主要的一种。

出口关税出口关税是指一国(地区)海关以出境货物、物品为课税对象所征收的关税。征收出口关税的主要目的是限制、调控某些商品的过度、无序出

口，特别是防止本国一些重要自然资源和原材料的无序出口。为鼓励出口，世界各国一般不征收出口税或仅对少数商品征收出口税。

过境关税也称为通过税，是指一国（地区）海关对通过其关境的外国货物所征收的一种关税。征收过境关税的目的是增加财政收入。随着国际贸易的发展，过境关税已很少见，大多采取税款担保形式操作，以保证过境货物原状复运出境。

2. 按照计征标准或计征方法不同，分为从价税、从量税、复合税、滑准税

（1）从价税

从价税是以货物、物品的价格作为计税标准，以应征税额占货物价格的百分比为税率，价格和税额成正比例关系的关税。我国对进出口货物征收关税主要采用从价税计税标准。

（2）从量税

从量税是以货物和物品的计量单位（如重量、数量、容量等）作为计税标准，按每一计量单位的应征税额征收的关税。

我国目前对冻鸡、石油原油、啤酒、胶卷等类进口商品征收从量关税。

（3）复合税

复合税是在《进出口税则》中，一个税目中的商品同时使用从价、从量两种标准计税，计税时按两者之和作为应征税额征收的关税。

我国目前对广播级磁带录像机、其他磁带录像机、磁带放像机、非特种用途广播级电视摄像机及其他电视摄像机等进口商品征收复合关税，对旺季期间出口肥料（如尿素及其他氮肥、磷酸氢二铵、磷酸二氢铵等）征收复合关税。

（4）滑准税

滑准税是指在《进出口税则》中预先按产品的价格高低分档制定若干不同的税率，然后根据进口商品价格的变动而增减进口税率的一种关税。当商品价格上涨时采用较低税率，当商品价格下跌时则采用较高税率，其目的是使该种商品的国内市场价格保持稳定。

目前，我国对关税配额外进口的一定数量的棉花（税号：5201.0000）实行滑准税。

3. 按照是否施惠，分为普通关税、优惠关税

（1）普通关税

普通关税又称一般关税，是指对本国没有签署贸易或经济互惠等友好协定的国家或地区原产的货物征收的非优惠关税。目前我国对少数与我国没有外交

关系且不属于 WTO 成员的国家或地区的进口货物适用普通关税。

（2）优惠关税

优惠关税是指对来自特定国家或地区的进口货物在关税方面给予优惠待遇，按照比普通关税税率低的税率征收的关税。

①最惠国待遇关税

我国规定，原产于共同适用最惠国待遇条款的 WTO 成员的进口货物、原产于与我国签订含有相互给予最惠国待遇条款的双边贸易协定的国家或地区的进口货物，以及原产于我国关境内的进口货物，适用最惠国待遇关税。

②协定优惠关税

我国规定，原产于与我国签订含有关税优惠条款的区域贸易协定的国家或地区的进口货物，适用协定税率。目前，我国对亚太、东盟、香港 CEPA、澳门 CEPA、台湾农产品、ECFA、秘鲁、新加坡、智利、巴基斯坦、新西兰、哥斯达黎加等自由贸易协定或优惠安排项下进口货物适用协定优惠关税。

③特定优惠关税

特定优惠关税又称特惠关税，原产于与我国签订含有特殊关税优惠条款的贸易协定的国家或地区的进口货物，适用特惠税率。目前，我国对孟加拉、老挝、柬埔寨、埃塞俄比亚等 40 个国家部分进口商品适用特惠关税。

④普遍优惠制关税

普遍优惠制关税指发达国家对进口原产于发展中国家的工业制成品、半制成品和某些初级产品降低或取消进口关税待遇的一种关税优惠。我国是发展中国家，对进口货物不存在普惠税率。

4. 按照是否根据税则征收，分为正税和附加税

（1）正税

进口正税即按《进出口税则》中的进口税率征收的关税，具有规范性、相对稳定性的特点。其包括从价税、从量税、复合税、滑准税。

（2）附加税

附加税是指国家由于特定需要对进口货物除征收关税正税之外另行征收的一种进口税，一般具有临时性的特点，包括反倾销税、反补贴税、保障措施关税、报复性关税等特别关税在内。

世界贸易组织不准其成员方在一般情况下随意征收进口附加税，只有符合世界贸易组织反倾销、反补贴条例等有关规定的，才可以征收。

（三）纳税义务人

关税的纳税义务人也称为关税纳税人，是依法负有直接向国家缴纳关税义

务的法人或自然人。《海关法》、《进出口关税条例》对纳税义务人做如下规定：

（1）进出口货物收发货人是关税的纳税义务人。

（2）报关企业接受进出口货物收发货人委托，以委托人的名义办理报关纳税手续的，委托人为纳税人。因报关企业责任造成税款少征、漏征的，报关企业负有连带纳税义务。

（3）报关企业接受进出口货物收发货人委托，以自己的名义办理报关纳税手续的，应当承担纳税义务。

（4）在保管海关监管货物期间造成海关监管货物损毁或者灭失的，除不可抗力外，对海关监管货物负有保管义务的人应当承担连带纳税义务。

（5）进出境物品的所有人。包括物品所有人和推定为所有人的人。即对于携带进出境的物品，一般应当推定其携带人为所有人；对于分离运输的行李物品，应当推定其相应的进出境旅客为所有人；对于通过邮寄、快件方式进出境的物品，应当推定其收件人、寄件人为所有人。

二、进口环节海关代征税

进口货物、物品在办理海关手续放行后，进入国内流通领域，与国内货物同等对待，所以应缴纳应征的国内税。进口货物、物品的一些国内税依法由海关在进口环节征收。目前，由海关征收的国内税主要有增值税、消费税两种。

（一）进口环节增值税

1. 含义

增值税是以商品的生产、流通和劳务服务各个环节所创造的新增价值为课税对象的一种流转税。

进口环节增值税是在货物、物品进口时，由海关依法向进口货物的法人或自然人征收的一种增值税，基本涉及所有进口货物。

2. 征纳

进口环节增值税由海关征收，其他环节的增值税由税务机关征收。

进口环节增值税组成价格由关税完税价格加上关税税额组成，应征消费税的品种的增值税要另加上消费税税额。

进口环节增值税税率的调整及减免项目由国务院规定，起征点为人民币50元，低于50元的免征。

3. 征收范围和税率

（1）征收范围

在我国境内销售货物（销售不动产或免征的除外）或提供加工、修理修配劳务以及进口货物的单位和个人都要依法缴纳增值税。

（2）征收模式

我国增值税的征收采取基本税率再加一档低税率的征收模式。

（3）税率

基本税率为17%，适用范围包括纳税人销售或者进口除适用低税率的货物以外的货物，以及提供加工、修理修配劳务。

适用低税率13%征收增值税的商品范围如下：

①粮食、食用植物油；

②自来水、暖气、冷气、热水、煤气、石油液化气、天然气、沼气、居民用煤炭制品；

③图书、报纸、杂志；

④饲料、化肥、农药、农机、农膜；

⑤国务院规定的其他货物。

（二）进口环节消费税

1. 含义

消费税是以消费品或消费行为的流转额作为课税对象而征收的一种流转税。消费税的征收范围仅限少数消费品，如汽车等高能耗消费品、贵重首饰、及珠宝等奢侈品。

2. 征纳

在我国境内生产、委托加工和进口《消费税暂行条例》规定的消费品的单位和个人，以及国务院确定的销售《消费税暂行条例》规定的消费品的单位和个人，为消费税纳税义务人。

我国的消费税由税务机关征收，进口应税消费品的消费税由海关代征。

我国进口应税消费品的消费税采用从价、从量和复合计税的方法计征。消费税的税目、税率的调整由国务院决定，起征点为人民币50元，低于50元的免征。

3. 征收范围

消费税的征收范围仅限少数消费品，大体可分为以下四种类型：

（1）一些过度消费会对人的身体健康、社会秩序、生态环境等方面造成危害的特殊消费品，例如烟、酒、鞭炮、焰火等；

（2）奢侈品、非生活必需品，例如贵重首饰及珠宝玉石、化妆品等；

（3）高能耗的高档消费品，例如小轿车、摩托车（排气量250CC及以上）等；

（4）不可再生和替代的资源类消费品，例如汽油、柴油等。

三、船舶吨税

（一）含义

船舶吨税（简称"吨税"）是由海关在设关口岸对进出、停靠我国港口的国际航行船舶征收的一种使用税。征收船舶吨税的目的是用于航道设施的建设。

（二）征收依据

根据《船舶吨税暂行办法》的规定，国际航行船舶在我国港口行驶，使用了我国的港口和助航设备，应缴纳一定的税费。凡征收了船舶吨税的船舶不再征收车船税；对已经征收车船使用税的船舶，不再征收船舶吨税。

船舶吨税分为优惠税率和普通税率两种。凡与我国签订互惠协议的国家或地区适用优惠税率，其他国家或地区适用普通税率。

香港、澳门籍船舶适用船舶吨税优惠税率。

（三）船舶吨税的征收范围

（1）在我国港口行驶的外国籍船舶；

（2）外商租用（程租除外）的中国籍船舶；

（3）中外合营海运企业自有或租用的中、外国籍船舶；

（4）我国租用的外国籍国际航行船舶。

根据规定，香港、澳门回归后，香港、澳门特别行政区为单独关税区。对于香港、澳门特别行政区海关已征收船舶吨税的外国籍船舶，进入内地港口时，仍应照章征收船舶吨税。

（四）吨税的计算

船舶吨税的征收方法分为90天期缴纳和30天期缴纳两种，并分别确定税额，缴纳期限由纳税义务人申请完税时自行选择。公式如下：

应纳船舶吨税税额 = 注册净吨位 × 船舶吨税税率（元/净吨）

起征日为船舶申报进口之日。

四、滞报金

按照规定，进口货物收货人未按规定期限向海关申报产生滞报的，由海关征收滞报金。

（一）计算公式

滞报金额 = 进口货物的完税价格 × 0.5‰ × 滞报期间（滞报天数）

（二）滞报期间的规定

1. 超过规定期限向海关申报产生滞报的

进口货物应自装载货物的运输工具申报之日起 14 日内向海关申报，未按规定期限向海关申报的，由海关自起征之日起，至海关接受申报之日止，按日征收相应货物完税价格万分之五的滞报金。实际操作中，滞报金的征收以运输工具申报进境之日起第 15 日为起征日，以海关接受申报之日为截止日。按日计征，起征日和截止日均计入滞报期间。规定的期限内含有星期六、星期天或法定节假日不予扣除，规定的起征日如遇休息日或法定节假日，则顺延至其后第一个工作日。国务院临时调整休息日与工作日的，海关应当按照调整后的情况确定滞报金的起征日。

2. 未在规定期限提交纸质报关单，撤销后重新申报产生滞报的

电子数据申报后，未在规定期限或核准期限提交纸质报关单，被海关予以撤销电子数据报关单处理，需重新申报产生滞报的，滞报金的征收以自运输工具申报进境之日起第 15 日为起征日，以海关重新接受申报之日为截止日。

3. 未在规定期限内重新发送报关单电子数据，撤销后重新申报产生滞报的

海关已接受申报的报关单电子数据，人工审校确认需要退回修改的，进出口货物收发货人或其代理人应当在 10 日内完成修改并重新发送报关单电子数据。超过规定期限的，海关予以撤销电子数据报关单处理，进口货物收货人因此重新向海关申报产生滞报。滞报金的征收以自运输工具申报进境之日起第 15 日为起征日，以海关重新接受申报之日为截止日。

4. 按规定撤销原申报，重新申报产生滞报的

进口货物收货人申报后依法撤销原报关单电子数据重新申报，因删单重报产生滞报的，以撤销原报关单之日起 15 日为起征日，以海关重新接受申报之日为截止日。

5. 超过规定期限未向海关申报，提取作变卖发还余款的

进口货物因收货人在运输工具申报进境之日起超期过 3 个月未向海关申报，由海关提取作变卖处理后，收货人申请发还余款的，滞报金的征收以运输工具申报进境之日起第 15 日为起征日，以该 3 个月期限的最后一日为截止日。

（三）征收标准

滞报金的日征收金额为完税价格的万分之五，以人民币"元"为计征单位，起征点为人民币 50 元，不足 1 元的部分免征。

（四）海关对滞报金的其他管理规定

根据海关规定，因不可抗力等特殊情况产生的滞报金可以向海关申请减免滞报金。

五、滞纳金

按照规定，关税、进口环节增值税、进口环节消费税、船舶吨税等的纳税义务人或其代理人，应当自海关填发税款缴款书之日起 15 日内向指定银行缴纳税款，逾期缴纳的，海关依法在原应纳税税款的基础上，按日加收滞纳税款万分之五的滞纳金。

（一）计算公式

$$关税滞纳金金额 = 滞纳关税税额 \times 0.5‰ \times 滞纳天数$$
$$进口环节海关代征税滞纳金金额 = 滞纳进口环节海关代征税税额 \times 0.5‰ \times 滞纳天数$$

（二）滞纳期间的规定

在实际计算纳税期限时，应从海关填发税款缴款书之日的第二天起计算，缴纳期限的最后一日是星期六、星期天或法定节假日的，关税缴纳期限顺延至周末或法定节假日过后的第一个工作日。如果税款缴纳期限内含有星期六、星期天或法定节假日，则不予扣除。滞纳天数从缴纳期限最后一日的第二天起，按照实际滞纳天数计算，滞纳天数内的星期六、星期天或法定节假日一并计算。

例如，缴款期限的最后一天是 9 月 30 日，恰好是星期日，国务院决定将 9 月 29 日、9 月 30 日与 10 月 4 日、5 日互相调换，即 9 月 29 日、9 月 30 日成为工作日，如果纳税义务人在 9 月 30 日仍未缴纳税款，则从 10 月 1 日开始即构成滞纳。

滞纳金应当自海关填发滞纳金缴款书之日起 15 日内向指定银行缴纳。如超过规定期限，另行加收自缴款期限届满之日起至缴清税款之日止所滞纳税款的 0.5‰的滞纳金。

（三）征收标准

滞纳金按每票货物的关税、进口环节增值税、消费税单独计算，起征点为人民币 50 元，不足人民币 50 元的免予征收。

（四）海关对滞纳金的其他管理规定

征收滞纳金是税收管理中的一种行政强制措施。在海关监督管理中，滞纳金指应纳税的单位或个人因逾期向海关缴纳税款而依法应缴纳的款项。

征收滞纳金，其目的在于使纳税义务人承担增加的经济制裁责任，促使其尽早履行纳税义务。

根据规定，对逾期缴纳税款应征收滞纳金的，还有以下几种情况：

（1）进出口货物放行后，海关发现因纳税义务人违反规定，造成少征或者漏征税款的，可以自缴纳税款或货物放行之日起 3 年内追征税款，并从缴纳税款或货物放行之日起至海关发现之日止，按日加收少征或者漏征税款 0.5‰的滞纳金。

（2）因纳税义务人违反规定造成海关监管货物少征或者漏征税款的，海关应当自纳税义务人应缴纳税款之日起 3 年内追征税款，并至应缴纳税款之日起至海关发现违规行为之日止按日加收少征或者漏征税款 0.5‰的滞纳金。

这里所述应缴纳税款之日是指纳税义务人违反规定的行为发生之日；该行为发生之日不能确定的，应当以海关发现该行为之日作为应缴纳税款之日。

（3）租赁进口货物分期支付租金的，纳税义务人应每次支付租金后的 15 日内向海关申报，逾期申报的，海关应另按日加收应缴纳税款 0.5‰的滞纳金。

（4）暂时进出境货物未在规定期限复运出 / 进境时，海关应当自规定期限届满之日起至纳税义务人申报纳税之日止，按日加收应缴纳税款 0.5‰的滞纳金。

六、担保

根据《海关事务担保条例》规定，进出口通关环节，进出口单位在申请提前放行货物及申请办理特定海关业务时可办理担保手续。具体可采取交付担保资金或保证函的形式，其金额不超过可能承担的最高税款总额。

第二节　进出口货物完税价格的确定

进出口货物的完税价格是海关凭以从价计征关税和其他进口环节代征税的价格。

《海关法》规定，进口货物的完税价格包括：货物的货价，货物运抵到我国境内输入地点起卸前的运输费及相关费用，保险费。出口货物完税价格包括：货物的货价，货物运至我国境内输出地点装载前的运输费及相关费用，保险费，但是其中包含的出口关税税额，应当予以扣除。

一、我国海关审价的法律依据

目前，我国海关核算进出口货物完税价格的法律依据主要分三个层次：

第一个层次是法律层次，即《海关法》；

第二个层次是行政法规层次，即《关税条例》；

第三个层次是部门规章层次，即《中华人民共和国海关审定进出口货物完税价格办法》（以下简称《审价办法》）。

另外，针对具体估价事宜的海关公告也是审价的执法依据。

二、进口货物完税价格的审定

《审价办法》规定，进口货物的完税价格，由海关以该货物的成交价格为基础审查确定，并应包括货物运抵中华人民共和国境内输入地点起卸前的运输及相关费用、保险费。

海关确定进口货物完税价格有进口货物成交价格法、相同货物成交价格法、类似货物成交价格法、倒扣价格法、计算价格法、合理方法共六种估价方法。上述估价方法应当依次采用，但如果进口货物纳税义务人提出要求并提供相关资料，经海关同意，可以颠倒倒扣价格法和计算价格法的适用次序。

（一）进口货物成交价格法审定的作业流程

进口货物成交价格法是《关税条例》及《审价办法》规定的第一种估价方法。进口货物的成交价格，是指卖方向中华人民共和国境内销售该货物时买方为进口该货物向卖方实付、应付的，并按有关规定调整后的价款总额，包括直接支付的价款和间接支付的价款。

虽然在多数情况下，成交价格可能与合同或发票的价格相同，但是海关成交价格有其特定的含义，必须符合"销售"的要求，并由实付、应付价格和直接、间接支付及调整因素构成，还要满足一定的条件。

上述规定表明，报关单位应从成交价格的定义（销售行为、买方、卖方、货款支付、价格调整等）和成交价格需满足的条件两大方面对合同或发票价格进行审核，以判断申报价格是否符合成交价格的要求。

1. 成交价格定义方面

（1）合同体现的销售行为是否符合《审价办法》规定。

按照《审价办法》规定，"销售"必须要同时符合三个要件，即货物实际进入中华人民共和国关境内，货物的所有权和风险由卖方转移给买方，买方为此向卖方支付货款。

（2）合同买方、卖方是否符合《审价办法》关于买方，卖方规定。

《审价办法》规定，进口货物的买方是指向中华人民共和国境内购入货物的自然人、法人或者其他组织。进口货物的卖方是指向中华人民共和国境内销售货物的自然人、法人或者其他组织。

《审价办法》强调，判断"买方"或"卖方"不应简单地以进口单证上出现的名字为标准，而应以其在交易中承担的功能确定。

例如"买方"可以是进口报关的企业，也可以是国内的最终用户，关键在于销售对应的主体。如果某一自然人、法人或其他组织通过与卖方进行交易，导致"向中华人民共和国境内销售"和条件成立，则该自然人、法人或其他组织应成为海关估价中的"买方"，其支付的款项应成为海关审核的对象，其中既包括根据实付或应付价格进行审核，也包括根据价格调整项目进行审核。即使"买方"没有出现在进口货物报关单相关栏目内，也不能免除其接受海关审核并估价的义务。

（3）合同或发票体现的价格是否完整。

按《审价办法》规定，成交价格不仅应包括实付价格，还要包括应付价格，即作为卖方销售进口货物的条件，由买方向卖方或者为履行卖方义务向第三方已经支付或者将要支付的全部款项。

实付或应付价格强调，只要买方为了获得进口货物，而承担对应付款义务，则无论支付行为以何种形式发生，包括现金、信用证或可转让有价证券等，或者在进口申报之时支付行为是否发生，都不影响海关的估价结论。

另外，成交价格应包括直接支付和间接支付，其中直接支付是指买方直接向卖方支付的款项；而间接支付是买方根据卖方的要求，将货款全部或者部分支付给第三方，或者冲抵买卖双方之间的其他资金往来的付款方式，其中包括买方为卖方偿还债务、向权利所有人支付特许权使用费等形式。只要支付义务是买方为了购买被估的进口货物而必须承担的，则无论买方将款项支付给谁，并不改变最终的估价结论，均应以买方支付的全部款项确定完税价格。

（4）相关计入项目和扣除项目费用是否能够按规定进行"调整因素"。

调整因素包括计入项目和扣除项目。

以下属于计入项目：

①下列项目若由买方支付，必须计入完税价格

a.除购货佣金以外的佣金和经纪费

佣金通常可分为购货佣金和销售佣金：购货佣金指买方向其采购代理人支付的佣金，按照规定购货佣金不应该计入到进口货物的完税价格中。销售佣金指卖方向其销售代理人支付的佣金。但上述佣金如果由买方直接付给卖方的代理人的，按照规定应该计入到完税价格中。

b. 与进口货物作为一个整体的容器费

c. 包装费，既包括材料费，也包括劳务费

②与进口货物的生产和向中华人民共和国境内销售有关的，买方以免费或以低于成本价的方式向卖方提供，并且可以按适当比例分摊的下列货物或服务的价值

a. 进口货物包含的材料、部件、零件和类似货物

b. 在生产进口货物过程中使用的工具、模具和类似货物

c. 在生产进口货物过程中消耗的材料

d. 在境外进行的为生产进口货物所需的工程设计、技术研发、工艺及制图等相关服务

③买方需向卖方或者有关方直接或间接支付的特许权使用费

特许权使用费是指进口货物的买方为取得知识产权权利人及权利人有效授权人关于专利权、商标权、专有技术、著作权、分销权或者销售权的许可或者转让而支付的费用。但如该特许权使用费与该货物无关或其支付不构成该货物向我国境内销售的条件，则不应计入完税价格。

④卖方直接或间接从买方对货物进口后销售、处置或者使用中获得的收益

上述所有项目的费用或价值计入成交价格中，必须同时满足三个条件：一是由买方负担；二是未包括在进口货物的实付或应付价格中；三是有客观量化的数据资料。如果缺乏客观量化的数据，导致无法确定应计入的准确金额的，则不应使用成交价格方法估价，而以其他估价方法确定完税价格。

以下属于扣减项目：

进口货物的价款中单独列明的下列税收、费用，不计入该货物的完税价格：

①厂房、机械或者设备等货物进口后发生的建设、安装、装配、维修或者技术援助费用，但是保修费用除外。

②货物运抵境内输入地点起卸后发生的运输及其相关费用、保险费。

③进口关税、进口环节代征税及其他国内税。

④为在境内复制进口货物而支付的费用。

⑤境内外技术培训及境外考察费用。

此外，同时符合下列条件的利息费用不计入完税价格：

——利息费用是买方为购买进口货物而融资所产生的；

——有书面融资协议的；

——利息费用单独列明的；

——纳税义务人可以证明有关利率不高于在融资当时当地此类交易通常具有的利率水平，且没有融资安排的相同或者类似进口货物的价格与进口货物

的实付、应付价格非常接近的。

码头装卸费（THC-Terminal Handling Charge）是指货物从船舷到集装箱堆场间发生的费用，属于货物运抵我国境内输入地点起卸后的运输相关费用，因此不计入完税价格。

进口货物的价款中单独列明的上述税收、费用，不计入该货物的完税价格，但必须同时满足三个条件：一是有关税收或费用已经包括在进口货物的实付、应付价格中；二是有关费用是分列的，并且有客观量化的数据资料；三是有关费用应在合理范围内。如果贸易中存在上述规定的税收或费用之一的，但是买卖双方在贸易安排中未单独列明上述费用，或者缺乏客观量化资料，则本条所述费用不得予以扣除。

2. 成交价格必须满足的条件

（1）买方对进口货物的处置和使用权不受限制

有以下情形之一的，视为对买方处置或者使用进口货物进行了限制：

①进口货物只能用于展示或免费赠送的；

②进口货物只能销售指定第三方的；

③进口货物加工为成品只能销售给卖方或指定第三方的；

④其他经海关审查，认定买方对进口货物的处置或者使用受到限制的。

但以下三种限制并不影响成交价格的成立：

①国内法律、行政法规规定的限制；

②对货物转售地域的限制；

③对货物价格无实质影响的限制。

（2）货物的价格不应受到导致该货物成交价格无法确定的条件或因素的影响

有以下情形之一的，视为进口货物的价格受到了使该货物的价格无法确定的条件或因素的影响：

①进口货物的价格是以买方向卖方购买一定数量的其他货物为条件而确定的；

②进口货物的价格是以买方向卖方销售其他货物为条件而确定的；

③其他经海关审查，认定货物的价格受到使该货物成交价格无法确定的条件或因素的影响。

（3）卖方不得直接或间接的从买方获得因转售、处置或使用进口货物而产生任何收益，除非该收益能够被合理确定

（4）买卖双方之间的特殊关系不影响价格

有以下情形之一的，应当认定买卖双方有特殊关系：

①买卖双方为同一家庭成员；

②买卖双方互为商业上的高级职员或董事；

③一方直接或间接地受另一方控制；

④买卖双方都直接或间接地受第三方控制；

⑤买卖双方都直接或间接地控制第三方；

⑥一方直接或间接地拥有、控制或持有对方 5% 以上（含 5%）公开发行的有表决权的股票或股份；

⑦一方是另一方的雇员、高级职员或董事；

⑧买卖双方是同一合伙的成员；

⑨买卖双方在经营上相互有联系，一方是另一家的独家代理、经销或受让人。

买卖双方有特殊关系这一事实本身并不能构成海关拒绝成交价格的理由，买卖双方之间存在特殊关系，可通过价格测试或销售环境测试确定特殊关系是否对进口货物的成交价格产生影响。通过价格测试或销售环境测试其一的，则可认定特殊关系未对进口货物的成交价格产生影响。

价格测试即纳税义务人能证明其成交价格与同时或大约同时发生的下列任何一款价格相近的，视为特殊关系未对进口货物的成交价格产生影响：

①向境内无特殊关系的买方出售的相同或者类似进口货物的成交价格；

②按照倒扣价格估价方法所确定的相同或者类似进口货物的完税价格；

③按照计算价格估价方法所确定的相同或者类似进口货物的完税价格。

上述价格被称为测试价格。海关在使用上述价格进行比较时，需考虑商业水平和进口数量的不同，以及买卖双方有无特殊关系造成的费用差异。

销售环境测试即通过对与货物销售有关的情况进行审查，如果认定符合一般商业惯例，则可以确定特殊关系未对进口货物的成交价格产生影响。

进口货物成交价格法是海关估价中使用最多的一种估价方法，但是如果货物的进口非因销售引起或销售不能符合成交价格须满足的条件，就不能采用成交价格法，而应该依次采用下列方法审定货物的完税价格。

3. 进口货物完税价格中的运输及其相关费用、保险费的审查确定

《审价办法》规定，进口货物的完税价格，应当包括货物运抵中华人民共和国境内输入地点起卸前的运输及其相关费用、保险费。对此规定，应区分不同情况进行理解：

（1）卸前的运输及其相关费用、保险费已经包括在进口货物的成交价格中，不必另行核算。

（2）卸前的运输及其相关费用、保险费未包括在进口货物的成交价格中，应当按照买方实际支付的费用计算。

判断出口地与进口地之间哪些费用应计入完税价格时，应依据两项标准：一是上述费用必须与运输过程有关；二是上述费用必须发生在输入地点起卸前，

即货物运输到我国关境内首个办入地点起卸前。

（3）其他特殊情况运输及其相关费用、保险费计算方法

①如果进口货物的运输及其相关费用、保险费无法确定的，海关应当按照货物进口同期的正常运输成本审查确定。

②运输工具作为进口货物，利用自身动力进境的，海关在审查确定完税价格时，不再另行计入运输及其相关费用。

③如果进口货物的保险费无法确定或未实际发生，海关按照"货价加运费"两者总额的3‰计算保险费。

$$保险费 = （货价 + 运费）×3‰$$

④邮运进口的货物，应当以邮费作为运输及其相关费用、保险费。

（二）其他估价方法的审定

1. 相同及类似货物成交价格法

相同及类似进口货物成交价格法，即以与被估货物同时或大约同时向中华人民共和国境内销售的相同货物及类似货物的成交价格为基础，审定进口货物完税价格的方法。

（1）相同货物和类似货物

"相同货物"指与进口货物在同一国家或者地区生产的，在物理性质、质量和信誉等所有方面都相同的货物，但是表面微小差异允许存在。

"类似货物"指与进口货物在同一国家或者地区生产的，虽然不是在所有方面都相同，但是却具有相似的特征、相似的组成材料、相同的功能并且在商业中可以互换的货物。

（2）相同或类似货物的时间要素

时间要素是指相同或类似货物必须与进口货物同时或大约同时进口，其中的"同时或大约同时"指在进口货物接受申报之日的前后各45天以内。

（3）关于相同及类似货物成交价格方法的运用

在运用这两种估价方法时，首先应使用与进口货物处于相同商业水平、大致相同数量的相同或类似货物的成交价格，只有在上述条件不满足时，才可采用以不同商业水平和不同数量销售的相同或类似进口货物的价格，但不能将上述价格直接作为进口货物的价格，还须对由此而产生的价格方面的差异做出调整。

此外，对进口货物与相同或类似货物之间，由于运输距离和运输方式不同而在成本和其他费用方面产生的差异应进行调整。

同时还应注意，在采用此方法确定进口货物完税价格时，首先应使用同一

生产商生产的相同或类似货物的成交价格，只有在没有同一生产商时，才可以使用同一生产国或地区不同生产商生产的相同或类似货物的成交价格。如果有多个相同或类似货物的成交价格，应当以最低的成交价格为基础估定进口货物的完税价格。

2. 倒扣价格法

倒扣价格法是以进口货物、相同或类似进口货物在境内第一环节的销售价格为基础，扣除境内发生的有关费用来估定完税价格。

（1）使用倒扣价格法需要满足的条件

①在被估货物进口同时或大约同时，将该货物、相同或类似进口货物在境内销售的价格为基础。"同时或大约同时"指在进口货物接受申报之日的前后各 45 天以内。

②按照该货物进口时的状态销售的价格，如果没有按货物进口时的状态销售的价格，应纳税人要求，可以使用经过加工后在境内销售的价格作为倒扣的基础。

③在境内第一环节销售的价格，"第一环节"指有关货物进口后进行的第一次转售，且转售者与境内买方之间不能有特殊关系。

④向境内无特殊关系方销售的价格，即成交价格估价方法规定的特殊关系。

⑤按照该价格销售的货物合计销售总量最大。

（2）使用倒扣价格法时，关于倒扣项目的根据规定

①同等级或者同种类货物在境内第一销售环节销售时，通常的利润和一般费用（包括直接费用和间接费用）及通常支付的佣金。

②货物运抵境内输入地点之后的运输及其相关费用。

③进口关税、进口环节代征税及其他国内税。

④加工增值额，如果以货物经过加工后在境内转售的价格作为倒扣价格的基础，则必须扣除上述加工增值部分。

3. 计算价格方法

计算价格方法既不是以成交价格，也不是以在境内的转售价格作为基础，它是以发生的生产国或地区的生产成本作为基础的价格。

（1）构成项目

①生产该货物所使用的料件成本和加工费用；

②向境内销售同级或者同种类货物通常的利润和一般费用（含直接费用和间接费用）；

③货物运抵中华人民共和国境内输入地点起卸前的运输及其相关费用、保险费。

（2）注意事项

如纳税义务人申请，经海关同意，可与倒扣法颠倒使用。

4. 合理方法

合理方法是指当海关不能根据成交价格估价方法、相同货物成交价格估价方法、类似货物成交价格估价方法、倒扣价格估价方法和计算价格估价方法确定完税价格时，根据公平、统一、客观的估价原则，以客观量化的数据资料为基础审查确定进口货物完税价格的估价方法。

运用合理价格方法估价时，禁止使用以下六种价格：

（1）境内生产的货物在境内的销售价格；

（2）在两种价格中选择高的价格；

（3）依据货物在出口地市场的销售价格；

（4）以计算价格法规定之外的价值或者费用计算的相同或者类似货物的价格；

（5）依据出口到第三国或地区货物的销售价格；

（6）依据最低限价或截断、虚构的价格。

5. 采用其他估价方法的情形

（1）不符合成交价格定义、条件规定，以及缺乏客观量化数据进行调整的。

（2）海关启动价格质疑程序，否定成交价格。

①纳税义务人或者其代理人提供有关资料、证据后，海关经审核其所提供的资料、证据，仍然有理由怀疑申报价格的真实性、准确性的；

②纳税义务人或者其代理人提供有关资料、证据后，海关经审核其所提供的资料、证据，仍然有理由认为买卖双方之间的特殊关系影响成交价格的；

③不符合海关价格审核的程序性规定，如未在收到"价格质疑通知书"之日起 5 个工作日内或批准的延期期间，以书面形式提供相关资料或者其他证据，证明其申报价格真实、准确或者双方之间的特殊关系影响成交价格的。

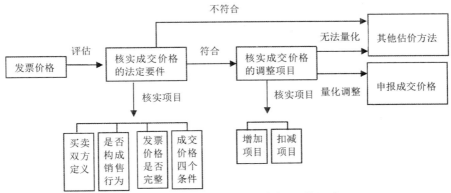

图5.1　进口货物完税价格申报规范程序

（三）特殊进口货物完税价格的审定

1. 加工贸易进口料件或者其制成品一般估价方法

（1）进口时需征税的进料加工进口料件，以该料件申报进口时的成交价格为基础审查确定完税价格。

（2）进料加工进口料件或者其制成品（包括残次品）内销时，以料件原进口成交价格为基础审定完税价格。制成品因故转为内销的，以制成品所含料件原进口成交价格为基础审定完税价格。料件原进口成交价格不能确定的，海关以接受内销申报的同时或者大约同时进口的与料件相同或者类似的货物的进口成交价格为基础审定完税价格。

（3）来料加工进口料件或者其制成品（包括残次品）内销时，以接受内销申报的同时或者大约同时进口的与料件相同或者类似的货物的进口成交价格为基础审定完税价格。

（4）加工企业内销加工过程中产生的边角料或者副产品，以海关审定的内销价格作为完税价格。

加工贸易内销货物的完税价格按照上述规定仍然不能确定的，由海关按照合理的方法审定。

2. 出口加工区内加工企业内销制成品估价办法

（1）内销的制成品（包括残次品），海关以接受内销申报的同时或者大约同时进口的相同或者类似货物的进口成交价格为基础审定完税价格。

（2）内销加工过程中产生的边角料或者副产品，以海关审定的内销价格作为完税价格。

3. 保税区内加工企业内销进口料件或者其制成品估价办法

（1）内销的进口料件或者其制成品（包括残次品），海关以接受内销申报的同时或者大约同时进口的相同或者类似货物的进口成交价格为基础审定完税价格。

（2）内销的制成品中如果含有从境内采购的料件，海关以制成品所含从境外购入的料件原进口成交价格为基础审定完税价格。

（3）内销的来料加工制成品中，如果含有从境内采购的料件，海关以接受内销申报的同时或者大约同时进口的与制成品所含从境外购入的料件相同或者类似货物的进口成交价格为基础审定完税价格。

（4）内销加工过程中产生的边角料或者副产品，以海关审查确定的内销价格作为完税价格。

（5）内销制成品（包括残次品）、边角料或者副产品的完税价格按照上述规定仍然不能确定的，由海关按照合理的方法审查确定。

4. 从保税区、出口加工区、保税物流园区、保税物流中心等区域、场所进入境内需要征税的货物估价方法

以从上述区域进入境内的销售价格为基础审定完税价格，加工贸易进口料件及其制成品除外。

5. 出境修理复运进境货物的估价方法

以境外修理费和料件费审定完税价格。

6. 出境加工复运进境货物的估价方法

以境外加工费和料件费以及运输及其相关费用、保险费审定完税价格。

7. 暂时进境货物的估价方法

以海关审定的留购价格作为完税价格。

8. 租赁进口货物的估价方法

（1）以租金方式对外支付的租赁货物，在租赁期间以海关审定的该货物的租金作为完税价格，利息予以计入。

（2）留购的租赁货物以海关审定的留购价格作为完税价格。

（3）纳税义务人申请一次性缴纳税款的，可以选择申请按照规定估价方法确定完税价格，或者按照海关审定的租金总额作为完税价格。

9. 减免税货物的估价方法

特定减免税货物如果有特殊情况，经过海关批准可以出售、转让、移作他用，须向海关办理补税手续。海关以审定的该货物原进口时的价格，扣除折旧部分价值作为完税价格。其公式：

$$完税价格 = 海关审定的该货物原进口时的价格 \times \left(1 - \frac{征税时实际已进口的月数}{监管年限 \times 12个月}\right)$$

公式中"征税时实际已进口的月数"不足 1 个月但超过 15 日的，按照 1 个月计算；不超过 15 日的，不予计算。

10. 无成交价格货物的估价方法

以易货贸易、寄售、捐赠、赠送等不存在成交价格的方式进口的货物，总体而言都不适用成交价格法，海关与纳税义务人进行价格磋商后，依照《审价办法》第六条列明的相同货物成交价格估价法、类似物成交价格估价法、倒扣价格估价法、计算价格估价法及合理方法审定完税价格。

11. 软件介质的估价方法

进口载有专供数据处理设备用软件的介质，具有下列情形之一的，以介质本身的价值或者成本为基础审查确定完税价格：

①介质本身的价值或者成本与所载软件的价值分列；

②介质本身的价值或者成本与所载软件的价值虽未分列，但是纳税义务人能够提供介质本身的价值或者成本的证明文件，或者能提供所载软件价值的证明文件。

含有美术、摄影、声音、录像、影视、游戏、电子出版物的介质不适用上述规定。

三、出口货物完税价格的审定

（一）出口货物的完税价格

出口货物的完税价格由海关以该货物的成交价格为基础审定，包括货物运至中华人民共和国境内输出地点装载前的运输及其相关费用、保险费。

（二）出口货物的成交价格

出口货物的成交价格，是指该货物出口销售时，卖方为出口该货物向买方直接收取和间接收取的价款总额。

（三）不计入出口货物完税价格的税收、费用

（1）出口关税；

（2）在货物价款中单独列明的货物运至中华人民共和国境内输出地点装载后的运费及其相关费用、保险费；

（3）在货物价款中单独列明由卖方承担的佣金。

（四）出口货物其他估价方法

出口货物的成交价格不能确定的，海关经了解有关情况，并与纳税义务人进行价格磋商后，依次以下列价格审查确定该货物的完税价格：

（1）同时或者大约同时向同一国家或者地区出口的相同货物的成交价格；

（2）同时或者大约同时向同一国家或者地区出口的类似货物的成交价格；

（3）根据境内生产相同或者类似货物的成本、利润和一般费用（包括直接费用和间接费用）、境内发生的运输及其相关费用、保险费计算所得的价格；

（4）按照合理方法估定的价格。

四、海关估价中的价格质疑程序和价格磋商程序

（一）价格质疑程序

在确定完税价格过程中，海关对申报价格的真实性或准确性有疑问或有理由认为买卖双方的特殊关系可能影响到成交价格时，向纳税义务人或者其代理人制发"中华人民共和国海关价格质疑通知书"，将质疑的理由书面告知纳税义务人或者其代理人。

纳税义务人或者其代理人应自收到价格质疑通知书之日起 5 个工作日内，以书面形式提供相关资料或者其他证据，证明其申报价格真实、准确或者双方之间的特殊关系未影响成交价格。纳税义务人或者其代理人确有正当理由无法在规定时间内提供前款资料或证据的，可以在规定期限届满前以书面形式向海关申请延期。除特殊情况外，延期不得超过 10 个工作日。

由于价格质疑程序的履行是为了核实成交价格的真实性、准确性和完整性，对于进出口货物没有成交价格或申报价格明显不符合成交价格条件的情况，海关无须履行价格质疑程序，可直接进入价格磋商程序。

（二）价格磋商程序

价格磋商是指海关在使用除成交价格以外的估价方法时，在保守商业秘密的基础上，与纳税义务人交换彼此掌握的用于确定完税价格的数据资料的行为。

海关按照《审价办法》规定通知纳税义务人进行价格磋商时，纳税义务人需自收到"中华人民共和国海关价格磋商通知书"之日起 5 个工作日内与海关进行价格磋商。纳税义务人未在规定的时限内与海关进行磋商的，视为其放弃价格磋商的权利，海关可以直接按照《审价办法》规定的方法审查确定进出口货物的完税价格。

对符合下列情形之一的，经纳税义务人书面申请，海关可以不进行价格质疑以及价格磋商，依法审定进出口货物的完税价格：

（1）同一合同项下分批进出口的货物，海关对其中一批货物已经实施估价的；

（2）进出口货物的完税价格在人民币 10 万元以下或者关税及进口环节代征税总额在人民币 2 万元以下的；

（3）进出口货物属于危险品、鲜活品、易腐品、易失效品、废品、旧品等的。

五、纳税义务人在海关审定完税价格时的权利和义务

（一）纳税义务人的权利

（1）要求具保放行货物的权利，即在海关审定进出口货物的完税价格期间，纳税义务人可以在依法向海关提供担保后，先行提取货物。

（2）估价方法的选择权，即如果纳税义务人向海关提供有关资料后，可以提出申请，颠倒倒扣价格估价方法和计算价格估价方法的适用次序。

（3）对海关如何确定进出口货物完税价格的知情权，即纳税义务人可以提出书面申请，要求海关就如何确定其进出口货物的完税价格做出书面说明。

（4）获得救济的权利，即对海关估价决定有权提出复议、诉讼。

（二）纳税义务人的义务

（1）如实提供单证及其他相关资料的义务，即纳税义务人向海关申报时，应当按照《审价办法》的有关规定，向海关如实提供发票、合同、提单、装箱清单等单证。根据海关要求，纳税义务人还应当如实提供与货物买卖有关的支付凭证以及证明申报价格真实、准确的其他商业单证、书面资料和电子数据。

（2）如实申报及举证的义务，即货物买卖中发生《审价办法》规定中所列的价格调整项目的，纳税义务人应当如实向海关申报。价格调整项目如果需要分摊计算的，纳税义务人应当根据客观量化的标准进行分摊，并同时向海关提供分摊的依据。

（3）举证证明特殊关系未对进口货物的成交价格产生影响的义务，即买卖双方之间虽然存在特殊关系，但是纳税义务人认为特殊关系未对进口货物的成交价格产生影响时，应提供相关资料，以证明其成交价格符合《审价办法》的规定。

第三节　进口货物原产地的确定与税率适用

一、进口货物原产地的确定

在国际贸易中，原产地指货物生产的国家（地区），就是货物的"国籍"。

（一）原产地规则的含义及分类

各国为了适应国际贸易的需要，并为执行本国关税及非关税方面的国别歧视性贸易措施，必须对进出口商品的原产地进行认定。货物原产地的认定需要以一定的标准为依据，这一标准就是原产地规则。

1. 原产地规则的含义

WTO《原产地规则协议》将原产地规则定义为：一国（地区）为确定货物的原产地而实施的普遍适用的法律、法规和行政决定，各国以本国立法形式制定出其鉴别货物"国籍"的标准，这就是原产地规则。

2. 原产地规则的分类

　　从是否适用优惠贸易协定来划分，原产地规则分为优惠原产地规则和非优惠原产地规则。

　　优惠原产地规则是指一国为了实施国别优惠政策而制定的法律、法规，是以优惠贸易协定通过双边、多边协定或者本国自主形式制定的一些特殊原产地认定标准，因此也称为协定原产地规则。优惠原产地规则下进口货物享受比最惠国税率更优惠的待遇。

　　非优惠原产地规则是指一国根据实施其海关税则和其他贸易措施的需要，由本国立法自主制定的，故也称为自主原产地规则。

　　一般来说，能够确定进口货物属于优惠原产地规则适用范围，则货物适用较为优惠的协定税率或特惠税率，否则适用最惠国税率。

（二）优惠原产地规则的运用

1. 优惠原产地认定标准

优惠原产地认定标准主要分为完全获得标准和实质性改变标准。

（1）完全获得标准

适用于完全在一国（地区）获得或者生产的货物，即从优惠贸易协定成员国或地区（以下简称成员国或地区）直接运输进口的货物是完全在该成员国或地区获得或者生产的，这些货物指：

①在该成员国或地区境内收获、采摘或者采集的植物产品；

②在该成员国或地区境内出生并饲养的活动物；

③在该成员国或地区领土或者领海开采、提取的矿产品；

④其他符合相应优惠贸易协定项下完全获得标准的货物。

（2）实质性改变标准

适用于非完全在一国（地区）获得或者生产的货物。实质性改变标准分为以下四种：

①税则归类改变标准

税则归类改变标准指原产于非成员国或地区的材料在出口成员国或地区境内进行制造、加工后，所得货物在《协调制度》中税则归类发生了变化。

②区域价值成分标准

区域价值成分标准是指出口货物船上交货价格（FOB）扣除该货物生产过程中该成员国或地区非原产材料价格后，所余价款在出口货物船上交货价格（以下简称FOB价）中所占的百分比。

区域价值成分 =[货物的出口价格（FOB）- 非原产材料价格]÷ 货物的出口

价格（FOB）×100%

入世后至 2016 年 4 月止，我国签订了 19 个优惠贸易协定。不同协定框架下的优惠原产地规则均包含区域价值成分标准，各有不同。

表5.1 我国目前优惠贸易协定"实质性改变标准"基本判定标准比较表

代码	优惠贸易协定	判定标准
01	亚太贸易协定（包括韩国、印度、斯里兰卡、孟加拉国和老挝）	不小于 45% 区域价值成分
02	中国—东盟自贸区（包括越南、泰国、新加坡、马来西亚、印度尼西亚、文莱、缅甸、老挝、柬埔寨、菲律宾）	不小于 40% 区域价值成分
03	中国香港 CEPA（产地证已联网管理）	以清单列出具体标准（包括加工或制造工序，4 位税号归类改变标准、超过 30% 加工增值标准、其他标准或混合标准）
04	中国澳门 CEPA（产地证已联网管理）	同中国香港 CEPA
05	对非洲特别优惠关税待遇（主要对于 41 个最不发达国家——包括 31 个非洲国家，孟加拉国、柬埔寨、老挝、缅甸 4 国以及也门、马尔代夫、阿富汗、萨摩亚、瓦努阿图、东帝汶 6 国）	4 位税号归类改变或不小于 40% 区域价值成分
06	台湾农产品零关税措施	完全原产
07	中巴自贸协定	不小于 40% 区域价值成分
08	中智自贸协定	不小于 40% 区域价值成分
09	对也门等国特别优惠关税待遇	同对非洲特别优惠关税待遇
10	中新（西兰）自贸协定	以清单列出具体标准（包括税则归类改变标准及区域价值成分标准、加工工序标准）
11	中新（加坡）自贸协定	不小于 40% 区域价值成分
12	中秘自贸协定	同新西兰
13	对 33 个最不发达国家的特别优惠关税待遇	同对非洲特别优惠关税待遇

代码	优惠贸易协定	判定标准
14	海峡两岸经济合作框架协议（ECFA）	同新西兰
15	中国—哥斯达黎加自贸协定	同新西兰
16	中冰（岛）自贸协定	不小于 90% 区域价值成分
17	中瑞自贸协定	非原产材料价格不超过产品出厂价格的 10%
18	中韩自贸协定	不小于 40% 区域价值成分
19	中澳自贸协定	不小于 50% 区域价值成分

③制造加工工序标准

制造或者加工工序是指在某一国家（地区）进行的赋予制造、加工后所得货物基本特征的主要工序。

④其他标准

指除上述标准之外，成员国或者地区一致同意采用的确定货物原产地的其他标准。

2. 直接运输原则

"直接运输"是指优惠贸易协定项下进口货物从该协定成员国或地区直接运输至中国境内，途中未经过该协定成员国或地区以外的其他国家或地区。

若途中经过其他国家或地区，则同时符合以下条件，也视为"直接运输"：

（1）该货物在经过其他国家或地区时，未做除使货物保持良好状态所必须处理以外的其他处理；

（2）该货物在经过其他国家或地区时，未超过相应优惠贸易协定规定的期限；

（3）该货物在经过其他国家或地区临时储存时，处于该国家或者地区的海关监管之下。

3. 原产地证书

优惠原产地证书是证明产品原产地的书面文件，是受惠国的产品出口到给惠国时享受关税优惠的重要凭证。

货物申报时，进口货物收货人或其代理人应当按照海关的申报规定填制报关单，申明适用协定税率或者特惠税率，并同时提交货物的有效原产地证书正本，或者相关优惠协定规定的原产地声明文件，以及商业发票正本、运输单证等其他商业单证。

货物经过非协定成员方境内时，进口人应当提交货物原产国或地区签发的联运提单。

货物经过香港或者澳门运抵内地的，进口人还应当提交中国检验（香港）有限公司或澳门中国检验有限公司签发的证明文件。

货物经过其他非协定成员方或在其他非协定成员方储存的，海关应当要求进口人提交证明货物符合视为"直接运输"规定的文件。

进口货物收货人或其代理人向海关提交的原产地证书，应当符合相应优惠贸易协定关于证书格式、填制内容、签章、提交期限等规定，并与商业发票、报关单等单证的内容相符。报关单所列数量不应超过原产地证书上该商品的数量；收货人栏所列的收货人应当为中国境内企业。

进口申报时未按照规定提交原产地证书、原产地证明的，海关可根据申请，收取相当于应缴税款的等值保证金先行办理放行手续。进口人可按规定在一定期限内向海关申请退还缴纳的保证金。

4. 不适用于协定或特惠税率的情形

（1）进口货物收货人或其代理人在进口申报时未按照规定提交原产地证书、原产地证明，也未就进口货物是否具备原产地资格向海关补充申报的；

（2）进口货物收货人或其代理人未提供商业发票、运输单证等其他商业单证，也未能提交其他证明文件的；

（3）经查验或原产地核查，确认货物原产地与申报内容不符，或者无法确定货物真实原产地的；

（4）未按补充申报相关规定，在货物申报进口之日起一年内补交有效的原产地证书的；

（5）我国海关已要求优惠贸易协定有关成员方签证机构或原产地主管机构开展核查，在规定期限内未收到核查反馈结果的。

除另有规定外，海关保税监管转内销货物同样适用《优惠原产地管理规定》。

（三）非优惠原产地认定标准的运用

按照 WTO 组织的规定，适用于非优惠性贸易政策措施的原产地规则，其实施必须遵守最惠国待遇原则。为加强我国原产地的统一管理，国务院颁布了《原产地条例》，海关总署会同商务部、国家质检总局发布了《实质性改变标准》，二者初步构成了我国非优惠原产地管理的法制框架。

1. 非优惠原产地标准

目前，我国的非优惠原产地标准主要有完全获得标准和实质性改变标准。

（1）完全获得标准

适用于完全在一个国家（地区）获得的货物原产地的确定。

在确定是否为完全获得时，为运输、储存期间保存货物而作的加工或者处理，为货物便于装卸而进行的加工或者处理的，为货物销售而进行的包装等加工或者处理等，不予考虑。

（2）实质性改变标准

适用于两个或两个以上国家（地区）所参与生产货物原产地的确定。

实质性改变标准以税则归类改变为基本标准，如其不能反映实质性改变的，以从价百分比、制造或加工工序等为补充标准。

①税则归类改变标准：是指在某一国家（地区）对非该国（地区）原产材料进行加工、制造后，所得货物在《协调制度》中的 4 位数级税目归类发生了变化。

②制造或者加工工序：是指在某一国家（地区）进行的赋予制造、加工后所得货物基本特征的主要工序。

③从价百分比：是指一个国家（地区）对非该国（地区）原产材料进行制造、加工后的增值部分，不低于所得货物价值的 30%。用公式表示如下：

$$\frac{工厂交货价 - 非该国（地区）原产材料价值}{工厂交货价} \times 100\% \geqslant 30\%$$

上述"工厂交货价"是指支付给制造厂所生产的成品的价格；

"非该国（地区）原产材料价值"是指直接用于制造或装配最终产品而进口原料、零部件的价值（含原产地不明的原料、零部件），以其进口的成本、保险费加运费价格（CIF 价）计算。

2. 原产地证书

一般情况下，按照 WTO 组织相关制度要求，我国海关对非优惠贸易协定下的进口货物执行最惠国待遇条款，即对进口货物按最惠国税率征税，不需要进口单位提供原产地证书。

二、关税税率的设置和适用

关税税率是指进出口商品关税额占课税对象量或值的比率或标准，是关税制度的核心要素。从量税的税率表现为每单位课税对象应纳税额，即定额税率；从价税的税率表现为应纳税额与课税对象的价格或价值的百分比。

（一）关税税率的设置

我国对进口关税设置最惠国税率、协定税率、特惠税率、普通税率、关税配额税率等；对出口关税设置出口税率。

对适用最惠国税率、协定税率、特惠税率、关税配额税率的进口货物及出口货物在一定期限内可以实行暂定税率。

（二）关税税率的适用

税率适用是指进出口货物在征税、补税或退税时选择适用的各种税率。

1. 进口税率

对于同时适用多种税率的进口货物，在选择适用的税率时，应当遵循"从低适用"基本的原则，但适用普通税率的进口货物除外，因普通货物不适用暂定税率，需要采用"从高适用"。

（1）原产于共同适用最惠国待遇条款的 WTO 成员的进口货物，原产于与中华人民共和国签订含有相互给予最惠国待遇条款的双边贸易协定的国家或地区的进口货物，以及原产于中华人民共和国境内的进口货物，适用最惠国税率。

原产于与中华人民共和国签订含有关税优惠条款的贸易协定的国家或地区的进口货物，适用协定税率。

原产于与中华人民共和国签订含有特殊关税优惠条款的贸易协定的国家或地区的进口货物，或者原产于中华人民共和国自主给予特别优惠关税待遇的国家或地区的进口货物，适用特惠税率。

上述之外的国家或地区的进口货物，以及原产地不明的进口货物，适用普通税率。

（2）适用最惠国税率的进口货物有暂定税率的，应当适用暂定税率；适用协定税率、特惠税率的进口货物有暂定税率的，应当从低适用税率；适用普通税率的进口货物，不适用暂定税率。对于无法确定原产国（地区）的进口货物，按普通税率征税。

（3）按照国家规定实行关税配额管理的进口货物，关税配额内的，适用关税配额税率；关税配额外的，其税率的适用按其所适用的其他相关规定执行。

（4）按照有关法律、行政法规的规定对进口货物采取反倾销、反补贴、保障措施的，其税率的适用按照《反倾销条例》、《反补贴条例》和《保障措施条例》的有关规定执行。

（5）任何国家或地区违反与中华人民共和国签订或者共同参加的贸易协定及相关协定，对中华人民共和国在贸易方面采取禁止、限制、加征关税或者其他影响正常贸易的措施的，对原产于该国家或地区的进口货物可以征收报复性关税，适用报复性关税税率。征收报复性关税的货物、适用国别、税率、期限和征收办法，由国务院关税税则委员会决定并公布。

（6）凡进口原产于与我国达成优惠贸易协定的国家或地区并享受协定税率的商品，同时该商品又属于我国实施反倾销或反补贴措施范围内的，应按照优惠贸易协定税率计征进口关税；凡进口原产于与我国达成优惠贸易协定的国家或地区并享受协定税率的商品，同时该商品又属于我国采取保障措施范围内的，应在该商品全部或部分中止、撤销、修改关税减让义务后所确定的适用税率基础上计征进口关税。

（7）执行国家有关进出口关税减征政策时，首先应当在最惠国税率基础上计算有关品目的减征税率，然后根据进口货物的原产地及各种税率形式的适用范围，将这一税率与同一品目的特惠税率、协定税率、进口暂定最惠国税率进行比较，税率从低执行，但不得在暂定最惠国税率基础上再进行减免。

（8）从 2002 年起我国对部分非全品目信息技术产品的进口按 ITA 税率征税。

表5.2 同时有两种及以上税率可适用的进口货物最终适用的税率汇总表

进口货物可选用的税率	税率适用的规定
同时适用最惠国税率、进口暂定税率	应当适用暂定税率
同时适用协定税率、特惠税率、进口暂定税率	应当从低适用税率
同时适用国家优惠政策、进口暂定税率	按国家优惠政策进口暂定税率商品时，以优惠政策计算确定的税率与暂定税率两者取低计征关税，但不得在暂定税率基础上再进行减免
适用普通税率的进口货物，存在进口暂定税率	适用普通税率的进口货物，不适用暂定税率
适用关税配额税率、其他税率	关税配额内的，适用关税配额税率；关税配额外的，适用其他税率
同时适用 ITA 税率、其他税率	适用 ITA 税率
反倾销税、反补贴税、保障措施关税、报复性关税	适用反倾销税率、反补贴税率、保障措施税率、报复性关税税率

2. 出口税率

对于出口货物，在计算出口关税时，出口暂定税率的执行优先于出口税率。

（三）税率适用的时间原则

《关税条例》规定，进出口货物应当适用海关接受该货物申报进口或者出口之日实施的税率。在实际运用时应区分以下不同情况：

1. 按照申报进出口之日实施的税率

（1）进口货物到达前，经海关核准先行申报的，应当适用装载该货物的运输工具申报进境之日实施的税率。

（2）进口转关运输货物，应当适用指运地海关接受该货物申报进口之日实施的税率；货物运抵指运地前，经海关核准先行申报的，应当适用装载该货物的运输工具抵达指运地之日实施的税率。出口转关运输货物，应当适用起运地海关接受该货物申报出口之日实施的税率。

（3）经海关批准，实行集中申报的进出口货物，应当适用每次货物进出口时海关接受该货物申报之日实施的税率。

（4）因超过规定期限未申报而由海关依法变卖的进口货物，其税款计征应当适用装载该货物的运输工具申报进境之日实施的税率。

2. 适用于违反规定行为发生之日实施的税率

因纳税义务人违反规定需要追征税款的进出口货物，应当适用违反规定的行为发生之日实施的税率；行为发生之日不能确定的，适用海关发现该行为之日实施的税率。

3. 适用再次填写报关单申报办理纳税及有关手续之日实施的税率

已申报进境并放行的保税货物、减免税货物、租赁货物或者已申报进出境并放行的暂时进出境货物，有下列情形之一需缴纳税款的，应当适用海关接受纳税义务人再次填写报关单申报办理纳税及有关手续之日实施的税率：

（1）保税货物经批准不复运出境的；

（2）保税仓储货物转入国内市场销售的；

（3）减免税货物经批准转让或者移作他用的；

（4）可暂不缴纳税款的暂时进出境货物，经批准不复运出境或者进境的；

（5）租赁进口货物，分期缴纳税款的。

进出口货物关税的补征和退还，按照上述规定确定适用的税率。

三、跨境电子商务零售进口税收政策

2016 年 4 月 8 日我国正式推行跨境电子商务零售进口税收政策，主要内容如下：

（1）跨境电子商务零售进口商品按照货物征收关税和进口环节增值税、消费税，购买跨境电子商务零售进口商品的个人作为纳税义务人，实际交易价格（包括货物零售价格、运费和保险费）作为完税价格，电子商务企业、电子商务交易平台企业或物流企业可作为代收代缴义务人。

（2）跨境电子商务零售进口税收政策适用于从其他国家或地区进口的《跨境电子商务零售进口商品清单》范围内的以下商品：

①所有通过与海关联网的电子商务交易平台交易，能够实现交易、支付、物流电子信息"三单"比对的跨境电子商务零售进口商品；

②未通过与海关联网的电子商务交易平台交易，但快递、邮政企业能够统一提供交易、支付、物流等电子信息，并承诺承担相应法律责任进境的跨境电子商务零售进口商品；

③不属于跨境电子商务零售进口的个人物品以及无法提供交易、支付、物流等电子信息的跨境电子商务零售进口商品，按现行规定执行。

（3）跨境电子商务零售进口商品的单次交易限值为人民币 2000 元，个人年度交易限值为人民币 20000 元。在限值以内进口的跨境电子商务零售进口商品，关税税率暂设为 0%；进口环节增值税、消费税取消免征税额，暂按法定应纳税额的 70% 征收。超过单次限值、累加后超过个人年度限值的单次交易，以及完税价格超过 2000 元限值的单个不可分割商品，均按照一般贸易方式全额征税。

（4）跨境电子商务零售进口商品自海关放行之日起 30 日内退货的，可申请退税，并相应调整个人年度交易总额。

（5）跨境电子商务零售进口商品购买人（订购人）的身份信息应进行认证；未进行认证的，购买人（订购人）身份信息应与付款人一致。

第四节 进出口税费核算

进出口税费核算主要涉及正税及附加税。

按照税则公布的税率计算得出税额，称为正税计算，有从量、从价、复合等不同计算方法。正税计算中，从价计征是最主要的方法，也是目前我国绝大多数进出口货物征纳进出口税所使用的方法。针对某种特殊情况临时加征计算得出税额，称为附加税计算，适用包括反倾销、反补贴、特别关税、报复性关税的计算。正税是进出口税核算的主要方面，附加税的计算仅在某些特殊情况下进行。

正税计算中按组成的计税价格划分，分为价内税和价外税。价内税是指组成的计税价格不含其本身，如关税、增值税。价外税是指组成的计税价格含其本身，如消费税。

进出口税费核算，确定完税价格（或数量）和税率（或单位税额）是基础，正确使用公式进行计算是关键。

进出口货物完税价格、进出口关税、进口环节海关代征税一律以人民币计征，采用四舍五入法计算至分。进出口税起征点为人民币 50 元，不足人民币 50 元免于征收。

进出口货物的成交价格及有关费用以外币计价的，计算税款前海关按照该货物适用税率之日所适用的计征汇率折合为人民币计算完税价格。

海关每月使用的计征汇率为上一个月第三个星期三（第三个星期三为法定节假日的，顺延采用第四个星期三）中国人民银行公布的外币对人民币的基准汇率。以基准汇率币种以外的外币计价的，采用同一时间中国银行公布的现汇买入价和现汇卖出价的中间值（人民币元后采用四舍五入法保留 4 位小数）。如果上述汇率发生重大波动，海关总署认为必要时，可另行规定计征汇率，并对外公布。

一、进出口关税税款的核算

（一）进口关税的核算

1. 从价税

（1）计算程序

①根据审定完税价格办法的有关规定，确定应税货物的 CIF 价格；

②按照归类原则确定税则归类，将应税货物归入适当的税号；

③根据原产地规则和税率适用规定，确定应税货物所适用的税率；

④根据汇率适用规定，将以外币计价的 CIF 价格折算成人民币（完税价格）；

⑤按照计算公式正确计算应征税款。

（2）计算公式

$$进口关税税额 = 进口货物的完税价格 \times 进口从价税税率$$
$$减税征收的进口关税税额 = 进口货物的完税价格 \times 减按进口关税税率$$

（3）计算实例

【实例一】国内某公司向香港购进日本产丰田皇冠轿车 10 辆，成交价格合计为 FOB 香港 120000.00 美元，实际支付运费 5000 美元，保险费 800 美元。已知汽车的规格为 4 座位，汽缸容量 2000cc，适用中国银行的外汇折算价为 1

美元＝人民币 6.1344 元，计算应征进口关税。

计算方法：

①审定完税价格为 125800 美元（120000 美元 +5000 美元 +800 美元）；

②确定税则归类，汽缸容量 2000cc 的小轿车归入税号 8703.2341；

③原产国日本适用最惠国税率 25%；

④将外币价格折算成人民币为 771707.52 元（125800 美元 ×6.1344=771707.52）；

⑤计算应征税款。

进口关税税额＝完税价格 × 关税税率

=771707.52×25%

=192926.88(元)

（4）要点总结

①注意对在成交价格定义及条件方面影响申报价格成立的，必须进行适当调整，或按照其他估价方法另行确定完税价格。

②商品归类确定工作至关重要。错误的归类将导致适用税率的错误，无法准确计算税款。归类错误还会导致监管证件的不正确，以致无法按计划通关。

③报关人员要时刻关注国家外贸政策的变化及海关发布的政策调整公告。

2. 从量税

（1）计算程序

①按照归类原则确定税则归类，将应税货物归入适当的税号；

②根据原产地规则和税率适用规定，确定应税货物所适用的税率；

③确定其实际进口量；

④如计征进口环节增值税，根据审定完税价格的有关规定，确定应税货物的 CIF 价格；

⑤根据汇率适用规定，将外币折算成人民币(完税价格)；

⑥按照计算公式正确计算应征税款。

（2）计算公式

应征税额＝进口货物数量 × 单位税额

（3）计算实例

【实例二】国内 A 公司购进日本产激光胶片 50400 平方米，成交价格合计为 CIF 大连 600.00 日元 / 平方米，已知适应中国银行的外汇折算价为 1 日元

=0.05669 元人民币。计算应征进口关税。

计算方法：

①确定税则归类，激光胶片归入税号 3702.4292；

②激光胶片适用从量关税，原产地日本适用最惠国税率 2.4 元 / 平方米；

③确定其实际进口量 50400 平方米；

④按照公式计算应征税款。

应征进口关税税额 = 货物数量 × 单位税额

$$=50400 \times 2.4$$

$$=120960.00（元）$$

（4）要点总结

①完税数量的确定至关重要，部分合同或发票项下货物非以从量税征收计算成交单位，应注意按照规定的折算公式准确换算。

②商品归类确定工作至关重要，错误的归类将导致适用税率的错误，无法准确计算税款。还会导致监管证件的不正确，以致无法按计划通关。

③关税按从量计算，但代征税仍然按照从价计征，因此对于完税价格的认定仍要注意。

3. 复合关税

（1）计算程序

①按照归类原则确定税则归类，将应税货物归入适当的税号；

②根据原产地规则和税率适用规定，确定应税货物所适用的税率；

③确定其实际进口量；

④根据审定完税价格的有关规定，确定应税货物的完税价格；

⑤根据汇率适用规定，将外币折算成人民币；

⑥按照计算公式正确计算税款。

（2）计算公式

应征税额 = 进口货物数量 × 单位税额 + 进口货物完税价格 × 进口从价税税率

（3）计算实例

【实例三】国内 B 公司从日本购进非特种用途广播级电视摄像机 40 台，其中有 15 台成交价格为 CIF 境内某口岸 4000 美元 / 台，其余 25 台成交价格为 CIF 境内某口岸 5200 美元 / 台，已知适用中国银行的外汇折算价为 1 美元 = 人民币 6.1344 元，计算应征进口关税。

计算方法：

①确定税则归类，该批摄相机归入税号 8525.8012；

②货物原产国为日本，关税税率适用最惠国税率，经查关税税率为：完税价格不高于 5000 美元 / 台的，关税税率为单一从价税 35%；完税价格高于 5000 美元 / 台的，关税税率为 3%，加 9728 元从量税；

③确定后成交价格分别合计为 60000 美元（4000 美元 × 15）和 130000 美元（每台 5200 美元 × 25）；

④将外币价格折算成人民币分别为 368064.00 元（60000 × 6.1344）和 797472.00 元（130000 × 6.1344）；

⑤按照计算公式分别计算进口关税税款：

15 台单一从价进口关税税额 = 完税价格 × 关税税率

$$=368064.00 × 35\%$$

$$=128822.40（元）$$

25 台复合进口关税税额 = 货物数量 × 单位税额 + 完税价格 × 关税税率

$$=25 × 9728.00 + 797472.00 × 3\%$$

$$=243200.00 + 23924.16$$

$$=267124.16 元）$$

合计进口关税税额 = 从价进口关税税额 + 复合进口关税税额

$$=128822.40 + 267124.16$$

$$=395946.56（元）$$

（4）要点总结

将从价税和从量税的要点结合起来，综合考虑。

4. 反倾销税

（1）计算程序

①根据审定完税价格办法的有关规定，确定应税货物的 CIF 价格；

②按照归类原则确定税则归类，将应税货物归入适当的税号；

③根据反倾销税规定，确定应税货物所适用的反倾销税税率；

④根据汇率适用规定，将以外币计价的 CIF 价格折算成人民币（完税价格）；

⑤按照计算公式正确计算应征反倾销税税款。

（2）计算公式

$$反倾销税税额 = 完税价格 \times 反倾销税税率$$

（3）计算实例

【实例四】 国内 A 公司从韩国购进双酚 A 一批，成交总价为 CIF 大连 483000 美元。我国海关对双酚 A 需要征收反倾销税，已知适用中国银行的外汇折算价为 1 美元 = 人民币 6.1344 元，计算应征反倾销税。

计算方法：

①审定完税价格为 48300 美元；

②按照归类总规则相关规定，双酚 A 归入税号 2907.2300；

③经查询相关反倾销文件，对韩国产双酚 A 征收的反倾销税税率为 4.7%；

④根据汇率适用规定，将外币价格折算成人民币为 296291.52 元（483000 美元 × 6.1344=296291.52）；

⑤按公式计算应征税款。

反倾销税税额 = 完税价格 × 反倾销税税率

=296291.52 × 4.7%

=13925.70（元）

（4）要点总结

①反倾销税属于从价税，注意从价税的要点。

②不能认为国家对某些价格偏低的货物都征反倾销税。不能采用价格审核的方式应对倾销、补贴等不公平贸易产品，对上述产品应采取反倾销、反补贴等措施。

③征收反倾销税的产品，如有协定或特惠税率等优惠税率，仍应优先执行协定或特惠税率等优惠税率。

④反倾销税属于附加关税，其征收公式与正常关税相同。

反补贴、保障措施关税、报复性关税等其他附加税征收程序及方法与反倾销税大致相同。

（二）出口关税税款的计算

1. 计算程序

（1）按照归类原则确定税则归类，将应税货物归入适当的税号；

（2）根据审定完税价格的有关规定，确定应税货物的成交价格；

（3）根据汇率适用规定，将外币折算成人民币；

（4）按照计算公式正确计算应征出口关税税款。

2. 计算公式

$$应征出口关税税额 = 出口货物完税价格 \times 出口关税税率$$
$$其中：出口货物完税价格 = \frac{FOB(中国境内口岸)}{1+出口关税税率}$$

即出口货物是以 FOB 价成交的，应以该价格扣除出口关税后作为完税价格；如果以其他价格成交的，应该换成 FOB 价后再按上述公式计算。

3. 计算实例

【实例五】国内 C 企业从广州出口一批非合金生铁（含磷量大于 0.5%），申报出口量 86 吨，每吨成交价格为 98 美元，其适用中国银行的外汇折算价为 1 美元 = 人民币 6.1344 元，计算出口关税。

计算方法：

（1）确定税则归类，该批非合金生铁归入税号 7201.2000，出口税率为 20%，出口暂定税率为 25%；

（2）审定 FOB 为 8428 美元；

（3）将外币价格折算成人民币为 51700.72 元；

（4）按公式计算应征税款。

出口关税税额 =[成交价格 ÷（1+ 出口关税税率）]× 出口关税税率
　　　　　　=[51700.72 ÷（1+25%）]× 25%
　　　　　　=41360.58 × 25%
　　　　　　=10340.15（元）

4. 要点总结

①出口关税属于从价税，注意进口从价税的要点。

②国家对多数出口商品不征收关税，需关注国家外贸政策的变化，防止漏算出口关税成本。

③出口完税价格要扣除出口关税，注意不要直接使用 FOB 价格计算税款。

二、进口环节海关代征税的计算

（一）消费税税款的计算

1. 计算程序

（1）按照归类原则确定税则归类，将应税货物归入适当的税号；

（2）根据有关规定，确定应税货物所适用的消费税税率；

（3）根据审定完税价格的有关规定，确定应税货物的 CIF 价格；

（4）根据汇率适用规定，将外币折算成人民币（完税价格）；

（5）按照计算公式正确计算消费税税款。

2. 计算公式

（1）从价定率办法计算纳税采用价内税的计算方法，即计税价格的组成中包括了消费税税额。计税价格的计算公式为：

$$消费税组成计税价格 = \frac{进口关税完税价格 + 进口关税税额}{1 - 消费税比例税率}$$

$$消费税应纳税额 = 消费税组成计税价格 \times 消费税比例税率$$

（2）从量征收的消费税的计算公式为：

$$消费税应纳税额 = 应征消费税消费品数量 \times 消费税单位税额$$

（3）同时实行从价定率和从量定额复合计税办法计算纳税的组成计税价格，其计算公式为：

$$消费税组成计税价格 = \frac{关税完税价格 + 关税 + 进口数量 \times 消费税定额税率}{1 - 消费税税率}$$

$$消费税应纳税额 = 消费税组成计税价格 \times 消费税比例税率$$

3. 计算实例

【实例六】A 公司进口丹麦产啤酒 3800 升，经海关审核其成交价格总值为 CIF 境内某口岸 1672.00 美元。其适用中国银行的外汇折算价为 1 美元 = 人民币 6.1344 元，计算应征的进口环节消费税税款。

计算方法：

（1）确定税则归类，啤酒归入税号 2203.0000；

（2）消费税税率为从量税，进口完税价格 ≥ 370 美元 / 吨的消费税税率为 250 元 / 吨，进口完税价格 < 370 美元 / 吨的消费税税率为 220 元 / 吨；

（3）进口啤酒数量：3800 升 ÷ 988 升 / 吨 =3.846 吨；

（4）计算完税价格单价：1672 美元 ÷ 3.846 吨 =434.74 美元 / 吨（进口完税价格 > 370 美元 / 吨），则消费税税率为 250 美元 / 吨；

（5）按照计算公式计算进口环节消费税：

进口环节消费税税率额 = 应征消费税消费品数量 × 单位税额

$$=3.846 \times 250$$
$$=961.50（元）$$

（二）增值税税款的计算

1. 计算程序

（1）按照归类原则确定税则归类，将应税货物归入适当的税号；

（2）根据有关规定，确定应税货物所适用的增值税税率；

（3）根据审定完税价格的有关规定，确定应税货物的 CIF 价格；

（4）根据汇率适用规定，将外币折算为人民币（完税价格）；

（5）按照计算公式正确计算关税税款；

（6）按照计算公式正确计算消费税税款、增值税税款。

2. 计算公式

增值税组成计税价格 = 进口关税完税价格 + 进口关税税额 + 消费税税额

应纳税额 = 增值税组成计税价格 × 增值税税率

3. 计算实例

【实例七】A 公司进口货物一批，经海关审核其成交价格为 1200.00 美元，其适用中国银行的外汇折算价为 1 美元 = 人民币 6.1344 元。已知该批货物的关税税率为 12%，消费税税率为 10%，增值税税率为 17%，计算应征增值税税额。

计算方法：

首先计算关税税额，然后计算消费税税额，最后再计算增值税税额。

（1）将外币价格折算成人民币为 7361.28 元。

（2）计算关税税额：

应征关税税额 = 完税价格 × 关税税额

$$=7361.28 \times 12\%$$
$$=883.35（元）$$

（3）计算消费税税额：

应征消费税税额 =[（完税价格 + 关税税额）÷（1- 消费税税率）]× 消费税税率

$$=[（7361.28+883.35）÷（1-10\%）]\times 10\%$$
$$=9160.7 \times 10\%$$
$$=916.07（元）$$

（4）计算增值税税额：

应征增值税税额 =（完税价格 + 关税税额 + 消费税税额）× 增值税税率

$$=（7361.28+883.35+916.07）× 17\%$$

$$=9160.7 × 17\%$$

$$=1557.32（元）$$

4. 要点总结

①国家仅对少数商品征收消费税，注意不要遗漏核算消费税。

②注意计算顺序为关税、消费税、增值税。

三、跨境电子商务零售进口商品税费的计算

【实例八】张女士于 2016 年 4 月 20 日通过海淘方式从国外购买奶粉及香水，价值都是人民币 1000 元，请按照海关 4 月 8 日公布的跨境电商税收新政，计算其应缴纳多少税款（按新政规定，奶粉及香水的关税税率为 0%，奶粉及香水进口环节增值税率皆为 17%，奶粉不征收消费税，香水的消费税率是 30%）。

奶粉：增值税 =1000.00 × 17% × 70%=119 元

香水：增值税 =1000.00 × 17% × 70%=119 元

消费税 = 1000.00 × 30% × 70%=210 元

四、滞报金、滞纳金的计算

（一）滞报金的计算

1. 计算程序

（1）根据审定完税价格的有关规定，确定应税货物的 CIF 价格；

（2）根据滞报金的管理规定，确定滞报天数；

（3）根据汇率适用规定，将外币折算成人民币（完税价格）；

（4）按照计算公式正确计算滞报金。

2. 计算公式

滞报金金额 = 进口货物完税价格 ×0.5‰ × 滞报天数

3. 计算实例

【实例九】国内 A 公司进口一批法国葡萄酒，成交价格为 CIF 上海 USD30000.00。货物于 2014 年 8 月 7 日（星期四）申报进境，该公司于 2014 年 8 月 29 日向海关申报，海关当日接受申报。已知其适用中国银行的外汇折算价为 1 美元 = 人民币 6.1344 元，计算应征的滞报金。

计算方法：

（1）根据完税价格审定办法，确定应税货物的 CIF 价格是 USD30000.00。

（2）根据滞报金的管理规定，确定滞报天数。货物于 2014 年 8 月 7 日（星期四）申报进境，法定申报时间 14 天，即 8 月 21 日前申报均不产生滞报。自 8 月 22 日开始计算滞报期间，8 月 29 日海关接受申报，起、止日均计算为滞报期间，共滞报 8 天。

（3）根据汇率适用规定，计算完税价格为 184032.00 元（30000.00×6.1344）。

（4）计算滞报金：

$$应征滞报金金额 = 进口货物完税价格 \times 0.5‰ \times 滞报天数$$
$$= 184032.00 \times 0.5‰ \times 8$$
$$= 736（元）$$

4. 要点总结

①注意完税价格的确定，如遇海关调整或另行确定完税价格的，以最终确定的金额为基础进行计算。

②要熟知滞报金的管理规定，正确理解起征日、截止日、顺延期间等相关规定。

（二）滞纳金的计算

1. 计算程序

（1）确定滞纳关税、代征税税额；

（2）根据滞纳金的管理规定，确定滞纳天数；

（3）按照计算公式正确计算关税、消费税、增值税滞纳金。

2. 计算公式

$$关税滞纳金 = 滞纳关税税额 \times 0.5‰ \times 滞纳天数$$
$$消费税滞纳金 = 滞纳消费税税额 \times 0.5‰ \times 滞纳天数$$
$$增值税滞纳金 = 滞纳增值税税额 \times 0.5‰ \times 滞纳天数$$

3. 计算实例

【实例十】国内某公司向香港地区购进日本丰田皇冠牌轿车一批，已知该批货物应征关税税额为 352793.52 元，应征进口环节消费税为 72860.70 元，进口环节增值税税额为 247726.38 元。海关于 2014 年 8 月 8 日（星期五）填发海关专用缴款书，该公司于 2014 年 9 月 5 日缴纳税款。现计算应征的滞纳金。

计算方法：

（1）确定滞纳关税、代征税税额，关税税额为 352793.52 元，应征进口环节消费税为 72860.70 元，进口环节增值税税额为 247726.38 元。

（2）根据滞纳金的管理规定，确定滞纳天数，海关于 2014 年 8 月 8 日（星期五）填发海关专用缴款书，税款缴款期限截止日为 8 月 23 日，因该日为星期六，按照相关规定，顺延至其后第一个工作日，即 8 月 25 日为最后缴款期限。自 8 月 26 日起计算滞纳，该公司 9 月 5 日缴纳税款，共滞纳 11 天。

（3）按照计算公式正确计算关税、消费税、增值税滞纳金。

按照计算公式分别计算进口关税、进口环节消费税和增值税的滞纳金。

关税滞纳金 = 滞纳关税税额 $\times 0.5‰ \times$ 滞纳天数

$\qquad = 352793.52 \times 0.5‰ \times 11$

$\qquad = 1940.36$（元）

消费税滞纳金 = 滞纳消费税税额 $\times 0.5‰ \times$ 滞纳天数

$\qquad = 72860.70 \times 0.5‰ \times 11$

$\qquad = 400.73$（元）

增值税滞纳金 = 滞纳增值税税额 $\times 0.5‰ \times$ 滞纳天数

$\qquad = 247726.38 \times 0.5‰ \times 11$

$\qquad = 1362.50$（元）

4. 要点总结

①要熟知滞纳金的管理规定，正确理解起征日、截止日、顺延期间等相关规定。

②只对发生滞纳部分计算滞纳金，且各税种滞纳金应分别计算，不得合并。

第五节　进出口税费缴纳与退补及减免

一、税款缴纳

税款缴纳详见教材第三章第二节相关内容。

二、税款退还

（一）含义

关税退还是指在关税的纳税义务人缴纳关税后，发现多缴税款的，由海关主动或者经纳税义务人申请由海关将已经缴纳的部分或者全部税款退还给纳税义务人的一种制度。

（二）退税范围

以下情况经海关核准可予以办理退税手续：

（1）已缴纳进口关税和进口环节代征税税款的进口货物，因品质或者规格原因原状退货复运出境的；

（2）已缴纳出口关税的出口货物，因品质或者规格原因原状退货复运进境，并已重新缴纳因出口而退还的国内环节有关税收的；

（3）已缴纳出口关税的货物，因故未装运出口，已退关的；

（4）已征税放行的散装进出口货物发生短卸、短装，如果该货物的发货人、承运人或者保险公司已对短卸、短装部分退还或者赔偿相应货款的，纳税义务人可以向海关申请退还进口或者出口短卸、短装部分的相应税款；

（5）进出口货物因残损、品质不良、规格不符的原因，由进出口货物的发货人、承运人或者保险公司赔偿相应货款的，纳税义务人可以向海关申请退还赔偿货款部分的相应税款；

（6）因海关误征，致使纳税义务人多缴税款的。

（三）退税的期限及要求

海关发现多征税款的，应当立即通知纳税义务人办理退还手续。

纳税义务人申请退税受到时效限制，即自缴纳税款之日起 1 年内提出书面退税申请，并提供相应的证明材料。

海关应当自受理退税申请之日起 30 日内查实并通知纳税义务人办理退还

手续。纳税义务人应当自收到通知之日起3个月内办理有关退税手续。

退税必须在原征税海关办理。办理退税时，纳税义务人应填写"退税申请表"并持凭原进口或出口报关单、原盖有银行收款章的税款缴纳收据正本及其他必要单证（合同、发票、协议、商检机构证明等）送海关审核，海关同意后，应按原征税或者补税之日所实施的税率计算退税额。

进口环节增值税已予抵缴的除国家另有规定外不予退还。已征收的滞纳金不予退还。

（四）退税凭证

海关退还已征收的关税和进口环节代征税时，应填发"收入退还书"（海关专用），同时通知原纳税义务人或其代理人。海关将"收入退还书"（海关专用）送交指定银行划拨款。

"收入退还书"（海关专用）各联说明如下：

第一联为"收账通知"——交收款单位；

第二联为"付款凭证"——由退款国库作付出凭证；

第三联为"收款凭证"——由收款单位开户银行作收入凭证；

第四联为"付款通知"——由国库随收入统计表送退库海关；

第五联为"报查凭证"——由国库将进口环节代征税的送当地税务机关，关税的送退库海关；

第六联为"存根"——由填发海关存查。

三、税款的追征和补征

（一）追征和补征税款的范围

（1）进出口货物放行后，海关发现少征或者漏征税款的；

（2）因纳税义务人违反规定造成少征或者漏征税款的；

（3）海关监管货物在海关监管期内因故改变用途按照规定需要补征税款的。

①减免税货物在监管期内出售转让或移作他用，须经海关批准予以补税；

②保税进口料件经批准转为内销的；

③未经批准擅自转为内销的保税料件、暂时进口货物擅自处理、减免税进口货物在监管期内擅自出售转让或移作他用等情形被海关查获并予以补税的；

④溢卸、误卸货物事后又准予进口并且确定需要补税的；

⑤对于由于税则归类改变，完税价格的审定或其他工作差错而需补税的；

⑥暂时进口货物转为正式进口需补税的；

⑦海关查获的走私进口货物需补税的。

（二）追征、补征税款的期限和要求

（1）进出口货物放行后，海关发现少征或者漏征税款的，应当自缴纳税款或者货物放行之日起 1 年内，向纳税义务人补征税款。

（2）因纳税义务人违反规定造成少征或者漏征税款的，海关可以自缴纳税款或者货物放行之日起 3 年内追征税款，并按规定加收滞纳金。

超过时效规定的时限，海关就丧失追、补税的权力。

（三）追征、补征税款凭证

与正常缴纳税款的凭证一致，即纳税人凭"海关专用缴款书"向指定银行或开户银行缴纳税款。

四、关税减免

关税减免是减征关税和免征关税的简称，是全部或部分免除应税货物纳税义务人的关税给付义务的一种行政措施。我国《海关法》和《进出口关税条例》将减免税分为三类，即法定减免税、特定减免税和临时减免税。

（一）法定减免税

法定减免税是指按照《海关法》、《关税条例》和其他法律、行政法规的规定，进出口货物可以享受的减免关税优惠。海关对法定减免税货物一般不进行后续管理。

下列进出口货物、进出境物品，减征或者免征关税：

（1）关税税额在人民币 50 元以下的一票货物；

（2）无商业价值的广告品和货样；

（3）外国政府、国际组织无偿赠送的物资；

（4）在海关放行前遭受损坏或者损失的货物；

（5）进出境运输工具装载的途中必需的燃料、物料和饮食用品；

（6）中华人民共和国缔结或者参加的国际条约规定减征、免征关税的货物、物品；

（7）法律规定减征、免征关税的其他货物、物品。

（二）特定减免税

特定减免税是指海关根据国家规定，对特定地区、特定用途、特定企业给予的减免关税和进口环节海关代征税的优惠，也称政策性减免税。（详细内容见教材第三章第五节）

（三）临时减免

临时减免税是指法定减免税和特定减免税以外的其他减免税，国务院根据某个单位、某类商品、某个时期或某批货物的特殊情况和需要，给予特别的临时性减免税优惠。如汶川地震灾后重建进口物资。自 2008 年 7 月 1 日起，对受灾地区企业、单位，或支援受灾地区重建的企业、单位，进口国内不能满足供应并直接用于灾后重建的大宗物资、设备等，3 年内免征进口关税和进口环节增值税。

五、加工贸易保税货物缓税利息

加工贸易保税货物在规定的有效期限内（包括经批准延长的期限）全部出口的，由海关通知中国银行将保证金及其活期存款利息全部退还；加工贸易保税料件或制成品内销的，海关除依法征收税款外，还应加征缓税利息。缓税利息缴纳方式、缴纳凭证、缴纳规定等与税款缴纳相同。

海关关税缓息专用缴款书样例如下：

（一）征收规定

（1）缓税利息的利率为中国人民银行公布的活期存款利率，海关根据中国人民银行最新公布的活期存款利率随时调整并公布执行。2009 年 3 月公布的缓税利息率为 0.36%。

（2）对于实行保证金台账实转（包括税款保付保函）管理的加工贸易手册项下的保税货物，在办理内销征税手续时，如果海关征收的缓税利息大于对应台账保证金的利息，应由中国银行在海关税款缴款书上签注后退单，由海关重新开具两份缴款书，一份将台账保证金利息全额转为缓税利息，另一份将台账保证金利息不足部分单开海关税款缴款书，企业另行缴纳。

（二）计息期限

（1）保税料件或制成品经批准内销的，计息期限的起征日期为内销料件或制成品所对应的加工贸易合同项下首批料件进口之日至海关填发税款缴款书之日；加工贸易 E 类电子账册项下，则为内销料件或制成品所对应电子账册的最近一次核销之日（若没有核销日期的，则为电子账册的首批料件进口之日）至海关填发税款缴款书之日。

（2）保税料件或制成品未经批准擅自内销违反海关监管规定的，或保税货物需要后续补税但海关未按违规处理的，计息期限的起征日期为该加工贸易合同项下首批料件进口之日至保税料件或制成品内销之日（内销之日无法确定的，终止日期为海关发现之日）；若内销涉及多本合同，且内销料件或制成品与合同无法一一对应的，则计息的起征日期为最近一本合同项下首批料件进口之日至保税料件或制成品内销之日（内销之日无法确定的，终止日期为海关发现之日）；若加工贸易 E 类电子账册项下的料件或制成品擅自内销的，则计息的起征日期为内销料件或制成品所对应电子账册的最近一次核销之日（若没有核销日期的，则为电子账册的首批料件进口之日）至保税料件或制成品内销之日（内销之日无法确定的，终止日期为海关发现之日）。

保税料件或制成品等违规内销的，还应根据规定征收滞纳金。滞纳金是从应缴纳税款之日起至海关发现之日止按日计算，滞纳金征收比例为少征或漏征税款的 0.5‰。

（3）剩余料件、残次品、副产品和受灾保税货物等内销需征收缓税利息的，亦应比照上述规定办理。

（三）计算公式

加工贸易缓税利息应根据填发海关税款缴款书时海关总署公布的最新缓税利息率按日征收。其计算公式为：

$$缓税利息 = 补征税款 \times 计息期限（天数）\times 缓税利息率 \div 360$$

六、强制措施

《海关法》和《进出口关税条例》所规定的税收强制措施，包括税收保全措施和税收征缴的强制措施。

（一）税收保全措施

进出口货物的纳税义务人在《海关法》和《进出口关税条例》规定的纳税期限内有明显的转移、藏匿其应税货物及其他财产迹象的，海关可以要求纳税义务人在海关规定的期限内提供海关认可的担保。纳税义务人未提供的，经直属海关关长或者其授权的海关关长批准，海关应当采取税收保全措施。

1. 暂停支付存款

海关书面通知纳税义务人的开户银行或者其他金融机构，暂停支付相当于应纳税款的存款。

2. 暂扣货物或财产

因无法查明纳税义务人账户、存款数额等情形不能实施暂停支付措施的，书面通知纳税义务人扣留其价值相当于应纳税款的货物或者其他财产。

（二）强制措施

根据《海关法》规定，纳税义务人或其代理人应当在海关规定的缴款期限内缴纳税款，逾期缴纳的海关依法征收滞纳金。纳税义务人、担保人超过 3 个月仍未缴纳税款的，经直属海关关长或者其授权的海关关长批准，海关可以依法采取强制措施扣缴。

强制措施分为强制扣缴和变价抵扣两种。

1. 强制扣缴

强制扣缴是指海关依法自行或向人民法院申请采取从纳税（费）人的开户银行或者其他金融机构的存款中将相当于纳税义务人应纳税款的款项强制划拨入中央国库的措施，即书面通知其开户银行或其他金融机构从其存款中扣缴税款。

2. 变价抵扣

变价抵扣是指如果纳税义务人的银行账户中没有存款或存款不足以强制扣缴时，海关可以将未放行的应税货物依法变卖，以销售货物所得价款抵缴税款。如果该货物已经放行，海关可以将该纳税义务人的其他价值相当于应纳税款的货物或其他财产，以变卖所得价款抵缴税款。

（三）纳税争议的解决

纳税争议是指纳税义务人、担保人对海关征收关税的行为产生异议而引发的行政争议。此类争议的解决，适用我国解决行政争议的特别法律制度——行政复议制度和行政诉讼制度。

案例解析

案例一：完税价格的确定

海关认定：

（1）双方让利后的交易价格不符合正常定价习惯；

（2）售与境内无特殊关系的第三方的价格即使扣除国内相关费用，也远远高于有特殊关系买方的价格；

（3）根据国内售价320万元，粗略扣除关税及销售利润等，价格约为18.60万美元，高于进口企业申报的价格。

综上所述，企业的解释不能消除海关的怀疑，海关根据《中华人民共和国海关审定进出口货物完税价格办法》，海关采用相同货物18.6万美元估价方法估定完税价格。

案例二：税费的计算

1. 计算程序

（1）根据审定完税价格的有关规定，确定应税货物的CIF价格；

（2）按照归类原则确定税则归类，将应税货物归入适当的税号；

（3）根据原产地规则和税率适用规定，确定应税货物所适用的关税税率、消费税税率；

（4）根据汇率适用规定，将外币折算成人民币（完税价格）；

（5）按照计算公式正确计算关税税款；

（6）按照计算公式正确计算消费税税款；

（7）按照计算公式正确计算增值税税款。

2. 计算公式

消费税应纳税额 = 消费税组成计税价格 × 消费税比例税率 + 应征消费税进口数量 × 消费税定额税率

其中：消费税组成计税价格 = $\dfrac{\text{关税完税价格} + \text{关税} + \text{进口数量} \times \text{消费税定额税率}}{1 - \text{消费税税率}}$

3. 计算过程

（1）根据审定完税价格的审定办法，确定应税货物的CIF价格为10800美元（18×600）；

（2）按照归类原则相关规定，确定应税货物归入 2208.6000；

（3）根据原产地规则和税率适用规定，确定应税货物所适用的最惠国税率 10%，消费税税率是从价消费税税率 20%、从量消费税税率 1 元/千克；

（4）根据汇率适用规定，将外币折算成人民币完税价格 66251.52 元（10800×6.1344）；

（5）计算关税税额

关税税额＝关税完税价格 × 关税税率

$$=66251.52×10\%$$

$$=6625.15（元）$$

（6）计算消费税税款

从量消费税＝（600×0.9）×1=540（元）

$$消费税组成计税价格 = \frac{关税完税价格 + 关税 + 进口数量 × 消费税定额税率}{1-消费税税率}$$

$$=\frac{66251.52+6625.15+540}{1-20\%}$$

$$=91770.84（元）$$

消费税应纳税额＝消费税组成计税价格 × 消费税比例税率 + 应征消费税进口数量 × 消费税定额税率

$$=91770.84×20\%+540$$

$$=18894.17（元）$$

（7）计算增值税税款

应征增值税税额＝（完税价格 + 关税税额 + 消费税税额）× 增值税税率

$$=（66251.52+6625.15+18894.17）×17\%$$

$$=91770.84×17\%$$

$$=15601.04（元）$$

本章关键名词

关税	从价税	从量税	复合税
进口环节增值税	进口环节消费税	船舶吨税	滞纳金
滞报金	完税价格	优惠原产地规则	

本章练习题

一、单项选择题

1. 关税征税的主体是（　　）。

　　A. 国家　　　　　　　B. 海关　　　　　　C. 税务总局　　　D. 商务部

2. 关于暂定税率适用的原则，下列表述错误的是（　　）。

　　A. 适用最惠国税率的进口货物同时有暂定税率的，应当适用暂定税率

　　B. 适用协定税率、特惠税率的进口货物有暂定税率的，应当从低适用税率

　　C. 适用普通税率的进口货物，不适用暂定税率

　　D. 适用出口税率的出口货物有暂定税率的，不适用暂定税率

3. 海关发现多征税款的，应当立即通知纳税义务人办理退还手续；纳税义务人应当（　　）。

　　A. 自收到通知之日起 1 年内办理有关退税手续

　　B. 自收到通知之日起 3 个月内办理有关退税手续

　　C. 自海关发出通知之日起 1 年内办理有关退税手续

　　D. 自海关发出通知之日起 3 个月内办理有关退税手续

4. 关税、进口环节海关代征税、滞纳金、滞报金的起征点为（　　）元。

　　A.10　　　　　　　　B.20　　　　　　　C.30　　　　　　D.50

5. 为保证关税及时征缴入库，我国海关法规定，进出口货物的纳税义务人，应当自海关填发税款缴款书之日起（　　）日内缴纳税款；逾期交纳的，由海关按日征收（　　）的滞纳金。

　　A.14　0.5‰　　　　　B.15　0.5‰　　　C.14　1‰　　　D.15　1‰

6. 某单位委托代理进口温度精密检验仪一台，报关时所提供的发票列明如下货值 FOB10 万美元，运、保费 1 万美元，包装费、材料费共计 3000 美元，购货佣金 2000 美元，该产品境外特殊设计费 1.5 万美元，特许权使用费 1 万美元，技术服务费 5000 美元，则该货物的完税价格是（　　）。

　　A.11.3 万美元　　　　B.11.5 万美元　　C.13.8 万美元　　D.14 万美元

7. 当进口货物的完税价格不能按照成交价格确定时，海关应当依次使用相应的方法估定完税价格，依次使用的正确顺序是（　　）。

　　A. 相同货物成交价格方法……类似货物成交价格方法……倒扣价格方法……计算价格方法……合理方法

　　B. 类似货物成交价格方法……相同货物成交价格方法……倒扣价格方法……计算价格方法……合理方法

　　C. 相同货物成交价格方法……类似货物成交价格方法……合理方法……倒扣价格方法……计算价格方法

D. 倒扣价格方法……计算价格方法……相同货物成交价格方法……类似货物成交价格方法……合理方法

8. 因纳税义务人违反规定造成少征或漏征税款的，海关可以在规定期限内追征税款并从缴纳税款或者货物放行之日起至海关发现违规行为之日止按日加收少征或漏征税款的滞纳金。其规定期限和滞纳金的征收标准分别为（   ）。

A. 1 年；0.5‰   B. 3 年；0.5‰   C. 1 年；1‰   D. 3 年；1‰

9. 某集装箱船 2014 年 9 月 18 日申报进境，其所载货物最迟应于（   ）向海关申报（10 月 1—7 日为法定公众休息日）。

A.9 月 30 日   B.10 月 1 日   C.10 月 8 日   D.10 月 9 日

10. 下列关于海关征收滞报金的表述，正确的是（   ）。

A. 计征起始日为运输工具申报进境之日起第 15 日，截止日为海关接受申报之日（即申报日期），起始日计入滞报期间，但截止日不计入滞报期间

B. 滞报金的日征收金额为进口货物完税价格的 5‰

C. 滞报金计算至人民币"分"

D. 滞报金的起征点为人民币 50 元

二、多项选择题

1. 我国对下列货物征收从量关税的有（   ）。

A. 汽油   B. 石油原油   C. 胶卷   D. 啤酒

2. 我国对下列哪些货物征收增值税税率为 13%？（   ）

A. 食用花生油   B. 拖拉机   C. 石油液化气   D. 金粉

3. 下列适用税率时间的正确规定是（   ）。

A．进出口货物，应当适用海关接受该货物申报进口或者出口之日实施的税率

B．进口转关货物应按货物到达指运地海关之日的税率征税

C．保税货物经批准不复运出境的，需缴纳税款的，应当适用海关接受申报办理纳税手续之日实施的税率

D．暂准进境货物经批准不复运出境，以及暂准出境货物经批准不复运进境的，需缴纳税款的，应当适用海关接受申报办理纳税手续之日实施的税率

4. 关税的征税主体是国家，其征税对象是（   ）。

A. 进出关境的货物   B. 进出关境的物品

C. 进出关境的运输工具   D. 进出口货物收发货人

5. 原产地证明书的作用是（   ）。

A．证明产品原产于某国或者地区的书面证明文件

B．受惠国的原产品出口到给惠国时享受关税优惠的凭证

C．进口货物是否适用反倾销、保障措施等贸易政策的凭证

D.适用于《亚太贸易协定》等税率进口商品报关的证明文件

6.进口时在货物的价款中列明的下列税收、费用，不计入货物关税完税价格的有（ ）。

A.厂房、机械、设备等货物进口后进行建设、安装、装配、维修和技术服务的费用

B.进口货物运抵境内输入地点起卸后的运输及相关费用、保险费

C.进口关税及国内税收

D.作为该货物向我国境内销售条件，买方必须支付的，与该货物有关的特许权使用费

7.下列关于特殊进口货物完税价格审定的表述错误的是（ ）。

A.内销的来料加工的进口料件，以进口料件申报内销时的价格确定

B.从保税区、出口加工区销往区外的进口货物，均以海关审定的原进入保税区、出口加工区的价格作为完税价格

C.运往境外加工的货物，以海关审定的该出境货物的境外加工费和料件费作为完税价格

D.出口加工区内的加工企业内销的制成品，以制成品申报内销时的价格确定

8.下列选项哪些叙述是正确的？（ ）

A.经海关核准驶往日本修理的船舶，其价值为 USD 4000000，在日本的修理费和使用的零件费用为 USD500000，修理完毕复进境时，海关可按 USD500000 为完税价格征税

B.经海关核准运往香港进行染色的全棉本色坯布一批，出境时向海关申报 FOB 价格为 USD200000，在香港的加工费用为 USD10000，加工后的包装费用和其他劳务费用为 USD500，运到复进境港口的运费为 USD10000，保险费为 USD300。复进境时向海关申报 CIF 价格为 USD220800。复进境地海关征税时可以 USD20800 为完税价格征税

C.某单位经批准免税进口的机器设备，使用不满 2 年，经海关批准出售给不享受免税的单位使用，海关补征税款时，应以原进口时的成交价格作为完税价格

D.融资性租赁进口货物的收货人，向海关要求一次性缴纳关税的，海关可以该项进口货物的成交价格为基础审定完税价格

9.在确定进口货物的完税价格时，下列哪一项费用或价值应计入？（ ）

A.买方负担的除购货佣金以外的佣金和经纪费

B.作为销售条件，由买方直接或间接支付的特许权使用费

C.厂房、机械等货物进口后的基建、安装等费用

D. 卖方直接或间接从买方转售、处置或使用中获得的收益

10. 加工贸易进口料件及其制成品需征税或内销补税的，海关按照相关的规定审定完税价格。（　　　）

A. 进口时需征税的进料加工进口料件，以该料件申报进口时的价格估定

B. 内销的进料加工进口料件或其制成品（包括残次品、副产品），以料件原进口时的价格估定

C. 内销的来料加工进口料件或其制成品（包括残次品、副产品），以料件申报内销时的价格估定

D. 加工贸易加工过程中产生的边角料，以申报内销时的价格估定

三、判断题

1. 以 CIF 汉堡成交的出口货物，从广州口岸申报出口，其完税价格为海关审定的 CIF 汉堡价格扣除广州至汉堡的运保费并扣除出口税。（　　　）

2. 进口货物的收货人、出口货物的发货人、进境物品的所有人，运输工具负责人是关税的纳税义务人。（　　　）

3. 某外商投资企业进口一批设备，海关免税放行。一年后海关发现该企业已将此设备出售给非享受免税待遇的单位，因为已超过了补税期限，所以海关不应补征税款。（　　　）

4. 纳税义务人进口特定减免税货物，应当在货物进出口时，按照规定持有关文件向海关办理减免税审批手续。（　　　）

5. 某单位进口一批货物海关征税放行后，货主发现部分货物不符合合同规定的标准，退运索赔后不再进口，要求和海关退还退运货物已纳税款。海关按照《关税条例》的有关规定，退运出口时不征出口税，但是已征进口税不退。（　　　）

6. 关税、进口环节海关代征税、滞纳金等，应当按人民币计征，采用四舍五入法计算至分。（　　　）

7. 关税纳税义务人或其代理人应当自海关填发税款缴款书之日起 15 个工作日内向指定银行缴纳税款。（　　　）

8. 某加工贸易的单位于 2009 年 1 月 20 日，经批准进口一批料件加工成品复出口。海关于 2009 年 5 月 15 日稽查发现，该单位已于 3 月 18 日将该批进口料件内销。6 月 22 日海关决定罚款并补税处理。海关补税时应按 3 月 18 日实施的税率补税。（　　　）

9. 进口中性包装、裸装货物和散装货物必须提供原产地证明书，否则海关按普通税率计征。（　　　）

10. 从日本进口天然胶乳一批，其暂定税率是 10%，最惠国税率是 20%，海关对该批货物应按最惠国税率征收进口关税。（　　　）

四、简答题

1. 进口货物原产地如何确定？
2. 使用成交价格估价方法应当符合哪些条件？
3. 目前我国哪些进口商品适用 13% 的增值税税率？
4. 目前我国征收进口环节消费税的商品有哪些？

五、案例分析题

（一）某省纺织品集团公司从 A 国进口一批粗梳羊毛（税则号列51051000，适用非优惠原产地规则），该批粗梳羊毛系以 B 国原产的未梳含脂剪羊毛（税则号列 51011100，适用优惠原产地规则）加工而成，发票列明货物价值、包装费、至境内指运地的运费及相关费用、保险费，货物以境内外全程联运方式自上海进境运至该收货人所在的某省会城市。

粗梳羊毛系法定检验检疫及进口关税配额管理商品，但收费人未能足额获得配额数量。

某报关企业受收货人委托向海关报关时，报关员未能对收货人提供的情况进行认真审核，致使电子数据报关单填制不规范，被海关作退单处理。

根据案例解答相关问题。

（1）以下关于该批货物原产地的表述，正确的是（　　）。

A. 适用优惠原产地规则中的"完全获得标准"，并以此认定 B 国为原产国

B. 适用非优惠原产地原则中的"加工工序标准"，并以此认定 A 国为原产国

C. 适用非优惠原产地规则中的"税则归类改变标准"，并以此认定 A 国为原产国

D. 适用优惠原产地规则中的"从价百分比标准"，并以此认定 B 国为原产国

（2）进口粗梳羊毛的完税价格应不包含货物成交价格中的下列部分（　　）。

A. 货物价值　　　　　　　　　　　　B. 包装费

C. 运抵境内输入地点起卸后的运费及相关费用

D. 运抵境内输入地点起卸后的保险费

（3）进口粗梳羊毛向海关申报时，应提交的监管证件是（　　）。

A. 优惠贸易协定项下的进口原产地证明书　　B. 关税配额证明

C. 入境货物通关单　　　　　　　　　　　　D. 自动进口许可证

（4）超出关税配额部分的进口粗梳羊毛，可能适用的税率是（　　）。

A. 普通税率　　　　　　　　　　　　B. 最惠国税率

C. 协定税率　　　　　　　　　　　　D. 关税配额税率

（5）下列情形中，可能造成海关退单的是（　　）。

A. 未在报关单"进口口岸"栏填报进境地口岸海关名称及代码

B. 未在报关单"备案号"栏填报原产地证书代码及编号

C. 未在报关单"随附单据"栏填报监管证件的代码及编号

D. 未在报关单"标记码及备注"栏填报监管证件的代码及编号

（二）2014 年 1 月 17 日，兴达实业有限公司以一般贸易方式向某海关申报进口聚酯稀化工原料一批。某海关于同日在征收关税和代征进口环节增值税后，办理了该批货物的结关放行手续。2 月 25 日，某海关经核查发现，对兴达公司所进口的上述化工原料税则归类错误，导致漏征部分税款，遂于 3 月 1 日又向兴达公司补征关税和进口环节增值税共计人民币 12 万余元。

根据《海关法》和《进出口关税条例》的相关规定，同时结合前文所述案例，对有关问题进行说明。

（1）短征税款，海关是否有权予以补征？

（2）海关对短征税款的征收期限有多长？

（3）海关追、补征税款的起始时间如何确定？

六、计算题

1. 某公司从荷兰进口 3000 箱"喜力"牌啤酒，规格为 24 支 ×330ml/ 箱，成交价为 FOB 鹿特丹 HKD50/ 箱，运费为 HKD20000，保险费率为 0.3%。经海关审定：进口关税率为 3.5 元/升，消费税率为 RMB220元/吨（1 吨 =988升），增值税率为 17%，汇率 HKD100=RMB78.98。该啤酒的关税、消费税、增值税分别为多少？

2. 某进出口公司于 2014 年 7 月 11 日（周五）申报进口一批货物，海关于当日开出税款缴款书。其中关税税款为人民币 24000 元，增值税税款为人民币 35100 元，消费税税款为人民币 8900 元。该公司实际缴纳税款日期为 8 月 14 日。计算该公司应缴纳的滞纳金。

进出口货物报关单填制

本章导读

　　进出口报关单是办理货物进出口报关手续的主要单证，按照《中华人民共和国海关进出口货物申报管理规定》和《中华人民共和国海关进出口货物报关单填制规范》的要求，准确、完整、规范地填制进出口报关单是货物顺利通关的前提条件，也是报关员从事报关业务所必备的基本技能。

　　为了配合报关水平测试考试，提高学生的实际动手能力，本章新增加了 QP 系统实际操作内容。

学习目标

　　1. 了解进出口报关单的用途
　　2. 熟悉进出口报关单填制规范
　　3. 结合实例，准确填写进出口报关单
　　4. 了解 QP 操作系统（选学内容）

案例导入

　　【案例】 宏达贸易有限公司（海关注册编码 220123XXXX，统一社会信用代码 91220102XXXXXXXXXX）委托万利进出口公司（海关注册编码 220196XXXX，统一社会信用代码 93220104XXXXXXXXXX），在投资总额内从美国购入自用设备，该公司提供了发票及装箱单等资料，并已办好入境通关单 20161000 及自动进口许可证 16–AB–0008。运输船舶 DAHWOOD V.032 于 2016 年 2 月 15 日从大连大窑湾海关（代码 0908）申报进境，企业当日向海关申报，海关接受。该商品位于征免税证明（Z91838123458）第 2 项，法定计量单位为台，美元代码为 502。

　　请问：万利进出口公司如何填制此票货物的进口报关单？

EXPORTER/SELLER/BENEFICIARY: LINER CO., LTD. UNIT A, 16/F., 18 HARCOURT ROAD, ADMIRALTY, JAPAN IMPORTER/BUYER/APPLICANT: WANLI IMP & EXP CO.		**COMMERCIAL INVOICE**	
SHIPMENT FROM LOS ANGELES, USA. （洛杉矶）		INVOICE NO. HG05004	DATE: JAN 20, 2016
TO DALIAN, CHINA VIA KOBE		DC CREDIT NO. 11848	CONTRACT NO. CC-IT-2016005
BY SHIP	B/L NO. G100F.	PAYMENT BY L/C AT SIGHT	
VESSEL/FLIGHT/VEHICLE NO. DAHWOOD V.032		COUNTRY OF ORIGIN USA	

SHIPPING MARKS	COMMODITY NAME AND SPECIFICATION	QUANTITY	UNIT PRICE (USD)	VALUE(USD)
DALIAN P.O. NO. CRATE NO.	金属母盘生产设备(光盘生产用)JF860 (HS8479899910)	2SETS （套）	FOBLOS ANGELES 9060.00/SET	18120.00
TOTAL:		2SETS		18120.00
PACKING: IN TEN CRATES AND TWO PALLETS				
FREIGHT CHARGES: USD800.00 INSURANCE CHARGES: 3‰ STAMP OR SIGNATURE				

EXPORTER/SELLER/BENEFICIARY: LINER CO., LTD. UNIT A, 16/F., 18 HARCOURT ROAD, ADMIRALTY, JAPAN IMPORTER/BUYER/APPLICANT: WANLI IMP & EXP CO.		**PACKING LIST**	
SHIPMENT FROM LOS ANGELES, USA. （洛杉矶）		INVOICE NO. HG05004	DATE: JAN 20, 2016
TO DALIAN, CHINA VIA KOBE		DC CREDIT NO. 11848	
BY SHIP		CONTRACT NO. CC -IT-2016005	PAYMENT L/C AT SIGHT
VESSEL/FLIGHT/VEHICLE NO. DAHWOOD V.032	B/L NO. G100F	MANUFACTURER	ORIGIN USA

SHIPPING MARKS	COMMODITY NAME AND SPECIFICATION	QUAN	PACKAGES	G.W KGS	N.W KGS	V.(M³)
DALIAN P.O. NO. CRATE NO.	金属母盘生产设备(光盘生产用)JF860	2SETS	10CRATES 2PALLETS	2,000 4,500	1,500 3,500	8 12
TOTAL:		2 SETS		6,500	5,000	20
PACKING: IN TEN CRATES AND TWO PALLETS						
				STAMP OR SIGNATURE		

第一节 进出口货物报关单概述

一、进出口货物报关单的含义

进出口货物报关单是指进出口货物的收发货人或其代理人，按照海关规定的格式对进出口货物的实际情况做出的书面申明，以此要求海关对其货物按适用的海关制度办理报关手续的法律文书。

二、进出口货物报关单的类别

按货物的流转状态、贸易性质和海关监管方式的不同，进出口货物报关单可分为以下几种类型：

（一）按进出口流向分类

（1）进口货物报关单；

（2）出口货物报关单。

（二）按介质分类

（1）纸质报关单；

（2）电子数据报关单。

（三）按海关监管方式分类

（1）进料加工进（出）口货物报关单；

（2）来料加工及补偿贸易进（出）口货物报关单；

（3）一般贸易及其他贸易进（出）口货物报关单。

三、进出口货物报关单各联的用途

纸质进口货物报关单一式四联，分别是：海关作业联、企业留存联、海关核销联、进口付汇证明联。纸质出口货物报关单一式五联，分别是：海关作业联、企业留存联，海关核销联、出口收汇证明联、出口退税证明联。

（一）进出口货物报关单海关作业联

进出口货物报关单海关作业联是报关员配合海关查验、缴纳税费、提取或装运货物的重要单据，也是海关查验货物、征收税费、编制海关统计及处理其他海关事务的重要凭证。

（二）进口货物报关单付汇证明联、出口货物报关单收汇证明联

进口货物报关单付汇证明联和出口货物报关单收汇证明联，是海关对已实际进出境的货物所签发的证明文件，是银行和国家外汇管理部门办理售汇、付汇和收汇及核销手续的重要依据之一。

对需办理进口付汇核销或出口收汇核销的货物，进出口货物的收发货人或其代理人应当在海关放行货物或结关以后，向海关申领进口货物报关单进口付汇证明联或出口货物报关单出口收汇证明联，凭以向银行或国家外汇管理部门办理付、收汇核销手续。

（三）进出口货物报关单加工贸易核销联

进出口货物报关单海关核销联是指接受申报的海关对已实际申报进口或出口的货物所签发的证明文件，是海关办理加工贸易合同核销、结案手续的重要凭证。加工贸易的货物进出口后，申报人应向海关领取进出口货物报关单海关核销联，并凭以向主管海关办理加工贸易合同核销手续。该联在报关时与海关作业联一并提供。

（四）出口货物报关单出口退税证明联

出口货物报关单出口退税证明联是海关对已实际申报出口并已装运离境的货物所签发的证明文件，是国家税务部门办理出口货物退税手续的重要凭证之一。

对可办理出口退税的货物，出口货物发货人或其代理人应当在载运货物的运输工具实际离境、海关办理结关手续后，向海关申领出口货物报关单出口退税证明联，有关出口货物发货人凭以向国家税务管理部门申请办理出口货物退税手续。对不属于退税范围的货物，海关均不予签发该联。

随着网络技术的成熟，上述除进出口货物报关单海关作业联之外，其他各联报关单多已可凭电子数据进行相关作业，纸质作业联在需要时可向海关申领。

四、进出口货物报关单的法律效力

《海关法》规定："进口货物的收货人、出口货物的发货人应当向海关如实申报，交验进出口许可证件和有关单证。"

进出口货物报关单及其他进出境报关单（证）在对外经济贸易活动中具有十分重要的法律效力，是货物的收、发货人向海关报告其进出口货物实际情况及适用海关业务制度、申请海关审查并放行货物的必备法律文书。它既是海关对进出口货物进行监管、征税、统计以及开展稽查、调查的重要依据，又是出口退税和外汇管理的重要凭证，也是海关处理进出口货物走私、违规案件，以及税务、外汇管理部门查处骗税、逃套汇犯罪活动的重要书证。因此，申报人对所填报的进出口货物报关单的真实性和准确性应承担法律责任。

五、海关对进出口货物报关单填制的一般要求

（一）按照相应制度申报并承担相应的法律责任

进出境货物的收发货人或其代理人应当按照《中华人民共和国海关进出口货物申报管理规定》、《报关单填制规范》、《统计商品目录》、《规范申报目录》等有关规定要求向海关申报，并对申报内容的真实性、准确性、完整性和规范性承担相应的法律责任。

（二）做到"两个相符"

（1）单证相符，即所填报关单各栏目的内容必须与合同、发票、装箱单、提单以及批文等随附单据相符。

（2）单货相符，即所填报关单各栏目的内容必须与实际进出口货物的情况相符，不得伪报、瞒报、虚报。

（三）分单填报

（1）不同批文、不同许可证、不同合同、不同运输方式、不同航次、不同监管方式、不同提运单、不同备案号、不同征免性质以及不同运输工具名称的货物等，均应分不同的进出口报关单填报。

（2）同一份报关单上的商品同时享受协定税率和减免税。

（3）一份原产地证书，只能用于同一批次进口货物。含有原产地证书管理商品的一份报关单，只能对应一份原产地证书；同一批次货物中，实行原产地证书联网管理的，如涉及多份原产地证书或含非原产地证书商品，亦应分单填报。

（四）分项填报

商品编号、商品名称、计量单位、币制不同、征免、原产国（地区）/最终目的国（地区）不同的，均需分项填报。

六、新版出口货物报关单样本

★220020160

中华人民共和国海关出口货物报关单

仅供核对用

预录入编号：		海关编号：			出口日期		申报日期
收发货人 北京科维克━━━━━━		出口口岸 (2200) 上海海关	运输方式(0) 非保税区	运输工具名称 1231231231/232323232		提运单号 12312312312	
生产销售单位 (━━━━) 北京科维克━━━━━		监管方式 (0110) 一般贸易		征免性质 (101) 一般征税		备案号	
申报单位 (━━━━) ━━━━━							
贸易国（地区）(142) 中国	运抵国（地区）(101) 阿富汗	指运港 (1002) 喀布尔		境内货源地 (31052) 上海经济技术开发区			
许可证号 23-23-23232323232	成交方式 (1) CIF	运费 000/0.2/1		保费 000/0.3/1		杂费 000/0.5/1	
合同协议号	件数 1000	包装种类 (2) 纸箱		毛重（千克） 2000		净重（千克） 2000	
集装箱号 11111111111 * 2(3)	随附单证 进口许可证、两用物项和技术进口许可证						

标记唛码及备注
备注: 12312312312312
随附单证号: 23232323232323、23243423423423
集装箱号: 22222222222

项号	商品编号	商品名称、规格型号	数量及单位	最终目的国（地区）	单价	总价	币制	征免
1	1003900000	1 122312312312	100千克中国 (142) 100千克		100.0000	10000.00	(142) 人民币	照章征税 (1)
2	0206490000	2 3232312312	200千克中国 (142) 200千克		20.0000	4000.00	(142) 人民币	照章征税 (1)
3	2711110000	3 323232323	200千克中国 (142) 200千克		10.0000	2000.00	(142) 人民币	照章征税 (1)
4	1003900000	12 3232323	200千克中国 (142) 200千克		102.0000	20400.00	(142) 人民币	照章征税 (1)
5	5205120000	21 323232	100千克中国 (142) 100千克		21.0000	2100.00	(142) 人民币	照章征税 (1)
6	2001100000	2323 3223232	200千克中国 (142) 200千克		120.0000	24000.00	(142) 人民币	照章征税 (1)
7	2001100000	2323 3223232	200千克中国 (142) 200千克		120.0000	24000.00	(142) 人民币	照章征税 (1)
8	2001100000	2323 3223232	200千克中国 (142) 200千克		120.0000	24000.00	(142) 人民币	照章征税 (1)

特殊关系确认：是		价格影响确认：否	支付特许权使用费确认：是

录入员 0000000009756	录入单位	兹申明对以上内容承担如实申报、依法纳税之 法律责任	海关批注及签章
报关人员		申报单位（签章）	

第二节　进出口货物报关单表头各栏目的填报

进出口货物报关单表头部分包括以下三十个栏目。

一、收发货人

（一）含义

收发货人是指经国家外经贸主管部门及其授权部门核准，并已在海关注册登记，有权在一定的范围内从事对外经济贸易进出口经营活动的法人、其他组织和个人。

进出口货物报关单中的收发货人专指对外签订并执行进出口贸易合同的中国境内企事业单位或者个人的名称及编码。

（二）编码规则

1. 海关注册编码

海关注册编码，指经营单位向所在地主管海关办理注册登记手续时，海关为之设置的注册登记编码。海关注册编码为 10 位数字。

海关注册编码结构如下：

（1）第 1 至第 4 位数为进出口单位属地的行政区划代码，其中第 1、2 位数表示省、自治区、直辖市，第 3、4 位数表示省辖市（地区、省直辖行政单位）。

例如：北京西城区 1102、广州市 4401；如果第 3、4 位用"90"的，则表示未列名的省直辖行政单位。

（2）第 5 位数为市内经济区划代码：

"1"：经济特区（深圳特区可用"0"）；

"2"：经济技术开发区和上海浦东新区、海南洋浦经济开发区；

"3"：高新技术产业开发区；

"4"：保税区；

"5"：出口加工区；

"6"：保税港区；

"7"：物流园区；

"9"：其他。

"W"：保税物流中心

例如，珠海市为 4404，细分为：珠海特区为 44041，珠海保税区为 44044，珠海国家高新技术产业开发区为 44043，珠海跨境工业区为 44045，珠海市其他地区为 44049。其他四个特区（厦门、深圳、汕头、海南）内同样分别设有经济技术开发区、高新技术产业开发区或保税区等，第 5 位数为"1"或"0"的海关注册编码实际上只表示列名经济特区的一部分辖区。

（3）第 6 位数为进出口企业经济类型代码：

"1"：有进出口经营权的国有企业；

"2"：中外合作企业；

"3"：中外合资企业；

"4"：外商独资企业；

"5"：有进出口经营权的集体企业；

"6"：有进出口经营权的私营企业；

"7"：有进出口经营权的个体工商户；

"8"：有报关权而没有进出口经营权的企业；

"9"：其他，包括外国驻华企事业机构、外国驻华使领馆和临时有进出口经营权的单位。

"A"：国营对外加工企业（无进出口经营权）

"B"：集体对外加工企业（无进出口经营权）

"C"：私营对外加工企业（无进出口经营权）

（4）第 7 位为企业注册用海关经营类别代码，表示海关行政相对人的类别。如数字 0–9 为进出口货物收发货人 / 报关企业，英文大写字母 D–I 为各类保税仓库，L 为临时注册登记单位，Z 为报关企业分支机构，J 为国内结转型出口监管仓库，P 为出口配送型出口监管仓库。

（5）第 8 至 10 位数为企业注册流水账号。

2.统一社会信用代码

统一社会信用代码是一组长度为 18 位的用于法人和其他组织身份识别的代码。我国以统一社会信用代码和相关基本信息作为法人和其他组织的"数字身份证"，成为管理和经营过程中法人和其他组织身份识别的手段。

代码序号	1	2	3	4	5	6	7	8	9	10	11	12	13	14	15	16	17	18
代码	×	×	×	×	×	×	×	×	×	×	×	×	×	×	×	×	×	×
说明	登记管理部门代码1位	机构类别代码1位	登记管理机关行政区划码6位						主体标识码（组织机构代码）9位									校验码1位

（三）填报要求

（1）填报收发货人的中文名称及编码。编码可选填18位法人和其他组织统一社会信用代码或10位海关注册编码任一项。

（2）进出口货物合同的签订者和执行者非同一企业的,填报执行合同的企业。

例如：中国化工进出口总公司对外统一签约，而由辽宁省化工进出口公司负责合同的具体执行，则收发货人应为辽宁省化工进出口公司。

（3）外商投资企业委托进出口企业进口投资设备、物品的，填报外商投资企业，并在标记唛码及备注栏注明"委托某进出口企业进口"，同时注明被委托企业的18位法人和其他组织统一社会信用代码。

（4）有代理报关资格的报关企业代理其他进出口企业办理进出口报关手续时，填报委托的进出口企业的名称及海关注册编码。

（5）使用海关核发的《中华人民共和国海关加工贸易手册》、电子账册及其分册（以下统称《加工贸易手册》）管理的货物，收发货人应与《加工贸易手册》的"经营企业"一致。

二、消费使用单位/生产销售单位

（一）含义

消费使用单位是指已知的进口货物在境内的最终消费使用单位，包括自行从境外进口货物的单位、委托进出口企业进口货物的单位等。

生产销售单位是指出口货物在境内的生产或销售单位，包括自行出口货物的单位、委托进出口企业出口货物的单位等。

（二）填报要求

（1）本栏目可选填18位法人和其他组织统一社会信用代码或10位海关注册编码或9位组织机构代码任一项。没有代码的应填报"NO"。

（2）有10位海关注册编码或18位法人和其他组织统一社会信用代码或加工企业编码的消费使用单位/生产销售单位，本栏目应填报其中文名称及编码；没有编码的应填报其中文名称。

（3）使用《加工贸易手册》管理的货物，报关单的消费使用单位/生产销售单位应与加工贸易手册的"加工企业"一致。

（4）减免税货物报关单的消费使用单位/生产销售单位应与征免税证明的"减免税申请人"一致。

（三）消费使用单位/生产销售单位与收发货人的关系

自行进出口货物的消费使用单位/生产销售单位同收发货人；外商投资

企业委托外贸企业进口投资设备、物品的，消费使用单位同收发货人；其他委托进出口企业进出口货物的消费使用单位／生产销售单位与收发货人不一致。

三、申报单位

（一）含义

申报单位指向海关办理进出口货物报关手续的法人。

（二）填报要求

自理报关的，本栏目填报进出口企业的名称及编码；委托代理报关的，本栏目填报报关企业名称及编码。

本栏目可选填18位法人和其他组织统一社会信用代码或10位海关注册编码任一项。

本栏目还包括报关单左下方用于填报申报单位有关情况的相关栏目，包括报关人员、申报单位签章。

四、进口口岸/出口口岸

（一）含义

进（出）口口岸亦称关境口岸，本指国家对外开放的港口及边界关口，具体而言是指设在一国关境内的对外开放的国际运输港口、国际民航航空站（港）、国际运输铁路车站、国际邮件交换局（交换站）、跨国（境）输出输入管道（线、网络）以及位于关界的国际运输公路通道等经一国政府批准的进出境地点。但在进出口货物报关单中，进口口岸和出口口岸特指货物实际进出境的口岸海关。

（二）填报要求

1. 本栏目填报海关规定的《关区代码表》中相应口岸海关的名称及代码

例如：上海海关的关区代码为2200，吴淞海关的为2202，浦东海关的为2210。其中2200表示整个上海海关关区，2202、2210表示为上海海关的隶属海关代码。

"关区代码表"中有隶属海关关别及代码时，则应填报隶属海关名称及代码。例如：货物由上海吴淞进境，则"进口口岸"栏填写"吴淞海关"+"2202"。

若"关区代码表"中只有直属海关名称及代码的，填报直属海关名称及代码。例如：货物由西宁空运出口，则"出口口岸"栏填写"西宁海关"+"9701"。

2. 特殊填报要求

进口转关运输货物应填报货物进境地海关名称及代码，出口转关运输货物应填报货物出境地海关名称及代码。按转关运输方式监管的跨关区深加工结转货物，出口报关单填报转出地海关名称及代码，进口报关单填报转入地海关名称及代码。

在不同海关特殊监管区域或保税监管场所之间调拨、转让的货物，填报对方特殊监管区域或保税监管场所所在的海关名称及代码。

其他无实际进出境的货物，填报接受申报的海关名称及代码。

五、进口日期/出口日期

（一）含义

进口日期，是指运载所申报货物的运输工具申报进境的日期。

出口日期，是指运载出口货物的运输工具办结出境手续的日期。

（二）填报要求

（1）日期均为 8 位数字，顺序为年 (4 位)、月（2 位）、日（2 位）。例如，2016 年 3 月 7 日进口一批货物，运输工具申报进境日期为 3 月 7 日，"进口日期"栏填报为："20160307"。

（2）"出口日期"以运载出口货物的运输工具实际离境日期为准。本栏供海关打印报关单证明联用，可免予填报。

（3）无实际进出境的报关单填报海关接受申报的日期。

六、申报日期

（一）含义

申报日期是指海关接受进出口货物的收、发货人或受其委托的报关企业向海关申报货物进出口的日期。

以电子数据报关单方式申报的，申报日期为海关计算机系统接受申报数据时记录的日期。以纸质报关单方式申报的，申报日期为海关接受纸质报关单并对报关单进行登记处理的日期。

（二）填报要求

本栏目在申报时免予填报。

七、运输方式

（一）含义

运输方式包括实际运输方式和海关规定的特殊运输方式，前者指货物实际进出境的运输方式，按进出境所使用的运输工具分类；后者指货物无实际进出境的运输方式，按货物在境内的流向分类。

（二）填报要求

1. 根据货物实际进出境的运输方式或货物在境内流向的类别按海关规定的"运输方式代码表"选择填报相应的运输方式

表6.1　主要运输方式代码表

代码	名称	代码	名称
2*	水路运输	4*	公路运输
3*	铁路运输	5*	航空运输

还有 0、1、6、7、8、9、W、X、Y、Z、H 分别代表非保税区、监管仓库、邮件运输、保税区、保税仓库、其他运输、物流园区、保税港区、出口加工区和边境特殊海关作业区。

2. 特殊情况下运输方式的填报要求

（1）非邮件方式进出口的快件，按实际进出境运输方式填报。

（2）进出境旅客随身携带的货物，按旅客实际进出境时所乘运输工具填报。

（3）进口转关运输货物，按载运货物抵达进境地的运输工具填报；出口转关运输货物，按载运货物驶离出境地的运输工具填报。

（4）不复运出（入）境而留在境内（外）销售的进出境展览品、留赠转卖物品等，应填其他（代码为9）。

3. 无实际进出境货物在境内流转时填报要求

（1）境内非保税区运入保税区货物和保税区退区货物，填报"非保税区"（代码0）；

（2）保税区运往境内非保税区货物，填报"保税区"（代码7）；

（3）境内存入出口监管仓库和出口监管仓库退仓货物，填报"监管仓库"（代码1）；

（4）保税仓库转内销货物，填报"保税仓库"（代码8）；

（5）从境内保税物流中心外运入中心或从中心运往境内中心外的货物，填报"物流中心"（代码 W）；

（6）从境内保税物流园区外运入园区或从园区内运往境内园区外的货物，填报"物流园区"（代码 X）；

（7）保税港区、综合保税区、出口加工区、珠澳跨境工业区（珠海园区）、中哈霍尔果斯边境合作区（中方配套区）等特殊区域与境内（区外）（非特殊区域、保税监管场所）之间进出的货物，区内、区外企业应根据实际运输方式分别填报，"保税港区 / 综合保税区"（代码 Y），"出口加工区"（代码 Z）。

（8）境内运入深港西部通道港方口岸区的货物，填报"边境特殊海关作业区"（代码 H）；

（9）经横琴新区和平潭综合实验区（以下简称综合试验区）二线指定申报通道运往境内区外或从境内经二线制定申报通道进入综合试验区的货物，以及综合试验区内按选择性征收关税申报的货物，填报"综合试验区"（代码 T）。

（10）其他境内流转货物，填报"其他运输"（代码 9），包括特殊监管区域内货物之间的流转、调拨货物，特殊监管区域、保税监管场所之间相互流转货物，特殊监管区域外的加工贸易余料结转、深加工结转、内销等货物。

4. 填报应注意的事项

（1）运输方式为保税区（代码为 7）和保税仓库（代码为 8）仅适用于保税区和保税仓库转内销货物进口报关单的填报，不得用于出口报关单。

（2）运输方式代码为"0、1、7、8、Z、W、X、Y"的，其进口报关单的启运国栏、出口报关单的运抵国栏应填报中国（142）。

八、运输工具名称/航次号

（一）含义

运输工具名称，指载运货物进出境所使用的运输工具的名称或编号。

航次号，指载运货物进出境的运输工具的航次编号。

（二）运输工具名称的填报要求

1. 一份报关单只允许填报一个运输工具名称

2. 直接在进出境地或采用区域通关一体化通关模式办理报关手续的报关单填报要求

运输方式	填报要求
水路运输	船舶编号（来往港澳小型船舶为监管簿编号）或者船舶英文名称
公路运输	跨境运输车辆的国内行驶车牌号，深圳提前报关模式填报国内行驶车牌号 + "/" + "提前报关"（4 个汉字）
铁路运输	车厢编号或交接单号
航空运输	航班号
邮件运输	邮政包裹单号
其他运输	具体运输方式名称，例如，管道、驮畜等

3. 转关运输货物报关单填报要求

（1）进口

报关方式 运输方式	直转、提前报关	中转
水路运输	"@" +16 位转关申报单预录入号 （或 13 位载货清单号）	进境英文船名
铁路运输		车厢编号
航空运输		"@"
公路及其他	"@" +16 位转关申报单预录入号（或 13 位载货清单号）	
以上各种运输方式使用广东地区载货清单转关的货物的提前报关填报 "@" +13 位载货清单号。		

（2）出口

报关方式 运输方式	非中转	中转		多张报关单通过一张转关单转关
水路运输	"@" +16 位转关申报单预录入号（或 13 位载货清单号）	境内水路	驳船船名	"@"
		境内铁路	车名 [主管海关代码 + "TRAIN"]	
		境内公路	车名 [主管海关代码 + "TRUCK"]	
铁路运输 航空运输	"@" +16 位转关申报单预录入号（或 13 位载货清单号）			
其他运输方式	"@" +16 位转关申报单预录入号（或 13 位载货清单号）			

4. 采用"集中申报"通关方式办理报关手续的，报关单本栏目填报"集中申报"

5. 无实际进出境的货物，本栏为空

（三）航次号的填报要求

1. 直接在进出境地或采用区域通关一体化通关模式办理报关手续的报关单

运输方式	填报要求
水路运输	船舶的航次号
公路运输	启用公路舱单前，填报运输车辆的8位进出境日期〔顺序为年（4位）、月（2位）、日（2位），下同〕。启用公路舱单后，填报货物运输批次号。
铁路运输	列车进出境日期
航空运输	免予填报
邮件运输	运输工具的进出境日期
其他运输方式	免予填报

2. 转关运输货物报关单的填报要求

（1）进口

运输方式＼报关方式	中转	直转、提前报关
水路运输	"@"＋进境干线船舶航次	免予填报
公路运输	免予填报	
铁路运输	"@"＋8位进境日期	
航空运输	免予填报	
其他运输方式		

（2）出口

报关方式 运输方式	非中转	中转	
水路运输	免予填报	境内水路 运输	驳船船名
		境内铁路、 公路运输	6位启运日期〔顺序为年（2位）、月（2位）、日（2位）〕
铁路拼车拼箱捆 绑出口	免予填报		
航空运输			
其他运输方式			

3. 无实际进出境的，免予填报

表6.2 各种不同运输方式下航次号填报要求汇总表

报关方式 运输方式	直接在进 出境办理	转关运输货物		
		进口		出口
水路运输	船舶的 航次号	中转："@"+进境 干线船舶航次	直转、提前： 免予填报	中转：驳船航 次号
公路运输	进出境日期	免予填报		6位起运日期 （年月日各两位）
铁路运输		"@"+进出境日期		
航空运输				
邮件运输	免予填报	免予填报		
其他各类				

（四）本栏目纸质报关单填报格式要求

水路运输填报船舶英文名称（来往港澳小型船舶为监管簿编号）或者船舶编号＋"/"＋"航次号"，即"运输工具名称"＋"/"＋"航次号"。

例如，"HANSA STAVANGER"号轮HV300W航次，在"运输工具名称"栏填报为：HANSA STAVANGER/HV300W。

公路运输填报该跨境运输车辆的国内行驶车牌号＋"/"＋进出境日期[8位数字，顺序为年（4位）、月（2位）、日（2位），下同]。

铁路运输填报车厢编号或交接单号＋"/"＋进出境日期。

航空运输填报航班号。

邮件运输填报邮政包裹单号＋"/"＋进出境日期。

其他运输填报具体运输方式名称，例如，管道、驮畜等。

九、提运单号

（一）含义

提运单是指进出口货物提单或运单的编号，该编号必须与运输部门向海关提供的载货清单所列相应内容一致（包括数码、英文大小写、符号、空格等）。

（二）填报要求

（1）一份报关单只允许填写一个提运单号。一批货物对应多个提运单时，应分单填报。

（2）直接在进出境地或采用区域通关一体化通关模式办理报关手续的：

①水路运输：填报进出口提单号。如有分提单的，填报进出口提单号＋"*"＋分提单号。

②公路运输：免予填报。

③铁路运输：填报运单号。

④航空运输：填报总运单号＋"–"（下划线）＋分运单号，无分运单的填报总运单号。

⑤邮件运输填报邮运包裹单号。

（3）无实际进出境的，本栏目免予填报。

（4）转关运输货物的填报要求：

①进口

报关方式 运输方式	直转、中转报关	提前
水路运输	提单号	免予填报
铁路运输	铁路运单号	
航空运输	总运单号＋"_"＋分运单号	
其他运输方式	免予填报	
以上运输方式进境货物，在广东省内用公路运输转关的，填报车牌号。		

②出口

水路运输：中转货物填报提单号；非中转货物免予填报；广东省内汽车运输提前报关的转关货物，填报承运车辆的车牌号。

其他运输方式：免予填报。广东省内汽车运输提前报关的转关货物，填报承运车辆的车牌号。

（5）采用"集中申报"通关方式办理报关手续的，本栏应填报归并的集中申报清单的进出起止日期 [按年（4 位）月（2 位）日（2 位）年（4 位）月（2 位）日（2 位）]。

例如 2015 年 7 月 15 日至 2015 年 8 月 4 日，应填报为：2015071520150804。

十、监管方式

（一）含义

监管方式是以国际贸易中进出口货物的交易方式为基础，结合海关对进出口货物的征税、统计及监管条件综合设定的海关对进出口货物的管理方式。其代码由 4 位数字构成，前两位是按照海关监管要求和计算机管理需要划分的分类代码，后两位是参照国际标准编制的监管方式代码。

（二）主要监管方式、代码及其适用范围

1. 一般贸易（代码0110）

（1）定义

一般贸易是指我国境内有进出口经营权的企业单边进口或单边出口的贸易。

（2）适用范围

①以正常交易方式成交的进出口货物；

②来料养殖、种植的进出口货物；

③保税仓库进口供应中国籍国际航行运输工具使用的燃料、物料等保税货物；

④境内企业在境外投资作为实物投资运出的设备、物资；

⑤外商投资企业进口的内销料件；

⑥贷款援助的进出口货物；

⑦外商投资企业用国产原材料加工产品出口或经批准自行收购国内产品出口的货物；

⑧国内经营租赁业务的企业购进的出租用货物；

⑨经营保税仓库业务的企业购进的自用货物；

⑩经营免税品和免税外汇商品的企业购进自用的手推车、货架等货物；

⑪供应外籍船舶、飞机等运输工具在我国境内添加的国产燃料、物料及零配件。

2. 来料加工（代码0214）

（1）定义

来料加工是指进口料件由境外企业提供，经营企业不需要付汇进口，按照

境外企业的要求进行加工或装配，只收取工缴费，制成品由境外企业销售的经营活动。

（2）适用范围

①来料加工项下进口的料件和加工出口的成品；

②建立保税工厂的加工贸易企业来料加工进口料件和出口成品。

（3）报关时应注意的事项：

①"备案号"栏不得为空，应填报加工贸易手册编号；

②出口成品"征免"栏方式应填报"全免"，但应征出口税的货物出口时，则填报"照章征税"，对准予担保的，填报"保证金"或"保函"，准予减免税的填报"特案"。

3. 进料对口（代码0615）

（1）定义

进料加工贸易是指进口料件由经营企业（包括保税工厂）付汇进口，制成品由经营企业外销出口的经营活动。

进料加工对口合同是指买卖双方分别签订进出口对口合同，料件进口时，我方先付料件款，加工为成品出口时再向对方收取出口成品款项的交易方式，包括动用外汇的对口合同或不同客户的对口联号合同以及对开信用证的对口合同。简称：进料对口。

（2）适用范围

包括进料加工项下进口料件和出口成品，保税工厂进口料件和出口成品，进料加工贸易中外商免费提供进口的主、辅料和零部件。

（3）报关时应注意的事项：

①"备案号"栏不得为空，应填报加工贸易手册编号；

②进口"低值辅料"（0815），进口报关单"备案号"栏允许为空，含低值辅料的产品出口时，在出口报关单的"标记唛码及备注"栏填报辅料进口报关单编号。

③出口成品"征免"栏方式应填报"全免"，但应征出口税的货物出口时，则填报"照章征税"，对准予担保的，填报"保证金"或"保函"，准予减免税的填报"特案"。

4. 加工贸易设备（代码0420）

（1）定义

加工贸易设备指加工贸易项下外商作价提供不扣减企业投资总额进口的设备和虽不作价但在《外商投资项目不予免税的商品目录》中列明的设备。

不作价设备（代码0320）指与加工贸易经营单位开展加工贸易的外商，以免费即不需收发货人付汇进口、也不需用加工费或差价偿还方式，向收发货人提供的加工生产所需设备。

（2）相关监管方式及代码

其他主要包括加工设备内销（代码0446）、加工设备结转（代码0456）及加工设备退运（代码0466）。

对于暂时进口（期限在半年以内）的加工贸易生产所需不作价设备（仅限模具、单台设备），按暂时进口货物办理申报手续。

（3）报关单填制要求

①减免税设备及加工贸易设备之间的结转，转入和转出企业分别填制进、出口报关单，"监管方式"栏根据报关企业所持加工贸易手册或征免税证明，分别选择填报加工贸易设备结转、减免税设备结转的海关监管方式代码，报关单的"备案号"栏分别填报加工贸易手册编号、征免税证明编号，报关单其他栏目按结转货物的要求填报。

②加工贸易设备结转报关单上的最终目的国（地区）、运抵国（地区）和启运国（地区）应填报"中国"（142），原产国（地区）按设备的生产国（地区）填报，运输方式填"其他运输"（9）。

5. 外商投资企业投资进口的设备、物品

（1）定义

外商投资企业作为投资进口的设备、物品是指外商投资企业以投资（包括中方投资）总额内的资金所进口的机器设备、零部件和其他物料（指建厂或场，以及安装、加固机器所需物料），以及根据国家规定进口本企业自用合理数量的交通工具、生产用车辆、办公用品和设备。

（2）适用范围

①合资合作设备（代码2025）适用中外合资、合作企业进口的设备、物品。

②外资设备物品（代码2225）适用外商独资企业进口的设备、物品。

③一般贸易（代码0110）适用外商投资企业在投资总额以外用自有资金进口的自用机器设备。

6. 暂时进出境货物（代码2600）

（1）定义

暂时进出境货物是指经海关批准，暂时进出关境并且在规定的期限内复运出境或进境的货物，包括国际组织、外国政府或外国和香港、澳门及台湾地区的企业、群众团体以及个人为开展经济、技术、科学、文化合作交流而暂时运入或运出我国关境及复运出入境的货物。简称暂时进出货物。

（2）适用范围（见教材第三章第六节）

（3）报关单填制要求

出口报关单或进口报关单应将原进出口报关单号填报在"标记唛码及备注"栏内。

7. 保税电商（代码1210）

（1）定义

保税电商，全称"保税跨境贸易电子商务"，适用于境内个人或电子商务企业在经海关认可的电子商务平台实现跨境交易，并通过海关特殊监管区域或保税监管场所进出的电子商务零售进出境商品（海关特殊监管区域、保税监管场所与境内区外（场所外）之间通过电子商务平台交易的零售进出口商品不适用该监管方式）。

本监管方式用于进口时仅限经批准开展跨境贸易电子商务进口试点的海关特殊监管区域和保税物流中心（B型）。

（2）报关要求（见教材第三章第七节）

8. 货样、广告品

进出口货样是指专供订货参考的进出口货物样品；广告品是指用以宣传有关商品内容的进出口广告宣传品。

货样广告品 A（代码 3010）：经批准有进出口经营权的企业价购或价售进出口货样广告品。

货样广告品 B（代码 3039）：没有进出口经营权的企业（单位）进出口以及免费提供进出口的货样广告品。

9. 无代价抵偿（代码3100）

（1）定义

无代价抵偿是无代价抵偿货物监管方式的简称（见教材第三章第七节）。

（2）报关单填报要求

①与无代价抵偿货物相关的原进出口货物退运出进境时，本栏填"其他（9900）"

②本监管方式的进口报关单的"征免性质"栏填报"一般征税（101）"、"其他法定（299）"；出口报关单填报"其他法定（299）"

③补偿进出口报关单和退运出进境货物报关单的"标记唛码及备注"内填报原进出口货物报关单号。

10. 直接退运（代码4500）

（1）定义

直接退运是直接退运货物海关监管方式的简称（见教材第三章第七节）。

（2）报关单填制要求

①本栏填写"直接退运"（代码4500）。该类货物均先报出口，后报进口。

②进口货物报关单"标记唛码及备注"栏填报关联报关单（出口报关单）号。

③"标记唛码及备注"栏填写"海关准予直接退运决定书"或"海关责令进口货物直接退运通知书"的编号。

④因进口货物收发货人或者承运人的责任造成货物错发、误卸或者溢卸，经海关批准直接退运的，当事人免予填制报关单。

11. 退运货物（代码4561）

（1）定义

退运进出口货物是指原进、出口货物因残损、缺少、品质不良、规格不符、延误交货或其他原因退运出、进境的货物，简称退运货物。

（2）适用范围

本监管方式适用以下监管方式进出口货物的退运出进境：

一般贸易（0110）、易货贸易（0130）、旅游购物商品（0139）、租赁贸易（1523）、寄售代销（1616）、外商投资企业设备物品（2025）/（2225）、外汇免税商品（1831）、货样广告品（3010）/（3039）、其他进出口免费（3339）、承包工程进口（3410）、对外承包出口（3422）、无偿援助（3511）、捐赠物资（3612）、边境小额（4019）、对台小额（4039）、其他贸易（9739）。

（3）报关单填制要求

①退运货物进出口时，应随附原出（进）口货物报关单，并将原出（进）口货物报关单号填报在"标记唛码及备注"栏内。

②减免税货物退运出口，本栏为"退运货物"，"备案号"栏应填报"减免税进口货物同意退运证明"的编号。

其他监管方式名称代码见征免性质。

（三）填报要求

（1）一份报关单只允许填报一种监管方式；

（2）根据实际情况，按海关规定的"监管方式代码表"选择填报相应的监管方式简称或代码；

（3）出口加工区内企业填制的出口加工区进（出）境货物备案清单应选择填报适用于出口加工区货物的监管方式简称或代码。

（四）加工贸易报关单特殊情况填报要求如下

（1）少量低值辅料（5000美元以下，78种以内）按规定不使用加工贸易手册的，辅料进口报关单填报"低值辅料"。使用加工贸易手册的，按加工贸易手册上的监管方式填报。

（2）外商投资企业为加工内销产品而进口的料件，属非保税加工的，填报"一般贸易"。

外商投资企业全部使用国内料件的出口合同，填报"一般贸易"。

（3）加工贸易料件结转或深加工结转货物，按批准的监管方式填报。

（4）加工贸易料件转内销货物（及按料件补办进口手续的转内销成品、残次品、半成品）应填制进口报关单，本栏目填报"来料（或进料）料件内销"；加工贸易成品凭《进出口货物征免税证明》转为享受减免税进口货物的，应分别填制进、出口报关单，本栏目填报"来料或（进料）成品减免"，进口报关单本栏目按照实际监管方式填报。

（5）加工贸易出口成品因故退运进口及复运出口的，填报"来料成品退换"或"进料成品退换"；加工贸易进口料件因换料退运出口及复运进口的，填报"来料料件退换"或"进料料件退换"；加工贸易过程中产生的剩余料件、边角料退运出口，以及进口料件因品质、规格等原因退运出口且不再更换同类货物进口的，分别填报"来料料件复出"、"来料边角料复出"、"进料料件复出"、"进料边角料复出"。

（6）备料加工贸易手册中的料件结转入加工出口加工贸易手册的，填报"来料加工"或"进料加工"。

（7）保税工厂加工贸易进出口货物，根据加工贸易手册填报"来料加工"或"进料加工"。

（8）加工贸易边角内销和副产品内销，填报"来料（或进料）边角料内销"。

（9）企业销毁处置加工贸易货物未获得收入，销毁处置货物为料件、残次品的，填报"料件销毁"；销毁处置货物为边角料、副产品的，填报"边角料销毁"。

企业销毁处置加工贸易货物获得收入的，填报为"进料边角料内销"或"来料边角料内销"。

（五）本栏与备案号栏的关系

（1）没有备案文件的基本就是一般贸易；

（2）备案号是B打头，则本栏为"来料加工"；

（3）备案号是C打头，则本栏为"进料对口"；

（4）备案号是Z打头，则需审核资料中描述的是否是投资总额内进口的设备，若是，再根据海关注册编码的第6位判断企业性质。编码第6位是2、3，则应该填"合资合作设备"，如果第6位是4，则为"外资设备物品"；

（5）如果备案号是D打头，则本栏填为"不作价设备"。

表6.3 主要监管方式代码表

代码	简称	代码	简称	代码	简称
0110*	一般贸易	0654*	进料深加工	3010*	货样广告品A
0214*	来料加工	2025*	合资合作设备	3100*	无代价抵偿
0255*	来料深加工	2225*	外资设备物品	4500*	直接退运
0615*	进料对口	2600*	暂时进出货物	4561*	退运货物

十一、征免性质

（一）含义

征免性质是指海关根据《海关法》、《关税条例》及国家有关政策对于进出口货物实施的征、减、免税管理的性质类别。

（二）常见的征免性质及其适用范围

表6.4 主要征免性质代码表

代码	简称	代码	简称	代码	简称
101*	一般征税	502*	来料加工	603*	外资企业
299*	其他法定	503*	进料加工	789*	鼓励项目
401*	科教用品	601*	中外合资	799*	自有资金
501*	加工设备	602*	中外合作		

（三）填报要求

（1）一份报关单只允许填报一种征免性质，涉及多个征免性质的，应分单填报。

（2）按照海关核发的征免税证明中批注的征免性质填报，或根据进出口货物的实际情况，参照"征免性质代码表"选择填报相应的征免性质简称或代码。

（3）加工贸易货物（包括保税工厂经营的加工贸易）应按海关核发的加工贸易手册中批注的征免性质填报相应的征免性质简称或代码。

（4）特殊情况填报要求如下：

①外商投资企业为加工内销产品而进口料件，填报"一般征税"。

②加工贸易转为内销货物，按实际应享受的征免性质填报（如"一般征税"、"科教用品"、"其他法定"等）。

③料件退运出口、成品退运进口的货物填报"其他法定"（代码0299）。

④加工贸易结转货物，本栏目为空。

⑤保税工厂经营的加工贸易，根据《加工贸易手册》填报"进料加工"或"来料加工"。

十二、备案号

（一）含义

备案号是指进出口货物收发货人、消费使用单位、生产销售单位在海关办理加工贸易合同备案或征、减、免税备案审批等手续时，海关核发的《加工贸易手册》、《征免税证明》或其他备案审批文件的编号。

备案号的第1位为备案或审批文件的标记。如下表所列：

首位代码	备案审批文件	首位代码	备案审批文件
B*	加工贸易手册（来料加工）	H	出口加工区电子账册
C*	加工贸易手册（进料加工）	J	保税仓库记账式电子账册
D	加工贸易不作价设备	K	保税仓库备案式电子账册
E*	加工贸易电子账册	Q	汽车零部件电子账册
F	加工贸易异地报关分册	Y*	原产地证书
G	加工贸易深加工结转异地报关分册	Z*	征免税证明

注："*"表示熟练掌握的内容。

（二）填报要求

（1）一份报关单只允许填报一个备案号。无备案审批文件的报关单，本栏目免予填报。

（2）备案号的标记码必须与"监管方式"、"征免性质"、"征免"及"项号"等栏目相对应。

（3）加工贸易项下货物，除少量低值辅料按规定不使用《加工贸易手册》及以后续补税监管方式办理内销征税的外，填报《加工贸易手册》编号。如"C57205711700"、"B57707170022"、"E09088322223"。

加工贸易成品凭《征免税证明》转为减免税进口货物的，进口报关单填报《征免税证明》编号，出口报关单填报《加工贸易手册》编号。

对加工贸易设备之间的结转，转入和转出企业分别填制进、出口报关单，在报关单"备案号"栏目填报《加工贸易手册》编号。

（4）涉及征、减、免税备案审批的报关单，填报征免税证明编号。如"进出口货物征免税证明"填报"Z22010870142"。

（5）涉及优惠贸易协定项下实行原产地证书联网管理（如香港 CEPA、澳门 CEPA）的报关单，填报"Y"和原产地证书编号。如"Y3M03A000001"。

（6）减免税货物退运出口，填报《减免税进口货物同意退运证明》的编号；减免税货物补税进口，填报《减免税货物补税通知书》的编号；减免税货物结转进口（转入），填报《征免税证明》的编号；相应的结转出口（转出），填报《减免税进口货物结转联系函》的编号。

十三、贸易国（地区）

（一）含义

贸易国（地区）指对外贸易中与境内企业签订贸易合同的外方所属的国家（地区）。

（二）填报要求

（1）本栏目应按海关规定的《国别（地区）代码表》选择填报相应的贸易国（地区）或贸易国（地区）中文名称及代码。

（2）进口填报购自国，出口填报售予国。未发生商业性交易的填报货物所有权拥有者所属的国家（地区）。

（3）无实际进出境的，填报"中国"（代码 142）。

十四、启运国/运抵国（地区）

（一）含义

（1）启运国（地区）是指进口货物起始发出直接运抵我国的国家或地区，或者在运输中转国（地区）未发生任何商业性交易的情况下运抵我国的国家或地区。

（2）运抵国（地区）是指出口货物离开我国关境直接运抵的国家或地区，或者在运输中转国（地区）未发生任何商业性交易的情况下最后运抵的国家或地区。

不经过第三国（地区）转运的直接运抵的货物，以货物起始发出的国家或地区为启运国（地区），货物直接运抵的国家或地区为运抵国（地区）。

经过第三国（地区）转运的进出口货物，如在中转国（地区）发生商业性交易，则以中转国（地区）作为启运国／运抵国（地区）。

（二）填报要求

（1）本栏应按海关规定的"国别（地区）代码表"选择填报相应国别（地

区）的中文名称或代码。

国别（地区）为非中文名称时,应翻译成中文名称填报或填报其相应代码。

（2）对于直接运抵的货物,以货物起始发出的国家或地区为启运国（地区）,货物直接运抵的国家或地区为运抵国（地区）。

（3）在第三国发生中转货物

中转货物指船舶、飞机等运输工具从装运港将货物装运后,不直接驶往目的港,而在中途的港口卸下后,再换装另外的船舶、飞机等运输工具转运往目的港。

对于中转货物,启运国（地区）或运抵国（地区）分两种不同情况填报:

①对于发生运输中转而未发生任何买卖关系的货物,其启运国（地区）或运抵国（地区）不变。

②对于发生运输中转并发生了买卖关系的货物,其中转地为启运国（地区）或运抵国（地区）。

可通过提单、发票等单证来判断货物中转时是否发生了买卖关系。

例如,大连某进出口公司与中国香港某公司签约进口的 100 台德国产奔驰轿车从汉堡起运经中国香港中转运抵大连;青岛某家电企业与中国香港某公司签约出口 1000 台洗衣机经中国香港中转至德国汉堡。

本例中,进口德国奔驰轿车的启运国（地区）为中国香港,因为进口德国奔驰轿车的境外签约人（中国香港某公司）的所在地（中转地）是中国香港;出口洗衣机的运抵国（地区）和最终目的国（地区）分别为中国香港和德国,因为出口洗衣机的境外签约人（中国香港某公司）的所在地（中转地）是中国香港。如下图所示:

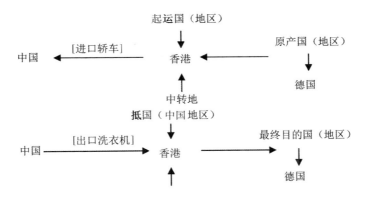

（4）无实际进出境的,填报"中国"（代码 142）。

主要国别（地区）代码表

代码	中文名称	代码	中文名称	代码	中文名称
110*	中国香港	143*	台澎金马关税区	344*	俄罗斯联邦
116*	日本	303*	英国	502*	美国
133*	韩国	304*	德国	601*	澳大利亚
142*	中国	305*	法国		

十五、装货港/指运港

（一）含义

（1）装货港也称装运港，是指货物起始装运的港口。报关单上的"装货港"栏是专指进口货物在运抵我国关境的最后一个境外装运港。

（2）指运港亦称目的港，指最终卸货的港口，报关单上的"指运港"栏专指出口货物运往境外的最终目的港。

（二）填报要求

本栏应根据实际情况按海关规定的《港口代码表》选择填报相应的港口中文名称及代码。

装货港/指运港在《港口代码表》中无港口中文名称及代码的，可选择填报相应的国家中文名称及代码。

（1）对于直接运抵货物，以货物实际装货的港口为装货港，货物直接运抵的港口为指运港。

（2）对于发生运输中转的货物，最后一个中转港就是装货港，指运港不受中转影响。

比如上例中，进口奔驰轿车的装货港为中国香港；青岛某家电企业出口洗衣机的指运港为汉堡。

（3）对于无实际进出境的货物，本栏应填报"中国境内"（代码：0142）。

十六、境内目的地/境内货源地

（一）含义

（1）境内目的地是指已知的进口货物在我国关境内的消费、使用地区或最终运抵的地点。

（2）境内货源地是指出口货物在我国关境内的生产地或原始发货地（包括供货地点）。

（二）填报要求

（1）本栏应按"国内地区代码表"选择国内地区名称或代码填报。

（2）"境内目的地"应填报进口货物在境内的消费、使用地或最终运抵地。其中最终运抵地为最终使用单位所在地。最终使用单位难以确定的，填报货物进口时预知的最终收货单位所在地。

（3）"境内货源地"应填报出口货物的生产地或原始发货地。出口货物产地难以确定的，填报最早发运该出口货物的单位所在地。

十七、许可证号

（一）含义

本栏填报以下许可证的编号：进（出）口许可证、两用物项和技术进（出）口许可证、两用物项和技术进（出）口许可证（定向）、纺织品临时出口许可证。

（二）填报要求

（1）一份报关单只允许填报一个许可证号。

（2）非许可证管理商品本栏目为空。

十八、成交方式

（一）含义

成交方式是指在进出口贸易中进出口商品的价格构成和买卖双方各自应承担的责任、费用和风险，以及货物所有权转移的界限。

（二）填报要求

（1）本栏应根据实际成交价格条款，按海关规定的"成交方式代码表"选择填报相应的成交方式代码。

（2）无实际进出境的货物，进口填报 CIF，出口填报 FOB。

表6.5　成交方式代码表

代码	名称	代码	名称	代码	名称
1*	CIF	2*	CFR（C&F/CNF）	3*	FOB
4	C&I	5	市场价	6	垫仓

需要注意的是，海关规定的成交方式与国际贸易术语解释通则中的贸易术语内涵并非完全一致。海关规定的"CIF"、"CFR"、"FOB"等常见的成交方式，并不仅限于水路，而适用于任何国际货物运输方式，主要体现成本、运费、保

险费等成交价格构成因素。下面通过两个表来反应二者间的对应关系。

表6.6 《2000通则》13种贸易术语与"成交方式"栏的对应关系

组别	E组	F组			C组				D组				
术语	EXW	FCA	FAS	FOB	CFR	CPT	CIF	CIP	DAF	DES	DEQ	DDU	DDP
成交方式	FOB				CFR		CIF						

表6.7 《2010通则》11种贸易术语与"成交方式"栏的对应关系

组别	E组	F组			C组				D组		
术语	EXW	FCA	FAS	FOB	CFR	CPT	CIF	CIP	DAT	DAP	DDP
成交方式	FOB				CFR		CIF				

十九、运费

（一）含义

运费是指进出口货物从始发地至目的地的国际运输所需要的各种费用。

（二）填报要求

（1）本栏用于填报进口货物运抵我国境内输入地点起卸前的运输费用，出口货物运至我国境内输出地点装载后的运输费用。

进口货物成交价格包含前述运输费用或者出口货物成交价格不包含前述运输费用的，本栏应免予填报；否则应在本栏目填报运费。

（2）本栏可按运费单价、运费总价或运费率三种方式之一填报，同时注明运费标记（运费标记"1"表示运费率，"2"表示每吨货物的运费单价，"3"表示运费总价），并按海关规定的"货币代码表"选择填报相应的币种代码。

表6.8 纸质报关单下，不同运费标记的"运费"栏填报表

运费标记	表示	填报要求	实例	填报格式
1	运费率	运费率的数值＋"/"＋运费标记	运费率5%	000/5/1
2	运费单价	运费货币代码＋"/"＋运费单价数值＋"/"＋运费单价标记	运费单价25美元	502/25/2
3	运费总价	运费货币代码＋"/"＋运费总价数值＋"/"＋运费总价标记	运费总价3000日元	116/3000/3

（3）运保费合并计算的,运保费填报在"运费"栏中。填报要求同运费总价。

二十、保费

（一）含义

保费是指被保险人允予承保某种损失、风险而支付给保险人的对价或报酬。进出口货物报关单所列的保险费专指进出口货物在国际运输过程中，由被保险人付给保险人的保险费用。

（二）填报要求

（1）本栏填报进口货物运抵我国境内输入地点起卸前的保险费用，出口货物运抵我国境内输出地点装载后的保险费用。

进口货物成交价格包含前述保险费用或出口货物成交价格不包含前述保险费用的，本栏目免予填报。

（2）本栏应根据具体情况选择保险费总价或保险费率两种方式之一填报，同时注明保险费标记（保险费标记"1"表示保险费率，"3"表示保险费总价），并按海关规定的"货币代码表"选择填报相应的币种代码。

表6.9　纸质报关单下，不同保费标记的"保费"栏填报表

保费标记	表示	填报要求	实例	填报格式
1	保险费率	保费率的数值（百分比）+ "/" + 保费标记	保险费率3‰	000/0.3/1
3	保费总价	保费货币代码 + "/" + 保费总价数值 + "/" + 保费总价标记	保费总价1000港元	110/1000/3

（3）运保费合并计算的，运保费填报在运费栏目中。

进出口报关单中，"成交方式"、"运费"和"保费"栏之间的逻辑关系总结如下表：

进口报关单	成交方式	运费	保费
	CIF	不填	不填
	CFR	不填	填
	FOB	填	填

出口报关单	成交方式	运费	保费
	CIF	填	填
	CFR	填	不填
	FOB	不填	不填

二十一、杂费

（一）含义

杂费是指成交价格以外的，应计入货物价格或应从货物价格中扣除的费用，如手续费、佣金、折扣等。

（二）填报要求

（1）本栏目用于填报成交价格以外的，应计入完税价格或应从完税价格中扣除的费用，如手续费、佣金、折扣等费用。

（2）本栏应根据具体情况选择杂费总价或杂费率两种方式之一填报，同时注明杂费标记（杂费标记"1"表示杂费率，"3"表示杂费总价），并按海关规定的"货币代码表"选择填报相应的币种代码。

（3）应计入完税价格的杂费填报为正值或正率，应从完税价格中扣除的杂费填报为负值或负率。

表6.10 纸质报关单下，不同杂费标记的"杂费"栏填报表

杂费标记	表示		填报要求	实例	填报格式
1	杂费率	计入杂费率	杂费率的数值 + "/" + 杂费标记	销售佣金占货物总价 15%	1.5/1
		扣除杂费率	"−" + 杂费率的数值 + "/" + 杂费标记	设备安装调试费占货物总价 1%	−1/1
3	杂费总价	计入杂费	杂费货币代码 + "/" + 杂费总价数值 + "/" + 杂费总价标记	杂费总价 1000 英磅	303/1000/3
		扣除杂费	杂费货币代码 + "/" + "−" 杂费总价数值 + "/" + 杂费总价标记	杂费总价 2000 港元	110/−2000/3

（4）无杂费时，本栏免填。

二十二、合同协议号

（一）含义

进出口贸易合同是商品交易的买卖双方就交易事项、确定各自的权利和义务而订立的共同遵守的契约，具有一定的法律效力。

合同协议号是指在进出口贸易中，买卖双方或数方当事人根据国际贸易惯例或国家的法律、法规，自愿按照一定的条件买卖某种商品所签署的合同或协议的编号。

在原始单据（发票）上合同协议号一般表示为"Contract No."。

（二）填报要求

填报进出口货物合同（包括协议或订单）的编号。

例如："Contract No.：ABC-8001"。本栏填报"ABC-8001"。

二十三、件数

（一）含义

件数是指外包装的单件进出口货物的实际件数，货物可以单独计数的一个包装称为一件。

（二）填报要求

（1）本栏填报有外包装的进出口货物的实际件数。

（2）裸装货物，填报为"1"。本栏目不得填报为零。

（3）舱单数为集装箱的，填报集装箱个数；舱单数为托盘的，填报托盘数。

二十四、包装种类

（一）含义

包装种类是指进出口货物在运输过程中外表所呈现的状态，包括包装材料、包装方式等。

例如，"PACKED IN 100 CTNS"，表明共有 100 个纸箱，件数为 100，包装种类填报为纸箱。

但如果有两种不同的包装种类出现，则件数为两种包装种类数量之和，包装种类统报为"其他"。

例如，"5 Unit & 3 Cartons"，表明共有 5 个计件单位（辆、台、件等）和 3 个纸箱，件数填报为"8"，包装种类统报为"其他"。

（二）填报要求

本栏目应根据进出口货物的实际外包装种类，按海关规定的《包装种类代码表》选择填报相应的包装种类代码。如木箱、纸箱、铁桶、散装、裸装、托盘、包、捆、袋等。

二十五、毛重

（一）含义

毛重是指商品重量加上商品的外包装物料的重量。

（二）填报要求

（1）本栏填报进出口货物实际毛重，以千克计，不足 1 千克的填报为"1"。如 0.9 千克填报为"1"。

（2）应以合同、发票、提（运）单、装箱单等有关单证所显示的重量确定进出口货物的毛重填报。

二十六、净重

（一）含义

净重是指货物的毛重扣除外包装材料后所表示出来的纯商品重量。部分商品的净重还包括直接接触商品的销售包装物料的重量（如罐头装食品等）。

商品的净重一般都在合同、发票、装箱单或提运单据的 Net Weight（缩写 N.W.）栏体现。

（二）填报要求

本栏填报进出口货物实际净重，以千克计，不足 1 千克的填报为 "1"。

二十七、集装箱号

（一）含义

集装箱号是在每个集装箱箱体两侧标示的全球唯一的编号。其组成规则是：箱主代号（3 位字母）+ 设备识别号 "U" + 顺序号（6 位数字）+ 校验码（1位数字），例如 EASU1980940。

（二）填报要求

（1）本栏目填报装载进出口货物（包括拼箱货物）集装箱的箱体信息。一个集装箱填一条记录，分别填报集装箱号、集装箱的规格和集装箱的自重。

（2）非集装箱货物，填报为 "0"。

二十八、随附单证

（一）含义

随附单证是指随进出口货物报关单一并向海关递交的，在 "进出口许可证"栏填报以外的其他进出口许可证件或监管证件。本栏目填报其代码及编号。

（二）填报要求

（1）本栏目分为随附单证代码和随附单证编号两栏，其中代码栏应按海关规定的《监管证件代码表》选择填报相应证件代码；编号栏应填报证件编号。

（2）加工贸易内销征税报关单，随附单证代码栏填写 "c"，随附单证编号栏填写海关审核通过的内销征税联系单号。

（3）优惠贸易协定项下进出口货物

①实行原产地证书联网管理的，随附单证代码栏填报 "Y"，随附单证编号栏的 "<>" 内填写优惠贸易协定代码。例如，香港 CEPA 项下进口商品，应填报为："Y" 和 "<03>"。

　　一票进口货物中如涉及多份原产地证书或含有非原产地证书商品，应分单填报。

　　②未实行原产地证书联网管理的，随附单证代码栏填报"Y"，随附单证编号栏"<>"内填写优惠贸易协定代码＋"："＋需证商品序号。

　　例如《亚太贸易协定》项下进口报关单中第 1 到第 3 项和第 5 项为优惠贸易协定项下商品，应填报为："<01：1－3，5>"。

　　③优惠贸易协定项下出口货物，本栏目填报原产地证书代码（教材第五章第三节原产地规则部分）和编号。

表6.11　主要监管证件代码表

代码	监管证件名称	代码	监管证件名称
1*	进口许可证	4*	出口许可证
7*	自动进口许可证	A*	入境货物通关单
B*	出境货物通关单	E*	濒危物种允许出口证明书
F*	濒危物种允许进口证明书	O*	自动进口许可证（新旧机电产品）
P*	固体废物进口许可证	Y*	原产地证明
v*	自动进口许可证（加工贸易）		

二十九、其他事项确认

　　本栏包括特殊关系确认、价格影响确认和支付特许权使用费确认。

（一）特殊关系确认

　　本栏目根据《中华人民共和国海关审定进出口货物完税价格办法》（以下简称《审价办法》）第十六条，填报确认进出口行为中买卖双方是否存在特殊关系，有下列情形之一的，应当认为买卖双方存在特殊关系，在本栏目应填报"是"，反之则填报"否"：

　　（1）买卖双方为同一家族成员的；

　　（2）买卖双方互为商业上的高级职员或者董事的；

　　（3）一方直接或者间接地受另一方控制的；

　　（4）买卖双方都直接或者间接地受第三方控制的；

　　（5）买卖双方共同直接或者间接地控制第三方的；

　　（6）一方直接或者间接地拥有、控制或者持有对方 5% 以上（含 5%）公开发行的有表决权的股票或者股份的；

　　（7）一方是另一方的雇员、高级职员或者董事的；

　　（8）买卖双方是同一合伙的成员的。

买卖双方在经营上相互有联系，一方是另一方的独家代理、独家经销或者独家受让人，如果符合前款的规定，也应当视为存在特殊关系。

（二）价格影响确认

本栏目根据《审价办法》第十七条，填报确认进出口行为中买卖双方存在的特殊关系是否影响成交价格，纳税义务人如不能证明其成交价格与同时或者大约同时发生的下列任何一款价格相近的，应当视为特殊关系对进出口货物的成交价格产生影响，在本栏目应填报"是"，反之则填报"否"：

（1）向境内无特殊关系的买方出售的相同或者类似进出口货物的成交价格；

（2）按照《审价办法》倒扣价格估价方法的规定所确定的相同或者类似进出口货物的完税价格；

（3）按照《审价办法》计算价格估价方法的规定所确定的相同或者类似进出口货物的完税价格。

（三）支付特许权使用费确认

本栏目根据《审价办法》第十三条，填报确认进出口行为中买方是否存在向卖方或者有关方直接或者间接支付特许权使用费。特许权使用费是指进出口货物的买方为取得知识产权权利人及权利人有效授权人关于专利权、商标权、专有技术、著作权、分销权或者销售权的许可或者转让而支付的费用。如果进出口行为中买方存在向卖方或者有关方直接或者间接支付特许权使用费的，在本栏目应填报"是"，反之则填报"否"。

三十、标记唛码及备注

（一）含义

标记唛码是运输标志的俗称。进出口货物报关单上标记唛码专指货物的运输标志。

标记唛码英文表示为：Marks、Marking、MKS、Marks & No.、Shipping Marks 等。

备注是指填制报关单时需要备注的事项，包括关联备案号、关联报关单号以及其他需要补充或特别说明的事项等。

（二）填报要求

（1）填报货物标记唛码中除图形以外的所有文字和数字。

（2）受外商投资企业委托代理其进口投资设备、物品的进出口企业名称。

（3）与本报关单有关联关系的，同时在业务管理规范方面又要求填报的备案号，填报在电子数据报关单中"关联备案"栏。

加工贸易结转货物及凭《征免税证明》转内销货物，其对应的备案号应填报在"关联备案"栏。

减免税货物结转进口（转入），报关单"关联备案"栏应填写本次减免税货物结转所申请的《中华人民共和国海关进口减免税货物结转联系函》的编号。

减免税货物结转出口（转出），报关单"关联备案"栏应填写与其相对应的进口（转入）报关单"备案号"栏中《征免税证明》的编号。

（4）与本报关单有关联关系的，同时在业务管理规范方面又要求填报的报关单号，填报在电子数据报关单中"关联报关单"栏。

加工贸易结转类的报关单，应先办理进口报关，并将进口报关单号填入出口报关单的"关联报关单"栏。

办理进口货物直接退运手续的，除另有规定外，应当先填写出口报关单，再填写进口报关单，并将出口报关单号填入进口报关单的"关联报关单"栏。

减免税货物结转出口（转出），应先办理进口报关，并将进口（转入）报关单号填入出口（转出）报关单的"关联报关单"栏。

（5）办理进口货物直接退运手续的，本栏目填报《进口货物直接退运表》或者《海关责令进口货物直接退运通知书》编号。

（6）保税监管场所进出货物，在"保税/监管场所"栏填写本保税监管场所编码，其中涉及货物在保税监管场所间流转的，在本栏填写对方保税监管场所代码。

（7）涉及加工贸易货物销毁处置的，填写海关加工贸易货物销毁处置申报表编号。

（8）当监管方式为"暂时进出货物"（2600）和"展览品"（2700）时，如果为复运进出境货物，在进出口货物报关单的本栏内分别填报"复运进境"、"复运出境"。

（9）跨境电子商务进出口货物，在本栏目内填报"跨境电子商务"。

（10）加工贸易副产品内销，在本栏内填报"加工贸易副产品内销"。

（11）公式定价进口货物应在报关单备注栏内填写公式定价备案号，格式为："公式定价"＋备案编号＋"@"。对于同一报关单下有多项商品的，如需要指明某项或某几项商品为公式定价备案的，则备注栏内填写应为："公式定价"＋备案编号＋"#"＋商品序号＋"@"。

（12）获得"预审价决定书"的进出口货物，应在报关单备注栏内填报"预审价决定书"编号，格式为预审价（P＋2位商品项号＋决定书编号），若报关单中有多项商品为预审价，需依次写入括号中，如：预审价（P01VD511500018P02VD511500019）。

（13）含预归类商品报关单，应在报关单备注栏内填写预归类R-3-关区

代码 – 年份 – 顺序编号，其中关区代码、年份、顺序编号均为 4 位数字，例如 R–3–0100–2016–0001。

（14）含归类裁定报关单，应在报关单备注栏内填写归类裁定编号，格式为"c"+ 四位数字编号，例如 c0001。

（15）申报时其他必须说明的事项填报在本栏目。

第三节　进出口货物报关单表体主要栏目的填报

一、项号

（一）含义

项号是指申报货物在报关单中的商品排列序号及该项商品在加工贸易手册、征免税证明等备案、审批单证中的顺序编号。

一张纸质报关单最多可打印 8 项商品，一份纸质报关单（即一个报关单编号）最多可打印 50 项商品。

填制报关单需注意的是，对于商品编号不同的，商品名称不同的，原产国（地区）/ 最终目的国（地区）不同的，征免不同的，都应各自占据表体的一栏。

（二）填报要求

1. 本栏分两行填报及打印

（1）第一行填报货物在报关单中的商品排列序号。

（2）第二行专用于加工贸易、减免税和实行原产地证书联网管理等已备案的货物，填报该项货物在加工贸易手册中的项号、征免税证明或对应的原产地证书上的商品项号。

加工贸易合同项下进出口货物，必须填报与加工贸易手册一致的商品项号，所填报项号用于核销对应项号下的料件或成品数量。

如一张加工贸易料件进口报关单上某项商品的项号是上"01"、下"10"（如下图），说明其列此报关单申报商品的第 1 项，且对应加工贸易手册备案料件第 10 项。

项号
01
10

2. 特殊情况下填报要求

在加工贸易进口料件，出口成品过程中，大多数填报加工贸易手册对应的项号。但有以下几种特殊情况：

（1）深加工结转货物，分别按照加工贸易手册中的进口料件项号和出口成品项号填报。

（2）料件结转货物（包括料件、制成品和未完成品折料），出口报关单按照转出《加工贸易手册》中进口料件的项号填报；进口报关单按照转进《加工贸易手册》中进口料件的项号填报。

（3）料件复出货物（包括料件、边角料），出口报关单按照《加工贸易手册》中进口料件的项号填报；如边角料对应一个以上料件项号时，填报主要料件项号。料件退换货物（包括料件、不包括未完成品），进出口报关单按照《加工贸易手册》中进口料件的项号填报。

（4）成品退换货物，退运进境报关单和复运出境报关单按照《加工贸易手册》原出口成品的项号填报。

（5）加工贸易料件转内销货物（以及按料件办理进口手续的转内销制成品、残次品、未完成品）应填制进口报关单，填报《加工贸易手册》进口料件的项号；加工贸易边角料、副产品内销，填报《加工贸易手册》中对应的进口料件项号。如边角料或副产品对应一个以上料件项号时，填报主要料件项号。

（6）加工贸易成品凭《征免税证明》转为减免税货物进口的，应先办理进口报关手续。进口报关单填报《征免税证明》中的项号，出口报关单填报《加工贸易手册》原出口成品项号，进、出口报关单货物数量应一致。

（7）加工贸易货物销毁，本栏目应填报《加工贸易手册》中相应的进口料件项号。

（8）加工贸易副产品退运出口、结转出口，本栏目应填报《加工贸易手册》中新增的变更副产品的出口项号。

（9）经海关批准实行加工贸易联网监管的企业，按海关联网监管要求，企业需申报报关清单的，应在向海关申报进出口（包括形式进出口）报关单前，向海关申报"清单"。一份报关清单对应一份报关单，报关单上的商品由报关清单归并而得。加工贸易电子账册报关单中项号、品名、规格等栏目的填制规范比照《加工贸易手册》。

二、商品编号

（一）含义

商品编号是指由进出口货物的税则号列及符合海关监管要求的附加编号组

成的 10 位编号。

（二）填报要求

本栏目填报的商品编号由 10 位数字组成。前 8 位为《中华人民共和国进出口税则》确定的进出口货物的税则号列，同时也是《中华人民共和国海关统计商品目录》确定的商品编码，后 2 位为符合海关监管要求的附加编号。

三、商品名称、规格型号

（一）含义

（1）商品名称是指进出口货物规范的中文名称。

为了规范进出口企业申报行为，提高申报数据质量，促进贸易顺利化，海关制定了《规范申报目录》，进出口货物收发货人及其代理人在报关时应当严格按照《规范申报目录》中关于规范申报商品品名、规格的要求，认真填制报关单并依法办理通关手续。

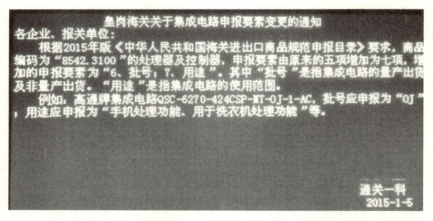

（2）商品的规格型号是指反映商品性能、品质和规格的一系列指标，如品牌、等级、成分、含量、纯度、尺寸等。

一般来说商品名称及规格型号都在发票的 "Description of Goods"、"Product and Description"、"Goods Description"、"Quantities and Description" 栏有具体的描述。

（二）填报要求

（1）"商品名称及规格型号" 栏分两行填报：

①第一行填报进出口货物规范的中文商品名称。

②第二行填报规格型号。

例如：

商品名称、规格型号
棕榈仁油　　　　　　　　　　　　　　　　（第一行，规范的中文名称） H2100G，氢化，碘值 0.21，游离脂肪酸 0.014%　　　（第二行，规格型号）

（2）商品名称及规格型号应据实填报，并与合同、商业发票等相关单证相符。

（3）商品名称应当规范，规格型号应足够详细，以能满足海关归类、审价及许可证件的管理要求为准。可参照《中华人民共和国海关进出口商品规范申报目录》中对商品名称、规格型号的要求进行填报。

例如，未经其他加工的檀香木条，直径 3~30cm，长 6~120cm。填报如下：

商品名称、规格型号
檀香木条 / 未经其他加工　　　　　　　　　（第一行，规范的中文名称） 直径 3~30cm/ 长 6~120cm　　　　　　　　（第二行，规格型号）

（4）加工贸易等已备案的货物，填报的内容必须与备案登记中同项号下货物的商品名称一致。

（5）对需要海关签发"货物进口证明书"的车辆，本栏应填报"车辆品牌 + 排气量（注明 cc）+ 车型（如越野车、小轿车等）"。进口汽车底盘可不填报排气量。车辆品牌应按照"进口机动车辆制造厂名称和车辆品牌中英文对照表"中"签注名称"一栏的要求填报。规格型号栏可填报"汽油型"等。

（6）由同一运输工具同时运抵同一口岸并且属于同一收货人、使用同一提单的多种进口货物，按照商品归类规则应当归入同一商品编号的，应当将有关商品一并归入该商品编号。商品名称填报一并归类后的商品名称；规格型号填报一并归类后商品的规格型号。

（7）加工贸易边角料和副产品内销，边角料复出口，应填报其报验状态的名称和规格型号。

（8）进口货物收货人以一般贸易方式申报进口属于《需要详细列名申报的汽车零部件清单》（海关总署 2006 年第 64 号公告）范围内的汽车生产件的，应按以下要求填报：

①商品名称填报进口汽车零部件的详细中文商品名称和品牌，中文商品名

称与品牌之间用 "/" 相隔，必要时加注英文商业名称；进口的成套散件或者毛坯件应在品牌后加注 "成套散件"、"毛坯" 等字样，并与品牌之间用 "/" 相隔。

②规格型号填报汽车零部件的完整编号。在零部件编号前应当加注 "S" 字样，并与零部件编号之间用 "/" 相隔，零部件编号之后应当依次加注该零部件适用的汽车品牌和车型。

汽车零部件属于可以适用于多种汽车车型的通用零部件的，零部件编号后应当加注 "TY" 字样，并用 "/" 与零部件编号相隔。

与进口汽车零部件规格型号相关的其他需要申报的要素，或者海关规定的其他需要申报的要素，如 "功率"、"排气量" 等，应当在车型或 "TY" 之后填报，并用 "/" 与之相隔。

汽车零部件报验状态是成套散件的，应当在 " 标记唛码及备注 " 栏内填报该成套散件装配后的最终完整品的零部件编号。

（9）进口货物收货人以一般贸易方式申报进口属于《需要详细列名申报的汽车零部件清单》（海关总署 2006 年第 64 号公告）范围内的汽车维修件的，填报规格型号时，应当在零部件编号前加注 "W"，并与零部件编号之间用 "/" 相隔；进口维修件的品牌与该零部件适用的整车厂牌不一致的，应当在零部件编号前加注 "WF"，并与零部件编号之间用 "/" 相隔。其余申报要求同上条执行。

例如：A 公司进口垫圈，商品编码 73182200.01，发票中注明型号 T-298-11-9-Z，《规范申报目录》要求填报：①品名；②材质（钢铁）；③品牌；④规格型号。

注意：《规范申报目录》中的规格指垫圈的厚度、内径和外径尺寸。

填制前需与收货人沟通，确认《规范申报目录》要求的材质、品牌和规格。经过确认，最终申报为：

73182200.01	垫圈
	材质：碳素结构钢制；品牌：SOMIC；规格：厚 3.5mm × 外径 2mm × 内径 12mm，型号 T-298-11-9-Z。

四、数量及单位

报关单上的 "数量及单位" 栏指进出口商品的成交数量及计量单位，以及海关法定计量单位和按照海关法定计量单位换算的数量。

（一）含义

1. 数量

在货物进出口报关业务中，商品的数量是报关的一项重要内容。进出口货物报关单上的数量是指进出口商品的实际数量。

2. 计量单位

计量单位分为成交计量单位和海关法定计量单位。

成交计量单位是指买卖双方在交易过程中所确定的计量单位。如公吨、米、件、打等。

海关法定计量单位是指海关按照《中华人民共和国计量法》的规定所采用的计量单位，我国海关采用的是国际单位制的计量单位。如千克、平方米、升、米等。

海关法定计量单位又分为海关法定第一计量单位和海关法定第二计量单位。海关法定计量单位以《统计商品目录》中规定的计量单位为准。

例如，天然水应填报为：千升/吨；卷烟为：千支/千克；牛皮为：千克/张；毛皮衣服为：千克/件等等。上述计量单位中的斜线前者为第一计量单位，后者为第二计量单位。

如果进出口货物报关单中只有一项商品且计量单位是千克，其应与报关单表头"净重"栏的重量一致。

（二）填报要求

（1）进出口货物必须按海关法定计量单位和成交计量单位填报。本栏不得为空或填报"0"。

（2）本栏分三行填报及打印。

①法定第一计量单位及数量应填报在本栏目第一行。

②凡列明海关第二法定计量单位的，应在第二行按照法定第二计量单位填报数量及单位。无第二法定计量单位的，本栏目第二行为空。

③成交计量单位及数量填报在本栏第三行。

计量单位状态	填制要求		
	第一行	第二行	第三行
成交与第一法定计量单位一致	法定计量单位及数量	空	空
成交与第二法定计量单位一致	法定第一计量单位及数量	法定第二计量单位及数量	空
成交与第一法定计量单位不一致，无第二法定计量单位	法定第一计量单位及数量	空	成交计量单位及数量
成交与法定不一致，并有第二计量单位	法定第一计量单位及数量	法定第二计量单位及数量	成交计量单位及数量

数量及单位填写实例：

例如，某进出口公司进口一批钢管，法定计量单位为千克，单价 USD136/MT，净重：5000 千克。

数量及单位

5000 千克 （第一行，法定第一计量单位）

（第二行空，无法定第二计量单位）

5 公吨 （第三行，成交计量单位）

又如，某公司出口一批男式内裤，1000 打，单价 USD10/DZ，法定计量单位：件 / 千克，净重 1000 千克。

数量及单位

12000 件 （第一行，法定第一计量单位）

1000 千克 （第二行，法定第二计量单位）

1000 打 （第三行，成交计量单位）

（3）法定计量单位为"千克"的数量，特殊情况下填报要求如下：

①装入可重复使用的包装容器的货物，按货物的净重填报，如罐装同位素、罐装氧气及类似品等，应扣除其包装容器的重量。

②使用不可分割包装材料和包装容器的货物，按货物的净重填报（即包括内层直接包装的净重重量），如采用供零售包装的酒、罐头、化妆品及类似品等。

③按照商业惯例以公量重计价的商品，应按公量重填报，如未脱脂羊毛、羊毛条等。

④采用以毛重作为净重计价的货物，可按毛重填报，如粮食、饲料等价格较低的农副产品。

⑤采用零售包装的酒类、饮料，按照液体部分的重量填报。

（4）成套设备、减免税货物如需分批进口，货物实际进口时，应按实际报验状态确定数量。

（5）具有完整品或制成品基本特征的不完整品、未制成品，按照 HS 归类规则应按完整品归类，申报数量按照构成完整品的实际数量申报。

（6）加工贸易等已备案的货物，成交计量单位必须与《加工贸易手册》中同项号下货物的计量单位一致，加工贸易边角料和副产品内销、边角料复出口，本栏目填报其报验状态的计量单位。

（7）优惠贸易协定项下进出口商品的成交计量单位必须与原产地证书上对应商品的计量单位一致。

（8）法定计量单位为立方米的气体货物，应折算成标准状况（即摄氏零度及 1 个标准大气压）下的体积进行填报。

五、原产国（地区）/最终目的国（地区）

（一）含义

原产国（地区）是指进口货物的生产、开采或加工制造的国家或地区。

最终目的国（地区）是指已知的出口货物最后交付的国家或地区，也即最终实际消费、使用或做进一步加工制造的国家或地区。

本栏应按《国别（地区）代码表》选择填报相应的国家（地区）名称或代码。

国别（地区）为非中文名称时，应翻译成中文名称或填相应的代码。

（二）填报要求

1. 原产国的填报要求

（1）按照《原产地条例》、《中华人民共和国海关关于执行〈非优惠原产地规则中实质性改变标准〉的规定》及海关总署关于各项优惠贸易协定原产地管理规章规定的原产地标准填报。

（2）同一批货物的原产地不同的，应当分别填报原产国（地区）。

（3）进口货物原产国（地区）无法确定的，应填报"国别不详"（代码701）。

例如，某企业从美国进口用加拿大木材加工制作的家具、办公桌椅等，原产国（地区）填写为"美国"或"502"；

某企业从香港购进一批化肥，该批化肥是新加坡生产（散装），由香港灌包包装，原产国（地区）填写为"新加坡"或"132"。

2. 最终目的国的填报要求

（1）同一批出口货物的最终目的国（地区）不同的，应当分别填报最终目的国（地区）。

（2）不经过第三国（地区）转运的直接运输货物，以运抵国（地区）为最

终目的国（地区）；经过第三国（地区）转运的货物，以最后运往国（地区）
为最终目的国（地区）。

（3）出口货物不能确定最终目的国（地区）时，以尽可能预知的最后运往
国（地区）为最终目的国（地区）。

（三）加工贸易报关单特殊情况填报要求

监管货物类别	原产国（地区）	最终目的国（地区）
料件结转货物	原生产国（地区）	中国
深加工结转货物	中国	中国
料件复运出境货物		实际最终目的国（地区）
加工贸易货物转内销	剩余料件为原进口生产国，成品为中国	
海关特殊监管区	运往区外：未加工，为原进口生产国；成品或半成品按现行原产地规则确定	运入区内，为中国

六、单价、总价、币制

（一）单价、总价、币制的含义

（1）单价是指进出口货物实际成交的商品单位价格的金额部分。

（2）总价是指进出口货物实际成交的商品总价的金额部分。

（3）币制是指进出口货物实际成交价格的计价货币的名称。

（二）填报要求

1. "单价"栏

（1）填报同一项号下进出口货物实际成交的商品单位价格。例如，北京某
进出口公司出口长筒丝袜 USD20.55/ 打。"单价"栏应该填报为："20.55"。

（2）无实际成交价格的，填报单位货值。

2. "总价"栏

（1）填报同一项号下进出口货物实际成交的商品总价格。

（2）无实际成交价格的，填报货值。

3. "币制"栏

根据实际成交情况按海关规定的"货币代码表"选择填报相应的货币名称

或代码。如"货币代码表"中无实际成交币种，需将实际成交币种按照申报日外汇折算率折算成"货币代码表"列明的货币填报。

表6.12　常用货币代码表

货币代码	货币符号	货币名称	货币代码	货币符号	货币名称	货币代码	货币符号	货币名称
110*	HKD	港币	116*	JPY	日元	142*	CNY	人民币
300*	EUR	欧元	502*	USD	美元	303*	GBP	英镑
331	CHF	瑞士法郎	344	SUR	俄罗斯卢布	501	CAD	加拿大元

七、征免

（一）含义

征免是按照海关核发的《征免税证明》或有关政策规定，对报关单所列每项商品选择海关规定的《征减免税方式代码表》中相应的征减免税方式的操作方式。

同一份报关单上可以有不同的减免税方式。

表6.13　征减免税方式代码表

代码	名称	代码	名称	代码	名称
1*	照章征税	4	特案	7	保函
2	折半征税	5	随征免性质	8	折半补税
3*	全　免	6	保证金	9	全额退税

（二）填报要求

（1）填报海关规定的"征减免税方式代码表"中相应的征减免税方式的名称。

（2）加工贸易报关单应根据登记手册中备案的征免规定填报。加工贸易手册中备案的征免规定为"保金"或"保函"的，应填报"全免"。

表6.14　"备案号""监管方式""征免性质"及
"征免方式"等栏目的逻辑关系（进口）

监管方式	代码	备案号首字母代码	征免性质	代码	征免	说明
一般贸易	0110	无	一般征税	101	照章征税	
		Z	科教用品	401	全免	科研院所
			鼓励项目	789	特案	内资企业
			自有资金	799		投资总额外
来料加工	0214	B	来料加工	502	全免	
进料对口	0615	C	进料加工	503	全免	
合资合作设备	2025	Z	鼓励项目	789	特案	投资总额内
		无	一般征税	101	照章征税	外商不予免税目录
外资设备物品	2225	Z	鼓励项目	789	特案	投资总额内
		无	一般征税	101	照章征税	外商不予免税目录
不作价设备	0320	D	加工设备	501	全　免	
加工贸易设备（作价）	0420	无	一般征税	101	照章征税	
无代价抵偿	3100	无	其他法定	299	全　免	

第四节　进出口货物报关单其他栏目

一、预录入编号

（一）含义

预录入编号是指预录入单位录入报关单的编号，用于申报单位与海关之间引用其申报后尚未接受申报的报关单。

（二）编号规则

预录入编号由接受申报的海关决定编号规则，由计算机自动打印。

二、海关编号

（一）含义

海关编号是指海关接受申报时给予报关单的 18 位顺序编号。一份报关单对应一个海关编号。

海关编号由各直属海关在接受申报时确定，并标志在报关单的每一联上。一般来说海关编号就是预录入编号，由计算机自动打印，不需填写。

（二）编号规则

报关单海关编号由 18 位数组成，其中前 4 位为接受申报海关的编号（关区代码表中相应关区代码），第 5 ~ 8 位为海关接受申报的公历年份，第 9 位为进出口标志（"1" 为进口，"0" 为出口，集中申报清单 "I" 为进口，"E" 为出口），第 10 ~ 18 位为报关单顺序编号。例如：

5302	2016	0	020514049
罗湖海关	年份	出口	报关单顺序编号

三、版本号

本栏目适用加工贸易货物出口报关单。本栏目应与《加工贸易手册》中备案的成品单耗版本一致，通过《加工贸易手册》备案数据或企业出口报关清单提取。

四、货号

本栏目适用加工贸易货物进出口报关单。本栏目应与《加工贸易手册》中备案的料件、成品货号一致，通过《加工贸易手册》备案数据或企业出口报关清单提取。

五、录入员及录入单位

录入员，由负责将本份报关单内容的数据录入海关计算机系统并打印预录入报关单的实际操作人员签名确认。

录入单位，主要填报经海关核准，允许其将有关报关单内容输入海关计算机系统的单位。

六、海关批注及签章

本栏目是海关内部作业时签注的栏目，由海关人员完成。

第五节 QP（QuickPass）系统申报操作流程（选学）

一、QP报关单申报系统的主要功能

报关单申报系统的主要功能包括：报关单的预录入、申报、打印；转关运输提前报关单的录入、申报、打印；出口二次转关单的预录入、查询、申报；报关单（包括转关运输提前申报的报关单和其随附的转关运输申报单）的查询；报关清单的预录入、申报、查询、打印、下载；海关回执的查询；业务统计等。

通过该系统企业可以方便、快捷地进行报关单、转关运输提前运输报关单、转关运输申报单的录入、申报、相关数据查询、海关回执查询、业务统计等，从而有效地提高报关企业的工作效率。

二、前期准备

（一）系统登录界面

图6.1 系统登录界面

（二）进入系统主选单界面

将操作员 IC 卡插入读卡器中或 IKey 插入计算机 USB 接口中，输入用户口令，点击确认，进入系统主选单界面，如图 6.2 所示：

图6.2　系统主选单界面

（三）进入报关单录入界面

在图 6.2 所示的系统主选单中点击"一次申报"图标，系统跳转至报关申报子系统。在报关申报子系统的功能菜单上点击"报关单"，弹出下拉菜单，选择下拉菜单中的"进口报关单"（如图 6.3 所示）。按报关单填制要求进行录入操作。

报关单申报页面功能按钮的快捷键

Ctrl+N：新增（同时按下 Ctrl 和字母 N 键，以下类推）

Ctrl+M：修改

Ctrl+C：复制

Ctrl+D：删除

Ctrl+S：暂存

Ctrl+P：打印

Ctrl+U：上载

Ctrl+R：申报

Ctrl+I：导入

Ctrl+B：批量申报

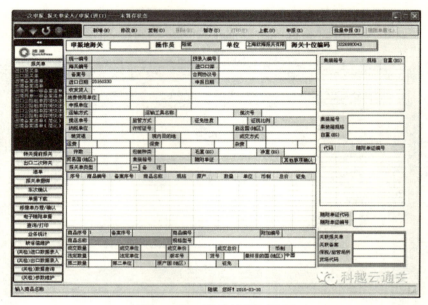

图6.3　进口报关单录入界面

（四）报关单预录入系统更新版说明

1.进口报关单录入/申报界面

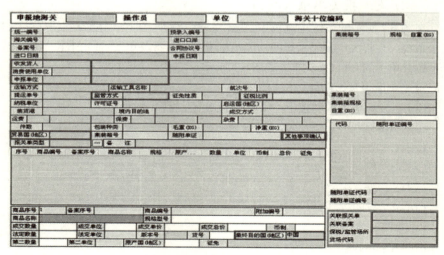

图6.4　进口报关单录入界面

收发货人、消费使用单位、申报单位：除填报海关 10 位编码以外还需填报 18 位社会统一代码。

征税比例：虽从报关单版面上消失，但在预录入系统中任然存在，不过无需录入。

最终目的国（地区）：该项出现在表体栏，默认为中国，可修改。

2. 出口报关单录入/申报界面

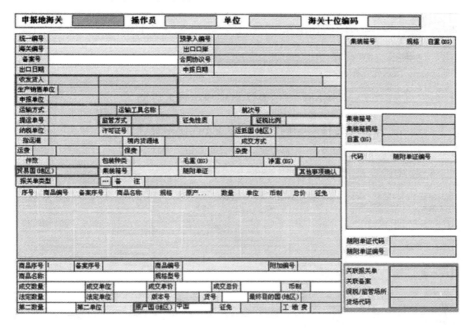

图6.5 出口报关单录入界面

收发货人、生产销售单位、申报单位：除填报海关 10 位编码以外还需填报 18 位社会统一代码。

原产国（地区）：该项出现在表体栏，默认为中国，可修改。

3. 其他确认事项提示框

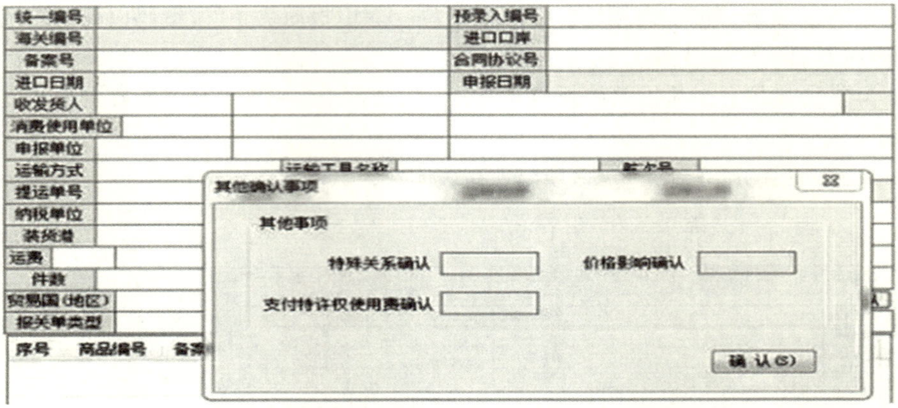

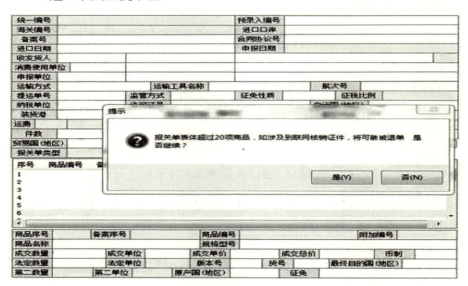

图6.6 其他确认事项提示录入界面

特殊关系确认、价格影响确认、支付特许权使用费确认：这三项归并在"其他事项确认"一栏，提示框中填写"是"或"否"确认即可。

4. 超20项商品提示框

图6.7 超20项商品提示录入界面

录入超过20项商品后系统会自动提示是否继续，这个时候还是再检查确认一下申报商品是否涉及联网许可证件或者原产地证件。一份报关单最多可录入50项商品。

三、纸质报关单与QP报关单录入系统栏目的区别

通过比较，我们将 QP 系统栏目中与纸质报关单栏目不同的部分用★标注，另外，QP 系统中有些栏目还设置了数据库信息，为了方便学习，我们将这些栏目用▲标注。

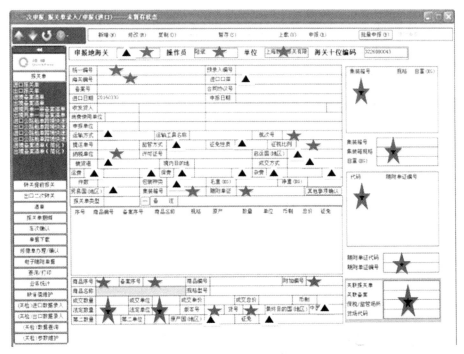

图6.8　纸质报关单栏目与QP报关单录入系统栏目的区别

四、报关单电子数据的预录入

报关单电子数据的录入过程中，有些栏目直接输入中文或数值的内容，这里不细述。这里重点讲述图 6.8 中带▲及★的栏目。

（一）申报地海关（▲标注）

该栏目内置了数据库，可输入相应代码，回车，如果参数有效，系统自动调出相应中文名称。也可直接输入中文名称，如果中文名称无效，则不会显示。如果按空格，系统弹出下拉窗口供选择，上下键移动选择项项后，按回车即可。

图6.9 申报地海关

QP 系统设置内置数据库的栏目有：申报地海关、进 / 出口口岸、运输方式、监管方式、征免性质、纳税单位、运抵国 / 启运国、指运港 / 装货港、境内货源地 / 目的地、成交方式、运费栏（保险费、杂费）左侧标记代码及右侧币制、包装种类、报关单类型、成交单位、法定单位、第二单位、原产国 / 最终目的国、币制、征免。这些栏目教材在图 8 中标注▲，其录入方法与申报地海关相同，下文除了对个别栏目的填报要求稍加解释外，不再赘述。

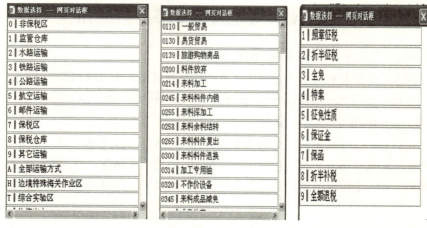

图6.10 运输方式、监管方式、征免下拉菜单界面（部分内容）

（二）录入单位、操作员

无须录入，系统从企业操作员 IC 卡信息中自动读取。

（三）统一编号、预录入编号、海关单号

在申报地海关栏录入海关代码后，预录入编号栏将自动变成灰色，企业不可录入。当报关单数据暂存后系统会给出以"Z"开头的暂存编号；当报关单入数据中心库后，以"Z"开头的暂存编号会自动变为正式的数据中心统一编号；待报关单审结后系统将自动返填 9 位数的预录入编号，即报关单号。

（四）收发货人、消费使用单位、申报单位

对于收发货人代码的填写，如"消费使用单位"，"申报单位"等，此类栏位按空格键无效，直接填写单位代码，除填报海关 10 位编码以外还需填报 18 位社会统一代码。回车，如果代码有效，则在相应单位栏显示相应单位。

如果消费使用单位无海关备案编码，则填写组织机构代码；如果上述两个均无，填写"NO"。

（五）运输工具名称及航次号

无须译成中文，报关草单为船名 / 航次号，这里需录入斜杠"/"左侧部分，且单词间无须空格。

航次号录入斜杠"/"右侧部分。

（六）纳税单位

一般多为收发货人，可录入代号"1"或收发货人。该栏目设有下拉菜单，见图 6.11。

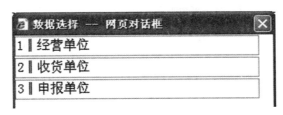

图6.11 纳税单位下拉菜单界面

（七）运费、保费及杂费栏

例如，报关单草单的数据为 502/1000.00/3，则自左向右仿效录入运费标记代码 3 或总价，回车，系统显示为"总价"；录入数字 1000；录入运费币制"美元"或"502"，回车，系统显示为"美元"。

图6.12　运费栏

注意，此栏左侧内置"运费标记代码表"，右侧栏内内置了"币制代码表"。

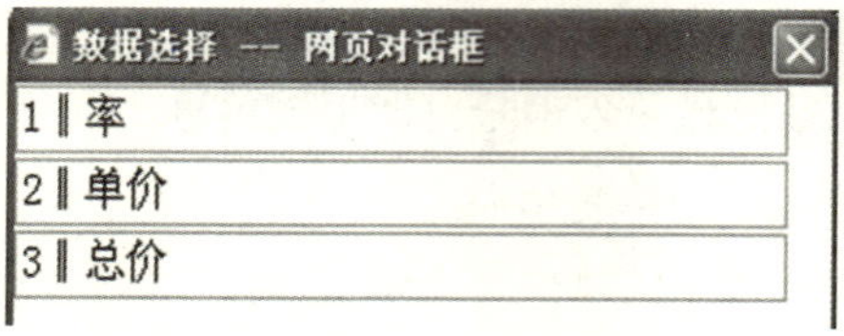

数据选择 —— 网页对话框
1‖率
2‖单价
3‖总价

数据选择 —— 网页对话框
1‖率
3‖总价

图6.13.1　运费下拉菜单界面　　图6.13.2　保险费、杂费下拉菜单界面

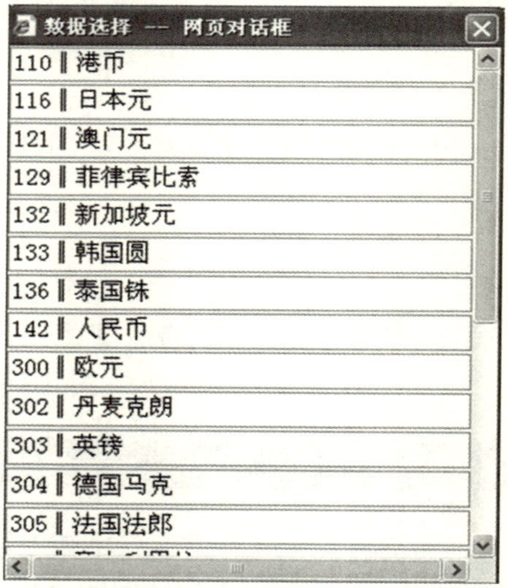

数据选择 —— 网页对话框
110‖港币
116‖日本元
121‖澳门元
129‖菲律宾比索
132‖新加坡元
133‖韩国圆
136‖泰国铢
142‖人民币
300‖欧元
302‖丹麦克朗
303‖英镑
304‖德国马克
305‖法国法郎

图6.13.3　国别、币别下拉菜单界面

（八）集装箱号

集装箱号在界面右上方，集装箱信息录入区域，从上到下依次录入集装箱号、集装箱规格及集装箱自重。多个集装箱的，重复上述操作。录入完成后，回车，集装箱信息自动保存至上方表格中，同时在表体"集装箱号"栏中，显示标准集装箱的个数。1 个 20 英尺集装箱显示 1，1 个 40 英尺集装箱显示 2，1 个 20 英尺集装箱加 1 个 40 英尺集装箱显示 3。

注意：20 英尺集装箱规格代号为"S"，40 英尺集装箱规格代号为"L"。一般情况下，20 英尺集装箱自重为 2300 千克，40 英尺集装箱自重为 4600 千克，如果不知集装箱自重数据，可以跳过或录入数字"0"。录入完成最后一栏后，回车即自动保存。

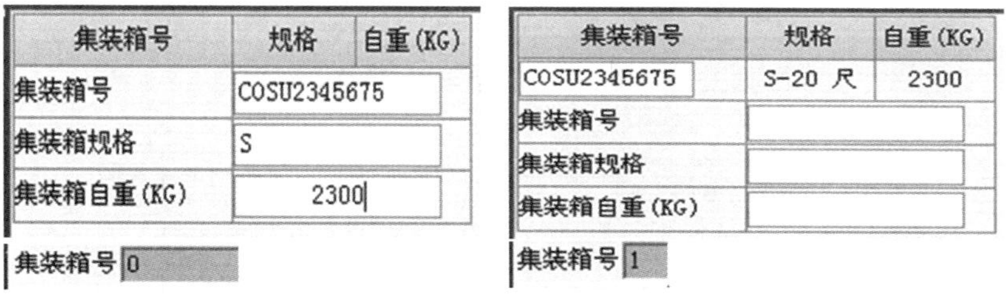

录入数据后，回车前"集装箱号"栏集装箱的个数为"0"，如上面左图显示；回车后，"集装箱号"栏集装箱的个数为"1"。界面显示如上面右图显示。

如果继续录入 1 个 40 英尺集装箱的信息，然后回车，这时"集装箱号"栏集装箱的个数为"3"。如图 6.14 显示：

图6.14　集装箱号栏录入界面

（九）随附单证

须在界面右侧中间随附单证信息录入区域录入，依序录入"随附单证代码"、"随附单证编号"后回车，随附单证信息自动保存至上方表格中，同时在表体"随附单证"栏中显示所有单证代码。如果有多个随附单证，则重复上述操作。录入完成最后一栏后，回车即自动保存。

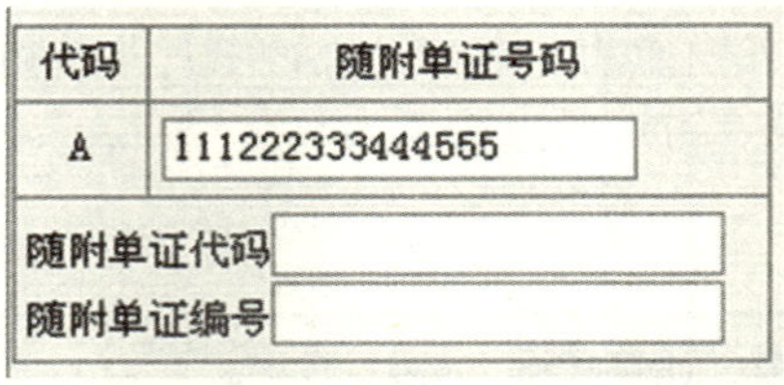

录入入境通关单回车显示界面 随附单证 A

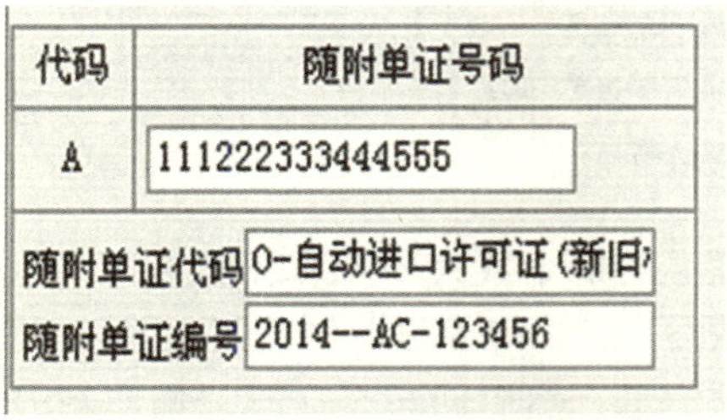

继续录入自动许可证信息显示界面 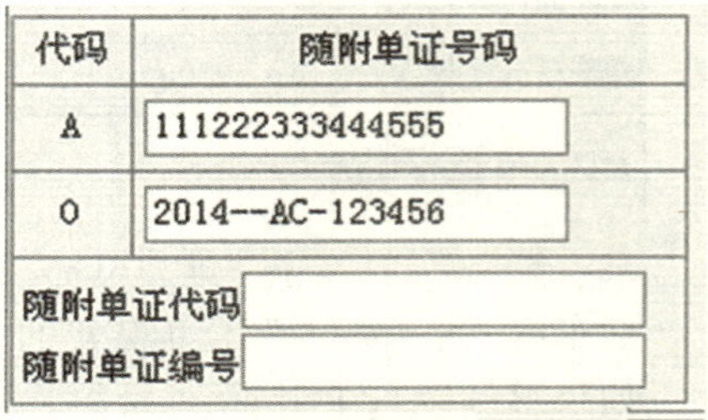 录入完毕回车后显示界面 随附单证 AO

图6.15 随附单证录入界面

（十）报关单类型

该栏目输入相应代码或录入中文，回车后，系统显示中文内容。可以从系统内置的下拉菜单中进行选择。

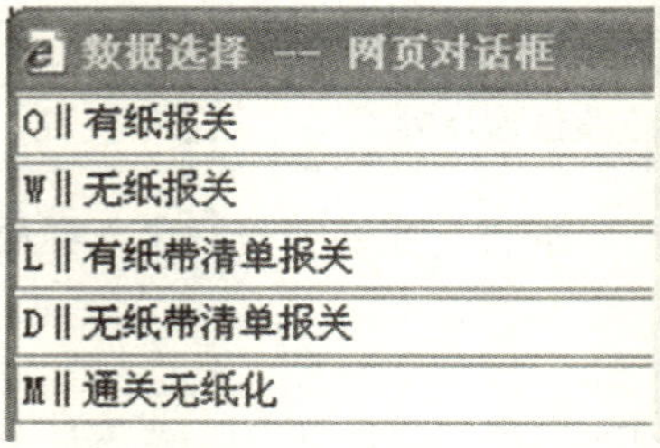

（十一）备注

该栏目用于输入报关单需要备注的信息。如超过 250 个字符部分的申报要素等。

关联报关单栏用于录入关联报关单编号，通常在进料深加工结转或设备结转报关须录入；关联备案号用于录入关联备案号，通常在进料深加工结转或设备结转报关须录入；监管仓库栏用于录入保税或监管仓库、货场代码用于录入货场名称或代码。

关联报关单	
关联备案号	
监管仓号	
货场代码	

图6.16 关联报关单，关联备案、监管仓库、货场代码录入界面

（十二）商品序号、备案序号

商品序号无须录入，系统自动生成，一般默认从 1 开始。

备案序号按实际情况输入相关备案号，回车，系统自动调出备案信息。一般贸易没有备案的，此栏为空。

（十三）商品名称、商品编号、附加编号

商品名称按实际申报商品名称,进行录入。例如,商品名称为 CD 盒(带盖)。

商品编号栏录入商品前 8 位编码，如回车，系统自动弹出此 8 位编码项下所有 10 位编码复选框；选择与报关单草单一致的 10 位编码，点击“确定”，系统自动将后两位编码显示在附加编号栏。

商品列表			
在商品综合分类表中到了下列商品，请选择商品类别：			
商品编号		商品名称	备注
44209090	10	拉敏木盒及类似品，非落地木家具	
44209090	20	濒危木盒及类似品，非落地木家具	
44209090	90	木盒子及类似品；非落地式木家具	
确定　取消			

图6.17 商品编号、附加编号录入界面

（十四）规格型号

确认 10 位编码后，系统弹出该商品相应的申报要素项目列表。根据信息依次录入申报要求，点击“确定”按钮，系统将申报要素显示在“规格型号”字段内，并用“；”将各申报要素隔开。

如果企业录入加工贸易手册、电子账册、电子化手册及减免税的报关单时，通过在备案号字段输入备案数据的编号来调用备案数据。调用商品信息与备案

数据内备案的商品信息一致，此时系统不要求用户填写"规范申报——商品申报要素"。

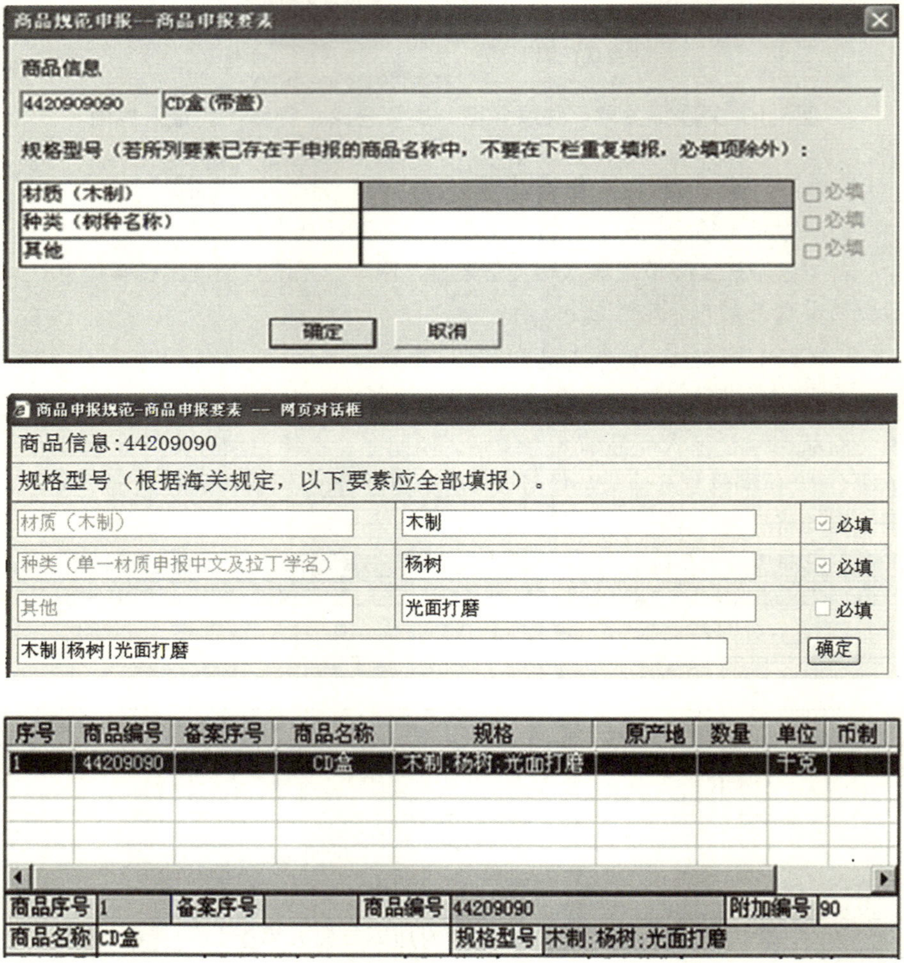

图6.18 规格型号录入界面

（十五）成交数量、成交单位、法定数量、法定单位及第二数量、第二单位

成交单位、法定单位、第二单位，系统自动生成，无须填写。

成交数量、法定数量、第二数量，根据实际情况按照报关单草单内容录入即可。

（十六）版本号、货号

无须录入。如果公司的货物有版本与货号，可以填写，通常无须填写。

商品序号	5	备案序号	6355	商品编号	85171210			附加编号	90
商品名称	数字式手机(含电池,3G及以上网络)			规格型号	无线通讯用	无线网络	APPLE	A1586	未打
成交数量	306	成交单位	个	成交单价	299.58	成交总价	91671.48	币制	美元
法定数量	306	法定单位	台	版 本 号	1	货 号		生产厂家	
第二数量		第二单位		目 的 地	美国	征 免	全免	工缴费	

图6.18 版本录入界面

在录入完最后一栏"征免"后，按 Ctrl+S 即可保存。

如果要增加一条，按 Ctrl+N，填写完成按 Ctrl+S。

如果要修改某条记录,将光标移动至对应记录上,按 Ctrl+M,即可进行修改。

如要要删除一条记录,将光标移动至对应记录上,按 Ctrl+D,即可删除记录。

五、报关单电子数据的系统发送

（一）发送前电子代理报关委托协议的准备

（1）点击界面右上角的"随附单据"按钮,弹出"随附单据上传/查看"界面。点击"随附单据类别"栏录入框，系统自动弹出下拉菜单，选择"电子代理报关委托协议编号"。

（2）在"随附单据编号"栏目中，录入电子委托编号，在"随附单据所属单位"栏目中，录入收发货人 10 位编码。

随付单据上传/查看				
随付单据类文类别	10000001 电子代理报关委托协议编号			
随付单据编号	20140918123456789			
随付单据文件位置				选择
随付单据所属单位	22019600XX 长春ABC公司			
类别	文件名称（企业）	单据编号	所属单位编号	所属单位名称
	上传	下载	取消	

（二）发送前其他随附单据的准备

（1）先将须提交的纸质随附单证转化为 PDF 格式的电子数据文件。

（2）单击界面右上角的"随附单据"按钮，弹出"随附单据上传 / 查看"界面。点击"随附单据类别"栏录入框，系统自动弹出下拉菜单，选择"发票"。在"随附单据编号"栏，输入发票号码。

（3）单击"随附单据文件位置"栏右侧的"选择"按钮，弹出对话框，选择要上传的文件后，单击"打开"按钮。

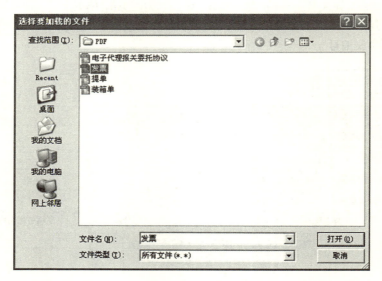

在"随附单据所属单位"栏目中，录入收发货人 10 位编码，系统自动调出收发货人中文名称。

随付单据上传/查看				
随付单据类文类别	00000001 发票 ▼			
随付单据编号	123			
随付单据文件位置	D:\My Documents\PDF\发票.pdf		选择	
随付单据所属单位	4403940004 深圳市宝安区沙井宏成五金加工厂			
类别	文件名称(企业)	单据编号	所属单位编号	所属单位名称
	上传	下载	取消	

单击"上传"按钮,系统显示发票资料信息。

类别	文件名称(企业)	单据编号	所属单位编号	所属单位名称
发票	123	123	4403940004	深圳市宝安区沙井宏成五金加工厂
	上传	下载	取消	

重复上述步骤进行"装箱单"的上传。

所有文件上传完成后,单击"上传"按钮,系统显示"正在对文件进行合规性检查,请稍等",检查合格,则表明申报前的准备工作全部完成。

(三)正式申报

(1)数据录入完毕后,点击界面右上角的"查询/打印"按钮,选择查询功能,在"报关单号"输入预录入编号,点击"开始查询"按钮,并在下方列表中的查询结果中选中拟申报的报关单,点击"查看明细",对预录入报关单数据进行复核检查。

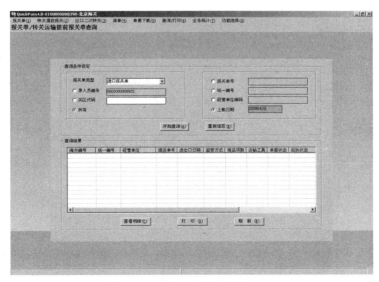

图6.20　报关单查询界面

（2）确认无误后，点击界面上方的"申报"按钮，正式申报。系统通过逻辑校验和单证校验，该票进口报关单数据将传送至数据中心，并由数据中心将数据传送到海关审单中心，进入审单环节。

（3）系统显示"申报成功"，如下图所示，表示电子数据成功进入海关作业系统，至此完成全部申报作业。

（四）报关单电子数据申报结果查询

对于在电子口岸预录入系统录入申报的报关单，系统提供查询功能，通过查询可查看到报关单的详细数据以及当前状态。

点击"查询/打印"按钮，选择查询功能，输入报关单号，可进行相关申报结果的查询。如下图所示。常见的查询结果有以下几种：

（1）预录入数据发送后，数据正在上载到电子口岸时，单据状态栏显示"上载申报发往数据中心"。

（2）报关单电子数据上载到电子口岸成功后，准备进入海关通关作业系统，单据状态栏显示"报关单已发往海关"。

（3）报关单电子数据正常审结，单据状态栏显示"通关无纸化审结"。如有纸报关则显示"报关单接单交单"。

（4）报关单电子数据放行，单据状态栏显示"通关无纸化放行"。

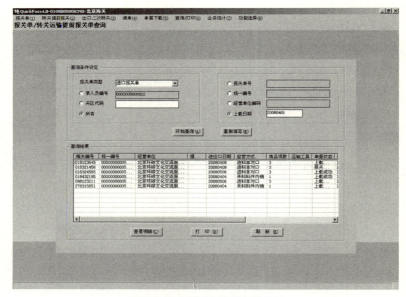

图6.20 查询结果显示界面

（五）海关审核未通过结果提示

若报关单数据未通过审核，系统会根据不同情况进行退单提示。常见的退单提示有以下几种：

（1）船名航次号 / 提运单号栏目填报与舱单数据不符，报关单电子数据被退回。

（2）海运出口货物报关单无运抵数据，报关单电子数据被退回。

不受理通知书

长春 ×××××× 有限公司：

　　你单位于 2014 年 9 月 20 日向长春海关申报的统一编号为 ×××
×××××××× 的报关单，经海关审核不符合报关要求，请重新申报！

　　退单备注：

　　原因如下：

　　退单或入库失败，无运抵报告记录。

长春海关海关审单中心

2014 年 9 月 20 日

　　　　　　确认　　　　打印

第六节　报关单栏目填报中的对应关系

一、报关单各栏目内容与主要商业、货运单证对应关系

（一）发票

根据发票填制的栏目内容一般有：收发货人、消费使用单位 / 生产销售单位、成交方式、运费、保险费、杂费、商品名称、规格型号、数量及单位、原产国（地区）/ 最终目的国（地区）、单价、总价、币制、合同协议号、集装箱号等。

（二）装箱单和提运单

根据装箱单和提运单查找的栏目内容一般有：运输方式、运输工具名称、航次、提运单号、启运国（地区）/ 运抵国（地区装货港 / 指运港、件数、包装种类、毛重、净重、标记唛码及备注。

以下举例说明提单、发票、装箱单等原始单证与出口报关单有关栏目基本对应关系，报关单标有带括号数字的栏目内容，可以从随附的原始单证中标注对应带括号数字的内容中查找、填报。

资料 1：报关单

中华人民共和国海关出口货物报关单

预录入编号：　　　　　　　　　　　海关编号：

收发货人	出口口岸（1）		出口日期		申报日期	
生产销售单位	运输方式（2）		运输工具名称（3）		提运单号（4）	
申报单位	监管方式		征免性质		备案号	
贸易国（地区）	运抵国（地区）（5）	指运港（6）			境内货源地	
许可证号	成交方式（7）	运费		保费		杂费
合同协议书（8）	件数（9）	包装种类（10）		毛重（千克）（11）		净重（千克）（12）
集装箱号（13）		随附单证				
标记唛码及备注						
（14）		（15）				

项号	商品编号	商品名称、规格型号	数量及单位	最终目的国（地区）	单价	总价	币制	征免
		（16）	（17.18）	（19）	（20）	（21）	（22）	

录入员　录入单位	兹声明对以上内容承担如实申报、依法纳税之法律责任	海关批注及签章
报关人员	申报单位（签章）	

资料 2：提单

BILL OF LADING(2)

FOR COMBINED TRANSPORT SHIPMENT OR PORT TO PORT SHIPMENT

SHIPPER: KOREA CHEMICAL CO.LTD 1301-4,SEOCHO-DONG,SEOCHO-LU,SEOUL,KOREA	PAGE:1 OF 1 B/L NO.:　　MISC200000537(4) REFERENCE NO.:
CONSIGNEE OR ORDER: TO THE ORDER OF SHANGHAI FAR EAST CONTAINER CO.,LTD 1729-1731, YANG GAO ROAD PUDONG, SHANGHAI, CHINA	CARRIER: MALAYSIA INTERNATIONAL SHIPPING CORPORTION BERHAD
NOTIFY PARTY /ADDRESS:IT IS AGREED THAT NO RESPONSIBILITY SHALL ATTACH TO THE CARRIER OR HIS AGENTS FOR FAILURE TO NOTIFY(SEE CLAUSE 20 ON REVERSE OF THIS BILL OF LADING 　　SAME AS CONSIGNEE	PLACE OF RECEIPT(APPLICABLE ONLY WHEN THIS DOCUMENT IS USED AS TRANSPORT BILL OF LADING): SINGAPORE CY
VESSEL AND VOY NO.: ESSEN EXPRESS 28ED09(3) PORT OF LODING: SINGAPORE　　　(5)(6)	PLACE OF DELIVERY(APPLICABLE ONLY WHEN THIS DOCUMENT IS USED AS TRANSPORT BILL OF LADING): SINGAPORE CY
PORT OF TRANSHIPMENT:	PORT OF DISCHARGE: SHANGHAI (1)

MARKS & NOS.	NUMBER & KINDS OF PACKAGES	DESCRIPTION OF GOODS	GROSS WEIGHT	MEASUREMENT(CBM)
			161,492.00(11)	281
FAR EAST	SHIPPER'S LOAD COUNT AND SEALED			
SHANGHAI (14)	12×20' CONTAINER(S)			
C/NO.:	SAID TO CONTAIN:			
	234 CRATES　　(9)　(10)			
	PAINT　　　(16)			
	PREIGHT PREPAID			
	TOTAL:TWELVE TWENTY FOOT CONTAINERS ONLY			

SIAE/TYPE/CONTAINER#TARE WGNT/GROSS WGHT/SEAL NUMBER/QUANTITY/STAT/STATU

20/DRY/TPHU8290658	(13)	/2300　/.00	/0464	0/FCL/FCL
20/DRY/TEXU2391475		/2300　/.00	/0384	0/FCL/FCL
20/DRY/MISU2369721		/2300　/.00	/00977	0/FCL/FCL
20/DRY/MISU1173640		/2300　/.00	/04959	0/FCL/FCL
20/DRY/MISU1123306		/2300　/.00	/04980	0/FCL/FCL
20/DRY/MISU1107429	(15)	/2300　/.00	/04973	0/FCL/FCL
20/DRY/MISU1171114		/2300　/.00	/04958	0/FCL/FCL
20/DRY/MISU1328245		/2300　/.00	/04979	0/FCL/FCL
20/DRY/MISU1304397		/2300　/.00	/165529	0/FCL/FCL
20/DRY/MISU1418051		/2300　/.00	/04963	0/FCL/FCL
20/DRY/MISU1306738		/2300　/.00	/166671	0/FCL/FCL
20/DRY/MISU1113376		/2300　/.00	/165576	0/FCL/FCL

ABOVE PARTICULARS AS DECLARED BY SHIPPER

资料 3：发票

COMMERCIAL INVOICE

SELLER: KOREA CHEMICAL CO.LTD 130-4.SEOCHO-DONG BEOCHO-KU, SEOUL.KOREA			INVOICE NO. AND DATE: EX80320 15TH MAR 2005 L/C NO. AND DATE:		
BUYER: SHANGHAI FAR EAST CONTAINER CO.,LTD 1729-1731 YANG GAO RD.PUDONG SHANGHAI,CHINA			BUYER(IF ANY THAN CONSIGNEE): AS PER CONSIGNEE		
DEPARTURE DATE: ETD:20 MAR 2009			TERMS OF DELIVERY AND PAYMENT: T/T SHANGHAI T/T 60 DAYS FROM B/L DATE		
VESSEL: ESSE EXPRESS V.28ED09 (3)			OTHER REFERENCE: CONTRACT NO:SFEC/KCC803-01 (8)		
FROM: TO: SINGAPORE (5) (6) SHANGHAI,CHINA (1)					
SHIPPING MARKS	NO.&KINDS OF PACKING	GOODS DESCRIPTION	QUANTITY	UNIT PRICE	AMOUNT
FAR EAST SHANGHAI（14） C/NO	COUNTRY OF ORIGIN: SINGAPORE	PAINT（16）	114056LTR （17）（18）	CIFSHANGHAI（7） 2.00/LTR（20）	USD228112.00 （22）（21）
KOREA CHEMICAL CO.,LTD. SIGNED BY:_____					

资料 4：装箱单

PACKING LIST

SELLER: KOREA CHEMICAL CO.LTD 130-4.SEOCHO-DONG BEOCHO-KU, SEOUL.KOREA			INVOICE NO. AND DATE: EX80320 15TH MAR 2005 L/C NO. AND DATE:			
BUYER: SHANGHAI FAR EAST CONTAINER CO.,LTD 1729-1731 YANG GAO RD.PUDONG SHANGHAI,CHINA			BUYER(IF ANY THAN CONSIGNEE): AS PER CONSIGNEE			
DEPARTURE DATE: ETD:20 MAR 2009 VESSEL: ESSE EXPRESS V.28ED09 (3)			OTHER REFERENCE: CONTRACT NO:SFEC/KCC803-01 (8)			
FROM: TO: SINGAPORE (5) (6) SHANGHAI,CHINA (1)						
SHIPPING MARKS	NO.&KINDS OF PACKING	GOODS DESCRIPTION	QUANTITY	N. W	G. W.	MEASUREMENT
FAR EAST SHANGHAI（14） C/NO		PAINT（16）	LTR（18） 114056（17）	KGS 136256 （12）	KGS 161492 （11）	281CBM
TOTAL: 234 CRATES （9） （10）						
KOREA CHEMICAL CO.,LTD. SIGNED BY:_____						

二、加工贸易货物报关单填制各栏目对应关系

加工贸易进出口货物的报关单填制较为复杂，料件、成品、剩余料件、残次品、副产品、边角料等各类货物的流转处理，均须根据各自不同去向，按照海关监管的相应要求，分别填制报关单向海关办理报关手续。此处主要选择料件、成品的常见处理方式，列表汇总其报关单填制要求及其对应关系：

加工贸易料件报关单填制各栏目对应关系

项目＼栏目	料件进口 进境	料件退换 先出境后进境	余料结转 形式进口	余料结转 形式出口	深加工结转 形式进口	深加工结转 形式出口	料件内销 形式进口	料件复出 出境
监管方式	来料加工/进料对口	来/进料件退换	来/进料余料结转		来/进料深加工		来/进料料件内销	来/进料件复出
进/出口岸	指定范围内实际进出口岸海关		接受申报的海关					指定范围实际进出口岸海关
征免性质	来料加工/进料加工	免予填报	免予填报				一般征税	其他法定
备案号	加工贸易手册编号		转入手册编号	转出手册编号	转入手册编号	转出手册编号	加工贸易手册编号	
运输方式	实际进境运输方式	实际出/进境运输方式	其他运输					实际出境运输方式
运输工具名称	实际进境运输工具名称	实际出/进境运输工具名称	免予填报					实际出境运输工具名称
启运国/运抵国	实际启运国	实际运抵国/启运国	中国					实际运抵国
备注		退运出境报关单填报原进口报关单号	转出手册编号	转入进口报关号；转入手册编号	转出手册编号	转入进口报关单号；转入手册编号	"活期"	原进口报关单号
项号（第2行）	手册对应进口料件项号		转入手册对应进口料件项号	转出手册对应进口料件项号	转入手册对应进口料件项号	转出手册对应出口成品项号	手册对应进口料件项号	
原产国/最终目的国	料件进口原产国/成品出口最终目的国	原进口料件原产国	原进口料件原产国	中国			原进口料件原产国	实际最终目的国
征免	全免						照章征税	全免

加工贸易成品报关单填制各栏目对应关系

项目 / 栏目	成品出口		成品内销			成品退换	
			按料件征税	转减免税			
	出境		形式进口	形式进口	形式出口	进境	出境
监管方式	来料加工	进料对口	来/进料料件内销	根据货物实际情况选择填报	来/进料成品减免	来/进料成品退换	
进/出口岸	指定范围进出口岸海关		接受申报的海关			指定范围进出口海关	
征免性质	来料加工	进料加工	一般征税	征免税证明所批征免性质	免予填报	免予填报	
备案号	加工贸易手册编号			征免税证明编号	加工贸易手册编号		
运输方式	实际出境运输方式			其他运输	实际进/出境运输方式		
运输工具名称	实际出境运输工具名称			免予填报	实际进/出境运输工具名称		
启运国/运抵国	实际运抵国			中国	实际启运国/运抵国		
用途	/		其他内销	企业自用	/	其他	/
备注	料件费、工缴费		"活期"	转出手册编号	转入征免税证明编号		
项号（第2行）	手册出口成品项号		手册进口料件项号	征免税证明对应项号	手册原出口成品对应项号		
原产国/最终目的国	实际最终目的国			中国		实际最终目的国	
征免	"全免"征出口税的"照章征税"		照章征税	全免			

三、减免税进口设备报关单各栏目对应关系

项目 / 栏目	投资总额内进口			投资总额外进口	减免税设备结转	
	合资合作企业	外商独资企业	国内投资项目			
	进境	进境	进境	进境	形式进口	形式出口
监管方式	合资合作设备	外资设备物品	一般贸易	一般贸易	根据货物实际情况选择填报	减免设备结转
征免性质	鼓励项目等			自有资金	根据货物实际情况选择填报	免予填报
备案号	征免税证明编号（首位标记"Z"）				征免税证明编号	结转联系函编号
收发货人 / 收发货单位	该合资合作企业	该外商独资企业	设备进口企业		转入企业	转出企业
运输方式	进境实际运输方式				其他运输	
启运国/运抵国	实际起运国				中国	
备注	如为委托进口，须注明代理进口的外贸企业名称				结转联系函编号	转入进口报关单号；转入方征免税证明编号
用途	企业自用				企业自用	/
原产国/最终目的国	设备实际原产国				设备原生产国	中国
征免	全免					

四、加工贸易进口设备报关单各栏目对应关系

项目 栏目	加工贸易征税进口设备	加工贸易免税进口不作价设备				
	进境	进境	退运出境	内销 形式进口	不作价设备结转	
					形式进口	形式出口
监管方式	加工贸易设备	不作价 设备	加工设备 退运	加工设备 内销	加工设备结转	
征免性质	一般征税	加工 设备	其他法定	免予填报		
备案号	/	加工贸易手册编号（首位标记"D"）				
收发货人 消费使用单位	加工贸易经营企业				转入企业	转出企业
运输方式	进境实际运输方式		出境实际 运输方式	其他运输		
启运国 / 运抵国	实际启运国		实际运抵国	中国		
备注	/		原进口 报关单号	/	转出手册号	转入进口报 关单号； 转入手册号
用途	作价提供 / 企业自用	企业自用	/	其他内销	企业自用	/
原产国/最终目 的国	设备实际原产国		实际最终 目的国	设备原生产国		中国
征免	照章征税	全免		照章征税	全免	

五、暂准进出境货物报关单部分栏目对应关系

暂准进出境货物涉及的监管方式包括"展览品"与"暂时进出货物"两类，其各自的适用范围参见本章第二节及第三章相应内容。暂准进境及复出境货物的报关单栏目对应关系如下表所示，暂准出境及复进境报关单栏目亦参照填报。

暂准进境及复出境货物的报关单栏目对应关系

项目\栏目	进境展览品		其他暂准进境货物	
	进境	复出境	进境	复出境
监管方式	展览品		暂时进出货物	
征免性质	其他法定			
备注	/	原进口报关单号	/	原进口报关单号
征免	保证金/保函	全免	保证金/保函	全免

无代价抵偿、一般退运、直接退运货物报关单部分栏目一般对应关系

项目\栏目	无代价抵偿进口货物		一般退运货物（品质规格原因）		直接退运货物	
	退运出境	补偿进境	进境	出境	先出口报关	后进口报关
监管方式	其他	无代价抵偿	退运货物		直接退运	
征免性质	其他法定					
备注	原进口报关单号	原出口报关单号	原进口报关单号	决定书/通知书编号	出口报关单号；决定书/通知书编号	
征免	全免					

案例解析

中华人民共和国海关进口货物报关单

预录入编号：　　　　　　海关编号：

收发货人 220123XXXX　91220102XXXXXXXXXX 宏达贸易有限公司	进口口岸 连大窑湾 0908	进口日期 20160215	申报日期 20160215
消费使用单位 220123XXXX　91220102XXXXXXXXXX 宏达贸易有限公司	运输方式 水路运输（2）	运输工具名称 DAHWOOD/032	提运单号 G100F
申报单位 220196XXXX　93220104XXXXXXXXXX 万利进出口公司	监管方式 合资合作设备（2025）	征免性质 鼓励项目（789）	备案号 Z91838123458
贸易国（地区） 美国（502）	启运国（地区） 日本（116）	装货港 神户	境内目的地 长春经开 22012

许可证号	成交方式 FOB	运费 502/800.00/3	保费 0.3/1	杂费
合同协议书 CC-HK-IT-2016005	件数 12	包装种类 其它	毛重（千克） 6500	净重（千克） 5000

集装箱号 0	随附单证 A20161000

标记唛码及备注　　委托万利进出口公司进口
DALIAN
P.O. NO.　　　　　O16-AB-0008
CRATE NO.

项号	商品编号	商品名称、规格型号	数量及单位	原产国（地区）	单价	总价	币制	征免
01	8479899910	金属母盘生产设备	2 台	美国	9060.00	18120.00	美元	特案
02		光盘生产用/ JF860	2 套					

特殊关系确认：无　　　　价格影响确认：无　　　　支付特许权使用费确认：无

录入员　　录入单位	兹声明对以上内容承担如实申报、依法纳税之法律责任	海关批注及签章
报关人员 报关员 张XX	申报单位（签章） 万利进出口公司 报关专用章	

本章关键名词

> 进出口货物报关单　　　　备案号　　　　海关注册编码
> 随附单证　　　　　　　　装货港　　　　指运港

本章练习题

一、根据以下资料填写出口报关单

长春一飞服装有限公司（海关注册编码 2201930064，统一社会信用代码 95220103 XXXXXXXXX）于 2016 年 4 月 15 日向大连海关的隶属海关大连大窑湾海关（代码 0908）申报加工贸易合同 980005 项下男女夹克上衣的出口，海关于当天接受申报。男女夹克上衣分列加工手册（编号 C12318190000）的第 5、7 项。法定计量单位：件 / 千克，美元代码：502。

1. 发票：

长春一飞服装有限公司 (2201930064)

CHANGCHUN YIFEI GARMENT CO., LTD

INVOICE   NO.:JCO210

FOR ACCOUNT & RISK OF MESSRS:

WAN DO APPAREL CO., LTD

550-17, YANGCHUN-GU, OSAKA, JAPAN

PORT OF LOADING, DALIAN CHINA

FINAL DESTINATION: OSAKA JAPAN

NAME OF VESSEL:TIANHE V.023

TERMS OF PAYMENT:L/C

MARKS & NO. OF PKGS	DESCRIPTION	Q'TY/UNIT	UNIT-PRICE	AMOUNT
JAPAN	CFROSAKA			
250CTNS	LADY'S JACKET (S-XL)	2000DOZENS	@$15.00	USD30,000.00
	MAN'S JACKET(M-XXL)	500DOZENS	@$18.00	USD9,000.00
	TOTAL:			USD39,000.00

FREIGHT CHAREGES:USD500.00

SIGNED BY:_____

2. 装箱单

长春一飞服装有限公司 (2201930064)

CHANGCHUN YIFEI GARMENT CO., LTD

PACKING LIST   INV NO.:JCO210

FOR ACCOUNT & RISK OF MESSRS:

WAN DO APPAREL CO., LTD

550-17, YANGCHUN-GU, OSAKA, JAPAN

PORT OF LOADING: DALIAN CHINA

FINAL DESTINATION: OSAKA, JAPAN

NAME OF VESSEL:TIANHE V.023

B/L NO:NE431227

MARKS & NO. OF PKGS	DESCRIPTION	PACKAGES	N. WEIGHT	G.WEIGHT
JAPAN				
250CTNS				
1X20' CONTAINER NO.:	LADY'S JACKET	200CTNS	2000KGS	2240KGS
EASU3894508	MAN'S JACKET	50CTNS	500KGS	840KGS
自重 2300KGS	TOTAL:	250CTNS	2500KGS	3080KGS

SIGNED BY:

中华人民共和国海关出口货物报关单

预录入编号：　　　　　　　　　　　　海关编号：

收发货人		出口口岸		出口日期		申报日期	
生产销售单位		运输方式		运输工具名称		提运单号	
申报单位		监管方式		征免性质		备案号	
贸易国（地区）		运抵国（地区）		指运港		境内货源地	
许可证号		成交方式		运费		保费		杂费
合同协议书		件数		包装种类		毛重（千克）		净重（千克）
集装箱号			随附单证				
标记唛码及备注							

项号	商品编号	商品名称、规格型号	数量及单位	最终目的国（地区）	单价	总价	币制	征免

录入员　录入单位	兹声明对以上内容承担如实申报、依法纳税之法律责任	海关批注及签章
报关人员	申报单位（签章）	

中华人民共和国海关法
（2013年最新修订）

根据 2000 年 7 月 8 日第九届全国人民代表大会常务委员会第十六次会议《关于修改〈中华人民共和国海关法〉的决定》第一次修正；根据 2013 年《全国人民代表大会常务委员会关于修改〈中华人民共和国文物保护法〉等十二部法律的决定》（主席令第五号）第二次修正；根据全国人大常委会关于修改《海洋环境保护法》等七部法律的决定第三次修正。

目录

第一章　总则

第一条　为了维护国家的主权和利益，加强海关监督管理，促进对外经济贸易和科技文化交往，保障社会主义现代化建设，特制定本法。

第二条　中华人民共和国海关是国家的进出关境（以下简称进出境）监督管理机关。海关依照本法和其他有关法律、行政法规，监管进出境的运输工具、货物、行李物品、邮递物品和其他物品（以下简称进出境运输工具、货物、物品），征收关税和其他税、费，查缉走私，并编制海关统计和办理其他海关业务。

第三条　国务院设立海关总署，统一管理全国海关。

国家在对外开放的口岸和海关监管业务集中的地点设立海关。海关的隶属关系，不受行政区划的限制。

海关依法独立行使职权，向海关总署负责。

第四条　国家在海关总署设立专门侦查走私犯罪的公安机构，配备专职缉私警察，负责对其管辖的走私犯罪案件的侦查、拘留、执行逮捕、预审。

海关侦查走私犯罪公安机构履行侦查、拘留、执行逮捕、预审职责，应当按照《中华人民共和国刑事诉讼法》的规定办理。

海关侦查走私犯罪公安机构根据国家有关规定，可以设立分支机构。各分支机构办理其管辖的走私犯罪案件，应当依法向有管辖权的人民检察院移送起诉。

地方各级公安机关应当配合海关侦查走私犯罪公安机构依法履行职责。

第五条　国家实行联合缉私、统一处理、综合治理的缉私体制。海关负责组织、协调、管理查缉走私工作。有关规定由国务院另行制定。

各有关行政执法部门查获的走私案件，应当给予行政处罚的，移送海关依法处理；涉嫌犯罪的，应当移送海关侦查走私犯罪公安机构、地方公安机关依据案件管辖分工和法定程序办理。

第六条　海关可以行使下列权力：

（一）检查进出境运输工具，查验进出境货物、物品；对违反本法或者其他有关法律、行政法规的，可以扣留。

（二）查阅进出境人员的证件；查问违反本法或者其他有关法律、行政法规的嫌疑人，调查其违法行为。

（三）查阅、复制与进出境运输工具、货物、物品有关的合同、发票、账册、单据、记录、文件、业务函电、录音录像制品和其他资料；对其中与违反本法或者其他有关法律、行政法规的进出境运输工具、货物、物品有牵连的，可以扣留。

（四）在海关监管区和海关附近沿海沿边规定地区，检查有走私嫌疑的运输工具和有藏匿走私货物、物品嫌疑的场所，检查走私嫌疑人的身体；对有走私嫌疑的运输工具、货物、物品和走私犯罪嫌疑人，经直属海关关长或者其授权的隶属海关关长批准，可以扣留；对走私犯罪嫌疑人，扣留时间不超过二十四小时，在特殊情况下可以延长至四十八小时。

在海关监管区和海关附近沿海沿边规定地区以外，海关在调查走私案件时，对有走私嫌疑的运输工具和除公民住处以外的有藏匿走私货物、物品嫌疑的场所，经直属海关关长或者其授权的隶属海关关长批准，可以进行检查，有关当事人应当到场；当事人未到场的，在有见证人在场的情况下，可以径行检查；对其中有证据证明有走私嫌疑的运输工具、货物、物品，可以扣留。

海关附近沿海沿边规定地区的范围，由海关总署和国务院公安部门会同有关省级人民政府确定。

（五）在调查走私案件时，经直属海关关长或者其授权的隶属海关关长批准，可以查询案件涉嫌单位和涉嫌人员在金融机构、邮政企业的存款、汇款。

（六）进出境运输工具或者个人违抗海关监管逃逸的，海关可以连续追至海关监管区和海关附近沿海沿边规定地区以外，将其带回处理。

（七）海关为履行职责，可以配备武器。海关工作人员佩带和使用武器的规则，由海关总署会同国务院公安部门制定，报国务院批准。

（八）法律、行政法规规定由海关行使的其他权力。

第七条　各地方、各部门应当支持海关依法行使职权，不得非法干预海关的执法活动。

第八条　进出境运输工具、货物、物品，必须通过设立海关的地点进境或者出境。在特殊情况下，需要经过未设立海关的地点临时进境或者出境的，必须经国务院或者国务院授权的机关批准，并依照本法规定办理海关手续。

第九条　进出口货物，除另有规定的外，可以由进出口货物收发货人自行办理报关纳税手续，也可以由进出口货物收发货人委托海关准予注册登记的报关企业办理报关纳税手续。

进出境物品的所有人可以自行办理报关纳税手续，也可以委托他人办理报关纳税手续。

第十条　报关企业接受进出口货物收发货人的委托，以委托人的名义办理报关手续的，应当向海关提交由委托人签署的授权委托书，遵守本法对委托人的各项规定。

报关企业接受进出口货物收发货人的委托，以自己的名义办理报关手续的，应当承担与收发货人相同的法律责任。

委托人委托报关企业办理报关手续的，应当向报关企业提供所委托报关事项的真实情况；报关企业接受委托人的委托办理报关手续的，应当对委托人所提供情况的真实性进行合理审查。

第十一条　进出口货物收发货人、报关企业办理报关手续，必须依法经海关注册登记。未依法经海关注册登记，不得从事报关业务。

报关企业和报关人员不得非法代理他人报关，或者超出其业务范围进行报关活动。

第十二条　海关依法执行职务，有关单位和个人应当如实回答询问，并予以配合，任何单位和个人不得阻挠。

海关执行职务受到暴力抗拒时，执行有关任务的公安机关和人民武装警察部队应当予以协助。

第十三条　海关建立对违反本法规定逃避海关监管行为的举报制度。

任何单位和个人均有权对违反本法规定逃避海关监管的行为进行举报。

海关对举报或者协助查获违反本法案件的有功单位和个人，应当给予精神的或者物质的奖励。

海关应当为举报人保密。

第二章　进出境运输工具

第十四条　进出境运输工具到达或者驶离设立海关的地点时，运输工具负责人应当向海关如实申报，交验单证，并接受海关监管和检查。

停留在设立海关的地点的进出境运输工具，未经海关同意，不得擅自驶离。

进出境运输工具从一个设立海关的地点驶往另一个设立海关的地点的，应当符合海关监管要求，办理海关手续，未办结海关手续的，不得改驶境外。

第十五条　进境运输工具在进境以后向海关申报以前，出境运输工具在办结海关手续以后出境以前，应当按照交通主管机关规定的路线行进；交通主管机关没有规定的，由海关指定。

第十六条　进出境船舶、火车、航空器到达和驶离时间、停留地点、停留期间更换地点以及装卸货物、物品时间，运输工具负责人或者有关交通运输部门应当事先通知海关。

第十七条　运输工具装卸进出境货物、物品或者上下进出境旅客，应当接受海关监管。

货物、物品装卸完毕，运输工具负责人应当向海关递交反映实际装卸情况的交接单据和记录。

上下进出境运输工具的人员携带物品的，应当向海关如实申报，并接受海关检查。

第十八条　海关检查进出境运输工具时，运输工具负责人应当到场，并根据海关的要求开启舱室、房间、车门；有走私嫌疑的，并应当开拆可能藏匿走私货物、物品的部位，搬移货物、物料。

海关根据工作需要，可以派员随运输工具执行职务，运输工具负责人应当提供方便。

第十九条　进境的境外运输工具和出境的境内运输工具，未向海关办理手续并缴纳关税，不得转让或者移作他用。

第二十条　进出境船舶和航空器兼营境内客、货运输，应当符合海关监管要求。

进出境运输工具改营境内运输，需向海关办理手续。

第二十一条　沿海运输船舶、渔船和从事海上作业的特种船舶，未经海关同意，不得载运或者换取、买卖、转让进出境货物、物品。

第二十二条　进出境船舶和航空器，由于不可抗力的原因，被迫在未设立海关的地点停泊、降落或者抛掷、起卸货物、物品，运输工具负责人应当立即报告附近海关。

第三章　进出境货物

第二十三条　进口货物自进境起到办结海关手续止，出口货物自向海关申报起到出境止，过境、转运和通运货物自进境起到出境止，应当接受海关监管。

第二十四条　进口货物的收货人、出口货物的发货人应当向海关如实申报，交验进出口许可证件和有关单证。国家限制进出口的货物，没有进出口许可证件的，不予放行，具体处理办法由国务院规定。

进口货物的收货人应当自运输工具申报进境之日起十四日内，出口货物的发货人除海关特准的外应当在货物运抵海关监管区后、装货的二十四小时以前，向海关申报。

进口货物的收货人超过前款规定期限向海关申报的，由海关征收滞报金。

第二十五条　办理进出口货物的海关申报手续，应当采用纸质报关单和电子数据报关单的形式。

第二十六条　海关接受申报后，报关单证及其内容不得修改或者撤销，但符合海关规定情形的除外。

第二十七条　进口货物的收货人经海关同意，可以在申报前查看货物或者提取货样。需要依法检疫的货物，应当在检疫合格后提取货样。

第二十八条　进出口货物应当接受海关查验。海关查验货物时，进口货物的收货人、出口货物的发货人应当到场，并负责搬移货物，开拆和重封货物的包装。海关认为必要时，可以径行开验、复验或者提取货样。

海关在特殊情况下对进出口货物予以免验，具体办法由海关总署制定。

第二十九条　除海关特准的外，进出口货物在收发货人缴清税款或者提供担保后，由海关签印放行。

第三十条　进口货物的收货人自运输工具申报进境之日起超过三个月未向海

关申报的，其进口货物由海关提取依法变卖处理，所得价款在扣除运输、装卸、储存等费用和税款后，尚有余款的，自货物依法变卖之日起一年内，经收货人申请，予以发还；其中属于国家对进口有限制性规定，应当提交许可证件而不能提供的，不予发还。逾期无人申请或者不予发还的，上缴国库。

确属误卸或者溢卸的进境货物，经海关审定，由原运输工具负责人或者货物的收发货人自该运输工具卸货之日起三个月内，办理退运或者进口手续；必要时，经海关批准，可以延期三个月。逾期未办手续的，由海关按前款规定处理。

前两款所列货物不宜长期保存的，海关可以根据实际情况提前处理。

收货人或者货物所有人声明放弃的进口货物，由海关提取依法变卖处理；所得价款在扣除运输、装卸、储存等费用后，上缴国库。

第三十一条　经海关批准暂时进口或者暂时出口的货物，应当在六个月内复运出境或者复运进境；在特殊情况下，经海关同意，可以延期。

第三十二条　经营保税货物的储存、加工、装配、展示、运输、寄售业务和经营免税商店，应当符合海关监管要求，经海关批准，并办理注册手续。

保税货物的转让、转移以及进出保税场所，应当向海关办理有关手续，接受海关监管和查验。

第三十三条　企业从事加工贸易，应当持有关批准文件和加工贸易合同向海关备案，加工贸易制成品单位耗料量由海关按照有关规定核定。

加工贸易制成品应当在规定的期限内复出口。其中使用的进口料件，属于国家规定准予保税的，应当向海关办理核销手续；属于先征收税款的，依法向海关办理退税手续。

加工贸易保税进口料件或者制成品因故转为内销的，海关凭准予内销的批准文件，对保税的进口料件依法征税；属于国家对进口有限制性规定的，还应当向海关提交进口许可证件。

第三十四条　经国务院批准在中华人民共和国境内设立的保税区等海关特殊监管区域，由海关按照国家有关规定实施监管。

第三十五条　进口货物应当由收货人在货物的进境地海关办理海关手续，出口货物应当由发货人在货物的出境地海关办理海关手续。

经收发货人申请，海关同意，进口货物的收货人可以在设有海关的指运地、出口货物的发货人可以在设有海关的启运地办理海关手续。上述货物的转关运输，应当符合海关监管要求；必要时，海关可以派员押运。

经电缆、管道或者其他特殊方式输送进出境的货物，收发货人应当定期向指定的海关申报和办理海关手续。

第三十六条　过境、转运和通运货物，运输工具负责人应当向进境地海关如实申报，并应当在规定期限内运输出境。

海关认为必要时，可以查验过境、转运和通运货物。

第三十七条　海关监管货物，未经海关许可，不得开拆、提取、交付、发运、调换、改装、抵押、质押、留置、转让、更换标记、移作他用或者进行其他处置。

海关加施的封志，任何人不得擅自开启或者损毁。

人民法院判决、裁定或者有关行政执法部门决定处理海关监管货物的，应当责令当事人办结海关手续。

第三十八条　经营海关监管货物仓储业务的企业，应当经海关注册，并按照海关规定，办理收存、交付手续。

在海关监管区外存放海关监管货物，应当经海关同意，并接受海关监管。

违反前两款规定或者在保管海关监管货物期间造成海关监管货物损毁或者灭失的，除不可抗力外，对海关监管货物负有保管义务的人应当承担相应的纳税义务和法律责任。

第三十九条　进出境集装箱的监管办法、打捞进出境货物和沉船的监管办法、边境小额贸易进出口货物的监管办法，以及本法未具体列明的其他进出境货物的监管办法，由海关总署或者由海关总署会同国务院有关部门另行制定。

第四十条　国家对进出境货物、物品有禁止性或者限制性规定的，海关依据法律、行政法规、国务院的规定或者国务院有关部门依据法律、行政法规的授权作出的规定实施监管。具体监管办法由海关总署制定。

第四十一条　进出口货物的原产地按照国家有关原产地规则的规定确定。

第四十二条　进出口货物的商品归类按照国家有关商品归类的规定确定。

海关可以要求进出口货物的收发货人提供确定商品归类所需的有关资料；必要时，海关可以组织化验、检验，并将海关认定的化验、检验结果作为商品归类的依据。

第四十三条　海关可以根据对外贸易经营者提出的书面申请，对拟作进口或者出口的货物预先作出商品归类等行政裁定。

进口或者出口相同货物，应当适用相同的商品归类行政裁定。

海关对所作出的商品归类等行政裁定，应当予以公布。

第四十四条　海关依照法律、行政法规的规定，对与进出境货物有关的知识产权实施保护。

需要向海关申报知识产权状况的，进出口货物收发货人及其代理人应当按照国家规定向海关如实申报有关知识产权状况，并提交合法使用有关知识产权的证明文件。

第四十五条　自进出口货物放行之日起三年内或者在保税货物、减免税进口货物的海关监管期限内及其后的三年内，海关可以对与进出口货物直接有关的企业、单位的会计账簿、会计凭证、报关单证以及其他有关资料和有关进出口货物实施稽查。具体办法由国务院规定。

第四章　进出境物品

第四十六条　个人携带进出境的行李物品、邮寄进出境的物品，应当以自用、合理数量为限，并接受海关监管。

第四十七条　进出境物品的所有人应当向海关如实申报，并接受海关查验。

海关加施的封志，任何人不得擅自开启或者损毁。

第四十八条　进出境邮袋的装卸、转运和过境，应当接受海关监管。邮政企业应当向海关递交邮件路单。

邮政企业应当将开拆及封发国际邮袋的时间事先通知海关，海关应当按时派员到场监管查验。

第四十九条　邮运进出境的物品，经海关查验放行后，有关收发货人方可投递或者交付。

第五十条　经海关登记准予暂时免税进境或者暂时免税出境的物品，应当由本人复带出境或者复带进境。

过境人员未经海关批准，不得将其所带物品留在境内。

第五十一条　进出境物品所有人声明放弃的物品、在海关规定期限内未办理海关手续或者无人认领的物品，以及无法投递又无法退回的进境邮递物品，由海关依照本法第三十条的规定处理。

第五十二条　享有外交特权和豁免的外国机构或者人员的公务用品或者自用物品进出境，依照有关法律、行政法规的规定办理。

第五章　关税

第五十三条　准许进出口的货物、进出境物品，由海关依法征收关税。

第五十四条　进口货物的收货人、出口货物的发货人、进出境物品的所有人，是关税的纳税义务人。

第五十五条　进出口货物的完税价格，由海关以该货物的成交价格为基础审查确定。成交价格不能确定时，完税价格由海关依法估定。

进口货物的完税价格包括货物的货价、货物运抵中华人民共和国境内输入地点起卸前的运输及其相关费用、保险费；出口货物的完税价格包括货物的货价、货物运至中华人民共和国境内输出地点装载前的运输及其相关费用、保险费，但是其中包含的出口关税税额，应当予以扣除。

进出境物品的完税价格，由海关依法确定。

第五十六条　下列进出口货物、进出境物品，减征或者免征关税：

（一）无商业价值的广告品和货样；

（二）外国政府、国际组织无偿赠送的物资；

（三）在海关放行前遭受损坏或者损失的货物；

（四）规定数额以内的物品；

（五）法律规定减征、免征关税的其他货物、物品；

（六）中华人民共和国缔结或者参加的国际条约规定减征、免征关税的货物、物品。

第五十七条　特定地区、特定企业或者有特定用途的进出口货物，可以减征或者免征关税。特定减税或者免税的范围和办法由国务院规定。

依照前款规定减征或者免征关税进口的货物，只能用于特定地区、特定企业或者特定用途，未经海关核准并补缴关税，不得移作他用。

第五十八条　本法第五十六条、第五十七条第一款规定范围以外的临时减征或者免征关税，由国务院决定。

第五十九条　经海关批准暂时进口或者暂时出口的货物，以及特准进口的保税货物，在货物收发货人向海关缴纳相当于税款的保证金或者提供担保后，准予暂时免纳关税。

第六十条　进出口货物的纳税义务人，应当自海关填发税款缴款书之日起十五日内缴纳税款；逾期缴纳的，由海关征收滞纳金。纳税义务人、担保人超过三个月仍未缴纳的，经直属海关关长或者其授权的隶属海关关长批准，海关可以采取下列强制措施：

（一）书面通知其开户银行或者其他金融机构从其存款中扣缴税款；

（二）将应税货物依法变卖，以变卖所得抵缴税款；

（三）扣留并依法变卖其价值相当于应纳税款的货物或者其他财产，以变卖所得抵缴税款。

海关采取强制措施时，对前款所列纳税义务人、担保人未缴纳的滞纳金同时强制执行。

进出境物品的纳税义务人，应当在物品放行前缴纳税款。

第六十一条　进出口货物的纳税义务人在规定的纳税期限内有明显的转移、藏匿其应税货物以及其他财产迹象的，海关可以责令纳税义务人提供担保；纳税义务人不能提供纳税担保的，经直属海关关长或者其授权的隶属海关关长批准，海关可以采取下列税收保全措施：

（一）书面通知纳税义务人开户银行或者其他金融机构暂停支付纳税义务人相当于应纳税款的存款；

（二）扣留纳税义务人价值相当于应纳税款的货物或者其他财产。

纳税义务人在规定的纳税期限内缴纳税款的，海关必须立即解除税收保全措施；期限届满仍未缴纳税款的，经直属海关关长或者其授权的隶属海关关长批准，海关可以书面通知纳税义务人开户银行或者其他金融机构从其暂停支付的存款中扣缴税款，或者依法变卖所扣留的货物或者其他财产，以变卖所得抵缴税款。

采取税收保全措施不当，或者纳税义务人在规定期限内已缴纳税款，海关未立即解除税收保全措施，致使纳税义务人的合法权益受到损失的，海关应当依法承担赔偿责任。

第六十二条　进出口货物、进出境物品放行后，海关发现少征或者漏征税款，应当自缴纳税款或者货物、物品放行之日起一年内，向纳税义务人补征。因纳税义务人违反规定而造成的少征或者漏征，海关在三年以内可以追征。

第六十三条　海关多征的税款，海关发现后应当立即退还；纳税义务人自缴纳税款之日起一年内，可以要求海关退还。

第六十四条　纳税义务人同海关发生纳税争议时，应当缴纳税款，并可以依法申请行政复议；对复议决定仍不服的，可以依法向人民法院提起诉讼。

第六十五条　进口环节海关代征税的征收管理，适用关税征收管理的规定。

第六章　海关事务担保

第六十六条　在确定货物的商品归类、估价和提供有效报关单证或者办结其他海关手续前，收发货人要求放行货物的，海关应当在其提供与其依法应当履行的法律义务相适应的担保后放行。法律、行政法规规定可以免除担保的除外。

法律、行政法规对履行海关义务的担保另有规定的，从其规定。

国家对进出境货物、物品有限制性规定，应当提供许可证件而不能提供的，以及法律、行政法规规定不得担保的其他情形，海关不得办理担保放行。

第六十七条　具有履行海关事务担保能力的法人、其他组织或者公民，可以成为担保人。法律规定不得为担保人的除外。

第六十八条　担保人可以以下列财产、权利提供担保：

（一）人民币、可自由兑换货币；

（二）汇票、本票、支票、债券、存单；

（三）银行或者非银行金融机构的保函；

（四）海关依法认可的其他财产、权利。

第六十九条　担保人应当在担保期限内承担担保责任。担保人履行担保责任的，不免除被担保人应当办理有关海关手续的义务。

第七十条　海关事务担保管理办法，由国务院规定。

第七章　执法监督

第七十一条　海关履行职责，必须遵守法律，维护国家利益，依照法定职权和法定程序严格执法，接受监督。

第七十二条　海关工作人员必须秉公执法，廉洁自律，忠于职守，文明服务，不得有下列行为：

（一）包庇、纵容走私或者与他人串通进行走私；

（二）非法限制他人人身自由，非法检查他人身体、住所或者场所，非法检查、扣留进出境运输工具、货物、物品；

（三）利用职权为自己或者他人谋取私利；

（四）索取、收受贿赂；

（五）泄露国家秘密、商业秘密和海关工作秘密；

（六）滥用职权，故意刁难，拖延监管、查验；

（七）购买、私分、占用没收的走私货物、物品；

（八）参与或者变相参与营利性经营活动；

（九）违反法定程序或者超越权限执行职务；

（十）其他违法行为。

第七十三条　海关应当根据依法履行职责的需要，加强队伍建设，使海关工作人员具有良好的政治、业务素质。

海关专业人员应当具有法律和相关专业知识，符合海关规定的专业岗位任职要求。

海关招收工作人员应当按照国家规定，公开考试，严格考核，择优录用。

海关应当有计划地对其工作人员进行政治思想、法制、海关业务培训和考核。海关工作人员必须定期接受培训和考核，经考核不合格的，不得继续上岗执行职务。

第七十四条　海关总署应当实行海关关长定期交流制度。

海关关长定期向上一级海关述职，如实陈述其执行职务情况。海关总署应当定期对直属海关关长进行考核，直属海关应当定期对隶属海关关长进行考核。

第七十五条　海关及其工作人员的行政执法活动，依法接受监察机关的监督；缉私警察进行侦查活动，依法接受人民检察院的监督。

第七十六条　审计机关依法对海关的财政收支进行审计监督，对海关办理的与国家财政收支有关的事项，有权进行专项审计调查。

第七十七条　上级海关应当对下级海关的执法活动依法进行监督。上级海关认为下级海关作出的处理或者决定不适当的，可以依法予以变更或者撤销。

第七十八条　海关应当依照本法和其他有关法律、行政法规的规定，建立健全内部监督制度，对其工作人员执行法律、行政法规和遵守纪律的情况，进行监督检查。

第七十九条　海关内部负责审单、查验、放行、稽查和调查等主要岗位的职责权限应当明确，并相互分离、相互制约。

第八十条　任何单位和个人均有权对海关及其工作人员的违法、违纪行为进行控告、检举。收到控告、检举的机关有权处理的，应当依法按照职责分工及时查处。收到控告、检举的机关和负责查处的机关应当为控告人、检举人保密。

第八十一条　海关工作人员在调查处理违法案件时，遇有下列情形之一的，应当回避：

（一）是本案的当事人或者是当事人的近亲属；

（二）本人或者其近亲属与本案有利害关系；

（三）与本案当事人有其他关系，可能影响案件公正处理的。

第八章　法律责任

第八十二条　违反本法及有关法律、行政法规，逃避海关监管、偷逃应纳税款、逃避国家有关进出境的禁止性或者限制性管理，有下列情形之一的，是走私行为：

（一）运输、携带、邮寄国家禁止或者限制进出境货物、物品或者依法应当缴纳税款的货物、物品进出境的；

（二）未经海关许可并且未缴纳应纳税款、交验有关许可证件，擅自将保税货物、特定减免税货物以及其他海关监管货物、物品、进境的境外运输工具，在境内销售的；

（三）有逃避海关监管，构成走私的其他行为的。

有前款所列行为之一，尚不构成犯罪的，由海关没收走私货物、物品及违法所得，可以并处罚款；专门或者多次用于掩护走私的货物、物品，专门或者多次用于走私的运输工具，予以没收，藏匿走私货物、物品的特制设备，责令拆毁或者没收。

有第一款所列行为之一，构成犯罪的，依法追究刑事责任。

第八十三条　有下列行为之一的，按走私行为论处，依照本法第八十二条的规定处罚：

（一）直接向走私人非法收购走私进口的货物、物品的；

（二）在内海、领海、界河、界湖，船舶及所载人员运输、收购、贩卖国家禁止或者限制进出境的货物、物品，或者运输、收购、贩卖依法应当缴纳税款的货物，没有合法证明的。

第八十四条　伪造、变造、买卖海关单证，与走私人通谋为走私人提供贷款、资金、账号、发票、证明、海关单证，与走私人通谋为走私人提供运输、保管、邮寄或者其他方便，构成犯罪的，依法追究刑事责任；尚不构成犯罪的，由海关没收违法所得，并处罚款。

第八十五条　个人携带、邮寄超过合理数量的自用物品进出境，未依法向海关申报的，责令补缴关税，可以处以罚款。

第八十六条　违反本法规定有下列行为之一的，可以处以罚款，有违法所得的，没收违法所得：

（一）运输工具不经设立海关的地点进出境的；

（二）不将进出境运输工具到达的时间、停留的地点或者更换的地点通知海关的；

（三）进出口货物、物品或者过境、转运、通运货物向海关申报不实的；

（四）不按照规定接受海关对进出境运输工具、货物、物品进行检查、查验的；

（五）进出境运输工具未经海关同意，擅自装卸进出境货物、物品或者上下进出境旅客的；

（六）在设立海关的地点停留的进出境运输工具未经海关同意，擅自驶离的；

（七）进出境运输工具从一个设立海关的地点驶往另一个设立海关的地点，尚未办结海关手续又未经海关批准，中途擅自改驶境外或者境内未设立海关的地点的；

（八）进出境运输工具，不符合海关监管要求或者未向海关办理手续，擅自兼营或者改营境内运输的；

（九）由于不可抗力的原因，进出境船舶和航空器被迫在未设立海关的地点停泊、降落或者在境内抛掷、起卸货物、物品，无正当理由，不向附近海关报告的；

（十）未经海关许可，擅自将海关监管货物开拆、提取、交付、发运、调换、改装、抵押、质押、留置、转让、更换标记、移作他用或者进行其他处置的；

（十一）擅自开启或者损毁海关封志的；

（十二）经营海关监管货物的运输、储存、加工等业务，有关货物灭失或者有关记录不真实，不能提供正当理由的；

（十三）有违反海关监管规定的其他行为的。

第八十七条　海关准予从事有关业务的企业，违反本法有关规定的，由海关责令改正，可以给予警告，暂停其从事有关业务，直至撤销注册。

第八十八条　未经海关注册登记从事报关业务的，由海关予以取缔，没收违法所得，可以并处罚款。

第八十九条　报关企业非法代理他人报关或者超出其业务范围进行报关活动的，由海关责令改正，处以罚款；情节严重的，撤销其报关注册登记。

报关人员非法代理他人报关或者超出其业务范围进行报关活动的，由海关责令改正，处以罚款。

第九十条　进出口货物收发货人、报关企业向海关工作人员行贿的，由海关撤销其报关注册登记，并处以罚款；构成犯罪的，依法追究刑事责任，并不得重新注册登记为报关企业。

报关人员向海关工作人员行贿的，处以罚款；构成犯罪的，依法追究刑事责任。

第九十一条　违反本法规定进出口侵犯中华人民共和国法律、行政法规保护的知识产权的货物的，由海关依法没收侵权货物，并处以罚款；构成犯罪的，依法追究刑事责任。

第九十二条　海关依法扣留的货物、物品、运输工具，在人民法院判决或者海关处罚决定作出之前，不得处理。但是，危险品或者鲜活、易腐、易失效等不宜长期保存的货物、物品以及所有人申请先行变卖的货物、物品、运输工具，经直属海关关长或者其授权的隶属海关关长批准，可以先行依法变卖，变卖所得价款由海关保存，并通知其所有人。

人民法院判决没收或者海关决定没收的走私货物、物品、违法所得、走私运输工具、特制设备，由海关依法统一处理，所得价款和海关决定处以的罚款，全部上缴中央国库。

第九十三条　当事人逾期不履行海关的处罚决定又不申请复议或者向人民法院提起诉讼的，作出处罚决定的海关可以将其保证金抵缴或者将其被扣留的货物、物品、运输工具依法变价抵缴，也可以申请人民法院强制执行。

第九十四条　海关在查验进出境货物、物品时，损坏被查验的货物、物品的，应当赔偿实际损失。

第九十五条　海关违法扣留货物、物品、运输工具，致使当事人的合法权益受到损失的，应当依法承担赔偿责任。

第九十六条　海关工作人员有本法第七十二条所列行为之一的，依法给予行政处分；有违法所得的，依法没收违法所得；构成犯罪的，依法追究刑事责任。

第九十七条　海关的财政收支违反法律、行政法规规定的，由审计机关以及有关部门依照法律、行政法规的规定作出处理；对直接负责的主管人员和其他直接责任人员，依法给予行政处分；构成犯罪的，依法追究刑事责任。

第九十八条　未按照本法规定为控告人、检举人、举报人保密的，对直接负责的主管人员和其他直接责任人员，由所在单位或者有关单位依法给予行政处分。

第九十九条　海关工作人员在调查处理违法案件时，未按照本法规定进行回避的，对直接负责的主管人员和其他直接责任人员，依法给予行政处分。

第九章　附则

第一百条　本法下列用语的含义：

直属海关，是指直接由海关总署领导，负责管理一定区域范围内的海关业务的海关；隶属海关，是指由直属海关领导，负责办理具体海关业务的海关。

进出境运输工具，是指用以载运人员、货物、物品进出境的各种船舶、车辆、航空器和驮畜。

过境、转运和通运货物，是指由境外启运、通过中国境内继续运往境外的货物。其中，通过境内陆路运输的，称过境货物；在境内设立海关的地点换装运输工具，而不通过境内陆路运输的，称转运货物；由船舶、航空器载运进境并由原装运输工具载运出境的，称通运货物。

海关监管货物，是指本法第二十三条所列的进出口货物，过境、转运、通运货物，特定减免税货物，以及暂时进出口货物、保税货物和其他尚未办结海关手续的进出境货物。

保税货物，是指经海关批准未办理纳税手续进境，在境内储存、加工、装配后复运出境的货物。

海关监管区，是指设立海关的港口、车站、机场、国界孔道、国际邮件互换局（交换站）和其他有海关监管业务的场所，以及虽未设立海关，但是经国务院批准的进出境地点。

第一百零一条　经济特区等特定地区同境内其他地区之间往来的运输工具、货物、物品的监管办法，由国务院另行规定。

第一百零二条　本法自1987年7月1日起施行。1951年4月18日中央人民政府公布的《中华人民共和国暂行海关法》同时废止。

参考文献

主要著作：

[1] 报关水平测试教材《报关基础知识》，中国海关出版社 2014 年版

[2] 报关水平测试教材《报关业务技能》，中国海关出版社 2014 年版

[3] 报关水平测试教材《进出口商品编码查询手册》，中国海关出版社 2014 年版

[4] 商务部公告 2014 年第 98 号 公布《2015 年进口许可证管理货物分级发证目录》

[5] 商务部公告 2014 年第 97 号 公布《2015 年出口许可证管理货物分级发证目录》

[6] 商务部 海关总署公告 2014 年第 96 号《两用物项和技术进出口许可证管理目录》

[7] 商务部 海关总署 质检总局公告 2014 年第 95 号公布 2015 年进口许可证管理货物目录

[8] 商务部 海关总署公告 2014 年第 94 号公布 2015 年出口许可证管理货物目录

[9] 海关总署令 2014 年第 219 号《海关总署关于修改〈中华人民共和国海关对加工贸易货物监管办法〉的决定》

[10] 海关总署令第 225 号《中华人民共和国海关企业信用管理暂行办法》

[11] 海关总署令第 218 号《海关总署关于修改部分规章的决定》

[12] 海关总署公告 2014 年第 95 号《关于 2015 年关税实施方案的公告》

[13] 海关总署公告 2014 年第 221 号《关于〈中华人民共和国海关对报关单位注册登记管理规定〉的公告》

[14] 海关总署公告 2014 年第 83 号《关于海关特殊监管区域间保税货物结转管理的公告》

[15] 财政部 财税〔2014〕150 号《关于调整部分产品出口退税率的通知》

主要网络资源：

[1] 海关总署：http://www.customs.gov.cn/

[2] 海关综合信息资讯网：http://www.china-customs.com/

[3] 中国电子口岸：http://www3.chinaport.gov.cn/

[4] 中国报关协会：http://chinacba.org/ccba/

[5] 国家质量监督检验检疫总局：http://www.aqsiq.gov.cn/

[6] 中华人民共和国商务部：http://www.mofcom.gov.cn/

[7] 国家外汇管理局：http://www.safe.gov.cn/

[8] 中国银行：http://www.boc.cn/

[9] 中华人民共和国国家统计局：http://www.stats.gov.cn/

[10] 中国人民银行：http://www.pbc.gov.cn/

教学参考资料领取说明

各位教师：

中国商务出版社为方便采用本教材教学的教师需要，免费提供此教材的教学参考资料（PPT 课件及 / 或参考答案等）。为确保参考资料仅为教学之用，请填写如下内容，并寄至北京东城区安外大街东后巷 28 号 1 号楼 305 室，中国商务出版社编辑一室，魏红老师收，邮编：100710，电话：010-64269744，或手机拍照后发邮件至：2996796657@qq.com。我们收到并核实无误后，会通过电子邮件发出教学参考资料。

证　明

兹证明＿＿＿＿＿＿＿＿＿＿＿大学（学院）＿＿＿＿＿＿＿＿院 / 系＿＿＿＿＿年级＿＿＿＿＿名学生使用书名是《＿＿＿＿＿＿＿》、作者是＿＿＿＿＿＿＿的教材，教授此课的教师共计＿＿＿＿位，现需电子课件＿＿＿＿套、参考答案＿＿＿＿套。

教师姓名：＿＿＿＿＿＿＿联系电话：＿＿＿＿＿＿＿＿

手　　机：＿＿＿＿＿＿＿E-mail：＿＿＿＿＿＿＿＿＿

通信地址：＿＿＿＿＿＿＿＿＿＿＿＿＿＿＿＿＿＿＿

邮政编码：＿＿＿＿＿＿＿

院 / 系主任＿＿＿＿＿＿（签字）

（院 / 系公章）

＿＿＿＿＿年＿＿＿月＿＿＿日